Kohlhammer

Der Autor
Prof. Dr. phil. Josef Aigner, Psychologe und Psychoanalytiker, Universitätsprofessor für Psychosoziale Arbeit/Psychoanalytische Pädagogik an der Universität Innsbruck; Leiter des Instituts für Psychosoziale Intervention und Kommunikationsforschung.

Josef Christian Aigner

Vorsicht Sexualität!

Sexualität in Psychotherapie, Beratung und
Pädagogik – eine integrative Perspektive

Verlag W. Kohlhammer

Dieses Werk einschließlich aller seiner Teile ist urheberrechtlich geschützt. Jede Verwendung außerhalb der engen Grenzen des Urheberrechts ist ohne Zustimmung des Verlags unzulässig und strafbar. Das gilt insbesondere für Vervielfältigungen, Übersetzungen, Mikroverfilmungen und für die Einspeicherung und Verarbeitung in elektronischen Systemen.

1. Auflage 2013

Alle Rechte vorbehalten
© 2013 W. Kohlhammer GmbH Stuttgart
Umschlag: Gestaltungskonzept Peter Horlacher
Umschlagabbildung: Hieronymus Bosch »Der Garten der Lüste«
Gesamtherstellung:
W. Kohlhammer Druckerei GmbH + Co. KG, Stuttgart
Printed in Germany

ISBN 978-3-17-021753-9

Inhalt

Vorwort 9

Einleitung 13

I   Grundlagen und Konzepte 17

1   Ein Blick in die Geschichte: Sexualität und Sexualwissenschaft – junge Erfindungen? 19
1.1   Zur Entwicklung einer Disziplin 19
1.2   Begriffsgeschichte und Begriffswirrwarr 24
1.3   Abklären statt Wegpsychologisieren – biologische und medizinische Aspekte des Sexuellen 26

2   Das »Sexuelle« und die »Sexualität«: zur Psychoanalyse von Sexualität und Sexualentwicklung 31
2.1   Die Bedeutung der Sexualität für die Persönlichkeitsentwicklung 33

II   Kultur – Gesellschaft – Sexualität 47

3   Kulturelle und gesellschaftliche Umbrüche und ihre Auswirkungen auf sexuelles Erleben 49
3.1   »Die Welt ist mit Nacktheit bekleidet …« 49
3.2   Von der Scheinhaftigkeit der »Befreiung« 52
3.3   Auf dem Weg zur Lustlosigkeit 53
3.4   Verhandlungsmoral, Pure Relationship und Tyrannei der Lust . . 56
3.5   Die »neosexuelle Revolution« vor der Jahrtausendwende 59
3.6   Mythos Körper – Fetisch Jugend 62

4   Jugend als Seismograf gesellschaftlicher Trends – auch »in sexualibus«? 65
4.1   Verunsicherung, Suche nach Werten, Rückgang an Sexualität . . 65
4.2   Was Jugendsexualität heute alles ist 67

5	Die Bedeutung der gesellschaftlichen Umbrüche für Partnerschaft und Sexualität	75
5.1	Angst, Leistung und Lustverlust	76
5.2	Über die Liebe in lieblosen Verhältnissen	77
5.3	Modernisierung und Demokratisierung?	79
5.4	Wie leben die verschiedenen Generationen heute Partnerschaft und Sexualität?	85
5.5	»Null Bock«? – Lustlosigkeit als gesellschaftliches Leitsymptom	89
5.6	Die Last mit der Lust?	93
6	Altensexualität – Mythos oder pharmazeutisches Hoffnungsgebiet?	104
6.1	Nicht Alter, sondern Gelegenheit und Geschlechtsrolle!?	106
6.2	Spezielle »Alterssexualität«?	108
6.3	Abschaffung des Begriffs »Alterssexualität«?	110
6.4	Was sie treiben und was sie treibt	111
6.5	Die Generationenschranke – »Meine Eltern tun das nicht!«	113
6.6	Selbstbewusstheit statt Jungbleiben um jeden Preis	114
7	»Das brauch ich doch nicht!« – Asexualität, Postsexualität und der Widerstand gegen gesellschaftliche Zumutungen	115
7.1	Das Phänomen Asexualität	116
7.2	Postsexualität – die vierte Revolution?	117
7.3	Sexualität, Narzissmus, Selfsex	119
7.4	Resümee?	121
8	Was ist schon »normal«? Perversionen und was wir aus ihnen lernen können – eine neue Perspektive	123
8.1	Entstehen und Verstehen von Perversionen	126
8.2	Die Dynamik von Demütigung, Feindseligkeit, Risiko und Triumph	128
8.3	Ohne Perversion keine Lust? Zur Bedeutung des »perversen Mechanismus«	133
III	Ein neuer Blick	137
9	Der neue Blick auf Sexualität, Liebe und Partnerschaft oder die Bedeutung des »Nichtsexuellen« für die Sexualität	139
9.1	Neue Perspektivenvielfalt – Sexualität und »Nichtsexuelles«	141
9.2	Sexuelle Probleme zwischen Metaphorik und Ätiologie	149
9.3	»Sexualtherapie« oder Psychotherapie?	152

| IV | Lernen am Leiden | 155 |

10	Was wir aus der Psychotherapie sexueller Störungen alles lernen können	157
10.1	Lernen am »Hamburger Modell« der Paartherapie, einer integrativen Methode zur Therapie sexueller Störungen	158
10.2	Vorgehen und helfendes Regelwerk	170

11	Die Geschlechterfrage	188
11.1	Das »starke Geschlecht« in Beratung und Therapie	188
11.2	Gender-Diskurse und das Verschwinden von Sex	192

| V | Lehrreiche Geschichten aus der Praxis | 197 |

12	Fallgeschichten oder Lernen über Sexualität	199
12.1	Die Enge des Frau-Seins – Fallbeispiel Vaginismus	200
12.2	»Was wollen die denn noch?« – Eine erektile Dysfunktion – und noch viel mehr – bei einem älteren Paar	208

| 13 | Ausblick: Liebeshungersnot – Anerkennungsnot! | 219 |

| Literaturverzeichnis | 222 |
| Stichwortverzeichnis | 230 |

Vorwort

Es ist schon einige Zeit her und war ganz zu Beginn meiner Berufslaufbahn als junger Psychologe in den 1980er Jahren in einer Intervisionssitzung der Beratungsstelle, in der ich damals gearbeitet hatte. In dieser Beratungsstelle wurde auch Ehe- und Familienberatung angeboten. Eines Tages stellte dort eine Kollegin aus der Abteilung Eheberatung den Fall eines sehr schwierigen Paares vor, in dessen Beratungsprozess einfach nichts weiter ging. Ich weiß heute gar nicht mehr, was das eigentliche Problem des Paares war; ich weiß nur mehr, was offenbar das Problem der Beraterin gewesen sein muss: Als ich nämlich mit der Unverdrossenheit eines unerfahrenen Berufsanfängers in dieser Intervisionsgruppe die Kollegin zu diesem Paar, das schon ein halbes Jahr (!) lang zu ihr in Beratung kam, fragte: »Schlafen die beiden eigentlich noch miteinander?«, war zunächst einmal betretene Stille im Raum, bis die Eheberaterin ihren ersten Schock überwunden hatte und gleichermaßen freimütig wie selbst verblüfft eingestand: »Das habe ich sie noch gar nie gefragt!«.

Dies war eine Initialszene für mich, um Fragen der Sexualität in Beratung und Therapie in meiner beruflichen Entwicklung mehr Beachtung zu schenken – in der Praxis beratender und helfender Beziehungen ebenso wie in der Forschung. Wenn jetzt einige Leserinnen und Leser meinen, dass sei halt vor 30 Jahren gewesen und lange her, dann muss ich das insofern gleich zurückweisen, als man irrt anzunehmen, dass so etwas nur in der Vergangenheit vorgekommen sei. Meine Supervisionserfahrung mit Kolleginnen und Kollegen aus dem psychotherapeutischen, ja sogar aus dem psychoanalytischen Bereich, für den man theoriegeschichtlich ja eine genuine Aufmerksamkeit auf das Sexuelle annehmen könnte, ist eine andere: Immer noch oder – aus anderer Perspektive – nach wie vor ist Sexualität und sind sexuelle Details oder Besonderheiten des Erlebens und Verhaltens von Beratungs- und Therapiefällen ein vielfach ausgespartes Gebiet, das man vergisst, genauer anzuschauen, oder das nach wie vor Peinlichkeit oder zumindest Unbehagen unter Professionellen auslöst.

Warum das alles – und das mehr als 100 Jahre, nachdem der »Lustlümmel aus der Berggasse« (vgl. Roazen 1971, S. 104 f.), nachdem also Sigmund Freud vermeintlich all diese Tabus durch eine wissenschaftliche Herangehensweise versucht hatte einzureißen, freilich gegen den Widerstand seiner in maskuliner Doppelmoral gefangenen Kollegenschaft aus der hohen Medizin? Was an der Sexualität ist denn so »schwierig«, peinlich, wie manche meinen, so beschämend und ängstigend, dass sie nach wie vor ein prekäres Gebiet professioneller und vielfach auch privater Praxis darstellt?

Vielleicht ist es – und damit wären wir schon bei einem der Motive, dieses Buch zu schreiben – gerade die *verbreitete Un- oder Halbwissenheit*, die viele Fachkräfte des pädagogischen und psychosozialen Sektors zum Thema Sexualität nach wie vor haben. Dies ist kein unkollegialer Angriff gegen irgendjemanden. Es ist eigentlich kein Wunder, dass Kolleginnen und Kollegen unsicher und unwissend sind, bei all den Aus- und auch Fortbildungsdefiziten, die auf diesem Gebiet feststellbar sind. Diese Defizite kann ein Buch wie dieses nicht kompensieren und wahrscheinlich auch kein einzelnes anderes. Es geht mir deshalb weniger um die Vermittlung von Detailwissen zu den verschiedensten sexualmedizinischen und/oder sexualpsychologischen Feinheiten, mit denen man mehrere Bände füllen könnte. Es geht mir vielmehr um eine *emotionale Öffnung* dahingehend, wie bedeutsam und eigentlich ganz und gar unübersehbar Sexualität im Zusammenhang mit Beratung und Psychotherapie ist, wenn man nur ein wenig sensibilisiert dafür ist und keine Angst hat, dass das etwas ganz besonders Schwieriges ist, das eines speziellen Expertentums bedarf.

Das Anliegen des Buchs ist also eine *grundlegende Einstimmung in Fragen der Sexualwissenschaft, Sexualberatung und Sexualtherapie*. Es erhebt keinen Anspruch auf vollständige oder systematische Darstellung dessen, was in Sexualberatung und -therapie vorkommen kann. Ich beschränke mich dabei auch im Wesentlichen auf heterosexuell liebende Menschen und heterosexuelle Paare (so weit dies als primäre Lebensform gewählt wurde); dies nicht, um andere Lebens- und Liebensformen damit zu diskriminieren, sondern weil dies die Hauptklientel in den offenen Sexualberatungsstellen und bei niedergelassenen Sexualtherapeuten ist. Ja man könnte andersherum fast sagen, dass es für bestimmte Randgruppen in der Gesellschaft, die hohe Aufmerksamkeit und mediale Präsenz entfalten – etwa Transgender oder Menschen mit einem Bedarf an operativen Eingriffen und Personenstandsänderung –, sowie für Menschen mit schwul-lesbischer Liebensart wegen deren wachsamer Vertretung und guter politischer Organisiertheit ohnehin ein kleines, aber gut organisiertes Angebot gibt. Es scheint fast, als ob für die alltägliche Heterosexualität und ihre Probleme dagegen wenig Aufmerksamkeit besteht. Ja es wäre wohl sogar eher schambesetzt und schwierig zuzugeben, dass wir dafür im Bereich der medizinischen und psychosozialen Versorgung wenig Angebot und Fachexpertise bereitstellen können. Es bedarf also gleich zuallererst schon allein dazu Mut, zuzugeben, dass wir den alltäglichen Formen sexuellen und partnerschaftlichen Unglücks oft recht hilflos gegenüberstehen. Um dies zu ändern, bedarf es vor allem *einer neuen Sichtweise auf Sexualität* als einer umfassenden, nicht aus dem Zusammenhang heraus isolierbaren Lebenserfahrung – und das auch in Bereichen, wo wir sie nicht vermuten. Es bedarf eines bestimmten Wissens und Bewusstseins über diese Zusammenhänge, das nicht auf »erbsenzählende« Orgasmus-Statistiken und auf die oberflächliche Kenntnis sexueller Vorlieben, die in Zeitschriften ab und an zu finden sind, beschränkt ist.

Das Buch trägt – neben der Darstellung eigener Erfahrungen aus Beratung und Therapie – somit zusammen, was ich selbst als hilfreich und brauchbar zur Arbeit mit und zum Verständnis von sexuellen Problemen erfahren habe, um es weiterzugeben. Für manche Leser wird das eine oder andere deshalb nicht unbekannt sein, aber es sollte in einem neuen Kontext zur Anwendung auf unsere praktische

Arbeit erscheinen. Es soll auch kein »wissenschaftliches«, aber ein *wissenschaftlich fundiertes* Fachbuch sein, das sich der Lesbarkeit halber mit Dauerzitationen zurückhält, aber dennoch auf einen breiten Literaturschatz verweist, der im Falle detaillierteren Interesses oder Bedarfs nachgeschlagen werden kann. Es soll deutlich machen, dass *Sexualität so vielfältig in unser Leben verstrickt ist*, dass wir bei ihrer Erforschung immer ein breites Spektrum von Äußerungsformen im Auge haben müssen, um nicht der Gefahr zu erliegen, Sexualität tatsächlich in entfremdender Form aus den großen Lebenszusammenhängen herauszureißen und zu isolieren. Das Buch soll Bekanntes mit Neuem und Verschüttetem (davon gibt es bei der Sexualität sehr viel) und Kritisches mit Originellem vermengen, um neugierig zu machen und zum Tätigwerden zu ermuntern. Es soll somit tatsächlich ein *Mutmach-Buch* sein, um einmal einen neuen, in seiner Breite vielleicht ungewohnten Blick auf diese zutiefst menschlichen Eigenheiten und ihre so oft vom Scheitern bedrohten Äußerungsformen zu wagen – einen Blick, der auch ermutigt, dieses »schwierige« Thema offensiv in die Beratungs- oder psychotherapeutische Arbeit mit aufzunehmen.

Es soll aber kein Lehrbuch zu bestimmten sexuellen Störungen und ihrer Behandlung sein, wovon es wenige, aber einige gibt, die sehr lehrreich sind und nicht ergänzt werden müssen (vgl. Beier und Loewit 2004; Sigusch 1996; Hauch [Hrsg.] 2006). In ihnen kann alles Wesentliche systematisch nachgeschlagen werden. So erspare ich mir auch detailliertere diagnostische Beschreibungen, Darstellungen und Unterscheidungen (nach ICD-10 oder DSM-IV), die anderswo und dort vollständig nachgelesen werden können. Das Buch soll also Mut machen, aber warum Mut? Mut setzt Überwindung von Angst voraus. Angst kann deshalb entstehen, weil wir nirgendwo sonst so verletzlich sind wie in Fragen der Sexualität und der Liebe. Das spüren auch die Menschen in den Helferberufen. Deshalb soll dieses Buch Mut machen, indem es *Bewusstsein und Kenntnis über Zusammenhänge* schafft, wie Sexualität im Lebenslauf organisiert ist, wie sie basale menschliche Grundbedürfnisse berührt und wie sie gesellschaftlich mit geprägt wird. Damit wird sie zu etwas »ganz Normalem« oder – wie wir es auch nennen werden – *scheinbar »Nichtsexuellem«, von alltäglichen Wünschen und Ängsten Geprägtem*, das in jedem Beratungsprozess und in jeder Therapie ganz ohne besondere »sexualtherapeutische Tricks« erreicht werden kann. Das Buch soll somit einige Wissens- und Bewusstseins-Voraussetzungen für ein breites Verständnis liefern, das notwendig ist, wenn wir Sexualität verstehen wollen.

Es wird, wenn wir in diesem Feld kompetent handeln wollen, Mut brauchen. Mut zuzuhören und nichts wegzuwischen, wenn etwas am Rande auftaucht, als ob es nicht wirklich dazugehörte; Mut hinzuschauen, worüber manche lieber diskret hinweggehen; Mut zuzugreifen, wenn entsprechende Fälle auf Beraterinnen und Therapeuten zukommen und sie nicht gleich mit »Da gibt es einen Spezialisten« wieder wegzuschicken. Und damit wird es auch zu einem Buch gegen die Angst, mit sexuellen Problemen käme etwas besonders Schwieriges auf uns zu, das wir besser weitervermitteln sollten! Mit sexuellen Problemen kommt vielmehr etwas zutiefst Menschliches, Alltägliches und manchmal hoch Hilfsbedürftiges auf uns zu, das man nur um den Preis der Verzerrung und fragwürdigen Isolierung aus Beratung und Therapie mit seelisch in Not geratenen Menschen abspalten darf.

Die Klientel und die Patientinnen und Patienten werden es Ihnen danken.

Aber auch ich habe für das, was ich im Laufe meines eigenen Lernens über Sexualität erfahren konnte, zu danken, bestimmten Institutionen und Menschen, die mich angeleitet und auf diesem Weg begleitet haben: angefangen bei Igor Caruso, meinem psychoanalytischen Lehrer an der Universität Salzburg, der stets die hohe Bedeutung der Sexualität für ein ausreichend gesundes Seelenleben hervorhob und in der Beforschung der historisch-gesellschaftlichen Verflochtenheit psychischer Phänomene eine Leitfigur für mich und eine ganze Generation von Psychologen geworden ist; meinen Kolleginnen und Freunden an der Universitätsklinik Hamburg-Eppendorf, wo ich in den frühen 1990er Jahren die Paartherapie-Fortbildung und eine Menge anderer Lernprozesse erleben konnte; von diesen wiederum im Besonderen Gunter Schmidt, der sicherlich einer der bedeutendsten sexualwissenschaftlich lehrenden und forschenden Psychologen der Gegenwart im deutschen Sprachraum ist, Margret Hauch als richtungweisende Weiterentwicklerin des Paar- und Sexualtherapieansatzes, Reinhardt Kleber, dem langjährigen Leiter der Sexualberatungsstelle Hamburg, der mich neben Witz und Humor vor allem die Demut lehrte, auch als erfahrener Sexualtherapeut stets dichte Supervision und Intervision zu suchen, vielen weiteren Kolleginnen und Kollegen im Umfeld dieser Institutionen und last not least auch meinen Angehörigen, die die vielen Abwesenheiten zu passiven wie aktiven Fortbildungszwecken und auch die monatelange Schreibtischflucht, die so ein Buch erfordert, verständnisvoll hingenommen haben.

Innsbruck im Sommer 2012 *Josef Christian Aigner*

Postskriptum:

Ein Wort zur Verwendung der männlichen beziehungsweise weiblichen Form: Lange habe ich überlegt, wie ich das machen soll; die gängigen Gender-Mainstream-Lösungen sind meines Erachtens keine (guten), sie erschweren die Lesbarkeit und fügen neuerfundene Buchstaben wie ein großes »I« ein, die in unserer Orthografie fremd erscheinen. Wie der Heidelberger Sexual- und Paartherapeut Ulrich Clement (2004) in seinem Buch »Systemische Sexualtherapie« habe ich deshalb kapituliert und verwende meistens frei nach Gefühl, einmal die männliche Form, manchmal auch beide Formen. Natürlich sind aber immer beide Geschlechter gemeint, wenn der Sinnzusammenhang stimmt. Die Verwendung der männlichen Form gefällt mir wie Clement deshalb, weil ich nicht behaupten möchte – was die »gegenderten« Varianten ja eigentlich suggerieren –, dass ich immer derart über den Dingen stünde, dass mir kein männlicher Blick auf manches passieren könnte. Deshalb teile ich auch Clements Begründung für die männliche Form, nämlich »die Möglichkeit, dass das Buch und auch die Erfahrungen und Überlegungen, die ihm zugrunde liegen, meinem männlichen Blick folgen. ... Man kann sich nie sicher sein, welche Aussagen vom Gender-Blick gefärbt sind und welche nicht. Beim Schreiben so wenig wie beim Lesen« – genau so geht es mir auch!

Einleitung

Sexuelles Erleben und Verhalten sind heute in den meisten Curricula an Fachhochschulen, Universitäten und auch in psychotherapeutischen oder beratungsorientierten Ausbildungen am Aus- und Weiterbildungsmarkt immer noch so gut wie kein Thema. Ein wahlloser Griff ins Regal der psychotherapeutischen Standardwerke zeigt, dass etwa in einem ganz aktuellen Lehrbuch »Analytisch orientierte Psychotherapie in der Praxis« (Hohage 2011) der Begriff Sexualität im Register gerade ein einziges Mal (S. 73) vertreten ist. In älteren Lehrbüchern ist es oft nicht anders, hier fehlt dieser Begriff meist überhaupt gänzlich.[1] Haben also seelisch leidende Menschen keine Sexualität und keine sexuellen Probleme?

Brumlik (2012) machte kürzlich darauf aufmerksam, dass sich selbst in herausragenden internationalen Handbüchern zur Entwicklungspsychologie »Sexualität« als eigenes Kapitel nicht findet; höchstens zum Thema »Geschlecht« gibt es hier und da Einträge, die sich aber meist auf »Sex differences« beziehen (Brumlik 2012, S. 13f.). Das 2008 erschienene, beinahe klassisch zu nennende »Handbuch Sozialisationsforschung« (Hurrelmann et al. 2008) kennt zwar ein Kapitel »Sozialisation und Geschlecht«, in dem es aber – wie so oft – lediglich um »Gender« im Sinne des sozialen Geschlechts geht, während »Sex« im Sinne von Sexualität kein Thema ist. Eine Erhebung an allen österreichischen Universitäten im Wintersemester 2010/11 liefert ähnliche Hinweise: Lediglich in einigen wenigen Lehrveranstaltungen im Umfang von nur 18 Semesterwochenstunden (das sind bundesweit insgesamt neun Lehrveranstaltungen an sechs Universitäten oder recht bescheidene eineinhalb Lehrveranstaltungen pro Universität per anno!) spielte Sexualität – und dies wiederum im weitesten Sinne – irgendwie eine Rolle: Auch hier sind »genderbezogene« und kulturwissenschaftliche Lehrveranstaltungen schon mit eingerechnet, wie etwa »Kulturpsychologie des Körpers: Schönheit und Sexualität« an der Uni Wien oder »Wort-Bild-Geschlecht: Eros und Gefühl – erotische Phantasien und emotionale Befindlichkeiten in (Film)Bildern und Texten« (vgl. Aigner 2010). Bedenkt man nun, dass an diesen Universitäten der wissenschaftliche Nachwuchs in den Bereichen von Medizin, Psychologie, Pädagogik und den angrenzenden Sozialwissenschaften ausgebildet wird, dann wird schnell klar, dass diese 9 (= neun!) Lehrveranstaltungen in keiner Weise in der Lage sind, diese Menschen der Bedeutung des Gegenstands entsprechend auszubilden beziehungs-

---

1 Bezeichnenderweise findet sich – gemäß dem Negativdiskurs, der die öffentlichen und Fachdebatten über Sexualität seit langer Zeit dominiert – eher der Begriff des sexuellen Missbrauches, so auch hier; ihm sind immerhin die Seiten 63 sowie 134 bis 136 gewidmet (vgl. Hohage 2011).

weise das enorme Defizit an sexualitätsbezogener Lehre und Forschung in den Human- und Sozialwissenschaften auch nur annähernd zu lindern.

Diese schier unglaubliche *Ausblendung des Themas Sexualität aus den Human- und Sozialwissenschaften* macht seit einiger Zeit auch von der »Paradedisziplin«, die sich von Anfang an mit Sexualität befasst und sich damit nicht gerade beliebter gemacht hat, nicht Halt: vor der Psychoanalyse. Auch hier ist die Beschäftigung mit Sexualität und ihren verschiedensten Lebens- und Konfliktäußerungen nicht mehr so selbstverständlich[2], wie manche meinen. Paul Parin hatte schon vor gut 25 Jahren die »Verflüchtigung des Sexuellen« in der Psychoanalyse beklagt. Er führte dies u. a. auf die verstärkte Konzentration auf frühe, narzisstische Störungen im Gefolge des Aufkommens der Selbstpsychologie und des Niedergangs der psychoanalytischen Trieb- und Konflikttheorie zurück (Parin 1986, S. 81).

Im Rahmen der von Heinz Kohuts (1979) aus der Psychoanalyse heraus entwickelten *Selbstpsychologie*, aber auch im Rahmen der psychoanalytischen *Objektbeziehungstheorien* spielt die Sexualität in ihrer triebhaften Verursachung längst nicht mehr die Rolle, die ihr die Psychoanalyse einst zugedacht hatte. Erst in jüngster Zeit hat auch der renommierte *Bindungsforscher* Peter Fonagy (2012), Inhaber des Freud Memorial Chair an der Universität London, auf »einen sichtbaren Rückgang des psychoanalytischen Interesses an der Psychosexualität« hingewiesen (Fonagy 2012, S. 469) und hat das sogar anhand einer Begriffsstudie in psychoanalytischen Arbeiten nachgewiesen: Dort kämen immer weniger Begriffe vor, die sich direkt auf Sexualität beziehen (473 f.). Betrachtet man es historisch kritisch, sind aber auch innerhalb der klassischen Psychoanalyse, als diese sich noch mehr auf die Bedeutung der Sexualität konzentrierte, diejenigen, die verstärkt sexualwissenschaftlich tätig waren, eigentlich immer eher Ausnahmen und sogar Außenseiter geblieben oder aus Gründen politischer Akzeptanzängste von führenden Vertretern an den Rand gedrängt worden. Am besten ist dies bei Wilhelm Reich dokumentiert (vgl. Fallend u. Nitzschke 1997), weniger aufgearbeitet ist diese Ausgrenzung noch bei Otto Gross[3] (vgl. Hurwitz 1979), von dem heute bezeichnender- und doch sonderbarerweise kaum mehr jemand etwas weiß.

---

2 Eigentlich haftete ja seit jeher der Vorwurf des »Pansexualismus« auf Freuds Psychoanalyse. Dieser besagt, dass sie alles und jedes von »der Sexualität« herleiten wolle. Freilich ging dieser Vorwurf immer schon an dem breiten, umfassenden Sexualitätsbegriff der Psychoanalyse vorbei und meinte eigentlich, sie wolle alles von der Genitalität, also von einem kulturell verengten Sexualitätsbegriff, ableiten.

3 Otto Gross (1877–1920) war der Sohn des berühmten österreichischen Juristen Prof. Hans Gross und wuchs in Graz auf, wo sein Vater an der Universität wirkte. Dort wurde er auch 1899 zum Dr. med. promoviert. Wegen seiner späteren Drogenabhängigkeit ließ er sich 1902 in der Psychiatrischen Klinik Burghölzli in Zürich (unter Eugen Bleuler) internieren und lernte dort Carl Gustav Jung und über ihn schließlich auch Sigmund Freud kennen. Gross hatte intensive Kontakte zur Münchner Bohème. Dies und andere gesellschaftspolitische Aktivitäten, denen der junge Mediziner nachging, waren es wohl auch, was Freud – der Gross einst als seinen vielleicht begabtesten Schüler bezeichnet hatte – von diesem Abstand nehmen ließ. Nach mehreren wirren Beziehungen zu verschiedenen Frauen und Selbstmorden seiner Geliebten, bei denen Gross geholfen haben soll, wurde er schließlich des Mordes und der Beihilfe zum Selbstmord beschuldigt, was zusätzlich zu den gegen ihn angestrengten Prozessen wegen Anarchismus 1913 zur gerichtlichen Verurteilung und zur Einweisung in die Privat-Irrenanstalt Tulln bei Wien führte, wo er auf

Schließlich, aber nicht zuletzt, macht jenen, die sich nachhaltig mit der Rolle der Sexualität beschäftigen, vielleicht immer noch die Außenseiterposition, die sie wie einst Freud treffen könnte, zu schaffen: So droht erfahrungsgemäß bis heute jedem, der sich fachlich mit Sexualität beschäftigt, leicht einmal die verdächtigende und gleichermaßen schlüpfrige Frage, warum er das täte: »Haben Sie etwa selbst Probleme?« – »Ja«, könnte man antworten, »Sie denn nicht?« Womit auch schon gesagt wäre, dass es so etwas wie eine »problemlose« Sexualität nicht gibt, nicht beim Durchschnittsbürger und auch nicht beim Experten, und schon gar nicht, wenn wir uns mit Menschen befassen, die aus irgendeinem Grund in schwierige Lebens- oder Entwicklungspositionen geraten sind. Jedenfalls scheint es auch im akademischen Bereich, in dem es – wie im diesbezüglich rückständigen Österreich – keinerlei universitäre Position dazu gibt oder wo die wenigen, die existierten, abgeschafft oder ausgehungert werden[4], anscheinend wenig karrierefördernd zu sein, wenn man sich mit Sexualität beschäftigt.

So weit nur ein paar grundsätzliche Reflexionen, warum ein Gutteil der Psychotherapeuten und auch der Psychoanalytiker sich mit Fragen der Sexualität lieber nicht oder nur recht zögerlich befassen könnte. Schnell werden dann im Bedarfsfall Klientinnen und Patienten mit dem Anschein einer sexuellen Pathologie oder Auffälligkeit zu einem vermeintlichen Spezialisten weitervermittelt (also eigentlich abgeschoben), obwohl man doch meinen könnte, dass alle psychotherapeutischen Experten – und erst recht jene aus der Psychoanalyse – mit »Perversen«, Lustlosen oder Menschen mit sexuellen Funktionsstörungen ebenso zurechtkommen müssten, wie sie es mit anderen seelischen Störungen oder mit Neurotikern tun.

Wie kürzlich eine Diplomarbeit (Grimm u. Ortner 2012) zur Frage der Qualitätsstandards und der Ausbildung von Sexualpädagogen und Sexualberatern in Österreich ergab, schätzen die in diesem Berufsfeld Tätigen – die zumeist übrigens nicht unmittelbar »hauptberufliche« Sexualitäts-Experten sind – zwar Hilfestellungen zur Umsetzung praktischer Kompetenzen in Fortbildungen als sehr wichtig ein. Noch mehr aber und zuvorderst schätzen sie *solide theoretische Grundlagen und Reflexionen zu Fragen der Sexualität* als wichtig ein – quasi als Ermutigung, sich auch in diesem schwierigen Themenfeld gut zurechtzufinden und nicht davor zu kneifen. Genau diesem Zweck soll, neben den praxisorientierten Kapiteln am Ende, dieses Buch, wie ich es zu schreiben gedachte, dienen, und es soll diesen Bedürfnissen entgegenkommen: Das heißt dann, dass es keine detaillierte

---

Betreiben seines Vaters auch entmündigt wurde, was erst nach langen Kämpfen wieder aufgehoben werden konnte. Im Februar 1920 fand man den unter Entzugssymptomen leidenden Otto Gross völlig verwahrlost und halb erfroren in Berlin auf, wo er kurz darauf in einer Klinik in Pankow starb. Sein Werk, das inmitten vieler psychoanalytischer, sexualwissenschaftlicher und gesellschaftspolitischer Visionen auch eine interessante Matriarchatstheorie enthält, gilt heute als fast völlig vergessen (vgl. Hurwitz 1979).

4 So war etwa die Schließung des Instituts für Sexualwissenschaft im Klinikum der Universität Frankfurt am Main im Jahr 2006 – und dies trotz wirklich historischer Verdienste in Lehre und Forschung – ein wissenschaftlicher Skandal mit großem internationalen Echo, das allerdings ungehört blieb (vgl. Sigusch 2007).

Erläuterung eines bestimmten »Handwerkszeugs«, keine systematische Lehrbuchattitüde gibt, sondern die Anregung zu einem reflexiven Umgang im breiten Spektrum von Fragen zur menschlichen Sexualität.

I Grundlagen und Konzepte

1 Ein Blick in die Geschichte: Sexualität und Sexualwissenschaft – junge Erfindungen?

Der Begriff *Sexualität* kommt – wie Sigusch in seinem Monumentalwerk »Geschichte der Sexualwissenschaft« (2008) dargelegt hat – weder in der Bibel noch bei historischen Dichterfürsten wie Homer oder Shakespeare vor (Sigusch 2008, S. 11). Es handelt sich bei ihm also – ebenso wie bei der als *Sexualwissenschaft* bezeichneten Disziplin – um eine sehr junge Prägung. Der Begriff selbst ist erst etwa 200 Jahre alt und wurde von dem – man staune! – Botaniker August Henschel (1790 bis 1856 – letzteres übrigens Freuds Geburtsjahr!) in einer Studie über die Weitervermehrung von Pflanzen[5] in die Geschichte der Wissenschaften eingeführt (vgl. Fiedler 2010, S. 8). Die Schaffung eines Terminus für das lange und anhaltend Verpönte oder Nicht-zu-Problematisierende eröffnete durch die Versprachlichung dessen, was hier zur Debatte stand, nun auch neue Formen des Nachdenkens und Verhandelns darüber. Zuvor waren wohl Hinnehmen von etwas Gegebenem bzw. eine breite Palette von Tabus, von Diffusem, von Geheimhaltung und Angst (und sei es nur vor unerwünschter Schwangerschaft) die »Bestimmungsstücke« dessen, was dann später als *Sexualität* benannt und problematisiert wurde.

1.1 Zur Entwicklung einer Disziplin

Den Beginn der *Sexualwissenschaft* setzen viele Autoren übereinstimmend mit der Veröffentlichung des epochalen Werks »*Psychopathia sexualis*« des österreichischen Psychiaters und Gerichtsmediziners Richard Freiherr von Krafft-Ebbing (1840 bis 1902) an, das im Lauf der Geschichte mehr als 20 Auflagen erlebte und das so weit verbreitet war, dass ich es beispielsweise auch noch im Bücherschrank meines Vaters, eines Allgemeinmediziners in der oberösterreichischen Provinz, fand (vgl. Kraft-Ebbing 1907). Dem Psychiater ging es in diesem pionierhaften Buch vor allem um eine klinisch-forensische Aufklärung über das Zustandekommen verschiedener sexueller »Abartigkeiten«, wie man bis dahin sagte, und dies anhand von rund 200 Fällen, die wegen teilweise sehr ungewöhnlichen sexuellen Verhaltens auffällig geworden waren. Das historische Verdienst des Autors liegt darin, dass er

---

5 Man könnte also meinen, dass die Aufklärung mittels »Bienchen und Blümchen«, wie sie vielen der älteren Generationen – wenn überhaupt – zuteilwurde, durchaus auf historische Vorbilder zurückgeht ...

Anstoß gab, solche Menschen und ihre Abweichungen als »gestört« zu begreifen, ohne sie moralisch zu verdammen oder sie als Auswuchs diabolischer Veranlagungen zu verurteilen. Dennoch existierten auch in seinem epochemachenden Werk neben diesem kleinen »aufklärerischen« Impuls eine Menge irrationaler Ängste und Mythen, etwa die Gefährlichkeit und Schädlichkeit von Masturbation, ungehindert weiter (vgl. auch Kockott 1995).

Als gewaltiger Fortschritt in der Entwicklung sexualwissenschaftlicher Bemühungen müssen zweifellos Sigmund Freuds (1856–1939) Psychoanalyse und insbesondere seine 1905 erschienene Schrift »Drei Abhandlungen zur Sexualtheorie« angesehen werden (vgl. dazu auch Aigner 2005). Schon zuvor hatte Freud in der Fachwelt mit den gemeinsam mit Josef Breuer herausgegebenen »Studien über Hysterie« (1896) und mit der »Traumdeutung« (1900) für Aufsehen gesorgt, weil er der Sexualität – verstanden als biologisch grundgelegte, sehr breite Beziehungsdimension mit allen abgeleiteten, zärtlichen und sublimen Formen – einen sehr wichtigen Platz in der Entwicklungsgeschichte des Individuums einräumte. Freud betonte dabei von Anbeginn an – gegen den kruden Fortpflanzungsbiologismus seiner Zeit – die psychische Dimension des Sexuellen: »Wir sprechen darum auch lieber von Psychosexualität, legen also Wert darauf, dass man den seelischen Faktor des Sexuallebens nicht übersehe und nicht unterschätze« (Freud 1910, S. 137). Ja Freud ging noch weiter und betrachtete die Breite seines Sexualitätsbegriffs als Markenzeichen der Psychoanalyse: »Der Begriff des Sexuellen umfasst in der Psychoanalyse weit mehr; er geht nach unten wie nach oben über den populären Sinn hinaus« (Freud 1910, S. 136). Und wer diese Auffassung nicht akzeptiere, könne sich auch nicht als der Psychoanalyse zugehörig bezeichnen. Insofern war diese Auffassung tatsächlich eine bahnbrechende Erneuerung sexualwissenschaftlichen Denkens. Nicht dass Freud der erste gewesen wäre, der die Existenz sexueller Regungen beim Menschen schon von klein auf postuliert hätte: Schon der Sexualmediziner Albert Moll (1862–1939) hatte in seinen »Untersuchungen über die Libido sexualis« (1897) systematische Beobachtungen über die Sexualität von Kindern publiziert – freilich nicht in jener theoretischen Schärfe, die Freud dann in den »Drei Abhandlungen« dem Thema zugrunde legte. Zwischen den beiden Forschern stand auch eine rivalisierende Konkurrenz mit recht unfreundlichen gegenseitigen Bezichtigungen. 1909 schließlich veröffentlichte Moll selbst sein Buch »Das Sexualleben des Kindes« (vgl. Sigusch 2011, S. 196 f.).

Jedenfalls weckten Freuds systematische Abhandlung zur *polymorph-perversen* Sexualität der Kinder (▶ Kap. 2.1) und seine entwicklungspsychologische Phasenlehre – mit dem Ziel der sogenannten »reifen« genitalen Sexualität nach den Stürmen der Pubertät – große Ressentiments in der Ärzte- und Gelehrtenschaft. Laut Roazen (1971) war es unter anderem wegen dieser sexuologischen Veröffentlichungen Freuds damals für einen jungen Mediziner in Wien der selbstgewählte berufliche Ruin, sich zu den Schriften Sigmund Freuds zu bekennen.

Auch anderweitig gab es um das Jahr 1905 herum interessanterweise wichtige enttabuisierende und revolutionierende Funde und Vorkommnisse. Nicht nur wurde in diesem Jahr durch die beiden Mediziner Fritz Schaudinn und Erich Hoffmann der Erreger der Syphilis entdeckt (vgl. Sigusch 2011, S. 194), sondern auch auf der Geschlechterkampf-Ebene tat sich einiges: Die prominente Frauenrechtlerin und Pazifistin Helene Stöcker gründete 1905 den »Bund für Mutterschutz«, der sich – entgegen dem heute etwas muffig klingenden Titel – sehr progressiv für »gefallene Mädchen«, für radikale Sexualaufklärung, Verhütung und Sexualhygiene einsetzte. Ebenso beginnt der große deutsche Sexualreformer Magnus Hirschfeld in diesem Jahr seine großangelegten Kampagnen zur Rehabilitation der homo- und bisexuell liebenden Menschen, wie auch zwei Jahre darauf der Arzt und Sexualforscher Iwan Bloch (1872–1922) sein Werk »Das Sexualleben unserer Zeit in seinen Beziehungen zur modernen Kultur« (Bloch 1907) veröffentlichte. Im Jahr darauf gründete Hirschfeld die »Zeitschrift für Sexualforschung«, die es übrigens heute – und dies schon im 24. Erscheinungsjahr – beim Georg Thieme Verlag (Stuttgart/New York) wieder gibt.

Eine radikale politisierende Position, die auch innerhalb der Psychoanalyse zu Konflikten führte, vertrat der Wiener Arzt und Psychoanalytiker Wilhelm Reich (1897–1957). Nachdem Reich als einer der vielversprechendsten jungen Freud-Schüler schon früh eine bedeutende Position innerhalb der Zunft erlangte – z. B. als Direktor des Wiener Seminars für Psychoanalytische Therapie zwei Jahre nach Studienabschluss (1924) oder als Mitarbeiter des Wiener Psychoanalytischen Ambulatoriums unmittelbar nach dem Studium (vgl. Kerscher und Kerscher 2008, S. 14) –, fiel er insbesondere durch seine sexualpolitischen Schriften und Initiativen wie »Die sexuelle Revolution« (vgl. Reich 1966) in Ungnade bei Freud und seinen Getreuen (vgl. Fallend und Nitzschke 1997). Die Psychoanalytiker fürchteten um ihre gesellschaftliche Reputation, insbesondere wegen des Ärgernisses, das die Sexualtheorie an sich schon bedeutete, und erst recht in Verbindung mit revolutionären gesellschaftspolitischen Ideen, die propagierten, die Kleinfamilie und die Zwangsehe abzuschaffen (vgl. Reich 1966; Orig. 1936).

Reich wurde dann auch von der Studentenbewegung Ende der 1960er Jahre begierig aufgegriffen und seine Lehre von der »freien« Sexualität als Veränderungsinstrument zu politischen Umwälzungen interpretiert. Diese gesellschaftspolitische Dimension der Sexualität bei Reich ist aus heutiger Sicht nach meinem Dafürhalten überbewertet worden, wenngleich Zusammenhänge zwischen Charakterbildung, sexueller Unterdrückung oder sexueller Liberalität unzweifelhaft gegeben sind (vgl. Aigner 1989). Was unterschätzt wurde, waren Art und Ausmaß, wie es dem Kapitalismus als wirtschaftlicher Organisationsform gelungen ist, sexuelle »Freizügigkeit« (wie ich anstatt »Freiheit« besser sagen würde) und Sexualität als Ware ungeheuer geschickt zu integrieren und für Marktzwecke auszubeuten (vgl. Borneman 1998). Dennoch kommt Reich das Verdienst zu, die Zusammenhänge zwischen autoritärem System, sexueller Repression und autoritärem Charakter erstmals umfassend erhellt zu haben. Im Jahr 1933 war dann jedenfalls mit diesen Anfängen sexualwissenschaftlicher Forschung vorläufig Schluss: Die Nationalsozialisten beendeten nicht nur die aufblühende psychoanalytische Forschung und Theoriebildung, sondern auch jedwede ernstzunehmende sexualwissenschaftliche Forschung, Praxis und Lehre.

Sehr bedeutend für die Entwicklung einer international wahrnehmbaren empirischen, nicht an klinischen Problemen orientierten Sexualforschung waren nach dem Krieg die Forschungen und das Werk Alfred C. Kinseys (1894–1956), dessen erstes Buch »Sexual Behavior in the Human Male« (Das sexuelle Verhalten des Mannes) 1948 veröffentlicht wurde und großes Aufsehen in den Vereinigten Staaten bewirkte. Kinsey hatte zunächst mehr als 5000 Männer aller Altersstufen nach ihrem Sexualleben befragt und dabei für die puritanische amerikanische Öffentlichkeit schockierende Ergebnisse erzielt: So gaben mehr als 90 Prozent an zu onanieren, homosexuelle Erlebnisse gab es bei mehr als einem Drittel der Befragten, ganz zu schweigen von außereheliche Affären. 1953 folgte »Das sexuelle Verhalten der Frauen«, das aufdeckte, dass mehr als die Hälfte der Frauen nicht jungfräulich in die Ehe eintrat, was unter anderen Details geeignet war, bis in das amerikanische Abgeordnetenhaus hinauf höchste Aufregung zu verursachen (vgl. Reinisch und Beasley 1990, S. 14 ff.).

Kinseys Studien, die in der Folge wiederholt oder durch neue Detailaspekte angereichert wurden, brachten – abseits eines großen theoretischen sexualwissenschaftlichen Entwurfs zur Erklärung bestimmter Symptome oder Leidenszustände – eine großflächig angelegte weltweite Diskussion zu Fragen der Sexualität in Gang. Sein großes Verdienst ist es, dadurch auch ein Stück weit zur Entmythologisierung und Entschleierung bestimmter doppelmoralischer Verhältnisse, die man sich heute kaum mehr vorstellen kann, beigetragen zu haben. Schon früh – allerdings mit wenig Erfolg für Europa, wo dies bis heute eine unbegründete Sorge darstellt – hatten Mitarbeiter des Kinsey-Instituts auch schon zeigen können, dass liberale, offene Sexualerziehung keine verstärkten oder »verfrühten« sexuellen Aktivitäten bei Kindern und Jugendlichen hervorruft, sondern im Gegenteil Besonnenheit und – zum Beispiel den Gebrauch von Kontrazeptiva betreffend – gesteigertes Verantwortungsbewusstsein. Das Kinsey-Institut existiert übrigens nach wie vor und erfreut sich auch heute noch einer regen Forschungstätigkeit.[6]

Schließlich sind in der Geschichte der Sexualwissenschaft in den USA noch die beiden Wissenschaftler William Masters und Virginia Johnson unvergessen. Bei allem, was man gegen die relativ simple lerntheoretische und frühe verhaltenstherapeutische Ausrichtung – wonach »Störungen« erlernte sind, die man in Übungen wieder weglernen könne – aus heutiger Sicht sagen kann, muss die pionierhafte Leistung dieses Wissenschaftlerpaars in den 1950er und 1960er Jahren doch anerkannt werden: Sie führten die ersten umfangreichen empirischen Studien zum Sexualverhalten und der sexuellen Reaktion durch und erhellten damit ebenfalls viele dunkle Mythen über das menschliche Sexualleben. Am bekanntesten dürfte wohl die Erforschung des sexuellen Reaktionszyklus sein, den sie in ein Vier-Stufen-Modell von Erregungs-, Plateau-, Orgasmus- und Rückbildungsphase unterteilten (Masters und Johnson 1967). Dies und viele andere Ergebnisse zum sexuellen Reaktionszyklus führten schließlich zu einem Behandlungsmodell sexueller Funktionsstörungen wie Erektionsproblemen, Vaginismus, vorzeitiger Ejakulation usw., dessen »praxisbezogener« Kern (ein Stufenmodell von körperbezogenen Übungen) in modifizierter Form auch heute noch ein wichtiger Teil der Paar- und Sexualtherapie ist (▶ Kap. 10.2).

In Deutschland sind nach dem Krieg vor allem die Namen Hans Giese, Eberhard Schorsch, Gunter Schmidt, Reimut Reiche, Volkmar Sigusch, Martin Dannecker,

---

6 http://www.kinseyinstitute.org/

Margret Hauch, Sophinette Becker u. a. m. zu nennen, die für eine Weitervermittlung sexualwissenschaftlichen und sexualtherapeutischen Wissens sorgten.

Hans Giese, dessen wissenschaftliche Laufbahn zunächst von seiner offengelegten Homosexualität gebremst wurde, konnte 1959 sein privates »Institut für Sexualforschung« als Forschungsstelle der Deutschen Gesellschaft für Sexualforschung (DGfS) in die Universitätsklinik Hamburg-Eppendorf integrieren, an der er 1965 Professor wurde. Eberhard Schorsch wurde 1974 sein Nachfolger und Inhaber der damit verbundenen Professur für Sexualwissenschaft. Gunter Schmidt, der wohl wegen seines Nichtmediziner-Status dieses bedeutende Institut nie leiten konnte, darf als der wichtigste Sexualpsychologe im deutschen Sprachraum bezeichnet werden. Volkmar Sigusch wurde 1972 auf die Professur für Sexualwissenschaft (die erste weltweit) der ein Jahr zuvor gegründeten »Abteilung für Sexualwissenschaft« (ab 1996 »Institut«) im Fachbereich Medizin der Johann Wolfgang Goethe-Universität Frankfurt am Main berufen. An seiner Seite konnten Martin Dannecker und Reimut Reiche sich für das Fach Sexualwissenschaft habilitieren. Sophinette Becker leitete schließlich – bevor das Institut universitären Kürzungen und der Eliminierung der Sexualwissenschaft zum Opfer fiel – die sexualmedizinische Ambulanz dieses historisch bedeutenden Instituts (vgl. Sigusch 2008).[7]

In Österreich sind – trotz der mehr als hundertjährigen großen psychoanalytischen Tradition – kaum Initiativen sexualwissenschaftlicher Art zu konstatieren, nur der Psychoanalytiker Igor A. Caruso (1914–1981) und der von ihm geförderte, aus Berlin zugezogene Sexualwissenschaftler Ernest Borneman (1915–1995) leisteten in den 1970er und 1980er Jahren an der Universität Salzburg verdienstvolle Arbeit in der Ausbildung von Studierenden. Die 1975 wieder gegründete Österreichische Gesellschaft für Sexualforschung, der nach Borneman auch der Autor einmal vorstand, ist eher eine Lobbyistengruppe für homosexuell liebende Männer und Frauen und für die Durchsetzung wenigstens einzelner Lehr- und Ausbildungsinitiativen als eine Forschungsgesellschaft. Erst in allerjüngster Zeit konnte durch Initiative des Autors an der Universität Innsbruck erstmals in der Geschichte der österreichischen Universitäten ein akademisches Lehrangebot im Bereich Sexualberatung und -therapie ausgerichtet werden.[8]

---

7 Die vielen, die hier nicht genannt werden und dennoch sehr verdienstvolle Arbeit leisteten und leisten, mögen dem Autor verzeihen.
8 Universitätslehrgang »Intervention und Beratung im Bereich Sexualität« (»Akademische/r Expert/in für Sexualberatung«, 4 Semester) und Universitätslehrgang »Sexualtherapie« (Masterstudium, 6 Semester).

1.2 Begriffsgeschichte und Begriffswirrwarr

Was aber verstehen wir denn nun unter *Sexualität* eigentlich? Wie wir sehen werden, scheint auch die Begriffsklärung von der allgemeinen Tabuisierung des Intimen getrübt zu sein. Es ist schon erstaunlich und überzufällig, welche verbalen Pirouetten manche Autoren an den Tag legen, wenn es um die Definition oder ein begriffliches Fassbarmachen von Sexualität geht. Fast fühlt man sich an einen Spruch des legendären Karl Kraus erinnert, der da lautet: »Je näher man ein Wort ansieht, desto ferner sieht es zurück« (Kraus 1986 [1919], S. 291).

Abgesehen von der relativen historischen Neuheit des Begriffs, vor dem es zwar Beschreibungen sexueller Szenen, Akte oder Empfindungen gab (man denke etwa an den Marquise de Sade), tun sich die verschiedenen Autoren bis heute schwer, dieses eigentümliche »Etwas« zu beschreiben. So formuliert der bedeutende englische Soziologe Anthony Giddens zum Beispiel Sexualität recht merkwürdig als »einen ziemlich allgemeinen Ausdruck, der sich auf die sexuellen Merkmale und das sexuelle Verhalten von Menschen bezieht« (Giddens 1999, S. 644; zit. n. Lautmann 2002, S. 21). Auch der große Bielefelder Soziologe Niklas Luhmann kommt nicht recht viel weiter, wenn er formuliert:

> »Es handelt sich um ein Erleben, in dem die Körper als Körper zählen und ihr Begehren als Begehren des Begehrens« bzw. »Sexualität kommt über eine Beobachtung des eigenen bzw. fremden Körpers durch ein Bewusstsein zustande und setzt entsprechende Undurchschaubarkeiten auf beiden Seiten voraus.« (Luhmann 1989, S. 128 bzw. 129 f.; zit. n. ebd.)

Von Luhmann vollends verwirrt, suchen wir Zuflucht bei einem sexualwissenschaftlich engagierten Psychoanalytiker, dem schon erwähnten Reimut Reiche, und erfahren dort, dass die Begriffe *Sexualität*, *Eros* und *Libido* noch nie eindeutig zu fassen gewesen wären und deshalb »eines der vertracktesten und schönsten Rätsel, die uns Freud hinterlassen hat«, sind (Reiche 1990, S. 182; zit. n. Lautmann 2002, S. 22). Nun ist auch das nicht gerade von berauschender Klarheit und wir kehren zu Alfred Kinsey zurück, der funktionell und trocken meint, Sexualität sei jedes Verhalten, das in einem Orgasmus mündet. Ist dann das ohne Orgasmus endende Liebesspiel bei Kinsey keine Sexualität? Lautmann kritisiert diese Haltung Kinseys zu Recht als Fixierung auf den »sexuellen outlet« und erhebt an dieser Stelle den scharfzüngigen Vorwurf einer »Orgasmus-Betriebswirtschaft« (ebd.). Aber auch Lautmann selbst kommt nach Durchsicht der verschiedensten unzureichenden Definitions- und Umschreibungsversuche zu keinem einleuchtenden Schluss; er plädiert für eine Umschreibung, die weder zu eng noch zu weit sein sollte und die er so sieht:

> »Sexualität ist eine kommunikative Beziehung, bei der die Akteure Gefühle erleben, die eine genitale Lust zum Zentrum haben, ohne sich darauf zu beschränken. Für das sexuelle Erleben ist ein Orgasmus weder notwendige noch hinreichende Bedingung, und extragenital festgemachte Emotionen gehören dazu.« (2002, S. 24 f.)

Nun, über die »Sinnlichkeit« dieser Umschreibung sowie die Sperrigkeit der verwendeten Begriffe (etwa »extragenital festgemachte Emotionen«) kann man sich nur wundern – und daraus lernen. Auch für die Expertinnen und Experten ist es offenbar mehr als schwer, *sich sprachlich und fachlich sinnvoll über Sexualität zu äußern!* Diese mehr als unbefriedigend wirkenden Erläuterungen zum Begriff Sexualität, die viel Ratlosigkeit hinterlassen, zeigen auch, wie »quer« dieser Lebensbereich offenbar zum herkömmlichen Wissenschaftsbetrieb liegt. Nicht nur, dass gesellschaftliche Konvention und ein immer noch existierender Hauch von Peinlichkeit den Umgang mit diesem Gebiet erschweren, sondern auch, weil es vielschichtig, multifaktoriell zusammenhängend – und deshalb notwendig interdisziplinär – zu betrachten ist. Und das ist man in vielen Bereichen der Wissenschaft immer noch nicht gewohnt. Sehr verdienstvoll scheinen mir in diesem Zusammenhang die jüngeren Versuche der Begriffsklärung aus dem Bereich der Sexualmedizin zu sein.

> So bezeichnen etwa Beier und Loewit (2011) Sexualität »als eine *biologisch, psychologisch* und *sozial* determinierte Erlebnisqualität des Menschen [...], die in ihrer individuellen Ausgestaltung von der lebensgeschichtlichen Entwicklung geprägt wird«. Sexualität beziehe sich dabei »im weitesten Sinn auf alles, was mit Frau- und Mann-Sein, mit Geschlechtsidentität und Geschlechtsrollen zu tun hat, im engeren Sinn auf die Geschlechtsorgane (letztlich die Keimdrüsen) und ihre Funktionen, wobei jedoch neben dem Genitale alle Sinnesorgane und das Gehirn als deren zentrale Schaltstelle für das sexuelle Erleben und Verhalten eine entscheidende Rolle spielen.« (2011, S. 12; Hervh. i. O.)

Sexualität wird zusätzlich als »multifunktional« aufgefasst, wobei hier dreifach

- die *Fortpflanzungsfunktion* (in ihrer Bedeutung für die Reproduktion),
- die *Lustdimension* (als positive Möglichkeit des Lustgewinns) und
- die *Beziehungsdimension* (zur Befriedigung grundlegender biopsychosozialer Bedürfnisse) –

und diese wiederum in Abhängigkeit von der jeweiligen Lebensphase, aber auch von Phantasie und Realität – unterschieden werden (ebd.).

Insbesondere die *Beziehungsdimension* erhält in diesem Ansatz einen zentralen Stellenwert: Bindung und Beziehung sind dabei idealiter prioritär darauf ausgerichtet, die grundlegenden biopsychosozialen Bedürfnisse nach *Akzeptanz, Sicherheit und Geborgenheit* durch sexuelle Kommunikation in Beziehungen auszudrücken – was Beier und Loewit die *syndiastische Dimension*[9] nennen – und zu befriedigen. Auch wenn diese syndiastische Dimension der Sexualität, die die biopsychosozialen Grundbedürfnisse befriedigen soll, sicher nicht als neuer Imperativ normativ und moralisch festgeschrieben werden darf – das hieße dann nämlich, dass jede andere Sexualität letztlich verwerflich ist –, stellt sie meines Erachtens doch eine gute Umschreibung gelingender sexueller Beziehungen in ihrer

---

9 Mit »syndiasticós« meinte Aristoteles den Anderen im Sinne einer Paarbeziehung, wobei eine besondere Vertrautheit und Zugehörigkeit zueinander besteht (Aristoteles 2001).

Vielfalt dar.[10] Diese Vielfalt drückt sich auch in einer WHO-Arbeitsdefinition aus. Dort wird Sexualität als »zentraler Aspekt des Menschseins« verstanden, der ein Leben lang vorhanden ist.

> Dieser Aspekt »umfasst biologisches Geschlecht, soziale Geschlechteridentitäten und -rollen, sexuelle Orientierung, Erotik, Genuss, Intimität und Fortpflanzung. Sexualität wird durch Gedanken, Fantasien, Sehnsüchte, Überzeugungen, Einstellungen, Werte, Verhaltensweisen, Praktiken, Rollen und Beziehungen erfahren und zum Ausdruck gebracht. Wenngleich Sexualität all diese Dimensionen umfassen kann, werden nicht alle stets erfahren und ausgedrückt. Sexualität ist beeinflusst von der Interaktion biologischer, psychologischer, sozialer, ökonomischer, politischer, ethischer, rechtlicher, historischer, religiöser und spiritueller Faktoren.« (BzgA 2011, S. 18)

An dieser »Definition« imponiert das Dynamische, die ungeheure Vielschichtigkeit und vielfache Verankerung auf verschiedensten Ebenen und die quer durch die Biografie reichende unterschiedliche Bedeutung des Sexuellen. Letzteres bedeutet nichts anderes, als dass etwas, was in einem bestimmten Lebensabschnitt an der Sexualität bedeutsam und prioritär sein kann, in einem anderen Abschnitt der Biografie in den Hintergrund treten oder sogar unwichtig werden kann. Dies gilt es auch bei der Arbeit mit an Sexualität Leidenden, besonders auch mit älteren Menschen, zu beachten. Diese ungeheure Vielfalt macht es einerseits schwierig, Sinn und Bedeutung für ein je individuelles Individuum angemessen und richtig – und nicht entlang bestimmter normativer Vorgaben – zu verstehen, andererseits hat es auch etwas Entlastendes, dem je individuellen Glück und den je individuellen Möglichkeiten von Menschen in einer bestimmten Phase ihres Lebens gerecht zu werden.

1.3 Abklären statt Wegpsychologisieren – biologische und medizinische Aspekte des Sexuellen

Im Rahmen der Entwicklung der Sexualwissenschaft meine ich nun eine Tendenz beobachten zu können, die sich weg von vermeintlich vorgegebenen medizinisch-biologischen Fakten und Begründungsfaktoren hin zu einer psychosozialen und kulturwissenschaftlichen Schwerpunktsetzung in der Befassung mit Sexualität

---

10 Diese Begriffsfassung von Beier u. Loewit (2011) ist auch nicht weit entfernt von dem vierperspektivischen Zugang Schmidts (1988, 2004a), der Bedürfnis-, Beziehungs-, Körper- und Geschlechtsgeschichte unterscheidet (vgl. dazu später) – obwohl die Berliner Schule, zu der Beier und Loewit zählen, in scharfem Gegensatz zu der Hamburger Gruppe, der Schmidt angehört, zu stehen meint. Diese Spannungen sind aus meiner Sicht, die die eines Dritten ist, der historischen Aufladung der Sexualwissenschaft mit unterschiedlichen gesellschaftspolitischen Groß- und Kleinhoffnungen geschuldet, aber in der Sache selbst wenig begründet, auch wenn die eher sexualmedizinisch ausgerichtete Gruppe um Beier und Loewit eher pragmatisch affirmative Ziele in Theorie und Behandlung verfolgt, die Hamburger und Frankfurter Szene um Schmidt und Sigusch eher politisierende, kulturkritische und gesellschaftsverändernde Impulse setzt und gesetzt hat.

entwickelt. Dies hat historisch gesehen wohl mit dem Abschütteln fragwürdiger Vererbungslehren bis hin zu rassistischen und sexistischen Festlegungen zu tun, wie auch mit der damit verbundenen Einzementierung von Normalitätsvorstellungen, Geschlechterrollen und den entsprechenden Folgen bei Verstößen dagegen. Nicht zuletzt gibt es diesbezüglich eine gewaltige Hypothek, die auf unserer Kultur lastet, und die mit der allzu oft auf Biologie und Medizin zurückgreifenden rassistischen Aussonderung und Vernichtung angeblich erblich belasteter Menschen zu tun hat. Auch das Aufkommen der Frauenbewegung ab den 1970er Jahren und die damit verbundene *Genderforschung*, die im Wesentlichen und zum allergrößten Teil bis heute eigentlich nur *Frauenforschung* ist, war sehr darauf bedacht, etwaige Festlegungen weiblicher Eigenarten und essentieller Geschlechtstypisierungen, die meistens zu Lasten der Frauen gingen, zurückzuweisen und das Moment der sozialen Konstruiertheit von Geschlecht in den Vordergrund zu stellen.

Diese Entwicklung muss bedacht werden, wenn wir das Misstrauen gegenüber biologisch-medizinischen Voraussetzungen der Erlebens- und Verhaltensmöglichkeiten im Bereich Sexualität und auch gegenüber medizinischen Erklärungsversuchen sexueller Störungen verstehen wollen. Und noch ein anderer Aspekt scheint mir wichtig: Früher gab es ja – in der Diskussion um die Intelligenzentwicklung oder um psychische Störungen allgemein – das berüchtigte Jonglieren mit den Prozentzahlen »80« und »20«. Und so hört man seitens mancher Mediziner und Verhaltensbiologen bis heute, dass 80 % der Störungen anlage- oder genetisch bedingt seien, 20 % hingegen von Erziehungs- und Beziehungsproblemen sowie von sozialen Einflüssen herrühren. Stimmt nicht, kontern viele Psychologen, 80 % seien umweltbedingt und höchstens 20 % seien anlagebedingt verstehbar. So ähnlich spielten sich viele Auseinandersetzungen auch zu Fragen der Verursachung sexueller Störungen ab. Bei einer Herangehensweise wie wir sie eben erörtert haben, nämlich die von Sexualität als einem biopsychosozialen Phänomen mit einer multifaktoriellen Bedingtheit, verbietet sich ein derartiges Zahlenspiel aber von vornherein.

> »Die Sexualmedizin, wie sie in diesem Leitfaden verstanden wird, und ihre spezifischen therapeutischen Verfahren kümmern sich um das ›Ganze‹: Den einzelnen Partner und das Paar, die Qualität der Beziehung und der in ihr gelebten Sexualität, die Verbindung von Lust und Beziehung. Basis dieser Betrachtungsweise ist die Erkenntnis der schon in der Evolution entstandenen drei Dimensionen von Sexualität: Beziehung, Lust und Fortpflanzung, jeweils in ihren somatischen, psychischen und sozialen Aspekten.« (Beier und Loewit 2011, S. V)

Dies ist noch einmal rund formuliert das, was Beier und Loewit wie gesagt die *syndiastische Dimension* der Sexualität nennen. Sie weisen auch immer wieder darauf hin, in welchem Maße das Gehirn, das ja in Zeiten expandierender Hirnforschung gerne als Erklärungsansatz für alles Mögliche hergenommen wird, »ein auf zwischenmenschliche Beziehungen eingestelltes und von Bindungen abhängiges System ist und wie Beziehungen tatsächlich Gene steuern können« (2011, S. 14 f.). Das Gehirn reagiert also – wie wir mittlerweile wissen – auf Bindungsmodi, ganz zu schweigen von den länger schon bekannten Spiegelneuronen und hormonellen Reaktionen auf Beziehungsqualitäten (vgl. Kleine und Rossmanith 2010). Glückshormone, die das »Schmetterlinge-im-Bauch-Gefühl«

hervorbringen, sind nur die bekannteste Variante davon, wie Bios und Psyche sich beeinflussen können. Und so können sexuelle Probleme, auch Funktionsstörungen, beispielsweise mit seelisch provozierten Muskelverspannungen, vegetativer Dystonie, dysphorischen Verstimmungen, Kommunikationsproblemen, aber auch mit organischen Befunden, mit Zuckerkrankheit, mit Störungen der Durchblutung (vaskuläre Ursachen), Schädigungen im zentralen oder peripheren Nervensystem (neurogene Ursachen), mit Hormonstörungen (endokrine Ursachen) oder auch mit Schädigungen des Schwellkörpergewebes (kavernöse Ursachen) zusammenhängen. Auch Medikamente und ihre Nebenwirkungen, etwa bei Bluthochdruck oder Leber- und Nierenleiden u. a. m., können Schwierigkeiten der erektilen Funktion oder des orgastischen Erlebens bei Frauen wie Männern bewirken (vgl. Stief et al. 2002).

Am Beispiel einer Erektionsstörung können Beier und Loewit (2011) überzeugend darstellen, wie selbst innerhalb der Medizin durch die vielfältigen möglichen Verursachungszusammenhänge die *interdisziplinäre sexualmedizinische Zusammenschau* unentbehrlich ist: Natürlich spielt bei Erektionsproblemen die *Urologie* eine zentrale Rolle, Penisverkrümmungen (Induratio penis plastica), Prostata- oder Blasenerkrankungen können selbstverständlich Noxen bewirken, die entscheidend für die sexuelle Funktion sind. Aber auch die *Pharmakologie*, die die Nebenwirkungen bestimmter Arzneimittel, z. B. blutdrucksenkender Medikamente, beforscht, muss unter Umständen zu Hilfe gerufen werden. Sollten irgendwelche Eingriffe (Prostata, Blase u. a.) vorgekommen sein, muss durch die *Chirurgie* geklärt werden, inwiefern hier operationsbedingte Läsuren vorliegen können, die das Problem mit verursachen (siehe dazu auch unsere Fallschilderung ▶ Kap. 12.2). Die *innere Medizin* könnte im Einzelfall wegen kardiovaskulärer Erkrankungen oder wegen Diabetes oder Arteriosklerose bedeutend sein. Und in besonderen Fällen muss bei Fragen von Lähmungen, Schädel-Hirn-Traumata, Epilepsie oder Multipler Sklerose die *Neurologie* herangezogen werden, bei psychiatrischen Auffälligkeiten schlussendlich auch die *Psychiatrie* (vgl. Beier und Loewit 2011, S. 27 f.).

Schließlich gehen die Zusammenhänge so weit, dass die Verletzung und Frustration der psychosozialen Grundbedürfnisse des Individuums (nach Nähe bzw. Bindung, Sicherheit, Akzeptanz und Geborgenheit) es nach derzeitigem Forschungsstand unmittelbar wahrscheinlicher machen, an einer psychischen beziehungsweise psychosexuellen Störung zu erkranken, oder aber sie erschweren oder verunmöglichen die Überwindung von bestehenden Erkrankungen (vgl. Egle et al. 1997; zit. n. Beier und Loewit 2011, S. 22). Im Umkehrschluss kann gesagt werden, dass noch so raffinierte Tricks oder »rein« verhaltenstherapeutische (falls es so etwas noch gibt?) »Umlern-Versuche« bei sexuellen Störungen langfristig zum Scheitern verurteilt sein werden, wenn sie diese biopsychosozialen Zusammenhänge ignorieren (vgl. u. a. Hüther 2006). Zuletzt sind diese Zusammenhänge auch der Grund dafür, warum selbst bei organisch bedingten oder mitverursachten Störungen psycho- und sexualtherapeutische Interventionen – wie mittlerweile allseits bekannt – eine zusätzliche Linderung und Besserung der Symptome bewirken.

Ohne hier weiter auf medizinische Details eingehen zu können (vgl. dazu Beier und Loewit 2011; Beier, Bosinski und Loewit 2005; Sigusch 1998) sei abschließend festgestellt, dass eine bessere Zusammenarbeit zwischen psychosozialen Berufen und der medizinischen Fachwelt sehr wünschenswert wäre. Beide Seiten haben von Ressentiments getragene Haltungen, die der Zusammenarbeit nicht gut tun. Von Seiten der Psychotherapie wird, wie eingangs bemerkt, oft so getan, als sei alles, was nach organischen Ursachen fragt, von vornherein kurzsichtig, beschränkt oder sogar politisch unkorrekt. Dabei kann es dazu kommen, dass handfeste organische Ursachen, wie ich es in Supervisionen etwa bei Blutdruckpatienten mit erektiler Dysfunktion erlebt habe, einfach ignoriert werden und damit ein psychisch eigentlich noch größerer Schaden gefördert wird, als ihn die Verunsicherung durch eine medikamentöse Irritation ohnehin schon nach sich zieht. Von Seiten der Medizin werden die vielfältigen psychosozialen Zusammenhänge oft ignoriert oder bagatellisiert, ungefähr nach dem Motto: »Ja, das kann schon sein, dass es da Zusammenhänge gibt, aber so entscheidend ist das nicht.« Dadurch wird die Abwehr von Patienten, die eigentlich eine seelisch oder beziehungsdynamisch verursachte Störung haben, enorm gestärkt und damit die Symptomatik letztendlich prolongiert. Ich habe Fälle gesehen, in denen einem Mann mit Erektionsproblemen auf der urologischen Station einer großen Klinik einfach eines der heute modernen Medikamente verschrieben wurde, ohne dass auch nur eine einzige Frage zu seiner Beziehung (ja nicht einmal, ob er überhaupt in einer Beziehung lebt!) und den möglichen Problemen darin gestellt wurde. Ein derartiges Vorgehen ist auch vom kassenpolitischen Standpunkt her schärfstens zu verurteilen, weil es unnötige Kosten durch prolongierte Patientenkarrieren verursacht und weil jede Therapie, die ohne weitere Ursachenergründung lediglich auf eine »Funktionsreparatur« abgestellt ist, letztlich verantwortungslos ist (vgl. auch Rösing 2012, S. 89). Hier tut die Medizin gut daran, sich an den derzeit führenden Kräften um die Universitätskliniken Hamburg (Peer Briken) und Berlin (Klaus Beier, Charité) zu orientieren, die diesbezüglich nach meinem Dafürhalten eine sehr offene interdisziplinäre Haltung einnehmen.

In meiner eigenen Praxis erscheint es mir deshalb selbstverständlich, grundsätzlich *alle* Ratsuchenden mit sexuellen Funktionsstörungen zu einer medizinischen Abklärung zu schicken. Ebenso selbstverständlich erschiene es mir, im medizinischen Bereich eine ausführliche Anamnese (siehe insbes. ▶ **Kap. 10.1.2**) zu den psychosozialen und lebensgeschichtlichen Problemen von Patienten mit solchen Störungen durchzuführen. Es scheint übrigens so zu sein, dass viele Patienten insgeheim zu wissen scheinen, ob sie nun tatsächlich einer psychologisch-psychotherapeutischen Hilfe bedürfen oder nicht: So hatte ich in den rund 20 Jahren sexualtherapeutischer Praxis noch nie (!) einen Fall, der von der medizinischen Abklärung mit einem positiven Befund zurückgekommen wäre. Ob dies bei den in medizinischen Kliniken oder in Facharztpraxen Vorsprechenden umgekehrt auch so ist, kann ich nicht sagen, bezweifle es aber trotz der Mitteilung mancher Arztkollegen, dass ihre Patienten alle organisch bedingte Probleme hätten. So ist es z. B. auffällig, wie wenig Überweisungen es seitens großer urologischer Universitätskliniken an die ohnehin wenigen mir bekannten Sexualtherapeuten gibt. Insbesondere seit der Vermarktung der Potenzpillen scheint hier besonders bei männlichen Patienten eine sehr problematische *Medikalisierung der männlichen Sexualität* Platz zu greifen, innerhalb derer die Beziehungs- und psychosozialen Faktoren im Leben der betroffenen Männer und ihrer Partnerinnen erst gar nicht mehr beachtet werden. Dies wird übrigens auch in den entsprechenden Statistiken über die vorgebrachten Probleme in Beratungsstellen sichtbar, im Rahmen derer die Erektionsprobleme seit dem »pharmakologischen Segen« der Potenzpillen merklich zurückgegangen sind (vgl. Hauch 2006).

Hier wäre eine verstärkte institutionelle Kooperation über die Grenzen der Fachdisziplinen hinweg dringend angezeigt und notwendig. Wenn man weiß, dass Psychotherapiepatienten im Allgemeinen zwischen fünf und sieben Jahren in zumindest teilweise fehlindizierten medizinischen Behandlungen verbringen, bevor sie zu einer angemessenen psychotherapeutischen Behandlung gelangen (vgl. Ringel 1987) und dass dies auch auf Fälle mit sexuellen Problemen zutrifft, dann liegt in dieser Spannung zwischen aufeinander angewiesenen Disziplinen ein enormes Entwicklungspotenzial, das auch unnötige Kosten sparen helfen würde – wobei das ökonomische Argument nicht das entscheidende sein soll. Entscheidend ist vielmehr, dass es zu einer der Komplexität der Zusammenhänge gerecht werdenden Betreuung und Behandlung kommen kann.

2 Das »Sexuelle« und die »Sexualität«: zur Psychoanalyse von Sexualität und Sexualentwicklung

Wenden wir uns nach der unbefriedigenden Reise durch die Begriffsgeschichte wieder der »Urdisziplin« sexualwissenschaftlicher Forschung, die für mich historisch gesehen die Freud'sche Psychoanalyse darstellt, zu – in der Hoffnung darauf, hier mehr Klärung vorzufinden. Aus Sicht einer nicht orthodox an bestimmten Dogmen der eigenen Problemgeschichte hängenden Psychoanalyse muss man zuerst einmal den *Pansexualismus-Vorwurf* (vgl. Roazen 1971), der Freud entgegengehalten wurde, entkräften. Kritiker meinten ja und meinen bis heute, die Psychoanalyse würde »alles nur von der Sexualität« her erklären wollen. Dazu muss gesagt werden, dass Freud an mehreren Stellen ausdrücklich betont, wie sehr sein Sexualitätsbegriff von dem umgangssprachlichen seiner Zeit – und, so könnten wir ergänzen, nach wie vor auch von dem unserer Gegenwart – abweicht. Der psychoanalytische Begriff von Sexualität und seine Weite war sozusagen schon dem Programm moderner Sexualwissenschaft vorweggenommen, die nicht mehr nur am Genitalen hängt und Orgasmus-Zählen und andere sexuelle Funktionen zu messen als Erkenntnisziel sieht, sondern die vielfältigen Zusammenhänge zwischen vitalen Grundbedürfnissen und sexueller Lust und Befriedigung (▶ Kap. 1.2). So schreibt der Begründer der Psychoanalyse z. B. schon vor mehr als 100 Jahren:

> »Der Begriff des Sexuellen umfasst in der Psychoanalyse weit mehr, er geht über den populären Sinn hinaus [...]; wir rechnen zum ›Sexualleben‹ auch alle Betätigungen zärtlicher Gefühle, die aus der Quelle der primitiven sexuellen Regungen hervorgegangen sind, auch wenn diese Regungen eine Hemmung ihrer ursprünglich sexuellen Ziele erfahren oder dieses Ziel gegen ein anderes, nicht mehr sexuelles, vertauscht haben. Wir sprechen darum lieber von *Psychosexualität*, legen so Wert darauf, dass man den seelischen Faktor des Sexuallebens nicht übersehe und nicht unterschätze. Wir gebrauchen das Wort Sexualität in demselben umfassenden Sinne wie die deutsche Sprache das Wort ›lieben‹.« (1910, S. 137)

Dieses Zitat ist in mehrerer Hinsicht für unseren Sexualitätsbegriff und für die Arbeitsweise in Beratung und Behandlung in Sachen Sexualität bemerkenswert: Freud spricht schon zu diesem frühen Zeitpunkt von *Psychosexualität* und verweist damit auf die vielfältigen Zusammenhänge sexuellen und allgemein seelischen Erlebens. Er reiht auch all die »zielgehemmten« – wie die Psychoanalyse das nennt – zärtlichen Regungen und die Nähe zwischen Eltern und Kindern unter Sexualität ein und macht damit nicht zuletzt auf die Bedeutung der Kindersexualität und deren Entwicklung aufmerksam. Schließlich weitet er den Begriff auf die Liebe aus, womit eigentlich auch gesagt ist, dass sowohl eine glückende als auch eine misslingende Sexualität immer mit einem Problem des Liebens zu tun haben – also mit ganz bestimmten Beziehungselementen zwischen Menschen. Darauf werden wir in späteren Teilen des Buches noch ausführlich zu sprechen kommen.

Der psychoanalytische Sexualitätsbegriff hat aber auch noch ein anderes wesentliches Merkmal, das ihn von anderen psychologisch-sozialwissenschaftlichen Begriffsfassungen abhebt: Es ist die *Dimension des Unbewussten*, also der in sexueller Erregung und Beziehung immer mitschwingenden Regungen, die den Betroffenen gar nicht bewusst und deshalb auch nicht reflexiv verfügbar sind. Diese Dimension müssen wir bei allem, was Menschen im Bereich der Sexualität erleben und machen, immer mitdenken; es kann immer etwas (völlig) anderes bedeuten, als es gerade im Manifesten der sexuellen Handlung erscheint.

Fritz Morgenthaler, der schweizerische Psychoanalytiker (1919–1984), hat bezüglich dieser unterschiedlichen Ebenen zwischen dem Bewussten und dem Unbewussten eine simple, aber einprägsame und gut nachvollziehbare Unterscheidung getroffen: Er unterscheidet *die Sexualität* und *das Sexuelle*. Ersteres meint die aus dem Es strömende Triebhaftigkeit, das, was die Psychoanalyse »Primärprozesshaftes« oder »Lustprinzip« nennt, also das energetische, ungerichtet zielose Potenzial, das als dranghaftes Bedürfnis nach sexueller Betätigung erlebt wird. Dieses Potenzial ist aber von Anbeginn des Lebens an schon »organisiert«, also unter der Herrschaft des »Realitätsprinzips« (durch Erziehung, Sozialisation und Enkulturation); es ist das historisch-gesellschaftlich schon zurechtgerichtete, das kanalisierte »Sekundärprozesshafte« und das individuell Ausgestaltete, *die Sexualität* also (Morgenthaler 1984, S. 138 f.). Durch diese Kultivierung des Sexuellen zur Sexualität hat das Ich auch die Kontrolle über diesen Bereich, zumindest weitgehend. Damit ist auch dargestellt, dass es jeweils auch eine Frage der konkreten historisch-gesellschaftlichen Verfasstheit und Zurichtung der Menschen ist, was an *der Sexualität* bemerkenswert ist und zum Verständnis herangezogen werden muss. Und in diese gesellschaftliche Prägung fließen ganz viele verschiedene Faktoren ein, die männliches und weibliches Begehren oder verschiedenste Zwischenformen davon prägen und ausgestalten. Je nach Verfasstheit einer Gesellschaft müssen sexuelle Wünsche unterdrückt und verdrängt (bestenfalls sublimiert) werden. Viele Gepflogenheiten anderer Jahrhunderte oder anderer Kulturen erscheinen uns deshalb absonderlich oder fremd. Morgenthaler hält dabei besonders die entwickelte Welt der Industrienationen für sehr repressionsfreudig. Hier würde »die Diktatur der Sexualität« über das Sexuelle besonders stark wirksam und die primärprozesshaften Impulse aus dem Es hätten nicht halbwegs unverstellt Zugang zu *der Sexualität* – was nach seiner Auffassung übrigens die Voraussetzung für eine gelungene Einigkeit von *Sex* und *Liebe* wäre. Es wird somit nicht nur das Sexuelle, sondern auch die Liebe unterdrückt.

Dieser Gedanke lässt sich auch für die sexualisierte Warenwelt des kapitalistischen Systems gut anwenden: Das, was an täglicher warenförmiger Sexualisierung, an Leistungs- und Schönheitszwängen für die Individuen, insbesondere für Frauen wirksam und spürbar wird, kann als eine »Militärmacht« – wie Morgenthaler an einer Stelle sagt (1984, S. 139) – von vorgegebenen, unterdrückenden Repressalien verstanden werden, die das spontane Strömen von »Sexuellem« behindern oder wegen verschiedenster Ängste, die aus diesem Druck resultieren, sogar verunmöglichen und damit eine qualitativ recht beschränkte Sexualität ergeben. Die Vermarktung alles Sexuellen hat also noch nichts mit Befreiung des Sexuellen zu tun, ganz im Gegenteil.

2.1 Die Bedeutung der Sexualität für die Persönlichkeitsentwicklung

Am Beispiel der sexuellen Entwicklung von klein auf, wie sie im Zuge der psychoanalytischen Theoriebildung erarbeitet und postuliert wurde, lassen sich das Ineinandergreifen von Sexualität, Biografie und Kulturell-Gesellschaftlichem schön darstellen. Dieses Zusammenspiel ist auch für das spätere Erleben beglückender oder aber misslingender Sexualität von Bedeutung und hilft uns, die Bedingungen dafür in der Arbeit mit Ratsuchenden oder Therapiepatienten besser zu verstehen und entsprechend zu bearbeiten.

Freud ging in einer seiner »Urschriften« zur Sexualität, in den »Drei Abhandlungen zur Sexualtheorie«, (1905) davon aus, dass der Sexualtrieb, worunter wir uns die sexuellen Bedürfnisse als seelische Repräsentanz des Triebes vorstellen können, in der Kindheit von Anfang an vorhanden sei. Sexuelle Verhaltens- und Erlebensäußerungen des Kleinkinds seien deshalb keine »regelwidrige[n] Vorkommnisse«, sondern integraler Bestandteil seiner Entwicklung (1905, S. 135). Die sexuelle Konstitution sei dabei durch »angeborene Verschiedenheit« gekennzeichnet. Diese Angeborenheit bestimmt jedoch die weitere Entwicklung nicht zur Gänze, weil mit einer »weiteren Verarbeitung« durch das »Schicksal, welches die aus den einzelnen Quellen stammenden Sexualitätseinflüsse erfahren«, gerechnet werden muss (ebd. S. 139). Dabei spielen *Verdrängung* (»psychische Verhinderung« der Triebregungen) und die *Sublimierung*, durch die starke Triebregungen auf andere Gebiete (Kunst, Kultur, Wissenschaft u.a.m.) abgeführt werden, eine wichtige Rolle.

Insgesamt sind die kindlichen psychosexuellen Entwicklungsphasen nach psychoanalytischer Auffassung durch drei systematische Annahmen gekennzeichnet:

A. Sexualität entwickelt sich aus einer *polymorph-perversen Anlage* heraus.
B. Die Sexualentwicklung *lehnt sich an lebenswichtige Funktionen an*, daher
C. ist sie auch mitverantwortlich für die *Grundlegung wichtiger Persönlichkeitszüge* bzw. *Seins-Modalitäten*, wie ich sie nennen möchte.

In ▶ Tabelle 4.1 sehen wir uns diese Konstruktion der Phasen der psychosexuellen Entwicklung und ihrer Bedeutung (idealtypischerweise) einmal im Überblick an (ich verwende hier nicht Freuds ursprüngliche, sondern eine moderne psychoanalytische Version).

Tab. 4.1: Phasen der psychosexuellen Entwicklung

Entwicklungsphase	Persönlichkeitszüge bzw. »Seins-Modalitäten«
Kutane Phase (nach Borneman 1985)	Gehalten-/Getragensein
Orale Phase	Urvertrauen (nach Erikson 1971)
Anale Phase	Selbstbestimmung/Autonomie
Genital-phallische Phase	Geschlechtsrollenidentität
Ödipale Phase	Mann-Frau-Sein sowie Verhältnis zur Autorität
Latenzperiode	Beruhigung und Konsolidierung
Pubertät und Adoleszenz	Wiederaufleben und Lösung ödipaler Konflikte

Zunächst gehen wir davon aus, dass sich die Lustempfindungen des Kindes entlang verschiedener Körperregionen entwickeln, und zwar in einer vorgegebenen Abfolge. Diese Körperregionen nannte Freud die *erogenen Zonen*, die jeweils für eine Zeit lang das Lustempfinden des Kindes dominieren. An ihnen spielt sich quasi die Erprobung der Lust, immer auch schon im Kontakt mit der sozialen Umwelt, ab. Das heißt auch, dass diese Bedürfnisse und Gelüste *polymorph*, also vielgestaltig sind, was – gemessen an der Normierung der genitalen Sexualität als »reifes Ziel« der Sexualität – quasi notwendig »pervers« erscheinen muss, also *polymorphpervers*, weil die Bedürfnisse abweichend vom »normalen« Sexualziel der reifen Genitalität sind.[11] Wir werden noch sehen, wie diese Vielgestaltigkeit auch für eine gelingende Sexualität im Erwachsenenleben bedeutsam ist bzw. wäre. Zugleich, so die Annahme, ist die Befriedigung dieser Bedürfnisse und Lüste *überlebensnotwendig*. Am deutlichsten ist dies bei der Befriedigung der oralen Bedürfnisse, deren Unbefriedigtheit letztlich Hunger und Tod bedeuten würde. Ähnliches kann an allen diesen Phasen demonstriert werden, wobei es eigentlich eine schöne Vorstellung ist, dass das Überlebensnotwendige gleichzeitig auch dazu dient, Lust zu bereiten!

Und schließlich geht dieses Modell davon aus, dass durch die Art, wie diese einzelnen Etappen der Entwicklung verlaufen – gelungen oder eher schwierig und krisenhaft – , für das spätere Erwachsenenleben zentrale menschliche Seinsweisen (Modalitäten) grundgelegt werden. Dabei sei vorausgeschickt, dass eine strikte Trennung der Phasen und des in ihnen Erlebten nicht möglich und auch nicht sinnvoll ist. Alle Qualitäten des Erlebens sind auch in den darauffolgenden Entwicklungsphasen wichtig, sie sind nur nicht mehr so zentral, weil andere Erlebensqualitäten in den Vordergrund treten. Ebenso können – besonders bei ungünstigem Verlauf, der manches an Entwicklung unerledigt lässt – Fixierungen auf der einen beziehungsweise Rückfälle auf eine andere Stufe vorkommen (wie es etwa im Bereich der Analität, z. B. wenn ein Kind die Windel nicht hergeben will, häufig vorkommt). Sehen wir uns das im Einzelnen im Sinne eines modernen psychoanalytischen Verständnisses von Entwicklung an (▶ **Kap. 2.1.1**).

---

11 Wir werden später noch erörtern, dass und warum die psychoanalytische Sexualforschung am Begriff der »Perversion« offensiv festhält und ihn nicht dem Zeitgeist marktkonformer sexueller Libertinage, wonach »alles irgendwie normal« ist, opfert.

2.1.1 Die kutane Phase und ihre Bedeutung für Sexualität und Beziehung

Da ist zunächst einmal die *kutane Phase* (vom lat. »cutis«, die Haut), die Borneman (1985) als frühestes Stadium noch vor der oralen Phase postulierte. Die Haut ist hier sozusagen – in Analogie zur Freud'schen Vorstellung erogener Zonen – das erste *Sexualorgan*, also die erste erogene Zone. Sie ist mit einem Potenzial erregender, beruhigender Erfahrungen ausgestattet und ein lebensnotwendiges *Kontaktorgan* gegenüber den bestätigenden, haltenden, beruhigenden Bezugspersonen (die Forschungen über Neurodermitis und Kontaktstörungen liefern dafür einen späten Beleg). In dieser Phase ist es wichtig, möglichst viel Hautkontakt mit den Babys zu haben, Berührung ist quasi eine existenziell anerkennende Geste (vgl. auch Anzieu 1991).

> Eine kleine Anekdote von der Geburt meines ersten Kindes, eines Buben, der durch einen Kaiserschnitt zur Welt kam: Als mir die ältere Hebamme das Kind brachte (weil meine Frau ja noch in Narkose war), sagte sie zu mir, dass sie mich kenne und ich doch Psychologe sei, also wissen müsse, »wie wichtig der Hautkontakt von Anfang an ist«. Und schon entledigte sie mich des mintfarbenen Krankenhaus-Schurzes, zog mir Hemd und Unterhemd aus der Hose und drückte mir den Säugling an die nackte Brust! Etwas verdutzt, aber auch erfreut verbrachten wir so die ersten zwei Stunden seines Lebens miteinander.

Diese weise Frau hatte sicher weder Borneman noch Freud gelesen, und doch wusste sie scheinbar aus ihrer langen geburtshelfenden Erfahrung, wie bedeutsam der Hautkontakt (auch für die Beruhigung der Neugeborenen, wie sie beobachtet hatte) vom Anfang des Lebens an ist.

Sehen wir uns die Rolle der *Kutanität*, wie ich diese Qualität der »Hauterotik« nennen möchte, für die weitere Persönlichkeitsentwicklung und auch – etwas vorausgreifend – für die Sexualtherapie an. Die Berührung, das Halten, das Gehalten- und Getragensein sind Qualitäten, wie sie heute ja auch schon in das Fachvokabular der Psychologie und Psychotherapie Eingang gefunden haben: Winnicott (1993) hat dafür den Begriff der »holding function« eingeführt, der ursprünglich die Bedeutung des Haltens des Säuglings zur Minderung seiner Angst vor Verlassenwerden und Zerfall hat, ohne die eine weitere Entwicklung nicht möglich ist. In der Psychotherapieforschung wird die Funktion des Haltens durch den Psychotherapeuten, also des »Containens« seiner negativen Empfindungen, des Aushaltens der Aggression usw. ebenso mit »Halten« bezeichnet. Die Berührung des Körpers, Haut an Haut, repräsentiert diese frühen Erfahrungen als richtungweisend für späteres Gehaltensein, Angenommensein und für Sicherheit.

Im Bereich der Therapie wird uns diese Rolle der Haut und der Berührung dann in ihrer doppelten Bedeutung – einerseits für frühe Entwicklungs- und Anerkennungsprozesse, andererseits für das spätere Sexualleben – anschaulich bewusst. Wenn die Patienten in der ersten Phase der Sexualtherapie (wenn es sich um eine

Paartherapie handelt) zu Hause ganz einfache Ganzkörper-Streichelübungen durchzuführen gebeten sind, erleben sie schon allein dadurch zum Teil überwältigende Gefühle: solche der Trauer infolge von zu wenig Halt und Anerkennung, die sie erfahren hatten, und solche des Wohlfühlens und der Versöhnung mit dem eigenen Körper. Wenn die Erinnerungen Sicherheit spenden und das Vertrauen zum Partner stimmt, dann kann auch wieder erfahren werden, dass Sexualität mehr ist als Konzentration auf genitale Lust. Die entsprechenden zugrunde liegenden positiven oder negativen Erfahrungen scheinen, wie ich es einmal ausgedrückt habe, »in den Körper eingeschrieben« zu sein (Aigner 1996), sodass sie durch die therapeutische Provokation, die sich das streichelnde Paar gegenseitig zufügt, wachgerufen und im Hier und Jetzt der therapeutischen Situation bearbeitet werden können.

Die Erfahrungen damit sind sehr oft überwältigend und meiner Erfahrung nach in einer reinen Verbaltherapie kaum (und schon gar nicht nach wenigen Stunden Arbeit) herstellbar, reicht doch auch das sprachliche Vermögen nicht in diese frühe Zeit zurück. Manche Paare wollen dann, wenn sich das Wohlfühlen der Ganzkörperberührung eingestellt hat, auch kaum mehr aufhören damit – ganz zu schweigen davon, dass besonders Frauen diese ausführliche Stimulation ganzer Körperregionen (im Unterschied zur Genitalfixiertheit vieler Männer in unserer Kultur) sehr wohl tut. Insofern ist die von Borneman postulierte kutane Phase ein ganz wichtiger Start in sinnliches Erleben, freilich nicht nur am Beginn des Lebens oder einer Sexualtherapie, sondern als Modalität erotischen Erlebens, die durchgängig aktiv und wirksam ist (was übrigens für alle dieser Entwicklungsphasen und der aus ihnen resultierenden Modalitäten gilt).[12]

2.1.2 Die orale Phase und ihre Bedeutung für Sexualität und Beziehung

Geläufiger als die Kutanität ist uns die aus dem oralen Entwicklungsstadium hergeleitete Qualität der *Oralität*. Wie Freud an seinen Enkeln und anderen Kindern in seiner Umgebung scharf beobachtete, tritt sehr früh im ersten Lebensjahr (genauere Angaben sind wegen individueller Unterschiede nicht sinnvoll) ein Stadium ein, in dem die Kleinkinder die Mund- und Lippenregion besonders »erogen« besetzt zu haben scheinen. Das Genährt- und Gestillt-Werden ist dabei nicht nur (über)lebensnotwendig, weil Hunger gestillt sein will, es bereitet auch noch Lust! Die Säuglinge spielen mit der Brustwarze oder dem Schnuller, lassen diese auf den Lippen hin- und hergleiten – oft weit über die Sättigung hinaus mit teilweise neckischem oder lustvoll-erschöpftem Gesichtsausdruck.

---

12 Es soll der Sicherheit halber noch einmal erwähnt werden, dass diese Phasen nicht fix als aufeinanderfolgende gedacht werden, die nach erfolgreichem oder misslungenem Durchlaufen quasi »abgeschlossen« wären. Die Phasen prägen stattdessen im geglückten wie misslungenen Sinn bestimmte Seinsweisen quer durch die Biografie, die dann zu zufriedenstellendem Erleben oder auch zu Unzufriedenheit und zu Symptomen führen können.

Darüber hinaus dient der Mund in dieser frühen Zeit quasi auch als »Tor zur Welt«: Alles wird in den Mund gesteckt, sozusagen mit dem Mund »begriffen«, Einverleibung ist der vorherrschende Modus der Beziehung in diesem Säuglingsalter. Die Erfahrungen, die das Kind damit macht, sind oft prägend für das ganze Leben. Ausreichend verlässliche Zuwendung und Stillung der Bedürfnisse sind wichtig für den Aufbau des »Urvertrauens« (nach Erikson 1971), das auch die Gewissheit vermittelt, dass für das Kind genügend Sicherheit und Zuwendung da ist. Diese Gewissheit prägt auch das Beziehungsverhalten ganz entscheidend, und unsere Sprache hat für derlei Modalitäten ja auch Anschauliches parat: Etwa jemanden »zum Fressen gern haben«; oder jemanden »mit Haut und Haaren fressen können« usw. sind Hinweise auf diese orale Dimension von (Liebes-)Beziehungen. Sie machen auch deutlich, dass das übermäßige »Einverleiben-Wollen« aufgrund von ängstlichem Zu-kurz-Kommens einen durchaus aggressiven, weil »kannibalistischen« Zug trägt (M. L. Möller 1985, S. 65). Wer sein Liebesobjekt verschlingt, der vernichtet es auch in seiner Eigenart, lässt nichts von ihm übrig. Wir sprechen hier auch von *symbiotischen Beziehungen*, die dem realen oder phantasierten Zu-kurz-gekommen-Sein mit Beginn in der oralen Phase entspringen und eigentlich das Subjekt in seiner Eigenart negieren, es nur als verschmolzenes kennen. Der Partner oder die Partnerin soll ganz allein mir gehören, inkorporierter Besitz sozusagen, was schon eine massive Belastung und Irritation einer Beziehung darstellt.

Diese orale Dimension ist auch für die spätere Sexualität der Erwachsenen bedeutend. Natürlich hat sie nichts mit Oralsex zu tun, sondern eben mit dieser Art der Beziehungsregulation im Sinne eines verschlingenden oder aber eines gelassen auf das notwendige Stück symbolischer Nahrung (= Zuwendung) warten könnenden Beziehungsstils. Letzterer ist von der Sicherheit getragen, dass genügend Zuneigung für ihn oder sie da sein wird, ersterer Beziehungsstil hingegen versucht, durch Einverleibung stets alles unter Kontrolle zu halten, was natürlich zu sehr schwierigen Beziehungskonstellationen und auch zu entsprechenden sexuellen Störungen führen kann (siehe dazu später).

2.1.3 Die anale Phase und ihre Bedeutung für Sexualität und Beziehung

In dieser Periode erhalten die *Ausscheidungsvorgänge* eine besondere Bedeutung für die Kinder und die Lustempfindungen konzentrieren sich auf die entsprechenden Körperregionen um den Anus. Freud hatte schon beobachtet, dass die Kinder – noch bar jeder Ekelgefühle – großes Interesse für ihre Ausscheidungen entwickeln, besonders wenn die Exkremente durch die Ernährungsumstellung und die Entwöhnung von den Windeln in den Topf oder die Toilette gemacht werden. Er meinte sogar, dass die »Kotstange«, sobald diese die breiigen Ausscheidungen des Windelalters abgelöst hat, quasi ein »erstes Geschenk« des Kindes an die Eltern wäre, das diesen gelegentlich auch stolz präsentiert werde (vgl. Freud 1917, S. 129). Insofern stellt das »Hergeben« oder »Zurückhalten« auch eine neue Art der *Beziehungsregulation* dar: Wie ja auch in der populärpsychologischen Literatur von der *Analität* als »Trotzalter« die Rede ist, dienen die neu gewonnenen Fähigkeiten auch der Schulung des eigenen Willens, also den Darminhalt herzugeben, wann es dem Kind und nicht, wann es den Eltern beliebt. Viele Eltern kennen dieses manchmal nervige »Ringen« um die Ausscheidung und den passenden Zeitpunkt, wann sie geschehen soll. Dies dient vor allem der *Autonomie und Selbstbestimmung* des Kindes und somit auch der Regulation der Beziehung zu den nächststehenden Menschen und sollte deshalb möglichst mit Gelassenheit ertragen werden. Das Kind versucht also, durch Zurückhaltung noch Lustgewinn zu erzielen und zugleich die gefühlte Selbstbehauptung und Durchsetzung auszuloten und zu testen, wie sein erzieherisches Umfeld darauf reagiert. Idealtypischerweise entwickelt sich daraus eine gesunde Selbstsicherheit, im Fall übermäßiger und rigider Reinlichkeitsdressur hingegen kann dem Kind aber auch das charakterliche Rückgrat ein erstes Mal in nachhaltiger Weise gebrochen werden. Zugleich wird alles um die Ausscheidungsvorgänge herum mit Scham, Ekel oder dem Gefühl der Unterwerfung (oder des entsprechenden Widerstands dagegen) belegt werden.

Die Bedeutung des Analen für das sexuelle Erleben und Verhalten Erwachsener hat in Analogie zu den Bemerkungen um die Oralität natürlich nichts mit Analsex zu tun. Vielmehr geht es um die *Spannungsregulation* des (Sich-)Hergebens, Hingebens und des (Sich-)Zurückhaltens, um damit gegebenenfalls noch die (erotische) Spannung zu steigern. Viele etwas ältere Kolleginnen und Kollegen kennen vielleicht den elterlichen Rat, sich in der Kontaktanbahnung mit einem begehrten Partner »rar« zu machen, also sich zurückzuhalten, um den/die Andere/n anzulocken, dessen Lust zu steigern. So ungefähr kann man sich diese Regulation des autonomen sexuellen Subjekts vorstellen. Freilich ist diese Qualität von Beziehungsanbahnung heute mehr denn je »aus der Mode«. Unsere marktschreierische, aber im Grunde recht einfallslose »Sexualkultur«, falls man von so etwas überhaupt sprechen kann, scheint eher auf ein Sich-umstandslos-Ausliefern angelegt zu sein, das keiner Spannungsregulation mehr bedarf. Jugendliche berichten sogar oft von Leistungsdruck, wenn sie nicht sehr zugänglich sind, und es gälte als gänzlich »unmodern«, sich hier bewusst zurückzuhalten. Auch die immer mehr in den Vordergrund drängende »Nacktheitskultur« hat nichts von Zurückhaltendem, das etwas spannend machen will, und Entblößung und Entkleiden sind eher rituallos-selbstverständlich anstatt spannend geworden und werden als solches auch von vielen erwartet. Ein aus Unsicherheit und Anerkennungsbedürfnis Sich-Hergeben bei sexuellen Kontakten, um nur ja geliebt zu werden, entspräche also einer Art »gebrochenen Analität«, weil in den entsprechenden Phasen des Aufwachsens kein gesundes Selbstbewusstsein entwickelt werden konnte, mit dessen Hilfe die Selbst- und Spannungsregulation auch im erotischen Bereich befriedigend und autonom wahrgenommen werden könnte.

2.1.4 Die genital-phallische Phase und ihre Bedeutung für Sexualität und Beziehung

Mit der langsamen Verschiebung des Interesses und der erogenen Besetzung vom Anus auf die Genitalien geht auch ein zunehmend bewusstes Gewahrwerden der unterschiedlichen körperlichen Ausstattung im Bereich der Genitalien einher. Zu der alten Freud'schen Interpretation des »*Penisneids*«, der nun auftreten soll und der Mädchen und Frauen ein Leben lang am Fehlen eines Penis leiden lässt, muss gesagt werden, dass sie nicht mehr zielführend zur Erklärung der entwicklungstheoretischen Bedeutung dieser Phase scheint. Aber man macht es sich zu leicht, wenn man gar keine tiefergehende psychologische Bedeutung des Geschlechtsunterschieds annimmt, wie das manche tun. Der »kleine Unterschied« ist ja vor allem einer der körperlichen Gestalt und diese ist für Kinder immer von hohem Interesse. Dieses Interesse kann unter Umständen auch beunruhigende Formen annehmen, wenn ein Kind annimmt, es stimme etwas nicht mit ihm, weil es anders ist als andere. Jedenfalls ist der Körper, der Vergleich mit anderen usw. ein nicht zu unterschätzendes Thema bei Kindern, wobei hier auch an Freuds Dictum »Das Ich ist vor allem ein körperliches« (1923, S. 294) erinnert sei.

Wenn das Mädchen also an sich herabblickend etwas nicht sieht, was es beim Jungen sieht, so kann das – je nach umgebender Kultur und erzieherischer Umwelt – unterschiedliche Fragen nach sich ziehen. Jedenfalls aber wird es die Frage nach sich ziehen, ob etwas an ihm anders ist. Die Spiele von Mädchen, bei denen sie Jungen etwa beim Urinieren mittels einer kleinen Papprolle oder Ähnlichem nachahmen, kennen viele aus eigener Erfahrung. Und umgekehrt werden bei den Buben die Phantasien über den Gebärvorgang, über die Fähigkeit der Mutter (und der Schwester?), Kinder in die Welt zu setzen, Fragen aufwerfen, ob das nur Frauen und Mädchen oder auch Jungen und Männer können. Wenn Jungen sich spielerisch Polster unter den Pulli schieben und mit dem ausgestopften Bauch signalisieren, dass sie ebenso wie die Mutter (oder Schwester) Kinder kriegen können, dann ist das ein Beispiel für das, was die Psychoanalyse den *Gebärneid* nannte und was mindestens ebenso bedeutsam ist wie der sogenannte *Penisneid*. Das heißt, Kinder wollen jeweils das, was andere können, auch selbst können (vgl. Fast 1996).

Diese Neid-Realität auf das jeweils andere Geschlecht ist auch im Er- und Beziehungsalltag mit Kindern zu beobachten: Das »phallische Protzen« der Buben ist möglicherweise auch aus Unterlegenheitsgefühlen geboren. Und die Mädchen benötigen – wegen ihrer verborgeneren, weniger »offen-sichtlichen« Genitalität (»Inner Genitality« nach Kestenberg 1968), die schon für die Frauenbewegung der 1970er Jahre[13] ein Thema war – Ermunterung und Unterstützung, um ihre Genitalität positiv besetzen zu können (man weiß z. B. aus Untersuchungen, dass es auch weniger verschiedene umgangssprachliche Ausdrücke für das weibliche Genitale als für das männliche gibt). Beiden Geschlechtern sollte auf kindgemäße Weise die jeweils andere Seite erklärt und vertraut gemacht werden, um die eigene und gegenseitige Akzeptanz als Geschlechtswesen zu fördern. Ziel dieser Entwicklungsphase sollte sein, dass Jungen und Mädchen selbstbewusst und autonom ihr Geschlecht annehmen und eine entsprechende Geschlechtsrollen-

---

13 Ich erinnere mich an die neu aufflammende akademische Frauenbewegung an den österreichischen Universitäten, wo etwa im Bereich der Psychologie-Studentinnen an der Universität Salzburg »Selbstuntersuchungsgruppen« initiiert wurden, die genau dies zum Thema hatte: mittels gynäkologischem Gerät und Spiegeln die eigene Genitalien zu untersuchen und kennenzulernen. Ähnliche Übungen können auch in der Sexualtherapie – speziell in Einzelübungen für Frauen – zum Einsatz kommen, um mit dem eigenen Genitale vertraut(er) zu werden.

identität entwickeln können: »Ich bin als Mädchen beziehungsweise als Junge okay, so wie ich bin!«.

Dass eine solche psychophysische »Geschlechtsgewissheit«, wie ich das nennen möchte, für das spätere Erleben von Sexualität und sexueller Interaktion bedeutsam ist, braucht nicht extra begründet zu werden. Meine Erfahrungen aus der Paar- und Sexualtherapie zeigen aber, wie unsicher viele Ratsuchende gerade in dieser Hinsicht sind. Auch die immer stärker ausufernden Geschäfte mit »Intimkorrekturen«, wie man diese kosmetischen medizinischen »Übergriffe« auf die Geschlechtsorgane besonders von Frauen (Schamlippenkorrektur), aber auch von Männern (Penisverlängerungen) diskret nennt, beweisen, wie gespalten das Verhältnis vieler Menschen zu ihren Geschlechtsorganen ist (vgl. dazu Borkenhagen u. Brähler [Hrsg.] 2010). Welch problematische Beziehung müssen manche Menschen zu ihren Genitalien haben, wenn sie sie offenbar so hässlich oder »unkorrekt« finden, dass sie den Chirurgen da ranlassen? Natürlich mögen hier Verschiebungen geschlechtlicher Verunsicherung auf das »perfekte« Genitale im Spiel sein. Nichtsdestotrotz zeigen diese bedenklichen neuen Entwicklungen, wie wichtig eine integrierte Genitalität im Sinne einer psychophysischen Übereinstimmung von Selbstgefühl als Junge oder Mädchen und der Vertrautheit mit dem eigenen Intimbereich sind. Jedenfalls wären dies gute Voraussetzungen für spätere Sicherheit im intimen Kontakt, für Hingabe und vertrauensvolle Auslieferung an einen Sexualpartner und an die eigenen sexuellen Gefühle.

2.1.5 Die ödipale Phase und ihre Bedeutung für Sexualität und Beziehung

Um die Bedeutung des *Ödipuskomplexes* ist in den letzten Jahrzehnten viel gestritten worden. Tatsache ist, dass die Eltern (wobei nicht nur leibliche gemeint sind) die ersten geliebten und auch mächtigen Bezugspersonen sind, wobei es durch die speziellen Umstände der ödipalen Triangulierung auch zu gewissen Rivalitäts- und Beseitigungsphantasien kommt (vgl. Mertens 1994, 1997). Der kleine Junge will den Vater, mit dem er in Rivalität um die Mutter steht, manchmal auch am liebsten loswerden und ihn bei der Mutter ersetzen. Analog dazu kann man die Situation des Mädchens denken, wenngleich beim Mädchen das primäre Liebesobjekt (in unserer Kultur die Mutter) und das ödipale Liebesobjekt (der Vater) nicht – wie beim Jungen – identisch sind und sich dadurch gewisse Unterschiede ergeben, die zu erläutern hier zu weit führen würde. Freud hat aber auch schon darauf hingewiesen, dass der Ödipuskomplex, den er von der sophokleischen Sage ableitete, nur wirklich verstanden werden kann, wenn wir den *positiven* (also den allgemein beobachtbaren) und den versteckteren *negativen Ödipuskomplex* zusammen betrachten. Im *negativen* Komplex wirbt der Junge zärtlich um die Gunst des Vaters, möchte diesem nahe sein und die Mutter aus seiner Nähe verdrängen: »[...] der Knabe hat nicht nur eine ambivalente Einstellung zum Vater und eine zärtliche Objektwahl für die Mutter, sondern er benimmt sich auch gleichzeitig *wie ein Mädchen,* er zeigt die *zärtliche feminine Einstellung* zum Vater und die ihr entsprechende eifersüchtig-feindselige gegen die Mutter« (Freud 1923,

S. 300 – Hervh. JCA). Diese Tendenz des Negativ-Ödipalen ist in unserer homophoben Kultur kraft des vorherrschenden Männerklischees bei Männern sehr schwach ausgeprägt bzw. angstbesetzt. Bei Frauen ist diese Frau-Frau-Nähe kulturell akzeptierter, verweist nicht auf angeblich Schwaches oder gleich auf lesbische Liebe. Die mann-männliche Nähe ist prekär, wohl auch wegen der verbreiteten körperfernen Beziehung von Vätern und Söhnen, die wiederum auf »Generationen von Körperferne« zurückgeht (vgl. Aigner 2002).

Diese ödipalen Liebesspiele und Schwärmereien zwischen Kindern und Eltern verlangen von den Eltern viel Einfühlung und zugleich Abgrenzung. Immer wieder berichten Therapie-Patienten von Elternteilen, die mit den rivalisierenden Begehren des Kindes offenbar nicht zurechtkamen, von Vätern oder Müttern, die sich nicht von den kleinen Söhnen oder Töchtern spielerisch übertrumpfen lassen oder auch nicht von der Seite des Partners oder der Partnerin verdrängen lassen konnten. Und viel mehr Väter als die, die in verführerischer Weise den Töchtern zu nahe treten, lassen ihre Töchter unbeachtet und unbewundert und merken deren Werben um die Gunst des Vaters gar nicht einmal! Zurück bleibt eine romantische Vatersehnsucht, die wir bei vielen Frauen im Alltag ebenso wie in Beratungen und Therapien vorfinden. Kinder (und hier besonders Mädchen wegen der kulturell bedingten größeren Vaterferne) brauchen aber diese *ödipale Liebe der Eltern* und sie lernen dabei zweierlei: das *Begehren* selbst, aber auch das *Begehrt-Werden*, das eine dringend notwendige frühe Konsolidierung des Selbstbewusstseins als Mädchen, aber auch als Junge hervorbringt. Und so sollte jeder Junge und jedes Mädchen irgendwann einmal das Gefühl erlebt und gekannt haben, der »Märchenprinz«der Mutter bzw. die »Prinzessin« des Vaters (wie ich salopp zu sagen pflege) gewesen zu sein.

Allerdings muss der ödipale Konflikt auch aufgelöst werden, indem dieses Begehren als nicht erfüllbar erlebt werden kann. Mädchen und Buben müssen sozusagen merken, dass die Schuhe des jeweils gleichgeschlechtlichen Elternteils, in die sie da eintreten wollen, noch ein paar Nummern zu groß sind, dass das Begehren also aufgegeben werden muss, was mit verschiedenen Ängsten – Freud (1905) nannte sie »Kastrationsangst« – verbunden ist. Der Rivale oder die Rivalin sind also doch zu groß und zu mächtig, und der Ausweg der Kinder ist es, sich mit dem gleichgeschlechtlichen Elternteil, der ja das Privileg des Besitzes des begehrten Objekts innehat, zu identifizieren: »Wenn ich so werde wie Vater bzw. Mutter, dann habe auch ich die Chance, ein ebenso tolles Liebesobjekt zu bekommen«, ist die Botschaft. Diese Identifikation, die nebenbei auch die Über-Ich-Bildung in Form der Hereinnahme der Normen und Werte des Elternteils ins Unbewusste vorantreibt, ist selbstredend auch ein ganz wesentlicher Faktor auf dem Weg des Mann- oder Frau-Werdens.

Neben der *Liebe* zum gegengeschlechtlichen Elternteil[14] ist aber auch der Aspekt der *Macht* dieses ersten großen und bedeutenden Menschen über das Kind in der

---

14 Nachdem Homosexualität hier nicht ausführlich erläutert werden kann, sei nur der Hinweis erlaubt, dass wir annehmen (vgl. Morgenthaler 1984), dass bei der Entwicklung zur Homosexualität das Kind am gleichgeschlechtlichen Objekt »hängenbleibt«, also sich nicht – den Ödipus auflösend – vom gegengeschlechtlichen Elternteil trennt und sich

ödipalen Phase entscheidend und folgenreich. Der Psychoanalytiker Kurt R. Eissler (1995) hat das wie kein anderer betont:

> »Der Ödipuskomplex ist das Resultat der Gesamtheit der Erfahrungen eines Kindes mit und der Reaktionen auf seine Eltern in den ersten sechs Lebensjahren. Revolutionäres Feuer, Gleichgültigkeit, ängstliches Beharren auf passiver Anpassung, kurz, die gesamte Bandbreite des politischen Verhaltensspektrums wurzelt im Umgang des Kindes mit seinen Eltern.« (1995, S. 1199)

Hier geht es also um die lebensgeschichtliche *Grundlegung eines Verhältnisses zu Macht und Autorität*, das für spätere Beziehungen zu Personen, aber auch zu gesellschaftlichen Institutionen (z. B. »Vater Staat«) prägend ist. Nun ist diese Macht der (auch physisch) überwältigend großen Figuren nie geschlechtslos zu denken. Eine bindende (verschlingende) Mutter wird entsprechende Reaktionen und Dispositionen bei den späteren erwachsenen Nachkommen grundlegen, ein strenger, gar brutaler oder lieblos Vater ebenso. Jedenfalls ist das ödipale Liebesobjekt nachweislich oft unbewusste »Vorlage« für die spätere Partnerwahl. Viele Männer und Frauen heiraten »zufällig« einen Partner, der in vielen Dingen (oft nicht gleich sichtbar, aber später) dem gegengeschlechtlichen Elternteil ähnlich ist. Es kann umgekehrt auch sein, dass der gewählte Partner im starken Gegensatz zu Letzterem steht (was keinen Widerspruch darstellt). Unbewusst suchen viele Menschen im Partner jedenfalls einen Eltern(teil)-Ersatz, und manche Menschen kommen erst spät darauf, dass dem so ist – oder sie werden durch verschiedene Probleme oder Symptome damit konfrontiert, dass sie im Partner eigentlich ein Elternsubstitut sehen. Dies gilt selbst in jenen tragischen Fällen, wo zum Beispiel Frauen, die einen alkoholabhängigen und möglicherweise schlagenden Vater erlebt hatten, just wieder einen ähnlichen Partner wählen – natürlich aus dem unbewussten Wunsch heraus, den Vater nachträglich am Beispiel des Partners zu retten und zu heilen.

Man sieht also, dass sich im Hinblick auf das spätere sexuelle Erleben im Ödipus ganz entscheidende Erfahrungen widerspiegeln, die auf das Verhältnis zu sich selbst als Frau oder Mann, zu bestimmten Liebesobjekten im späteren Leben und auch zu Macht und Autorität einen prägenden Einfluss haben. Unterwürfige Anpassung oder aber selbstbewusste Durchsetzung sind auch für das sexuelle Erleben und sexuelle Beziehungen relevante Verhaltenstendenzen, die zu gelingenden oder misslingenden intimen Beziehungen beitragen können. Deshalb sind auch in Paar- und Sexualtherapien die lebensgeschichtliche Bedeutung der Eltern, ihre Rollen als Mann und Frau, als männliche und weibliche Vorbilder oder aversive Figuren genau anzuschauen und fast immer von großer Bedeutung für das Verständnis partnerschaftlich-sexueller Probleme.

---

mit dem gleichgeschlechtlichen identifiziert, sondern dies mit dem gegengeschlechtlichen tut, was dann für den Jungen z. B. heißt: Ich will so lieben und geliebt werden wie die Mutter, nämlich einen bzw. von einem Mann.

2.1.6 Die Latenzperiode und ihre Bedeutung für Sexualität und Beziehung

Nach diesen seelisch oft stürmisch verlaufenden Auseinandersetzungen des Ödipuskonflikts treten die Kinder in unserem Kulturkreis (in anderen ist das weniger deutlich) in eine Art *Latenzperiode* ein, in der eine Beruhigung des Trieblebens und der Triebentwicklung Platz zu greifen scheint. Diese Zeit der Beruhigung, die in unserer Kultur auffälligerweise mit der Zeit des Erwerbs der Kulturtechniken (in Volks- bzw. Grundschule) zusammenfällt, ist erstens einmal in anderen Kulturen anders bzw. kaum zu beobachten (vgl. Malinowski 1981), und zweitens auch bei uns in Veränderung begriffen. Davon, dass die Latenzperiode – wie man früher annahm und beobachtete – von der Einschulung bis zum 14. oder 15. Lebensjahr, also bis zur Hochpubertät, dauert, kann aus Gründen der Akzeleration, des immer früheren Geschlechtsreif-Werdens, nicht mehr die Rede sein. Menarche und Polluarche treten heute bekanntlich wesentlich früher ein (oft mit 10 bis 12 Jahren) und somit können wir von einer im Vergleich zu früheren Jahrzehnten stark verkürzten Latenzzeit ausgehen.

Malinowski (1981) etwa schildert Kulturen, in denen eine Triebberuhigung nicht wahrzunehmen ist: Dort verbringen Kinder diese Zeit mit dem spielerischen Vorwegnehmen der erwachsenen Liebesverhältnisse. Sie spielen zum Beispiel neben »Essen zubereiten« auch »Liebe machen« und koitusähnliche Spiele. Dies geschieht im Rahmen einer Kultur, die sehr offen mit der heranreifenden Sexualität umgeht und sie erzieherisch unterstützt, anstatt sie mehr oder weniger zu tabuisieren (vgl. Malinowski 1981, S. 61). Im Grunde könnte man sagen, dass die Latenz, deren anthropologische Bedeutung gleich erläutert werden soll, dem unterschiedlichen Konsolidieren und *Einüben von (Geschlechter-)Rollen*, die gegen Pubertät und Adoleszenz hin benötigt werden, dient, um das öffentliche und private Leben kulturangemessen bewältigen zu können.

Auf die anthropologische Relevanz eines Einschnitts zwischen Kindheit und Erlangung der Geschlechtsreife hat schon Freud selbst hingewiesen, wenn er von *zweizeitiger Sexualentwicklung* spricht:

> »Die Tatsache des zweizeitigen Ansatzes der Sexualentwicklung des Menschen, also die Unterbrechung dieser Entwicklung durch die Latenzzeit, erschien uns besonderer Beachtung würdig. Sie scheint eine der Bedingungen für die Eignung des Menschen zur Entwicklung einer höheren Kultur, aber auch für seine Neigung zur Neurose zu enthalten.« (1905, S. 136)

Dieser »zweizeitige Ansatz der Triebentwicklung« liefert also eine Erklärung, wie und warum (je nach Erziehung) bestimmte kindliche (polymorph-perverse, ödipale usw.) Begehrensformen in die Form kulturell akzeptierter Erwachsenensexualität überführt werden. Hier spielen Sublimierung und Triebverzicht, wie ihn jede Kultur zu fordern genötigt ist, eine entscheidende Rolle. In primitiven Gesellschaften ist dieser Übergang, wie wir wissen, durch rituelle Vorgänge, die sogenannten »Initiationsrituale«, geleitet. Die Heranwachsenden lernen, teilweise durch schmerzhafte Rituale »bestärkt«, bestimmte kindliche Muster abzulegen und sich so in die Gemeinschaft Erwachsener einzufügen. Durch diese streng geregelten

Übergänge bleiben diese Kulturen – der französische Anthropologe Levi Strauss (1972) nannte sie »kalte Kulturen« – sehr traditionsverhaftet. In modernen Gesellschaften gibt es diese Initiationen nur mehr rudimentär (das Militär bei Männern, die »Matura« bzw. das Abitur usw.) und es kommt teilweise zu heftigen Generationenkämpfen – weshalb Levi-Strauss sie auch als »heiße Kulturen« bezeichnet (ebd.). Diese aber bewirken gesellschaftliche Widersprüche, Reibung zwischen den Generationen und einen entsprechenden gesellschaftlichen »Fortschritt« (ob dessen Qualität man manchmal an diesem Begriff zweifelt), jedenfalls gesellschaftliche Entwicklung. Freud meinte nun, dass die Latenz, dieser Einschnitt zwischen zwei Triebschüben und Entwicklungszeiträumen, die Bedingung und damit der Garant von Kulturentwicklung überhaupt sei, während im Tierreich und bei den kalten Kulturen stets alles beim Gewohnten, rituell Festgelegten und instinkthaft Vorgegebenen bliebe. Nur durch die von der zweizeitigen Sexualentwicklung ausgelösten Generationenkonflikte sei eine mehr oder weniger deutliche Umformung von Triebhaftem in kulturell verwertbare Strebungen – und damit auch kultureller Wandel – möglich.

Für den gesellschaftlichen Umgang mit der Triebentwicklung Heranwachsender, ein Problemfeld übrigens, das meines Erachtens in Pädagogik und Bildungswissenschaft viel zu wenig Beachtung findet, hat diese Sichtweise ganz entscheidende Konsequenzen: Der Einfluss, den eine Kultur auf die Latenz zu nehmen sucht, hat für die späteren Erwachsenen eine prägende Bedeutung – was die sogenannten Primitivkulturen durch ihre teils strengen Initiationen zu wissen scheinen, um die nächsten Generationen an die Kulturerrungenschaften heranzuführen. Was also unternimmt eine Gesellschaft, vornehmlich mittels Erziehungs- und Bildungssystem, um die Latenz und den Übergang zu Pubertät und Adoleszenz zu gestalten? Wie hilft sie Heranwachsenden bei der Bewältigung der Latenz-Aufgaben, nämlich Konsolidierung der postödipalen Entwicklungen? Nachdem – wie erwähnt – Initiationen in modernen Gesellschaften fast verschwunden sind (von vereinzelten romantischen Wiederbelebungsversuchen durch engagierte Väter auf Abenteuerwochenenden mit ihren Söhnen einmal abgesehen) und auch eine sinnvolle Sexualpädagogik bzw. Bildung über Sexualität und Partnerschaft in den westlichen Gesellschaften kaum vorkommen, sind sozusagen den Einflüssen der Marktgesellschaft, der »Kulturindustrie« (Horkheimer) und ihrem Umgang mit massenhaft feilgebotener Sexualität in jeder Weise »unkontrolliert« (also ohne intendierten erzieherisch-bildenden Einfluss) Tür und Tor geöffnet, um Heranwachsende je nach Geschlecht auf die vermeintlich erstrebenswerten Ideale von Äußerlichkeit, sexueller Verfügbarkeit usw. quasi »vorzubereiten«. Damit kommen wir zu Pubertät und Adoleszenz.

2.1.7. Pubertät und Adoleszenz und ihre Bedeutung für Sexualität und Beziehung

Diese Sichtweise schreibt nun dem auf die Latenz folgenden Stadium der *Pubertät* (meist für den Anteil an biologischer Reifung verwendet) und *Adoleszenz* (meist für den länger dauernden psychosozialen Entwicklungsvorgang benutzt) eine herausragende Bedeutung zu. Nach psychoanalytischer Auffassung kommt es in der Pubertät zu einem Wiederaufflammen unbewusster ödipaler Regungen, allerdings mit umgekehrten Vorzeichen, die zur Ablösung führen sollen: Die begehrte Mutter und auch der im Ödipus-Ausklang durch Identifizierung nahe Vater werden nun mittels der den meisten Eltern bekannten Aversionen, die Pubertierende gegen alles Erwachsene und Elterliche hegen, quasi weggestoßen. Gänzlich andersartige Vorlieben, vom Äußeren bis hin zu den Gewohnheiten und Freizeitbeschäftigungen sollen gewährleisten, dass man ja von den »peinlichen« Figuren, die die Eltern in den Augen der Pubertierenden nun darstellen, wegkommt, um exogame Beziehungen ohne allzu große Ambivalenzen pflegen zu können. Die teils aufwändigen pubertären Inszenierungen (Haartracht, Kleidung, Tätowierungen usw.), die übrigens teilweise auch sehr schmerzhaft sind, lassen ein bisschen etwas von den Initiationsritualen durchschimmern, die traditionelle Kulturen pflegen. Allerdings, und das ist der Unterschied, entzieht sich die Wahl dieser Rituale und Vorlieben völlig den bewussten Intentionen der Elterngeneration oder des Erziehungs- und Bildungssystems und wird von wechselnden Moden, die medial-performativ überliefert werden, bestimmt. Dass hierbei auch das Selbstverständnis als werdende Frau und werdender Mann, als sexuell attraktives Wesen usw., mit betroffen ist, ist naheliegend.

Andererseits werden die massenmedialen Einflüsse von Pornografie in der Pubertät neueren Studien zufolge (vgl. Stulhofer et a. 2009) auch wieder überschätzt. Die Angst vor der »verderblichen« oder sexistischen Wirkung der durch das Internet immer leichter zugänglichen Pornografie etwa erscheint den Ergebnissen dieser Studien zufolge überzogen oder unbegründet: Pornografische Inhalte würden – so die Autoren – für die Adressaten nicht per se reizvoll, sondern wenn sie auf bestimmten inneren Skripts von sexuellen Reizen aufsitzen, also ein schon vorgegebenes inneres Muster ansprechen (vgl. ebd.). Insofern ist weniger die Gefahr einer wie immer gearteten sexualmoralischen »Verwahrlosung« (vgl. Schetsche u. Schmidt 2010) von Heranwachsenden zu befürchten, sondern eher das Problem der Prägung äußerer und Lifestyle-bezogener Moden sowie mehr oder weniger quälender Körperzwänge und Körperpraxen (vgl. dazu auch die lesenswerte Arbeit von Posch 2009). Nicht umsonst plädiert etwa Döring (2011) für eine »Förderung von Pornografie-Kompetenz« (S. 244 f.) von Heranwachsenden, die neben der allgemeinen Fähigkeit zur Unterscheidung zwischen realer und pornografischer Sexualität auch die Reflexion der *Realitätsangemessenheit bestimmter ästhetischer und äußerlicher Kriterien* umfassen sollte. Wenn eine führende österreichische Tageszeitung im März 2012 vermeldet, dass Jugendliche gemäß einer Studie des Wiener Instituts für Jugendkulturforschung an 16–19-Jährigen »*lieber schön als gescheit*« sein wollten und dass Fitness als Identifikationsfeld mit 38,2 % das größte anzustrebende Ideal noch vor Hip-Hop ist (Der Standard v. 28. 3. 2012, S. 31; Hervh. JCA), dann wird klar, was hier gemeint sein kann.

Wie im Kapitel über Jugendsexualität noch genauer ausgeführt werden wird, gilt es dabei auch immer, die Zusammenhänge zwischen der sozialen Situation von Jugendlichen und ihrer Inszenierung als Sexsubjekte bzw. -objekte zu beachten. Eine Gesellschaft, die Jugendlichkeit idealisiert, ja »fetischisiert« und zum einzig Attraktiven und Ästhetischen erhebt, die aber andererseits ihren Jugendlichen so wenig Perspektiven und Zukunftssicherheit bieten kann wie unsere, muss darauf gefasst sein, dass es zu jugendkulturellen Inszenierungen kommt, die auch problematische Tendenzen umfassen (vgl. Matthiesen u. Mainka 2011). Damit sind vor allem rigide Körperzwänge und entsprechende Entwertungsgefühle (»so werde ich nie sein!«) und auch selbstschädigende Manipulationen am eigenen Körper gemeint. Im Zuge ihrer existenziell – und nicht nur entwicklungsbedingt – prekären gesellschaftlichen Situation binden sich viele Jugendliche auch stärker denn je an ein romantisches Liebesideal, das aber immer in der Gefahr ist, an der Realität von brüchiger werdenden Beziehungen zu scheitern. Wie allgemein in der Entwicklungspsychologie die Bedeutung elterlicher oder erwachsener Auseinandersetzung mit Adoleszenten (beiderlei Geschlechts) unterschätzt wird, so wäre auch im gelebten Alltag eine offene, aber durchaus kritische Gesprächsatmosphäre zwischen Eltern und Heranwachsenden wünschenswert. Für die Sexualtherapie gilt es, die jugendlichen Moden, die Abstoßungs- und Identifikationsprozesse, die Ideale und Träumereien, die unsere Klientinnen und Patienten mitbringen, auf ihre Bedeutung für das spätere Sexualleben hin zu durchleuchten.

II Kultur – Gesellschaft – Sexualität

3 Kulturelle und gesellschaftliche Umbrüche und ihre Auswirkungen auf sexuelles Erleben

Sexualität ist – das ist im Verlauf dieses Buchs immer wieder klar geworden – ein dicht mit dem der Biografie und dem aktuellen Erleben der Einzelnen verzahnter Lebensbereich. Insofern ist es – aus Sicht einer sozial- und gesellschaftswissenschaftlich wachsamen Sexualwissenschaft – auch selbstverständlich, dass dieser Lebensbereich sich durch unser gesamtes gesellschaftliches Leben, durch die Organisation der Arbeitswelt, durch die davon wiederum beeinflusste Sphäre des Familienlebens und der Sozialisation Heranwachsender, durch die Art des Konsums und der Warendistribution u. a. m. beeinflusst zeigt. Wenn daran, dass der Mensch, wie Karl Marx einst in der sechsten Feuerbachthese meinte, das »Ensemble der gesellschaftlichen Verhältnisse« ist, auch nur ein bisschen was dran ist, dann ist auch sein Liebes- und Partnerschaftsleben das eines vergesellschafteten Wesens und somit zutiefst von all diesen Faktoren beeinflusst. Sehen wir uns also diese Einflüsse unter verschiedenen gesellschaftlichen Bedingungen in den letzten Jahrzehnten etwas genauer an.

3.1 »Die Welt ist mit Nacktheit bekleidet ...«

Zunächst wissen wir aus der Familienforschung, wie sehr die Umbrüche gesellschaftlicher Organisation mit dem Zeitalter der Industrialisierung die Gestaltung des Zusammenlebens in der Familie und in der Partnerschaft verändert haben. Diese Veränderungen sind auch auf das Engste mit dem Faktor Arbeit verbunden. Die industrialisierte Arbeitswelt erforderte ein neues Ausmaß an Disziplinierung des Körpers als Arbeitskraft, um diesen dem industriellen Produktionsrhythmus zu unterwerfen und anzupassen. Der Körper musste also diszipliniert werden »zu einem Arbeitswerkzeug, dessen Einsetzbarkeit in der sich ausweitenden bürgerlichen Industrie zu einem zentralen Kriterium des Umgangs mit ihm wird« (Wulf 1985, S. 27). Deshalb musste der Körper auch in bisher nicht bekannte Scham- und Peinlichkeitsgrenzen eingepresst und mussten die sexuellen Gelüste in bestimmter Weise reglementiert bzw. unterdrückt werden (vgl. Elias 1979). Der Sex durfte sich demnach im Wesentlichen nur in Form jener minimalen Lüste, die die Reproduktion der Gattung garantierten, äußern (vgl. Foucault 1977). Hervorstechende Kontrollmaßnahmen zur Erreichung dieser Domestikation waren dabei die *Dämonisierung der Onanie* – insbesondere bei Kindern und Jugendlichen – als schädlich und gesundheitsgefährdend einerseits, die Enterotisierung der idealisierten Frau als Mutter, wodurch das Frauenbild zugleich gespalten wurde in eines der Frau als Mutter und in ein anderes als Hure. Insgesamt entstand – wovon möglicherweise Freud im Wien der Jahrhundertwende noch »profitierte«, weil es entsprechende sexuelle Probleme nach sich zog – eine schwülstige, schuldgefühlbeladene und doppelmoralische Atmosphäre, die für das bürgerliche Zeitalter typisch war. Denn alles, was verdrängt und ausgegrenzt wird, meldet sich an anderer Stelle verstärkt wieder zurück.

Diese für die gesellschaftliche Organisation der Industriegesellschaft typische Konstellation des Sich-Zurückhaltens und Kasteiens, die den gesamten »Gesellschaftscharakter« (Fromm 1955)[15] mit prägte (in Richtung sparen, horten, akkumulieren, aufbauen), konnte für die darauffolgende Gesellschaftsökonomie, nämlich die einer expandierenden Konsum- und Überflussgesellschaft, keinesfalls mehr funktional sein. Kasteiung und Sparen ist einer Verschwendungsökonomie grundlegend fremd und würde sie zugrunde richten. Jedwede *Verzichtsmoral* wurde somit unzeitgemäß, die Charaktere mussten triebpsychologisch auf Konsum hin »präpariert« werden (vgl. Schmidt 1988). Nun konnte auf der Grundlage einer hedonistischen *Konsumtionsmoral*, die freilich in einem ambivalenten Verhältnis zur bisherigen Moral- und Verzichtsforderungen stand, auch die Sexualität zum allseitigen Konsum freigegeben werden:

> »Sie [die Sexualität – JCA] wird eher huxleyisch kontrolliert, behelligt oder verunstaltet: also nicht so sehr durch offene Repression, sondern durch ihre Freigabe, eher durch Stillung bis zur Bewußtlosigkeit, eher durch Ausnutzung als Befriedigungs- und Bindemittel für Unzufriedenheit ganz anderer Art, zum Vorgaukeln der ›Schönen Neuen Welt‹.« (Schmidt 1988, S. 55)

Diese Kommerzialisierung der Sexualität machte vor keiner Branche und keinem Dienstleistungsbereich Halt: »Geschlechtsverkehr als Bestandteil des Geschäftsverkehrs« hatte es Schorsch (1985, S. 8) im Hinblick auf die sich entwickelnden Begleit- und Hostess-Services in der Business-Welt einmal pointiert genannt.

Der große österreichische Philosoph Günther Anders (1902 bis 1992) hat diese Kommerzialisierung, das *Zur-Ware-Werden von Sexualität* samt der prekären Folgen in seinem epochemachenden Werk »Die Antiquiertheit des Menschen« bereits in den 1950er Jahren vorausgesehen: »Unsere Welt ist, so paradox dies auch klingen mag, ›mit Nacktheit bekleidet‹ – diese Nacktheit verdeckt die wirkliche Welt [...]« (1986, S. 310), schreibt er und deutet hier schon die Pseudoliberalisierung an, als die er diese Liberalisierungsbewegung schließlich einschätzt. In einer angesichts der damaligen Umstände geradezu prophetischen Vision dessen, was da kommen würde, schreibt er weiter, dass wir Tag und Nacht von einer »riesigen Warenrevue« umgeben sein würden. Es entstehe ein »ungeheurer Sklaven- und

---

15 Der Begriff »Gesellschaftscharakter« bei Fromm meint »den Kern der Charakterstruktur, den die meisten Mitglieder ein und derselben Kultur gemeinsam haben, im Unterschied zum individuellen Charakter, in welchem sich die Menschen ein und derselben Kultur voneinander unterscheiden« (Fromm 1960, S. 73).

Sklavinnenmarkt, der in manchen Cities viele Quadratkilometer einnimmt«[16] (ebd., S. 311). Der Marktplatz Sexualität sei allgegenwärtig und unentrinnbar, und »wir, die wir als Bürger der kapitalistischen Welt, das heißt als *Kunden,* den Aufenthalt auf diesen Märkten nicht vermeiden können (denn wo immer wir hintreten, ist Markt), wir stellen nun eine *Millionenmenge von Zwangsvoyeurs* dar. In solche haben uns die Produzenten, die Warenhausbesitzer und die ›publicity people‹ verwandelt« (ebd.). Damit macht Anders den Zwangscharakter des gesellschaftlichen Vorgangs der Sexualisierung der Warenwelt und das Zur-Ware-Werden der Sexualität deutlich.

Die geschilderten Vorgänge führen wegen des entstehenden Überangebots zu einem *Knapp-Werden der Bedürfnisse bzw. einem Schrumpfen der Bedürfnisspanne.* Gunter Schmidt (1988) hat diesen Vorgang am Beispiel einer norddeutschen Pils-Werbung über verschiedene Epochen hin sehr gut anschaulich gemacht: Lautete die Werbebotschaft – stets mit dem Bild einer eben geöffneten und weithin spritzenden (ejakulierenden?) Bierflasche – in den 1950er und 1960er Jahren noch »*Was gäbe ich für ein kühles Bier*«, so hieß der Slogan in den 1970er und 1980er Jahren auf einmal »*Durst wird durch Bier erst schön!*« und schließlich ab den 1990er Jahren und gegen die Jahrtausendwende hin nur noch »*Was gäbe ich für Durst!*« (Schmidt 1988, S. 52). Die Werbetexte zeigen sehr schön, wie es zu einer Abnahme der Bedürfnisspanne kommt. Offenbar braucht man wegen des Überflusses an Waren und Anreizen nicht mehr für die eigentliche Bedürfnisbefriedigung zu werben, sondern muss sukzessive vom Produkt weg (»Ein Bier wär' doch jetzt schön!«) direkt an die Bedürfnisse appellieren (»Wär' das schön, wenn ich Durst hätte!«), die ansonsten gar nicht mehr geweckt würden. Anders quittiert diesen Gedanken mit einer angesichts des verbreiteten Hungers auf der Welt schauerlichen Analogie aus dem Bereich des Essens: »Nicht um das tägliche Brot werden sie beten, sondern um den täglichen Hunger« (Anders 1986, S. 311).

Diese tiefe kulturkritische Skepsis, wie sie in Anders' visionärer Kritik anklingt, soll nicht verleugnen, dass sich in den letzten Jahrzehnten tatsächlich auch einiges an Liberalisierungsschüben getan hat: etwa die Akzeptanz von »vorehelicher« und Jugendsexualität (noch vor wenigen Jahrzehnten schwer denkbar), von Masturbation, von Schwul- und Lesbisch-Sein, von anderen sexuellen Minderheiten, rechtliche Veränderungen u. a. m. Allerdings darf dabei – und das ist in Beratung und Therapie sehr relevant – nicht vergessen werden, wie zäh der individuelle Wandel von Einstellungen gerade auf diesen intimen Gebieten sowie bei tief verwurzelten Tabus und stark verinnerlichter Geschlechtereigenschaften sein kann. Viele der »Befreiungsslogans« der 68er-Bewegung, wie etwa der Polygamie-Appell »Wer zweimal mit derselben pennt, gehört schon zum Establishment«, sind deshalb mehr oder weniger Geschichte und haben sich als nicht oder schwer lebbar erwiesen. Die Versuche, in Kommunen oder »offenen Zweierbeziehungen« zu leben, wo beide Partner sexuelle Beziehungen zu Dritten oder Vierten haben, sind

---

16 Interessant ist, dass Anders hier auch die männliche Form »Sklaven-« verwendet, obwohl die Bediensteten dieses Marktes fast ausschließlich Frauen waren, womit er auch auf die Entfremdung und Versklavung der männlichen Sexualität in diesen Verhältnissen verweist.

gescheitert und längst wieder von der Bildfläche verschwunden. »Die Menschen haben sexuell über ihre inneren Verhältnisse gelebt«, hat Schorsch (1987, S. 159) nachträglich einmal zu diesen »Projekten« festgestellt und damit auf diese Trägheit des psychischen Wandels hingewiesen.

3.2 Von der Scheinhaftigkeit der »Befreiung«

Nun gab es – wie angedeutet – schon während der Befreiungsinitiativen der 1960er und 1970er Jahre Kritik und Warnungen vor der Scheinhaftigkeit dieser Befreiung: Herbert Marcuse (1967) prägte den Begriff der *repressiven Entsublimierung*, der besagt, dass die Freisetzung von Tabus und Zwängen letztlich repressiv sei, weil nur ein Schein von Freiheit innerhalb bestehender Verhältnisse, die dadurch sogar stabilisiert würden, vorgegaukelt werde. Es handelt sich also lediglich um eine kommerzielle Freigabe sexueller Vorlieben, wobei die herrschende politisch-wirtschaftliche Klasse sich eine solche Freigabe leisten kann, weil ihre Interessen dadurch nicht angetastet, sondern unbewusst gemacht würden. Die entsublimierte, nicht mehr auf Triebverzicht setzende Lust werde durch diese Art der Pseudoliberalisierung berechenbarer und damit »kanalisiert« und »einkassiert« (Krauss 1987, S. 202 f.). Zugleich passte diese Art repressiver Vermarktung hin zu konsumatorischer Befriedigung zu einer Entwicklung, in der Einsamkeit und Alleinleben stark im Zunehmen waren: In Großstädten wie Paris oder Hamburg überschritt – gefördert durch die Zunahme an Trennungen und Scheidungen – die Anzahl der Alleinlebenden-Haushalte die 50 %- oder gar 60 %-Marken, und die Verheißungen einer »freien« Sexualität übernehmen die Funktion einer Art »Lückenbüßerin« für allfällige Einsamkeitsdepressionen (ebd.).

Dieser »Aufbruch« aus den verkrusteten Dogmen überkommener Sexualmoral und damit die Aufhebung beziehungsweise Entschärfung sexueller Repression geschah zudem zu einer Zeit, in der – mit Beginn in den 1970er Jahren – wegen der Umbruchsituationen *Identitätsthemen* eine große Resonanz erhielten (vgl. den Erfolg der Erikson-Bücher damals, etwa Erikson 1973). Beobachter meinten deshalb, dass der schwunghafte »Handel« mit Sexualität auch die Unsicherheiten bezüglich der Identitätsfrage und die »Leerstelle« von Selbstwertproblemen füllen helfen sollte. Sex wurde sozusagen zum *Ersatz für identitätsstiftendes Lebensgefühl* bzw. ein »Anhängsel« von Identitätslosigkeit (Krauss 1987, S. 205). Glaser sprach vom entsublimierten »Wohlstandssex« als »Versuch, die eigene Leere durch Matrizen künstlicher Leidenschaft auszufüllen« (1985, S. 56), und Alexander Mitscherlich hielt die sexualisierte Befriedigungssuche für einen »kindlichen Befriedigungsversuch, der eigentlich Sicherheit – im Sinne körpernaher Geborgenheit – und Sattheit meint« (1966, zit. n. Krauss 1987, S. 217).

Interessant ist auch die Analyse des damals viel gelesenen Frankfurter Psychoanalytikers und Paartherapeuten Michael Lukas Möller (1985), der in diesem Zusammenhang von *kannibalistischer Liebe* sprach, bei der die innere Leere vieler

Menschen »eine suchtartige neidgetriebene Freßgier, einen Drang zum Verschlingen, zum Inkorporieren« erzeuge, um das aufnehmen zu können, was lebensgeschichtlich fehlt: das anerkennende Objekt (1985, S. 58 f.). Weil diese kannibalistische Liebe auch an die Urform der Mutterliebe erinnere, führe sie auch zu unbewussten Ängsten der Partner vor symbiotischer Nähe und zu entsprechender Überforderung, was unzählige Partnerkonflikte hervorrufe – und damals wie heute auch sexuelle Störungen wie Lustlosigkeit, die quasi ein Sich-Entziehen aus diesem Klammergriff darstellen. Möller spricht aber andererseits auch von *kapitalistischer Liebe* und meint damit jene Kurz- und Schnellform von Beziehungen und Sexualität, die systemkonform dem ständig wechselnden Warenverkehr entspricht: kurz, schnell, effektiv und erfolgreich. Nachdem die aus dieser »Kurzschnellform« entspringende Pseudo-Befriedigung aber stets zutiefst unbefriedigend bleibt, erzeugt sie erst recht wieder einen enormen Hunger nach Zuwendung und Anerkennung und stärkt damit wiederum die Neigung, suchtartig »kannibalistisch« zu lieben (ebd., S. 65): ein tragischer Teufelskreis, der zu andauernder Getriebenheit in Ambivalenz führt.

3.3 Auf dem Weg zur Lustlosigkeit

3.3.1 Sicherheits- statt Lustprinzip

Diese Entwicklung setzt sich bis heute fort – vor allem die Tendenz zu *narzisstisch motivierter Partnerwahl und Beziehungsgestaltung*, wie sie viele Autoren und Autorinnen damals schon diagnostizierten, ist unverkennbar: Dazu gehört auch die *Überfrachtung der Beziehungen mit Sicherheitsbedürfnissen*, für die ein einziger Mensch – der oder die Geliebte – geradestehen soll. Angst und Unsicherheit sind ja die vielleicht bedeutendsten Anti-Lustfaktoren überhaupt: Angst wegen der härter werdenden Konkurrenzbedingungen in der »global village«, Angst um die Arbeitsplätze, Angst vor Umweltkatastrophen, vor der Zukunft generell usw.; dies führt dazu, dass immer mehr Menschen ihre Partnerschaften zumindest unbewusst als eine Zufluchtsstätte vor bedrohlicher werdender gesellschaftlicher Kälte empfinden, als »Insel der Menschlichkeit in der Unmenschlichkeit der Arbeitswelt«, wie Schorsch es nannte (1987, S. 10).

Dies führt zu einer hoch aufgeladenen Emotionalisierung von Partnerschaften, in denen die narzisstischen Aspekte von Nähe und Geborgenheit prioritär sind – und weniger sexuelles Begehren und autonomes Subjektsein im Vordergrund stehen. Partnerschaften wurden und werden damit zu einer Art dyadischem »Trostpflaster« gegen existenzielle Verunsicherung: »Das Beziehungsideal geht mehr in Richtung einer symbiotischen Einheit mit gegenseitiger oraler Versorgung, teils mehr in Richtung einer *geschwisterlichen Lebensbewältigungsgemeinschaft* [...]« (ebd.; Hervh. JCA). Solche Beziehungen werden durch die Überfrachtung mit

Anforderungen und Aufgaben, die ihnen zugeschrieben werden, aber auch extrem verletzlich: »Wehe Du bist anders, verunsicherst mich noch mehr!«

Diese geschwisterliche Nähe erstickt das Begehren, wenn dieses nicht schon von vornherein durch die unbewusste »Neuauflage« einer Mutter(Vater)-Kind-Beziehung mehr oder weniger ambivalent und prekär ist. Die triebhaft-aggressiven Impulse, die auch zum sexuellen Begehren gehören, haben in dieser Konstellation keinen oder zumindest keinen bleibenden Platz. Das Ergebnis ist jene vielzitierte Variante von »Kuschelsex«, der zwar als zärtliches Geborgensein-Wollen zu jeder Beziehung gehört, aber unter Abspaltung des Triebhaften aus der Sexualität dann die alleinige Oberhand gewinnt. In einer solchen Atmosphäre »wird die Atemluft für das Sexuelle dünn« (ebd.), bis ihr schließlich ganz die Luft ausgeht. Diese Menschen verstehen sich an sich gut, haben gemeinsame Pläne und Aufgaben (z. B. Hausbau, Firma etc.), wollen sich auch nicht trennen – aber: Es fehlt die Lust. Sie gelten sozusagen als »Prototypen« lustloser Paare, wie sie seit geraumer Zeit immer wieder auch in Beratungsstellen anzutreffen sind.[17]

3.3.2 Allgegenwart des Sexuellen als Konsumgut und »sexual correctness«

Auch die »Übersexualisierung«, von der schon die Rede war, durch mediale Darstellungen und die allgegenwärtigen sexualisierten Konsumanreize »lasten« auf der Lust. Die Durchsexualisierung nahezu aller Lebensbereiche, von der Pornoindustrie bis hin zur Lifestyle-Seitenblicke-Gesellschaft, von der Werbung bis hin zum Teenie- und Jugendlichkeitskult der Mode, überall begegnet uns dauernd – mittlerweile auch schon den Frauen in Form angeblich verführerischer Männer – Sex, sozusagen an jeder Straßenecke. Viele Fernseh-Formate haben als letzten immer einen Sex-Beitrag (nach dem Motto: »Bleiben Sie dran!«), bei dem auch verkappte Voyeure auf ihre Rechnung kommen sollen. Eine Zeit lang flimmerten mehr oder weniger »abgenutzte« Sex-Filmchen in die Wohnzimmer – die scheinen mittlerweile durch die viel »schärfere« Kost, die im Internet zugänglich ist, wieder von der Bildfläche verschwunden zu sein. Und sogar kriminelle oder deviante Fälle wie Sexualverbrechen an Mädchen oder Jungen wurden und werden oft genug aus Sensationsgeilheit (sic!) und zur quotensichernden Sex-Unterhaltung genutzt und voyeuristisch ausgeschlachtet.

Dies alles geschieht aber andererseits – und da findet sich schon ein eklatanter Widerspruch, der seelisch nicht so leicht zu verarbeiten ist – in einer Atmosphäre von zunehmender »sexual correctness«. Diese zunächst aus dem puritanischen Amerika stammende Tendenz hat mittlerweile längst auch in Europa weit um sich gegriffen: »Vorsicht, was Du sagst!«, lautet die Parole, speziell bei sexuellen Themen und in Geschlechterfragen, und oft meint man, dass man zur Vorsicht eben am besten nichts mehr zu diesen Themen spricht – dann kann einem nichts Falsches entkommen. Somit wurde auf der Ebene der alltäglichen Kommunikation

---

17 Zur speziellen Dynamik der Lustlosigkeit und Erfahrungen aus der Therapie siehe ▶ Kap. 7.6.

eigentlich »Sexualitätsvermeidung« zum Ideal inmitten einer Dauerpräsenz heftigster Sexualreize (vgl. Sigusch 1996 a). Das heißt nichts anderes, als dass wir trotz permanenten sexuellen Reizbombardements stets »ganz anständig« bleiben und funktionieren sollen, als ob uns das alles gar nichts anginge. Diese Diskrepanz zwischen äußerer Sexualisierung und innerer Desexualisierung ist neben der Reizüberflutung mit ein Grund für das Verblassen der Lust.

Dazu kommt noch, dass Sexualität gegenwärtig und in Zusammenhang mit dieser Correctness-Welle zu einem Gutteil unter dem Banner des Negativen steht, was wir schon als »negative Diskursivierung« der Sexualität (Sigusch 1996 a, 2005) ausgewiesen haben: Überall sind Missbrauch, Gewalt, Übergriffe und Demütigung an der (vor allem medialen) Tagesordnung. Dabei scheinen die Kriterien wegen einer um sich greifenden »Kultur« der Verdächtigungsmöglichkeiten in erster oder fast ausschließlicher Linie gegenüber Männern aus dem Ruder gelaufen zu sein: Vielfach beherrscht eine eher ängstliche, vermeidende Haltung den gesellschaftlichen Alltag. Belästigung könnte (und wird auch!) nicht nur durch erzwungene Taten, sondern sogar schon durch Blicke beklagt werden. Erst recht bergen Flirts und Anmache häufig die Gefahr in sich, bei ihrem Misslingen, also bei negativer Resonanz der Angebeteten, als Übergriff ausgelegt zu werden. Sexualität wird zu guter Letzt in die Nähe eines Straftatbestands gerückt, neben dem andere Gewalttaten geradezu entdramatisiert wirken. Diese Diskursivierung des Sexuellen als gewaltsames, übergriffiges, an jeder Ecke lauerndes patriarchales Gefahrenmoment bewirkt also eine zunehmende Prekarität sexueller Lust – eine Prekarität, die sich auch ins Geschlechterverhältnis drängt und als solche einen leichten und lustvollen Umgang damit erschwert.

3.3.3 Alles sexuell – nichts mehr sexuell

Sexualität ist überdies – wie es der aus Ostdeutschland stammende Sexualforscher Kurt Starke (2004) einmal umschrieben hat – eine Art Erlebnispark für gelangweilte Konsumenten geworden. Diese Art Konsum- und Kommerzsex lässt übrigens auch die Notwendigkeit einer Partnerin (die meisten Angebote richten sich ja an Männer) obsolet werden. Hier herrscht (einsame) Selbstbedienung im Überfluss. Dieses Angebot garantiert übrigens auch relativ »angstfreie« Erregung und Befriedigung, kann doch bei fiktiven oder pornografischen Objekten keine möglicherweise kränkende Zurückweisung geschehen! Dieser leichte Zugriff auf Reize und masturbatorische Befriedigung »erspart« den betroffenen Männern (und mittlerweile öffnet sich auch ein Internet-Markt für einsame Frauen) die Anstrengung eines immer vom Risiko des Scheiterns und mit Entwertungsgefühlen verbundenen Engagements gegenüber einem »wirklichen«, lebendigen Partner.

»Wenn alles sexuell ist, ist nichts mehr sexuell«, schrieb Starke (1996, S. 21) in diesem Zusammenhang. Dies sollte uns daran erinnern, was noch vor einigen Jahren bei den etwas Älteren von uns und auch in öffentlichen Debatten große Aufregung verursacht hatte, welche Anblicke von erotischen Details – wie etwa eines nackten Busens – uns Ältere damals in Wallung versetzt haben, während heute die Sexualität sozusagen unverhüllt und ungeschminkt auf dem (Laden-)Tisch liegt.

Diese hemmungslose Sexualisierung führt schnell einmal zur Entsexualisierung des Alltagslebens. Zu dieser Abstumpfung scheint mir auch das in den Medien gern geübte, skandalisierende grenzenlose Herauszerren von Privatem und Intimem an die Öffentlichkeit zu gehören: Die Sexualität verliert damit völlig ihren privatindividuellen und auch jeden lustvoll-verschrobenen Charakter, weil etwas, was klar benannt und auch noch bebildert wird, schließlich auch keinen Raum mehr für Phantasie und persönliche »Bearbeitung« in der Phantasie lässt.

Dieses Herauszerren von Privatem lässt letztlich auch den Reiz des »Geheimnisvollen«, den Sexualität im Privaten für ein Paar (abseits normierender Zwänge, was wie zu sein hat) besitzt, sukzessive verloren gehen. Die Medien legen heute alles Intime, das sie von »Reich und Schön« zu erheischen bekommen, auf den Tisch, und was früher Anlass zu belebenden Phantasien war, wird selbst in seriösen Medien breitgetreten. In Österreich etwa wollte uns vor einigen Jahren eine »Sexpertin« im Fernsehen mit einer animierenden Show beglücken, in der dann zum Beispiel eine Hautärztin bereitwillig Auskunft darüber geben konnte, wie die Damen heute am besten ihre Schamhaare wegrasieren oder auch stylen können – nun denn, welch unverzichtbares Thema für einen öffentlich rechtlichen Fernsehsender! Diese »Kultur des In-die-Unterhose-Schauens« – wie ich das einmal genannt habe – macht den Inhalt der Unterhose und sein Rundherum zugleich uninteressant, ja alltäglich. Diese »uferlose Ent-Intimisierung von Privatem« (Starke 1996, S. 24) zerstört letztlich Intimität und löst sie auf: Wo nichts mehr verborgen bleibt, kann auch nichts mehr so richtig begehrt werden.

3.4 Verhandlungsmoral, Pure Relationship und Tyrannei der Lust

Im Rahmen dieser Entwicklungen hat der englische Soziologe Anthony Giddens (1993) darauf aufmerksam gemacht, dass sich im Zuge der sicherheitsspendenden Romantisierung sexueller und partnerschaftlicher Beziehungen auch eine gleichsam passende Beziehungsform entwickelt hätte, nämlich das, was er *reine Beziehung* nennt: Das vorherrschende Muster ist dabei, dass die Beziehung »bereinigt« von allen Nützlichkeits- und Funktionsüberlegungen allein dem »emotionalen Wohlfahrtsgewinn« dienlich sein soll. Diese Lebensform bringt allerdings qua Emotionalisierung eine hohe Verletzlichkeit mit sich, kann doch dieser »Wohlfahrtsgewinn« unter Umständen auch wieder sehr schnell verflogen sein, womit die Beziehung eigentlich auch schon wieder zu Ende ist: Der Partner wird dann zugunsten eines neuen, der den erwünschten Wohlfahrtsgewinn verspricht, »entsorgt«. Die Notwendigkeit der Selbststabilisierung, die ja Beziehung und Sexualität auch gewährleisten sollen, verlangt dann »natürlich« schnell wieder nach einer neuen Beziehung, wenngleich es zu gewissen Widersprüchen zwischen dem Bedarf an Leidenschaft und dem an Geborgenheit kommt. In jüngeren Jahren scheint hier der Bedarf an Leidenschaft die Oberhand zu behalten.

Damit haftet der »reinen Beziehung« der Makel einer starken Empfindlichkeit und Brüchigkeit an – was im Widerspruch dazu die narzisstischen Bedürfnisse nach Sicherheit frustriert und bei vielen Menschen starke, wenn auch oft unbewusste Ängste und Anklammerungstendenzen nach sich zieht. Dadurch ist der jeweils narzisstisch bedürftigere Teil des Paares immer auch der verletzlichere. Zum Befund einer nach Sicherheit und Geborgenheit strebenden Beziehungsform passt Siguschs These, es ginge in vielen Fällen dieser narzisstisch gefärbten Beziehungssuche um eine *Ablösung der Wollust durch »Wohllust«* (Sigusch 2005).[18]

Ein anderer bedeutsamer Faktor, der im Verlauf der letzten Jahrzehnte auch im Hinblick auf die sich mehrenden Symptome von Lustmangel und Lustlosigkeit eine wichtige Rolle spielte, ist die Koppelung der Sexualität an *Leistung* und moderne *Lifestyle-Moden*. Durch die Freisetzung sexueller Handlungs- und Erlebnismöglichkeiten entstand inmitten einer von Leistung und Äußerlichkeiten dominierten Gesellschaft der Eindruck, man »müsse« bestimmte Erlebnisse einfach gehabt haben (besonders für Jugendliche zutreffend), um »dazuzugehören«. Guillebaud (1999), ein viel zu wenig beachteter französischer Autor, sprach schon vor der Jahrtausendwende von einer *Tyrannei der Lust*, die die frühere Verbotskultur abgelöst hätte: Leistungsnormen, Outing-Moden, die den Menschen zum »Geständnistier« (Foucault) machen, das ewige Gerede über Sexualität und eine nie zuvor da gewesene Bilderwelt hätten letztendlich zu einer »Erlahmung oder Unterhöhlung unseres Verlangens« und zu einem »Nachlassen der Begierde durch Entzauberung« geführt (Guilleband 1999, S. 19). Er zitiert den französischen surrealistischen Künstler André Breton, der gemeint hatte, dass das postmoderne Übermaß an Enthüllung dem Verlangen seine Kraft rauben werde (zit. n. ebd., S. 133).

Von »Tyrannei« spricht Guillebaud deshalb, weil die umfassende Kommerzialisierung sexueller Vorlieben durch die kapitalistische Kultur- und Konsumindustrie der Sexualität den ihr historisch eigenen Charakter einer »Metapher der Auflehnung« geraubt hätte: Sexualität und Erotik wurden so von einer quer zum Arbeitsalltag liegenden Angelegenheit lustvoller Ausschweifung zum »Stützpfeiler der merkantilen Maschinerie«, ein Faktor, der von anderen gesellschaftlichen Unbehaglichkeiten ablenken soll – eine »kommerzielle Trivialisierung« des Sexus (Guillebaud 1999, 105):

> »Darin liegt die eigentliche Obszönität unserer Zeit. Sie besteht nicht in absichtlicher Provokation als erotischem ›Spektakel‹, sondern in der Zweckentfremdung, der Aneignung einer [ehemals intendierten – JCA] Revolte, einer Utopie und einer Sprache durch die Verfechter des Profits, die ihrerseits vollkommen gleichgültig gegenüber allem sind, was sich weder verwerten noch quantifizieren lässt.«

Insofern erscheint Sexualität hier – ähnlich wie bei Marcuse (1967) – als zu Herrschaftszwecken funktionalisiert. Freilich wünscht niemand sich als Gegenmittel zu dieser verflachenden, herrschaftsdienlichen Vermarktung eine Rückkehr zu alter Verbots- und Unterdrückungsmoral, aber dennoch muss die »Entgrenzung« sexueller Möglichkeiten in Richtung einer Anything-goes-Kultur immer

---

18 Vgl. auch http://forum.sexualaufklaerung.de/index.php?docid=676.

wieder kritisch hinterfragt werden. Und der französische Anthropologe und Philosoph George Bataille ging die Sache einst noch viel deutlicher und direkter an:

> »Ich gehöre nicht zu jenen, die in der Abschaffung sexueller Verbote einen Erfolg sehen. Mehr noch, ich denke sogar, daß die menschlichen Möglichkeiten von diesen Verboten abhängig sind.« (zit. n. Guillebaud 1999, S. 133)

Die *Betonung des Verbots* verweist auf den Aspekt der Grenzüberschreitung, den Sexualität – im Vergleich zum Alltäglichen – haben kann oder zur Steigerung der Lust auch haben soll: Wenn Lust und Begehren nicht mehr herausgehoben sind aus dem Alltag, dann geht das Begehren darin unter. In diesem Zusammenhang sei auch an Freuds Haltung erinnert, wonach die erotische Erfüllung auch davon abhänge, inwieweit ihr ein gewisser Widerstand des Triebobjekts entgegengesetzt sei (Freud 1905). Umsonst ist demnach die Lust nicht zu haben.

Getragen sind diese Veränderungen von einer neuen »Moral«, die Schmidt (1998) *Verhandlungs-Moral* oder *Konsens-Moral* nennt: Was zählt, ist nicht, was erlaubt ist (durch die allgemeinen Sitten, die Moraltheologie, die Kirche), sondern was von den Beteiligten ausgehandelt wird! Standen früher bei der Überlegung, welche sexuellen Handlungen man mit einer Partnerin oder einem Partner realisierte, gewisse traditionelle sexualmoralische Standards Pate, so gehen diese Standards zugunsten der vielfältigen Möglichkeiten, sich auf etwas zu einigen, was früher verpönt war, massiv zurück. Freilich müssen hier auch Unterschiede zwischen liberalen städtischen und eher ländlich-traditionell gebundenen Sozialschichten gesehen werden, ebenso zwischen verschiedenen Ländern in unterschiedlichen Kulturkreisen. Aber die Tendenz, dass erlaubt ist, was die Beteiligten wollen und akzeptabel finden, ist auch bei Paaren in Beratungssituationen oder etwa in der Sexualpädagogik mit Jugendlichen spürbar. Freilich sind um diese Verhandlungsmoral auch auf die Spitze getriebene Auslegungen bekannt, bei denen das »Verhandlungsgebot« Teil eines stark reglementierenden Regelwerks wurde, wie zum Beispiel in einem amerikanischen Uni-Campus (vgl. Schmidt 1998), wo regelrechte »Hausordnungen« darüber erlassen wurden, was man – natürlich nie, ohne vorher ausdrücklich zu fragen – tun dürfe und was nicht: »Küssen«? Nur nach Antwort »Ja« usw. – insgesamt also keine sehr spontan-lustvoll erscheinende Vorstellung, wie erotische Anbahnung ablaufen könnte!

Diese neue Vielfalt an sexuellen Möglichkeiten, wie sie die »Verhandlungsmoral« mit sich brachte, fordert jedenfalls unterschiedliche sexualpolitische Standpunkte heraus: Der *kulturoptimistische* Gunter Schmidt etwa sieht darin eine Menge neuer Entwicklungschancen, die diese Vielfalt an sexuellen Vorlieben bieten kann und spricht im Gegenzug von einer »Absage an Opas Sex von jenen, die dauernd mit Sex bombardiert worden sind« (1998)[19]. Damit wäre die aus Verhandlungsmoral entspringende Sexualität etwas, was sich die Beteiligten neu und ohne Last aus der Vergangenheit ausmachten und was dann quasi autark je nach Vorliebe der Beteiligten praktiziert werden könnte – ein egalitärer und emanzipatorischer Fortschritt im Vergleich zu Zeiten dunkler Triebängste.

---

19 Vortragsmitschrift vom 3. 4. 1998, Universität Innsbruck, Institut für Erziehungswissenschaft.

Der eher dem psychoanalytischen Kulturpessimismus zugeneigte Volkmar Sigusch hingegen warnt vor diesem Optimismus und meint, dass erst in einer von ihren wesentlichsten Widersprüchen befreiten Gesellschaft, die auch eine Befreiung der Menschen aus den entwürdigenden, verdinglichenden und entwertenden Alltagswelt- und Arbeitsverhältnissen umfassen müsse, das Positive, Befreiende an der »sexuellen und geschlechtlichen Buntscheckigkeit, von der frühere Generationen geträumt haben mögen«, zum Tragen käme (Sigusch 1996a, S. 34).

3.5 Die »neosexuelle Revolution« vor der Jahrtausendwende

Schon vor dem Wechsel ins 3. Jahrtausend können wir nach den geschilderten Umbrüchen der *sexuellen Befreiung* schließlich mit Sigusch (2005) von einer *zweiten sexuellen Revolution* sprechen. Brachte die erste »Revolution« der 1960er Jahre also neben diversen Liberalisierungsschüben eine ausgesprochen »positive Mystifizierung« der Sexualität sowie eine ganze Reihe gesellschaftspolitischer Groß- und Kleinhoffnungen mit sich – auch wenn diese heute als Ausdruck der Überschätzung der Sprengkraft sexueller Freiheiten gelten –, so hatte die zweite dieser Umwälzungen ab den 1990er Jahren andere Begleiterscheinungen. Diese *neosexuelle Revolution*, wie Sigusch sie nannte, brachte im Unterschied zur ersten »Revolution« eine stark »negative Mystifizierung« der Sexualität mit sich: angefangen bei Aids über das Gefährliche an Sexualität generell, also Missbrauch, Gewaltverhältnisse usw., bis hin zu generellen Vorsichts- und Verdachtsmomenten, die gegenüber sexuellen Ansinnen ausgesprochen wurden. »Ganz offensichtlich wird Sexualität heute nicht mehr als die große Metapher der Lust und des Glücks überschätzt und positiv mystifiziert, sondern negativ als Quelle und Tatort von Unfreiheit, Ungleichheit und Aggression diskursiviert« (Sigusch 2005, S. 29).

Zugleich hat diese zweite sexuelle Revolution eine »Pluralisierung« und »Fragmentierung« sexueller Vorlieben mit sich gebracht, die – wie gewohnt – hauptsächlich in kommerzieller Hinsicht ausgeschlachtet werden (vgl. Sigusch 2005). Diese Fragmentierungstendenzen *zerlegen gleichsam die alte Sexualität in ihre Einzelteile und setzen sie neu wieder zusammen*. Die »alten« Mystifizierungen, also die Idealisierung und Überschätzung der Sexualität im Rahmen der ersten sexuellen Revolution, sind damit passé und machen stattdessen den Elementen der »negativen Mystifizierung« Platz – und zwar im Sinne

- der Ungleichheit der Geschlechter,
- der Gewalt gegen Frauen und Kinder,
- des Missbrauchs, der Belästigung und last not least
- der gefährlichen, ja tödlichen Infektionskrankheit Aids, mit der es zu leben gilt.

War die »alte« Sexualität, die übrigens nun pauschal mit »männlich« gleichgesetzt wird, mit Rausch, Triebhaftigkeit, Lust, Orgasmus des heterosexuellen Paares etc. assoziiert, bestehen die »Neosexualitäten« vor allem aus Geschlechterdifferenz, Selbstliebe, ständig neuen Thrills und »Prothetisierungen«, wie Sigusch schreibt (1998, S. 26).

Diese Auffassung wird auch von den Ergebnissen einer neueren Studie von Osswald-Rinner (2011) gestützt. Die Autorin ortet im Zusammenhang mit jüngeren Diskursen zur Sexualität eine »Spaltung der Geschlechter« und in der Folge die Tendenz, »die männliche Sexualität zunehmend als die minderwertige und die weibliche Lust als die erstrebenswerte« zu mystifizieren: »Das Verpönen der männlichen Sexualität und ihre vermeintliche Beziehungsunfähigkeit führen dazu, dass all diejenigen Praktiken und Bedürfnisse, die bisher der männlichen Version von Sexualität zugesprochen wurden, ins Abseits geraten« (Osswald-Rinner 2011, S. 100). Insofern kann von einer Leerstelle gesprochen werden, in der das mit »männlich« assoziierte »Alte« an der Sexualität ausgedient und sich noch keine »neue« Form anerkannter sexueller Kultur entwickelt hat, was verschiedenen Veränderungsprozessen die Tür öffnet.

Sigusch sieht drei entscheidende Veränderungsprozesse der Regelung sexueller Angelegenheiten und sexueller Erlebensweisen, die bis heute wirksam sind:

1. Die *Dissoziation der sexuellen Sphäre*: Hier ist zunächst die weit zurückreichende *Dissoziation von sexueller und reproduktiver Sphäre* bis hin zur Möglichkeit, die Fortpflanzung technologisch ohne Sex zu ermöglichen, zu nennen; dann die *Dissoziation der sexuellen von der geschlechtlichen Sphäre*, was eine massive Problematisierung des Mann-Frau-Verhältnisses nach sich zieht – mit einer »Kreation einer eigensinnigen weiblichen Sexualität« (Sigusch 2005, S. 31), wo man oft den Eindruck gewinnt, es gehe um eine Art »geschlechtslose Geschlechterpolitik«, wie ich das nennen würde (vgl. auch Reiches wichtigen Aufsatz »Gender ohne Sex« 1997); weiters die *Dissoziation von der Sphäre des sexuellen Erlebens von der Sphäre körperlicher Reaktion*, versinnbildlicht in der Trennung von Verlangen, Potenz und Erektion und in den sich chirurgisch auftuenden Möglichkeiten operativer Überwindung des Körpers; schließlich die *Dissoziation von Libido und Destrudo*, von zärtlicher und zerstörerischer Kraft der Sexualität, wobei oft nur Letztere, wiederum zu Lasten der Männer als bisherige Träger der vorherrschenden »Sexualkultur«, übrig blieb: Belästigung, Frauenverachtung, Sexismus, Missbrauch. »Der ehemals singuläre und kranke Triebtäter wurde zum ubiquitären und normalen Geschlechtstäter [...]. Männer schienen nur noch geil, gewalttätig und impotent zu sein« (Sigusch 2005, S. 33). Das heißt, dass Sexualität vom individuellen Triebschicksal durch verschiedenste (auch verunsichernde) Problematisierungen diskursiv abgetrennt wird.
2. Zudem ist die neosexuelle Revolution durch einen Prozess der »Zerstreuung der sexuellen Partikel, Fragmente, Segmente und Lebensweisen« gekennzeichnet, den Sigusch *sexuelle Dispersion* (ebd.) nennt und der vor allem über die Kommerzialisierung erfolgt. Angebote der Sexindustrie und ihre warenästhetische Indienstnahme alles Erotischen sorgen für diese unterhaltsame Zerstreu-

ung. Andererseits werden viele Menschen, v. a. Männer, durch die verschiedensten Zugänge zu perversen Inszenierungen (Stichwort Kinderpornographie und Sextourismus) aus ihrem je eigenen Lebensalltag herausgerissen, fragmentiert und atomisiert, gleichzeitig damit aber auch dauernd unterhalten. Die allseitige Veröffentlichung von Intimem scheint alles bisher Verpönte zur Normalität werden zu lassen und gleichzeitig zu verunsichern: »Was ist eigentlich mit mir?«
3. Ebenso bedeutsam erscheint der Prozess der *Diversifikation* als »Schrumpfen, Deregulieren und Entwerten der traditionellen Familie und das Vervielfältigen der Beziehungs- und Lebensformen« (ebd., S. 35). Auch multiple Formen sozialer Elternschaft, die Pluralisierung und Verbreitung von ehemals pervers geltenden Sexualpraktiken als »gesunde« Neosexualitäten und als herzeigbare Lifestyle-Gepflogenheit breiten sich aus. Vor lauter Diversifizierung verschwinden nicht nur die bisher üblichen Zusammenlebensformen und ihre Verbreitung (Rückgang von Eheschließungen, von Familie mit mehreren Kindern, von engen Verwandtschaftsbindungen usw.), und dies zugunsten diverser neuer Zusammen- oder Alleinlebensformen, sondern – so könnte man fortsetzen – auch das sexuelle Subjekt selbst mit seiner ihm selbst gewissen sexuellen Lebensart.

Nach Sigusch sind diese Prozesse des Zerlegens und des Neuzusammensetzens allesamt jedenfalls charakteristisch für den Kapitalismus in dessen höchstentwickeltem, immer noch profitgieriger werdendem Wirtschaftssystem, in dem verwertet wird, was immer es zu verwerten gibt, und in dem »Freiheit« oft nicht mehr als eine besondere Form des Egoismus zu sein scheint. *Was ist das aber für eine Freiheit?* Die traurige Freiheit des einsamen Internet-Porno-Konsumenten? Diejenige der atomisierten Subjekte, die die Masturbation nun in den Rang einer eigenständigen, »autonomen« sexuellen Lebensform gehoben haben (▶ **Kap. 5.4**)? Oder neigen wir mit derartigen Bedenken zu sehr dazu, menschliche Sexualität in ihrer Veränderbarkeit im Rahmen einer wissenschaftlichen Quasimoral zu pathologisieren?
Auch die öffentlichen Formen neuer Freizügigkeit und Offenheit können kritisch untersucht werden. Auch hier drängt sich der Eindruck auf, dass es sich eher um *narzisstische* als um libidinös-objektgerichtete Formen interaktiver Freiheit und Offenheit zu neuen sexuellen Begegnungen handelt: So hat Sigusch originellerweise vorgeschlagen, die »Love-Parades«, die teilweise von den öffentlichen Sendeanstalten ins bürgerliche Wohnzimmer übertragen werden, nicht als öffentliche Darstellung bestimmter sexueller »Thrills« und Besonderheiten zu begreifen oder sie amüsiert oder empört mit anstößiger Sexualität gleichzusetzen, sondern sie als »Self-Parades« zu verstehen, hinter denen das Bedürfnis steckt, gesehen und anerkannt zu werden. In der Folge könne allgemein das Modell der neosexuellen Revolution als *selbstdisziplinierter und selbstoptimierter Selfsex* bezeichnet werden, der mit Sexualität im herkömmlichen Sinn nur mehr am Rande zu tun habe (Sigusch 2005c, S. 26).
Diese Analyse der komplexen »Freisetzungsverhältnisse« von Sexualität in der neosexuellen Revolution, die kritisch betrachtet eher als neue »Indienstnahme-Verhältnisse« imponieren, hat auch ihre Relevanz für das Verhalten und Erleben

der Einzelnen, insbesondere im Sinne einer Enteignung bisheriger Erlebensweisen und der Verunsicherung hinsichtlich neuer Erlebenszwänge. Dies bekommen wir auch in Beratungen und Therapien zu hören und zu spüren, wenn Patienten oder Paare sich inmitten dieser Diversifikations- und Dispersions- und Deregulierungsprozesse zu verorten versuchen und dabei oft unter einer massiven Desorientierung, was denn nun für sie das »richtige« oder sagen wir besser, das authentische sexuelle Begehren und Genießen sein könnte, leiden. Therapeutisch geht es dann oft darum, das »Eigene«, das auch lebensgeschichtlich stimmig ist, mühsam aus den Partikeln einer diversifizierten, lebensgeschichtlich entwurzelt erscheinenden Sexualität hervorzuholen.

3.6 Mythos Körper – Fetisch Jugend

Ein herausragender Bereich von »Enteignung« sexueller Subjektivität, etwas, das mittlerweile wirklich pathologische Ausmaße erreicht zu haben scheint, ist der seit einiger Zeit zu beobachtende *Mythos vom fitten Körper und der allseitigen Jugendlichkeit*. Neben vielfältigsten Konsumzwängen, die schon angedeutet wurden, steht offenbar ein allgegenwärtiges Fitness-Streben im Mittelpunkt ganz vieler Selbstinszenierungsversuche von jungen wie auch von älteren Menschen. Ganze Kolonien von Joggern sind nach Feierabend oder am Wochenende unterwegs, aber auch steiles Bergauffahren oder gar Klettern an überhängenden Wänden werden immer mehr zu Massensportarten. Was bis vor wenigen Jahrzehnten nur einzelne Sportbegeisterte getan haben, machen mittlerweile Massen von Leuten und bedienen damit expandierende neue Geschäftszweige (Accessoires, Ausrüstung und natürlich für jede Sportart eine eigene Modelinie). Neben medizinisch begründbaren gesundheitlichen Aspekten in einer Gesellschaft, in der selbstverständliche Alltags- oder Arbeitsbewegung immer mehr zur Mangelerscheinung wird, stehen dabei meistens, so behaupte ich, *körperliche Ästhetisierungsbedürfnisse und Ästhetisierungszwänge*, vornehmlich die Jagd nach dem schlanken Körper, im Vordergrund dieses eigentlich mühsamen Strebens.

Ungeachtet der kleinen erzielten Triumphe, die einem diese Betätigungen manchmal nach einem Blick auf die Waage bescheren mögen, sind sie doch auch immer eine Quelle von Selbstzweifeln und latenten Selbstvorwürfen – gemahnen sie doch an den Umstand, dass man ohne diese Mühsal (oder leider auch mit?) *zu wenig attraktiv und begehrenswert* sei, weil der Körper nicht die nötige sportive Kontur besitzt. Auch in der im Fitness-Drang speziell älter werdender Menschen enthaltenen indirekten Weigerung, die Mangelhaftigkeit und Nichtperfektheit, das Altern, ja die Endlichkeit des Körpers anzuerkennen, lauert die verdrängte, aber anhaltende Gewissheit, dass man sich so, wie man ist, eigentlich nicht gut findet – eine furchtbare Gewissheit? Immer bleibt zudem eine Differenz zur mannigfachen perfekten Bebilderung von Körpern, wie sie angeblich idealerweise sein sollten. Es ist sozusagen wie mit der berühmten unerreichbaren Wurst, die dem Hund vor die Nase gehängt wird.

Joachim Küchenhoff (1998) hat diesen *Mythos ewiger Körperfrische und Körperfitness* als eine zugespitzte *Todesverleugnung* dargestellt. Vom Operationstisch der Schönheitschirurgen bis in die schweißtreibenden Strampelsaloons der sich mehrenden Fitness-Center wird im Grunde permanent geleugnet, dass wir auch einmal alt und behäbig werden können (und dürfen!), und man fragt sich oft, wozu und für wen denn diese ihren Körper kaum als sinnlich-erotisches Kunstwerk nutzenden Menschen (also z. B. die unter Lustmangel Leidenden) so schön und fit sein wollen? Adorno hat dazu einmal den morbiden Satz geprägt:

> »Wenig fehlt, und man könnte die, welche im Beweis ihrer quicken Lebendigkeit und strotzenden Kraft aufgehen, für präparierte Leichen halten, denen man die Nachricht von ihrem Ableben aus bevölkerungspolitischen Rücksichten vorenthielt. Auf dem Grunde der herrschenden Gesundheit liegt der Tod.« (1983, S. 70; zit. n. Küchenhoff 1998, S. 47)

Die Körperinszenierungen gehen aber noch weiter, wobei sogar die versteckten Widerständigkeiten gegen den Mythos vom schönen, edlen und ganzen Körper, die als selbstdestruktive Formen der Körpergestaltung auftreten, wieder vermarktet und in den Rang neuer Moden gehoben werden, zum Beispiel Piercings und andere Körpermoden. Selbst die Beschädigung und Verunstaltung, neuerdings auch die zum Beispiel von Top-Fußballern unübersehbar dargebotenen großflächigen Tattoos werden hier körperästhetisch ausgeweidet. Ich frage mich manchmal, was diese Menschen einmal tun, wenn ihnen das alles nicht mehr gefällt oder wenn die kunstvollen Bilder durch das Schlaff-Werden von Muskel- und Hautgewebe unansehnlich werden? Freilich können wir im Falle Jugendlicher und Heranwachsender annehmen, dass diese und ähnliche Inszenierungen von Körperlichkeit auch wieder im Dienste der Selbststabilisierung stehen: Heranwachsende sind heute in einem für wohlsituierte Friedenszeiten ungeheuren Ausmaß mit Zukunftsunsicherheit und -ungewissheit konfrontiert, und in diesem Vakuum aus Zukunftsangst und Zukunftslosigkeit ist der Körper, die Physis, oft das einzig sicher Verfügbare und wird somit zum Bedeutungs- und Imageträger. Die neue Botschaft lautet deshalb »The body is the message!«

Sigusch (1998a) macht auf den fundamentalen Widerspruch aufmerksam, den diese Mischung aus Vergötzung und Jugendkult einerseits, Vernachlässigung der Sicherheit und damit der Achtung der nachkommenden Generationen andererseits ausmacht: Unsere Gesellschaft frönt dem Fetisch.

> »[...] Jugendlichkeit, doch die Jugend selbst wird mißachtet, ist eine beinahe vergessene Generation. Sie steht nicht im Zentrum des gesellschaftlichen Geschehens, sondern an dessen Rand. Der Jugendfetisch verlangt von allen, immer neugierig, frisch, glatt, dynamisch, gesund und zukunftsorientiert zu sein. Der jungen Generation aber, die die Zukunft eigentlich gestalten sollte, wird von Erwachsenen zu verstehen gegeben, sie sei ein Problem, eine Last, bereite mehr Sorgen als Hoffnung. Wirklich ernstgenommen und umworben werden Jugendliche nur als Konsumenten.« (Sigusch 1998a, S. 1243)

Durch den Jugendlichkeits-(Schönheits-)Kult, der junge Menschen potenziell auf den vorderen gesellschaftlichen Rangreihen platziert, sind Ästhetisierung und Sexualisierung von Körperlichem für viele Jugendliche deshalb eine Chance auf positives Wahrgenommen-Werden. Aus der Dauerpräsenz sexualisierter Reize und dem Benützen dieser Reize zur Ästhetisierung resultiert zwar einerseits auch das Leiden vieler (v. a. Mädchen) am eigenen Körper, wenn sie diesen Idealen nicht entsprechen, andererseits aber auch der spielerische, selbstbewusste Umgang gerade von Mädchen mit körperlichen Reizen, der oft als unmittelbare Aufforderung zur Sexualität missverstanden wird (vgl. Walder 1998), obwohl diese Inszenierungen nicht »zum Anfassen« und nicht einmal »zum Anmachen« gedacht sind.

Körperlichkeit wird also zu einem zentralen Mittel der Selbsterfahrung und Selbstinszenierung junger Menschen »als ihr Kapital« (Walder 1998). Dieser Rückzug auf den eigenen Körper dient als letzte Bastion der Identität inmitten einer Halt und traditionelle Einbindung versagenden Gesellschaft. Dabei sind wie gesagt auch autoaggressive Akte der Kennzeichnung des Körpers (Piercing, Stechen, Branding, Tattoos usw.) ein Mittel der Wahl: »Wohin man sieht, ist es ein Stechen, Schneiden und Penetrieren. Jugendliche brennen sich Labels und Codes in die Haut, um sich als Markenzeichen zu präsentieren« (Walder 1999, S. 5). Mit diesem »Markenbedürfnis« hängt auch die Fetischisierung bestimmter Moden, die Suche nach dem andauernd neuen »Kick« usw. zusammen: Junge Menschen wollen spüren, dass sie einzigartig sind.

Eine absolute Zuspitzung erfährt der Körperkult in der jüngsten Zeit im Zulauf zu *Intimkorrekturen und Schönheitsoperationen* (vgl. Borkenhagen 2011). Was hier an schier nicht enden wollenden Bedürfnissen zur Korrektur angeblich inkorrekter Geschlechtsorgane geschieht, ist wirklich kaum zu glauben: Aufspritzen oder Verkleinern der äußeren Schamlippen, Penisverlängerungen, »Bleaching« (also Hellermachen der Schamlippen), Durchbohrungen von Vulva, Schamlippen oder Eicheln usw. Was hier gegen gutes Geld praktiziert wird, wirft nicht nur ein problematisches Licht auf die ethische Verantwortlichkeit der Operateure und der Chirurgie, sondern bestärkt erneut den Eindruck einer schier unendlichen Unzufriedenheit mit dem eigenen Körper und dessen intimsten Bereichen. Wie jämmerlich und schrecklich, hässlich und nicht begehrenswert muss sich jemand fühlen, der mit dem Messer oder mittels Implantatsspritze jemand an seine intimsten Bereiche rangehen lässt? Wie kann sich jemand seinem Geliebten im Intimbereich zeigen, anschauen lassen, sich hingeben und das vielleicht auch noch entspannt, der seine Genitalien so unansehnlich findet, dass er sie am liebsten gegen andere ersetzen würde?

Man stelle sich also vor, wie »befreit« die betroffenen Individuen mit ihren aus ihrer Sicht so inakzeptablen Geschlechtsorganen umgehen! Neben der Verfügbarkeit des Körpers bis ins letzte intime Eck, was eine kurzfristige Ahnung von Souveränität vermitteln mag, steht für mich hier wiederum die Angst vor Nichtentsprechung, ja vor dem Nichtig-Sein und das Sich-selbst-nicht-Mögen, Mit-sich-selbst-und-seinen-möglichen-Fehlern-nicht-behutsam-umgehen-Können, im Vordergrund. Wir werden in den Abschnitten über Paar- und Sexualtherapie noch sehen, wie zentral diese Ängste bei Problemen mit der Sexualität immer wieder sind. Es nimmt jedenfalls nicht wunder, dass unter diesen Bedingungen, die keine Einzelfälle sind, sondern große Gruppen von Frauen und Männern betreffen, Sexualität und Intimität in einer Kultur, in der solche Praktiken von so vielen Menschen gewählt werden, in einem recht kärglichen Zustand zu sein scheinen.

4 Jugend als Seismograf gesellschaftlicher Trends – auch »in sexualibus«?

Gehen wir in der Folge einmal der Frage nach, inwieweit die bei Jugendlichen zu beobachtenden Tendenzen möglicherweise Auskünfte über generelle versteckte oder offene Trends innerhalb einer Gesellschaft zulassen. Bekannt ist ja das Wort von der Jugend als »Seismograf« gesellschaftlicher Entwicklungen, wonach vieles, was wir hier beobachten können, aktuell oder künftig auch in der Gesamtgesellschaft eine Rolle spielen könnte.

4.1 Verunsicherung, Suche nach Werten, Rückgang an Sexualität

Die rückläufig erscheinende Entwicklung, in der Sexualität und Beziehung offenbar als Sicherheitsquellen in unsicherer Zeit genutzt werden, lässt sich schon bei Jugendlichen aufzeigen: Auch bei ihnen scheint der teilweise prekäre gesellschaftliche Zustand, der ihnen hinsichtlich einer sicheren, planbaren Zukunft zugemutet wird, Sexualität und die Beziehungsgestaltung nachhaltig zu beeinflussen.

Abseits der eher kärglichen Sexualforschung an Jugendlichen liegen uns seit der Wende zum 21. Jahrhundert in verschiedener Form (etwa in der Shell-Studie 2006) soziologische und sozialpsychologische Daten vor, wonach bei rund 70 % der Befragten die *Angst um den Arbeitsplatz* bzw. um die wirtschaftliche Zukunft die größte Sorge ausmacht (Hurrelmann et al. 2006). Wer sich von den etwas älteren Leserinnen und Lesern einmal vergegenwärtigt, in welcher Weise oder ob überhaupt das Thema Arbeitsplatz in unserer Pubertät und Adoleszenz jemals ein Problem war, der kann unmittelbar nachvollziehen, wie sehr sich die Gesellschaft und die »Heranwachsensbedingungen« diesbezüglich verändert haben – und mit ihnen wohl auch die Bedingungen für die sexuelle und partnerschaftliche Entwicklung junger Menschen. Ottomeyer (1992) hat – in Anlehnung an Jean Paul Sartre – dies als »Überzähligkeitsangst« und als eine der herausragenden Ängste innerhalb unserer Gesellschaft bezeichnet. Diese Überzähligkeitsangst ist wohl eine denkbar ungünstige Voraussetzung für ein selbstbewusstes, zukunftsoffenes Aufwachsen und damit auch für jenen Bereich, der die sexuelle Sozialisation betrifft.

Diese unsichere Situation schafft – nicht nur bei Jugendlichen – eine massenpsychische Basis, die auch Beziehungen und Bindungen zu Familienangehörigen und/oder Sexualpartnern einfärbt: Tatsächlich sehen wir – um eine ganz neue österreichische Jugendstudie zu zitieren – auch bei Jugendlichen eine wieder stärker werdende Neigung, sicherheitsspendende und Schutz bietende Lebensbereiche hoch zu besetzen. Besonders deutlich wird das am Wert, den Jugendliche der traditionellen Familie zuschreiben: »Während in den Jahren 2000 und 1990 noch jeweils knapp 70 Prozent die Familie als einen sehr wichtigen Lebensbereich definierten, waren es 2011 bereits 82 Prozent« (Institut für Jugendkulturforschung 2012, S. 30). Diese Neigung macht sich schon seit geraumer Zeit auch im Bereich von Partnerschaft und (Jugend-)Sexualität als »Romantisierung« der Partnerschaftsvorstellungen und verstärkte Neigung zur »romantischen Liebe« bemerkbar. So sind jene Einstellungen und Haltungen, die der konventionellen heterosexuellen Ehe (auch ohne Trauschein) und der lebenslangen Treue entsprechen, insbesondere bei Heranwachsenden in den letzten Jahren wieder stärker geworden.

Schon zwischen 1981 und 1996 war in Follow-up-Studien an Jugendlichen und jungen Erwachsenen ein Trend zu mehr Partnerbindung und Treue festzustellen gewesen. Die Hälfte der befragten Studierenden etwa hatte demnach erst drei Sexualpartner zur Zeit der Untersuchung gehabt. Ganze zwei Drittel der befragten Studierenden lebten in einer festen Partnerschaft, die bei rund 50 % immerhin schon 30 Monate andauerte, sodass geschlossen werden kann, dass lange Partnerschaften relativ häufig vorkommen (vgl. Schmidt 2000). Auch die 2005/06 durchgeführte Studie der Bundeszentrale für gesundheitliche Aufklärung zeigt ein ähnliches Bild: Sowohl der Aufnahmezeitpunkt als auch die Häufigkeit und Partnermobilität in Sachen Geschlechtsverkehr haben sich in den letzten Jahren kaum verändert, und in den jüngeren Altersgruppen der 15- bis 16-Jährigen gibt es sogar einen Rückgang sexueller Kontakte, von denen viele Erwachsene meinen, sie würden sehr früh und ausufernd sein. Immerhin noch 27 % der 17-jährigen Mädchen und 34 % der gleichaltrigen Burschen hatten bis dato noch gar keinen Geschlechtsverkehr. Auch das Märchen vom schnellen Sich-Einlassen auf Sex mit wenig bekannten Partnern wird widerlegt: Die große Mehrheit (ca. 80 % der Jungen und 91 % der Mädchen) ist mit dem ersten Geschlechtspartner fest befreundet oder gut bekannt, nur 2 % der Mädchen und 7 % der Burschen gehen mit Partnern ins Bett, die sie kaum kennen (vgl. BzgA 2006).

Aus den wenigen seriösen Studien über das sexuelle Verhalten und Erleben Erwachsener in den letzten Jahrzehnten wissen wir, dass auch deren sexuelle Aktivitäten in dieser Zeit abnahmen: Von mehr als 13 000 liierten Männern und Frauen hatten nach einer von der Universität Göttingen durchgeführten Untersuchung 17 % während der letzten vier Wochen vor der Befragung gar keinen sexuellen Kontakt, 57 % gaben an, einmal im Monat, und nur 25 %, ein- bis zweimal die Woche sexuellen Kontakt mit ihren Partnern gehabt zu haben (vgl. Fiedler 2010, S. 168 f.). Auch dass Singles manchen Annahmen zufolge sich sozusagen »frei« und flexibel ständig mit neuen Sexualerfahrungen versorgen, gehört ins Reich der Phantasie: Single-Sex ist eher eine Seltenheit, und nach Schmidt et al. (2006) haben zum Beispiel 60-jährige Verheiratete mehr sexuelle Kontakte als 30-jährige Singles.

Die geschilderten Trends verstärkten sich am Übergang ins 3. Jahrtausend nachweislich noch: Sexuelle Erfahrungen und die Frequenz der sexuellen Kontakte verringern sich weiter (BZgA 2010), sodass das Zerrbild vieler besorgter Betrachter, »die Jugend« mache ohnehin wahllos Sex, wann und wie oft sie wolle, als Trugschluss (oder, wie Psychoanalytiker bemerken könnten, als Sexualneid?) enttarnt werden muss. Wir können stattdessen resümieren, dass sich über die Verunsicherung der Lebens- und Zukunftschancen Heranwachsender – und das gilt auch für berufstätige Erwachsene – sowie aufgrund der Neigung, Sicherheit und Stabilität quasi gegen die Mobilität heutiger Lebensläufe zu suchen, eine deutlich bemerkbare *Romantisierung* in Form einer *Retraditionalisierung* sexueller und partnerschaftlicher Lebensformen angebahnt hat, die nach wie vor aktuell ist.

Auf der Ebene der Beziehungsgestaltung könnte man aufgrund der anhand des »Seismograf Jugend« erhobenen Trends, aber auch nach den Erfahrungen aus Sexualberatung und -therapie folgern, dass dabei besonders die Partnerschaft dazu dient, den von derart unsicheren Verhältnissen Betroffenen Sicherheit und Geborgenheit – vor allem durch die Familie – zu garantieren. Damit gewinnt auch die für Liebes- und Partnerbeziehungen konstitutive Sexualität den Charakter eines Garants für Anerkennung und Geborgenheit, die anderswo als in privaten Liebesbeziehungen bestenfalls nur mehr unsicher zu haben ist. Sexualität und Liebe werden damit – und das macht sie sehr irritierbar und verletzlich – in erster Linie für diese emotionalen Befindlichkeiten funktionalisiert, die letztlich auch dem Ziel der Selbstverwirklichung und Befriedigung der Anerkennungsbedürfnisse dienen. Diese Einengung auf »triebfremde« Zwecke, wie wir aus psychoanalytischer Sicht sagen könnten, ist an sich schon problematisch und macht Liebe und Sexualität, wie wir noch sehen werden, anfällig für allerlei Störungsmöglichkeiten. Allein schon die bekannt hohe Brüchigkeit von Ehen und Partnerschaften steht in krassem Widerspruch zu diesen Sicherheits- und Stabilitätsbedürfnissen; und diejenigen, die von der »ewigen Liebe« träumen, werden durch die Realität der Beziehungsabbrüche und Trennungen besonders hart getroffen.

4.2 Was Jugendsexualität heute alles ist

4.2.1 Geringere sexuelle Aktivitäten – Verhütung so gut wie nie zuvor

Schauen wir die empirisch feststellbaren Trends noch etwas genauer an: In den seit 1980 regelmäßig untersuchten Einstellungen und Verhaltensweisen 14- bis 17-jähriger Jugendlicher zu Aufklärung, Sexualität und Verhütung durch die Bundeszentrale für gesundheitliche Aufklärung (BzgA) können wir zumindest für Deutschland auf einen langen Vergleichszeitraum zurückblicken. Für die jüngste Studie »Jugendsexualität 2010« wurden insgesamt 3542 Jugendliche befragt, darunter 1014 Mädchen und Jungen mit Migrationshintergrund. Die vollständigen Ergebnisse liegen nun vor.

II Kultur – Gesellschaft – Sexualität

Wie schon im vorhergehenden Kapitel angesprochen, weist auch dieser neueste Forschungsbericht (in der Folge beziehe ich mich auf den Bericht der BZgA 2010) für deutsche Mädchen und Jungen – verglichen mit der letzten Repräsentativerhebung in den Jahren 2001 und 2006 – *seltenere früh aufgenommene sexuelle Aktivität* aus. Bei den 14-jährigen Mädchen sank der Anteil derer mit Koitus-Erfahrung deutlich von 12 auf 7 %, bei den gleichaltrigen Jungen sogar von 10 auf 4 %. Selbst bei den 17-jährigen Mädchen reduzierte sich der Anteil der Koitus-Erfahrenen von 73 auf 66 %, bei den gleichaltrigen Jungen blieb er mit 65 % in etwa konstant. Dies bedeutet immerhin, dass nach wie vor – etwas, was schon in früheren Jahrzehnten gefunden wurde – mehr als ein Drittel der jungen Frauen und Männer bis zum Alter von 17 Jahren noch keinen Geschlechtsverkehr gehabt haben. »Annahmen, wonach immer mehr junge Menschen immer früher sexuell aktiv werden, bestätigen sich nicht«, erklärt deshalb Elisabeth Pott, Direktorin der Bundeszentrale für gesundheitliche Aufklärung. »Die aktuelle Repräsentativerhebung zeigt, dass seit Mitte der neunziger Jahre die sexuelle Aktivität Jugendlicher fast unverändert und jetzt sogar rückläufig ist.«[20] Damit gilt als erwiesen, was Sexualforscher schon seit 30 Jahren sagen, dass es nämlich den Phantasien der Erwachsenen – warum, sei einmal dahingestellt – und nicht dem wirklichen Lebenswandel »der Jugend« entspricht, dass Jugendliche heute mehr oder weniger sexueller Willkür frönen und deshalb verwahrlosungsgefährdet seien.

In der Regel erleben deutsche Jugendliche ihr »erstes Mal« dabei in einer festen Beziehung. Darüber hinaus ist die Hälfte der sexuell aktiven Mädchen zwischen 14 und 17 Jahren bislang lediglich eine einzige Partnerbeziehung eingegangen – von wahllosem Sex also keine Rede. Für die Jungen trifft das zu 40 % zu – auch hier also eine eher zurückhaltende Tendenz. Jungen aus Migrantenfamilien sind – vielleicht Ausdruck eines gewissen traditionell-patriarchalen Selbstverständnisses – früher und damit insgesamt häufiger sexuell aktiv als deutsche Jungen. Mädchen mit Migrationshintergrund sind hingegen deutlich zurückhaltender und begründen das damit, zu jung zu sein. Vor allem bei jungen Frauen muslimischen Glaubens, die wenig assimiliert sind, insbesondere bei türkischen Mädchen, sind nur ganz wenige sexuell aktiv. Die Mehrheit von ihnen empfindet einen engen Kontakt zum anderen Geschlecht vor der Ehe als nicht richtig.

Erfahrungen mit *sexueller Gewalt* sind den untersuchten Jugendlichen nicht unbekannt: 13 % der Mädchen und 19 % der Mädchen mit Migrationshintergrund können von Situationen berichten, in denen es zu unerwünschten sexuellen Annäherungen oder gar Übergriffen kam und sie sich zur Wehr setzen mussten. Bei den Jungen kennen derartige Situationen lediglich 1–3 %.

Das *Verhütungsverhalten* hingegen scheint immer verantwortungsvoller zu werden, wobei das Kondom als beliebtestes Verhütungsmittel gilt. Sexuell aktive Jugendliche zwischen 14 und 17 Jahren schützen sich heute bereits beim ersten Mal besser vor unerwünschter Schwangerschaft als je zuvor: Nur je 8 % der Mädchen und Jungen geben an, keinerlei Vorsorge zur Verhütung getroffen zu haben. 1980 war dieser Anteil mit 20 % bei den Mädchen und 29 % bei den Jungen noch viel höher. Auch scheint es uns hervorhebenswert, dass sich – entsprechend dem Wandel

---

20 http://www.essen.de/de/meldungen/pressemeldung_192 130.html.

der Geschlechterbeziehungen – Jungen heute ebenso verantwortlich für effiziente Verhütung fühlen wie Mädchen. Bessere Verhütung ist übrigens auch bei Jugendlichen mit Migrationshintergrund festzustellen. Im Vergleich mit deutschen Jugendlichen aber verhüten sie nach wie vor seltener: 12 % der Mädchen und 18 % der Jungen mit Migrationshintergrund benutzen beim ersten Geschlechtsverkehr keine Verhütungsmittel, bei der letzten Untersuchung im Jahr 2006 waren es aber noch mehr als ein Drittel der Jungen und jedes fünfte Mädchen.

Das Verhütungsmittel Nummer eins beim »ersten Mal« ist wie gesagt mit deutlichem Abstand das Kondom: Es wird von etwa 75 % der Jungen und Mädchen beim ersten Geschlechtsverkehr benützt. Dies gilt auch für Migrations-Jugendliche, die beim ersten Mal zu 75 % (bei den Mädchen) bzw. zu 59 % (bei den Jungen) zum Kondom greifen. Mit steigender sexueller Aktivität jedoch verändert sich das Verhütungsverhalten, weil Mädchen (mit und ohne Migrationshintergrund) dann häufiger mittels Pille verhüten. Was hilfreiche Kontaktpersonen in Sachen Verhütung betrifft, so schneiden die Eltern besser ab, als man meint: 69 % der deutschen Mädchen und 58 % der deutschen Jungen nennen sie als Ansprechpersonen zum Thema Verhütung. Vor 30 Jahren nannte nur etwas mehr als ein Drittel der Mädchen und rund 25 % der Jungen Eltern als Auskunftspersonen in Sachen Verhütung. Ähnlich ist es heute noch für viele Jugendliche mit Migrationshintergrund: Nur etwa 50 % der Mädchen und 41 % der Jungen sprechen in Migrantenfamilien mit den Eltern über Verhütung. Was die Orientierungshilfe um die Themenbereiche Liebe, Sexualität und Verhütung betrifft, wird aber auch die Schule wieder wichtiger für Jugendliche. Insbesondere Jungen aus Migrationsfamilien sehen darin – vielleicht wiederum wegen der patriarchalen Vaterbeziehungen in vielen dieser Familien – den wichtigsten Ort für derartige Fragen. In der Bundeszentrale für gesundheitliche Aufklärung ist man der Ansicht, dass diese neue Rolle der Schule sowie die zur Verfügung gestellten Aufklärungsmaterialien entscheidende Gründe dafür sind, dass Deutschland heute eine der niedrigsten Teenager-Schwangerschaftsraten in Europa hat. Aber auch das Internet spielt – wegen der Anonymität und damit der Senkung der Schamschwelle – bei jungen Menschen eine herausragende Rolle. Die Bundeszentrale ist deshalb auch bemüht, an diesem Ort mit seriösen Informationen präsent zu sein. Was sicher nach wie vor fehlt – und um das zu bestätigen, genügt ein Blick in herkömmliche Lehrerfortbildungsprogramme (speziell in Österreich) –, ist eine gezielte Fortbildung von Lehrerinnen und Lehrern, denen man diese Aufgaben zwar gerne zuschanzt, ihnen aber zu wenig Möglichkeiten bietet, sich fachlich und persönlich dazu weiterzubilden.

4.2.2 Befreiungskampf – Geschlechterkampf – Geschlechterspiel

Was sich im Bereich der Jugendsexualität ebenfalls bemerkbar macht, ist die ganz entscheidende Veränderung des Verhältnisses der Geschlechter zueinander. Dies lässt sich in den entsprechenden Follow-up-Studien auch gut nachzeichnen: Von den 1970er Jahren aufwärts haben sich die Auseinandersetzungen von einem generellen, sozusagen genderunspezifischen Befreiungskampf hin zu einer veränderten Geschlechterkonstellation und Geschlechterauseinandersetzung entwickelt.

»Das Heft aber haben die jungen Männer heute nicht mehr unwidersprochen in der Hand. Hier schlägt sich sehr konkret der jahrzehntelange Kampf vieler Frauen um Selbstbestimmung nieder. Dafür ein Beispiel: Sehr viel häufiger als früher bestimmen heute junge Frauen, was in einer Beziehung geschieht und wie weit sexuell gegangen wird. Die sexuelle Initiative geht heute deutlich seltener vom Jungen und deutlich häufiger vom Mädchen aus. Das gilt auch für den ersten Geschlechtsverkehr. Ende der 60er Jahre willigten beinahe 90 Prozent der Mädchen ›dem Jungen zuliebe‹ ein. Heute sind es nicht einmal 30 Prozent.« (Sigusch 1998a, S. 1242)

Ohne jemanden mit statistischen Daten überfüttern zu wollen, hier ein paar Belege für diese Veränderungen: So stellte sich z.B. heraus, dass die aktive Rolle von Mädchen und jungen Frauen bei der *Initiative zur Anbahnung der ersten sexuellen Kontakte* heute viel stärker ist als in den letzten Jahrzehnten – und dies nach eigenen Angaben wie auch nach Aussagen der Jungen. Sowohl beim Petting als auch bei der Aufnahme von Geschlechtsverkehr haben die Mädchen deutlich mehr Aktivität gezeigt – wobei auch die egalitäre, beiderseitige Initiative angestiegen ist. Allerdings – und hier finden wir schon einen Hinweis auf das Phänomen der Lustlosigkeit – erscheint durch diese Veränderung auch das sexuelle Erleben der heranwachsenden jungen Frauen beeinträchtigt bzw. irritiert: Ihre Lust an der heterosexuellen Begegnung sowie ihrer Wiederholung ist im Vergleich zu Studien aus den 1970er Jahren massiv gesunken – das sind überhaupt die deutlichsten Veränderungen im Verhalten und Erleben Jugendlicher. Andererseits ist aber die weibliche Selbstbestimmung – ausgedrückt auch im selbstbewussten Erleben von Masturbation – stark angestiegen, während jugendliche Männer auf diese Entwicklung verunsichert und eher defensiv reagierten. Dieser eigenartige »Lustverlust« bei Mädchen und jungen Frauen gegen Ende des 20. Jahrhunderts, obwohl sie an Selbstbewusstsein zugelegt haben, scheint aber nur paradox zu sein: Er bedeutet natürlich nicht, dass die jungen Frauen damit erlebnisunfähiger geworden wären, sondern vielmehr, dass ihr sexuelles Interesse und ihre Ansprüche gerade durch ein gestärktes Selbstbewusstsein gestiegen sind und sie dadurch »wählerischer« geworden sind. Lustrückgang meint hier also wieder nicht »Nein danke!«, sondern ein »So nicht!« – eine Entwicklung, die wir auch bei erwachsenen Frauen und Paaren beobachten können.

Jedenfalls schafft dies für heranwachsende Männer eine gewisse Verunsicherung, die auch Schmidt (1994) schon beschrieben hat:

»[...] die Verunsicherung durch das sich real verändernde Geschlechterverhältnis, der beginnende Verlust von alten Privilegien, Rollen und Selbstverständlichkeiten, kurz: der zäh-langsame, von ›backlashs‹ immer wieder unterbrochene Wandel der kulturellen Zweigeschlechtlichkeit verstärken bei Männern die Tendenz zu machistischer Reaktion, sexueller Aggression – und sexueller Verstörtheit.« (Schmidt 1994, S. 47)

In ihren Einstellungen nähern sich die jungen Männer folglich den »weicheren«, »romantischeren« Werten der Mädchen an, was sich auch an anderen Daten über ihre Haltungen zu (hetero)sexuellen Kontakten ablesen lässt (z.B. bei ihren Einstellungen zu Geschlechtsverkehr, zu Treue, zu One-Night-Stands usw.).

Schmidt hebt die Romantisierung speziell der Jungen-Sexualität sogar ausdrücklich hervor (2004, S. 109). Somit weist auch diese Veränderung in Richtung einer Verunsicherung, die durchaus produktiv gewendet werden kann, geht es doch auch darum, herkömmliche Männlichkeitsklischees wie den Mythos vom stets aktiv bestimmenden Mann in Frage zu stellen und zu modifizieren. Allerdings bräuchte es dazu auch geeignete pädagogische Begleitinitiativen in Schule und Jugendarbeit, die speziell männliche Jugendliche – in der Mädchenarbeit wurde da ja bereits einiges getan – mit diesen Veränderungen nicht alleine lassen.

Mittlerweile kann das Geschlechterverhältnis dergestalt beschrieben werden, dass der latent anhaltende Geschlechterkampf in ein »Geschlechterspiel« (Schmidt 2004, S. 41 ff.) übergegangen ist. Es gibt viel Neues zwischen den Geschlechtern, nicht nur eine »Erosion des sozialen Geschlechts« (ebd., S. 44), die herkömmliche Geschlechterrollen obsolet erscheinen lässt, sondern auch androgyne Vermischungen, vielfältige Inszenierungen und Outfits, die früher als eindeutig zu einem Geschlecht zuordenbar gegolten hätten, aber zugleich auch Betonung der kulturellen Geschlechtsunterschiede, »sogar aufpoliert und zugespitzt, ästhetisiert und zunehmend sexualisiert (z. B. die Bauchfreimode) und spielerisch in Szene gesetzt – auf der Straße, in der Schule, der Uni, im Büro, zu Hause, in den Medien [...]« (ebd., S. 46). Vor allem scheint es nun schwieriger geworden zu sein, überkommenen Traditionalismus vom spielerischen Umgang mit alten und neuen Rollensegmenten zu unterscheiden. Die oft verwirrende widersprüchliche Realität von gleichzeitig traditionellen und neuen Verhaltensweisen in diesem »Geschlechterspiel« bekommt einen Sinn, wenn wir die kulturelle Geschlechtsrolle als Darstellungsmittel selbstbezogener und selbstbewusster Inszenierung von Männlichkeit und Weiblichkeit durch Outfit, Gesten, Attitüden verstehen – keinesfalls als Rückfall in herkömmliche Geschlechterrollen.

Was mir aber wichtig erscheint, ist, dass diese Erosion des sozialen Geschlechts bei verstärkter Inszenierung des kulturellen Geschlechts auch als eine Art »Rettung« *einer verlockenden Geschlechterdifferenz* gedeutet werden kann. Junge Menschen scheinen von der Eindämmung geschlechtsbezogener Unterschiede, wie sie auch von verschiedenen genderpolitischen Gruppierungen gefordert wird, nur bedingt begeistert zu sein. Wie die Erosion des sozialen Geschlechts belegt, hat das aber nichts mit einer Unterwerfung des einen unter das andere Geschlecht zu tun.

4.2.3 Jugendsexualität zwischen Familialismus und Überforderung

Was schon angesprochen wurde und seit einigen Jahrzehnten verstärkt auffällt, ist die starke *Familienzentriertheit*, nicht nur in den Zukunftsperspektiven der Jugendlichen im Hinblick auf das eigene Leben, sondern auch rund um die ersten sexuellen Erfahrungen: Durch den Liberalisierungsschub der ersten sexuellen »Revolution« ist auch bei den Elterngenerationen – erst recht bei denen, die in den »revolutionären« 1968er Jahren selbst noch jung waren – eine steigende Toleranz gegenüber Jugendsexualität zu verzeichnen, die auch Sex der Jugendlichen im elterlichen Haushalt einschließt. Die meisten Eltern finden deshalb entweder nichts dabei, wenn Töchter oder Söhne mit ihren Partnern oder Partnerinnen auch im elterlichen Haushalt übernachten und Sexualität praktizieren, oder aber sie beugen sich mehr oder weniger »liberal« den allgemeinen Trends, weil das halt »so üblich« ist (vgl. Aigner 2008). Was vor 40 Jahren und noch früher kaum auszudenken war (ja durch diverse Kuppelei-Gesetze sogar noch strafbar war!), ist somit zur alltäglichen Gepflogenheit geworden. Das meinen wir, wenn wir von *Familialismus* im Bereich der Jugendsexualität sprechen. Freilich sind die Meinungen dazu seitens sexualpädagogischer Experten nicht einheitlich.

Neben der liberalen Haltung, dass es doch »ganz normal« sei, dass Kinder im Elternhaus auch Sex haben, gibt es Experten (zu denen sich auch der Autor zählt), die zumindest ein Fragezeichen hinter dieses »ganz normal« setzen. Dies natürlich nicht aus moralischen Gründen, sondern aufgrund von pädagogisch-generationellen Überlegungen, denen gemäß doch gerade die Jugendsexualität das Vehikel Nummer eins war, das junge Männer und Frauen dazu veranlasste, die Generationenablöse zu suchen und sich auch räumlich aus dem Elternhaus(halt) zu entfernen und dann irgendwann einmal auch auszuziehen. Ich denke, dass dieses Argument gegen den Familialismus der Jugendsexualität tatsächlich etwas auf sich hat. Freilich gibt es heute im Prozess der ökonomischen Verknappung breiter Bevölkerungskreise auch handfeste finanzielle Gründe, warum junge Menschen das »Hotel Mama« so lange nutzen und manche – besonders Männer und besonders in südeuropäischen Ländern – bis über das 30. Lebensjahr hinaus(!) zu Hause wohnen: weil eigene Wohnungen entweder kaum erschwinglich sind oder einem zumindest jede Möglichkeit rauben, irgendetwas vom Verdienten anzusparen (vgl. Bundesministerium für Familie, Senioren, Frauen und Jugend 2006, S. 23). 2007 lebten europaweit nach EUSTAT-Daten aus dem Jahr 2008[21] von den 18- bis 24-jährigen Frauen noch gut zwei Drittel (68 %) bei den Eltern, während es bei den gleichaltrigen Männern sogar 80 % waren. Bei den jungen Erwachsenen zwischen 25 und 34 Jahren liegt Österreich betreffend »Hotel Mama« mit 14,7 % der Frauen und gar 30,7 % der Männer etwas unter dem (südeuropäisch dominierten) EU-Schnitt, Deutschland mit 9,2 % weiblichen und 18,7 % männlichen »Nesthockern« sogar weit darunter.

Jedenfalls ist die Notwendigkeit, sich wegen der Lust an sexuellen Erlebnissen »auswärts« umzuschauen, vielfach nicht mehr gegeben. Manche Kommentatoren dieser Entwicklung sehen darin auch eine Art »Veralltäglichung« der ersten sexuellen Erlebnisse, die diesen durch diese fraglose Einordnung ins Elternhaus auch ein Stück Spannung nimmt. Der Begriff »Entzauberung« (Guillebaud 1999) scheint mir auch hier angebracht, um dazu aufzufordern, über die Bedeutung dieser »Alltagsnormalisierung«[22] der Sexualität im Elternhaus nachzudenken.

---

21 http://epp.eurostat.ec.europa.eu/cache/ITY_PUBLIC/3-08102010-AP/DE/3-08102010-A P-DE.PDF Aufruf 30. 6. 2012.
22 Zufällig entdecke ich in der Sonntagsbeilage einer österreichischen Tageszeitung einen Beitrag über Sexualaufklärung, in dessen Vorspann diese »Alltagsnormalisierung«, die recht »liberal« daherkommt, mir aber doch ein unbehagliches Gefühl beschert, sehr deutlich wird: »Die Sexologin Ann-Marlene Henning plaudert so locker über Sex wie andere über Kochrezepte« (Tiroler Tageszeitung vom 1. 7. 2012, Beilage »Schöner Leben«, S. 2). Das klingt doch nicht wirklich einladend, oder?

Ein weiterer Gesichtspunkt, den wir bei der Arbeit mit jungen Menschen zu beachten haben, ist, inwieweit auch sie heute schon derart ins Getriebe der sich immer stärker brutalisierenden neoliberalen Arbeitsverhältnisse (vgl. dazu Dörre 2012) eingespannt sind, sodass ihnen auch dadurch Raum für Lust und Muße abhandenkommt. Lustmangel und Lustlosigkeit kommen nämlich oft in erschreckend hohem Ausmaß schon bei ganz jungen Menschen und jungen, erst relativ kurz gebundenen Paaren vor. Patrick Walder (1998) hat in einer interessanten Arbeit schon vor Jahren die qualitativen Merkmale der Sexualitäten junger Menschen untersucht, um bei all der Verschiedenheit, die der Plural hier ausdrücken soll, einige Trends herauszuarbeiten, die nicht nur Erwachsene, sondern eben auch schon Jugendliche betreffen. Dies veranschaulicht deutlich, wie heutige Lebens- und Alltagsanforderungen in die gelebte Sexualität hineinwirken:

> »Ob sie zufrieden ist mit ihrem Sexualleben, frage ich eine junge Frau, die dem modernen Leben und seinen Anforderungen gut entspricht. Der Aufwand, antwortet sie, für das, was ich kriege, lohne sich meistens nicht. Deswegen lebe sie oft in enthaltsamen Zeiten, die sich allerdings gelegentlich mit anderen Phasen abwechseln würden.
> Der letzte Mann, mit dem ich geschlafen habe, beginnt eine andere Freundin. Wann war das, frage ich. Das war, denkt sie nach, vor neun Monaten oder so, sagt sie etwas unsicher: Mensch, so lange habe ich auf Sex verzichtet. Eine andere war gerade frisch verliebt und glücklich. Wenige Wochen später klagt sie, nun, nach der ersten Verliebtheit setze das ein, was man so Beziehung nenne – es sei schon schrecklich. Und schwierig.« (Walder 1998, S. 115)

Anderen Gesprächspartnern versuchte der Autor schließlich zu entlocken, wie viele glückliche junge Paare sie denn um sich herum überhaupt kennen, egal ob hetero- oder homosexuell, und musste dabei entdecken, dass es nicht gar so viele sind. Eher sind es Zweckgemeinschaften oder »ein paar seltene 24-Stunden-Paare, die alles oder nichts wollen«. Ansonsten scheinen viele um die heutigen technischen Errungenschaften wie Handy und E-Mail froh zu sein, mittels derer sie überhaupt noch miteinander kommunizieren (ebd., S. 116). Walders Resümee:

> »Eingeklemmt zwischen den Erfordernissen der Arbeit und den Ansprüchen der Freizeit wird Sex zunehmend zu einer Frage der Organisation. Bin ich bereit, so und so viel Beziehungsarbeit zu leisten, um dafür sexuell versorgt zu sein? Oder organisiere ich mir die Sexualität anders? So richten sich viele mehr oder weniger behaglich in ihren Party- und Single-Families ein. Man lebt enthaltsam oder pflegt den Sex mit dem Ex, man masturbiert und hat Freundinnen und Freunde, mit denen man auch mal ins Bett gehen kann. Man schaut, was sich so ergibt, nimmt sich, was sich gerade anbietet, und wartet vor allem auf die nächste große Liebe.« (ebd.)

Alles in allem also ein skeptisches Bild von Jugend an: Sexualität erscheint hier eine große *Anstrengung*, die organisiert werden will. Und wenn's zwei probieren, kostet es neben den zusätzlichen alltäglichen Belastungen ungeheuer viel Kraft.

Dies entspricht durchaus auch meinen klinischen Erfahrungen mit Paaren in Beratung und Therapie, etwa mit jenem lustlosen und mit ein paar anderen Symptomen behafteten Bankangestellten-Pärchen, das immer am Mittwoch um 18 Uhr einen Termin in meiner Praxis hatte und zu diesem Zeitpunkt von der Arbeit unter kapitalistischem Rationalisierungsdiktat – nämlich bei halbiertem Schalterpersonal gut doppelt so viele Aufgaben durch steigenden Kundenservice – derart geschafft war, dass die Therapiestunde kaum zu bewältigen war. Außerdem fragte ich mich, wie die beiden denn am Abend nach solchen Arbeitstagen noch ihre Paartherapie-Übungen oder ihre Sexualität frei und lustvoll entfalten sollten. Die letztmögliche Lösung, die wir fanden, war, dass wir wenigstens die Therapiestunde auf einen Samstag-Vormittag verlegten, damit sie wenigstens hier nicht gehetzt aus der Arbeit, sondern ausgeruht von zu Hause kommen konnten.

5 Die Bedeutung der gesellschaftlichen Umbrüche für Partnerschaft und Sexualität

Es ist in Beratungen und Therapien eine fast alltägliche Erfahrung, wie intensiv die normierenden Ideale, die in den vorangehenden Kapiteln erläutert wurden, sich bis ins private Sexualleben und bis hinein in verunsicherte und irritierte Sexualität fortsetzen. Nehmen wir nur als Beispiel die ästhetisierenden Körperzwänge und Normierungen. Nachdem zwar sehr viele Menschen (vor allem Frauen) diesen normierten und oft quälenden Idealen irgendwie nachhecheln, aber ebenfalls sehr viele sie nicht erreichen, muss das in der sexuellen Interaktion fast zwangsläufig zu Problemen führen. Wenn etwa im Rahmen der Paartherapie (siehe dazu detaillierter ▶ Kap. 10) die Anforderung ansteht, das Paar möge sich zu Hause bei Licht nackt am ganzen Körper streicheln, dann sind es sehr oft Frauen, die damit größte Schwierigkeiten haben; und zwar selbst Frauen, die bekleidet in der Therapiesitzung durchaus attraktiv erscheinen und keinerlei Unproportioniertheit erkennen lassen! Auch tun sich viele von ihnen schwer damit, sich vom eigenen Partner(!) nackt ansehen zu lassen, und begründen das mit allfälligen »Pölsterchen« und Unansehnlichkeiten, die wie gesagt von außen nicht einmal zu erahnen sind. Bei Männern ist diese Angst und Scheu, sich zu zeigen, kulturbedingt seltener anzutreffen, aber in den letzten 20 Jahren scheinen auch sie mehr unter die Normierungszwänge der Schönheitsindustrie gefallen zu sein. Bestimmte Frisuren, Körperstyling, trainiertes Muskelprofil, Körperteil- oder -ganzrasur usw. gehören zu den langsam auch Männer dominierenden Äußerlichkeitsregeln. In den Therapien treffen wir die entsprechenden männlichen Selbstzweifel insofern oft recht krass an, als manche dieser Patienten gar nichts an sich entdecken können, was sie schön oder liebenswert finden. Dies entspricht einerseits dem alten Klischee, wonach ein Mann nicht schön, sondern »interessant« zu sein hat, andererseits dem Umstand, dass Körperästhetik und -pflege für viele Männer immer noch etwas ist, was ihnen eher fremd ist oder aber in die Nähe des Schwulseins gerückt wird.

Jedenfalls ist es vielen dieser Menschen, Frauen wie Männern, auferlegt, sich mit ihrem Körper ständig im imaginär allgegenwärtigen Wettbewerb zu bewähren, wollen sie als hübsch, attraktiv und sportlich anerkannt sein. Und nachdem ja viele in diesem Wettbewerb mehr oder weniger unterliegen – wie sollen sie sich dann entspannt der Sexualität und dem Liebesspiel hingeben? Mir fällt dazu etwas zynischerweise ein, dass die frühere, aus ganz anderen Motiven gespeiste konservativ-religiöse »Norm«, dass Paare beim Geschlechtsverkehr gefälligst das Licht abdrehen und im Dunkeln verkehren sollten, hier einen gewissen Schutz geboten hatte: Wurden dadurch Sündenängste geschürt, so wurden die Akzeptanzängste gegenüber der je individuellen Körpergestalt auf diese Weise jedenfalls gemildert.

5.1 Angst, Leistung und Lustverlust

Aber auch über diese konkrete Normierung von Körperzwängen hinaus spielt Gesellschaftliches in verschiedenster Form mit in die Probleme mit der Lust herein. Gehen wir einmal davon aus, dass die Bedingungen draußen in der Sphäre des Berufs- und Überlebenskampfes unwirtlicher und die Verhältnisse, in denen wir uns einrichten sollen, komplexer geworden sind. Die neuen Arbeitsorganisationsformen, die abverlangte allzeitige Flexibilität und Verfügbarkeit stellen hohe Anforderungen an die Organisation des Lebensalltags. Je stärker dies spürbar wird, je »kälter« es »da draußen« zugeht, umso attraktiver scheint auf dem Gebiet der Liebe die *Überbesetzung eines romantischen Beziehungsideals* zu werden, das dann selbst wiederum ein wesentlicher Faktor der Probleme mit Sexualität und der Lustlosigkeitsneigung ist: jenes Ideal nämlich, das die Nähe, Sicherheit und Geborgenheit in der Beziehung zum obersten und oft alleinigen Wert kürt.

Die Problematik dieser symbiotischen Beziehungen haben wir schon gestreift. Die Psychoanalytikerin Marina Gambaroff hat dazu ein schönes, leider vergriffenes Buch geschrieben: »Sag mir, wie sehr liebst Du mich« (1987). In diesem eigentlich für Frauen geschriebenen Buch, das aber auch für Männer sehr gut lesbar ist, befasst sie sich mit den Folgen dieser symbiotischen Nähe und veranschaulicht eine der schwerwiegenden Folgen mit einem ganz einfachen Beispiel: Wenn man seine Hand vor's Gesicht hält, braucht diese einen gewissen Abstand, damit wir sie überhaupt erkennen, ihre Schönheit, ihre Zeichnung usw. sehen können. Kommen wir mit der Hand zu nahe, klebt sie sozusagen schon auf unserer Nase, dann sehen wir nichts mehr wirklich davon, keine Details, keine Kontur, nur verschwommene Farbe. »*Wo kein Abstand, da kein Bild, und wo kein Bild, da kein Begehren*« (1987, S. 65; Hervh. JCA), so der einfache, aber umso eingehendere Satz, den eine der interviewten Frauen der Autorin gesagt hatte: schlicht, simpel, aber wahr. Wir können also den Partner, wenn wir ihm andauernd zu nahe sind, gar nicht mehr wirklich wahrnehmen und begehren. Das spielt auch bei vielen unserer Paare eine wichtige Rolle.

Andererseits bedingen die verbreiteten narzisstischen Sehnsüchte nach Aufgehobenheit und Sicherheit – manche Psychoanalytiker sprechen schon von einer Ablösung *des Lustprinzips durch ein Sicherheitsprinzip* – eine Friedfertigkeitsvariante von Sexualität (Stichwort »Kuschelsex«), resultierend aus jener »geschwisterlichen Lebensbewältigungsgemeinschaft«, die dann gerade noch »Zimmerpflanzen des Sexuellen«, wie es Eberhard Schorsch (1985, S. 10) einmal nannte, entstehen lässt. Dass dabei Spannung, Begehren und Erotik oft schon sehr schnell und auch bei ganz jungen Paaren verloren gehen können, liegt auf der Hand. Hier hilft dann der expandierende Markt – zumindest den Männern – , der vorgaukelt, was es an Erfüllung gäbe und der den Versuch nahelegt, »die eigene Leere durch Matrizen künstlicher Leidenschaft auszufüllen« (Krauss 1987, S. 212).

Das romantisch-narzisstische Beziehungsideal und seine Folgen bilden so im Einklang mit den gehäuft auftretenden narzisstischen Störungen beziehungsweise der narzisstischen Verletzlichkeit einen wichtigen Indikator für das Schalwerden sexueller Lust und Begierde. Lust und Begierde grenzen, wenn sie nicht – wie es im sich selbst befriedigenden Single-Sex der Fall ist – genügend kontrollierbar sind, doch immer auch an die Gefährlichkeit neuerlichen narzisstischen Verletztwerdens und – in tieferer Hinsicht – auch generell an die Grenze Selbst, des Erlöschens, Verschmelzens, der Auflösung (der Orgasmus als »la petite mort« im Französischen). Dies kann nur dauerhaft genießen, wer eine gewisse Sicherheit und narzisstische Integrität aufweist.

5.2 Über die Liebe in lieblosen Verhältnissen

Die massiven ökonomisch-politischen Umwälzungen (man denke nur an die Öffnung des »eisernen Vorhangs« und dessen vielfältige Folgen) und vor allem auch die enorme Beschleunigung des sozialen Wandels kennzeichnen also zu weiten Teilen unsere Lebenswelt. Wenn wir noch einmal einen Blick auf die Arbeitswelt werfen, dann bemerken wir einen kaum jemals dagewesenen Konkurrenzdruck bei gleichzeitiger Gefahr der Entwertung vor allem geringer qualifizierter Arbeitskräfte. Dies alles ist kombiniert mit einem immer höher werdenden Mobilitäts- und Flexibilitätsanspruch (vgl. Sennett 2006, 2007). Die Brutalisierung der Arbeitswelt, das Knapper-Werden der Plätze, die wachsende Konkurrenz untereinander sowie der enorme Zeitdruck, der auf vielen Menschen lastet, sind Faktoren, die ebenfalls massive direkte und indirekte Auswirkungen auf das Privatleben und hierin wiederum auf das sinnliche und mußevolle Erleben von Partnerschaft und Sexualität haben. Damit nicht genug, ist auch die Freizeit, die eigentlich als Rekreationsphase dienen sollte, mit immer mehr terminbeanspruchenden »Notwendigkeiten«, Hobbys, Sporttätigkeiten, nicht zu vergessen auch umfangreichen Einkaufsunternehmungen u. a. m. »belastet«. Der populäre Begriff »Freizeitstress« findet hier seine Entsprechung. Spontane und zweckfreie Unternehmungen, überraschende Besuche ohne vorherige Terminvereinbarung usw. werden immer seltener bis nicht mehr durchführbar. Kein Wunder, dass unter dem Regime dieser »Verpflichtungen« auch Muße- und Lusterleben nachhaltig auf der Strecke bleiben können. Wenn man dann Menschen in der Sexualberatung oder -therapie fragt, wann sie das letzte Mal irgendetwas unternommen haben, was (außerhalb der Sexualität) sinnlich-lustvoll und so richtig zum Genießen gewesen war, dann erntet man meistens erstauntes Nachdenken und langes Schweigen, weil den Patienten dazu einfach nichts einfallen will. Das ist sehr typisch für diese Lebenswelt, in der viele sich bewegen – und da fragt man sich doch zu Recht, warum es ausgerechnet »im Bett« miteinander auf einmal lustvoll-sinnlich klappen soll!?

Die erwähnten und ähnliche Belastungen sind allesamt auch bei Rat- und Hilfesuchenden in unseren Praxen immer wieder vorzufinden. Auf der Ebene der beruflichen Zwänge, der Freizeitgestaltung, der sozialen Einbindung in Herkunftsfamilie oder in gesicherte Lebenszusammenhänge treffen wir deshalb als Konsequenz dieser gesellschaftlichen und ökonomischen Bedingungen bei vielen Menschen immer wieder an:

- verbreitete Klagen über *Stress* allgemein, über *zu wenig Zeit und Muße*
- Klagen über *zu wenig zweckfreie Gestaltung von Freiräumen*, über kaum vorkommendes zwangloses Zusammensein, über *zu wenig Freundschaftspflege*
- eine mehr oder weniger bewusste *Verunsicherung bezüglich ihres Gebraucht-Werdens* und ihres je individuellen Werts im Bereich der für sie relevanten Gesellschaftsausschnitte (Arbeit, Freundeskreis, Interessensverbände)
- die *Entbindung von Beziehungen zur sozialen Herkunft* und zu familiären, schichtspezifischen Traditionen (»Enttraditionalisierung«)
- die *Individualisierung von Leistung und auch von Versagen* – resultierend u. a. aus dieser Entbindung und Enttraditionalisierung – und folglich massive Zweifel, ob man nun selbst versagt hat oder aber die Umstände einen am Erfolg gehindert haben
- eine mit diesen Entwurzelungsgefühlen einhergehende *Vereinzelung und Entsolidarisierung*, ist doch der Nächste oder die Nachbarin potenziell eine Gefährdung des erwünschten Platzes, den man einnehmen möchte (vgl. dazu Sennett 2006, Böhnisch 2012)
- damit zusammenhängend die schon erwähnte *Überzähligkeits- und Konkurrenzangst*, »die angesichts der realen Verschärfung des Kampfes um Zukunftschancen auch Realangst« ist (Ottomeyer 1998, S. 31)
- verbunden mit *Zukunftszweifeln und Zukunftsängsten* oft schon bei sehr jungen Menschen, wie es die Shell-Jugendstudien seit zehn Jahren immer wieder zeigen (Deutsche Shell 2010).

Es ist nachvollziehbar und wurde schon erläutert, dass und wie all diese Tendenzen die Ansprüche und Phantasien an und um Partnerschaft und Beziehung nachhaltig beeinflussen. Hier taucht aber auch eine der sexualwissenschaftlichen Grundfragen auf, an die vor allem Volkmar Sigusch immer wieder erinnert hat (zuletzt 2011), nämlich ob sich in einer gehetzten, lieblosen Leistungs- und Konkurrenzgesellschaft wirklich gute Liebesbedingungen vorfinden lassen. Als Hauptziel von Beziehungen bleibt dann – neben den geschilderten narzisstisch-symbiotischen Wünschen – bestenfalls das Trugbild, so meine ich, einer in der Sicherheit der Symbiose erhofften *Selbstverwirklichung*.

> »So büßt die Liebe all ihre früheren sozialen Bindungen ein und wird zum *absolutum* (*solutus ab*, abgelöst von), wo ein jeder sein eigentliches Selbst zu verwirklichen versucht, das er in den gesellschaftlichen Rollen, die er im sozialen Bereich einnimmt, nicht ausdrücken kann. Zwischen *Privatleben* und *Gesellschaft* findet kein Austausch mehr statt, keine Osmose, keine Beziehung. In der Gesellschaft ist jeder Funktionsträger [...] und nur in der Liebe findet er den Raum, er selbst zu sein und sich jenseits der Rollenidentität zu erfahren. Authentizität, Aufrichtigkeit, Wahrheit und Individuation finden in der Liebe den Raum, den die von der technischen Rationalität beherrschte Gesellschaft ihnen nicht mehr gewährt.« (Galimberti 2006, S. 12 f.)

Verständlich, dass hier gewaltige Hypotheken auf der Liebe lasten und dass sie dadurch noch verletzlicher und angreifbarer wird. Wo dem Subjekt in anderen gesellschaftlichen Räumen und Zusammenhängen so wenig Erfahrung seiner selbst, seiner Bedeutung und Selbst-Wirksamkeit zukommt, bleibt einzig die Liebe als Erfahrungsraum: »Als Gegengewicht zu einer gesellschaftlichen Wirklichkeit, wo niemandem erlaubt ist, er selbst zu sein, weil jeder so sein muß, wie der Apparat ihn will, und das Leben als entfremdet empfunden wird, muß die Liebe zum einzigen Zufluchtsort des Sinns [...] werden« (ebd., S. 13).

5.3 Modernisierung und Demokratisierung?

Nun klingen diese kultur- und gesellschaftskritischen Analysen bisher sehr kulturpessimistisch, als ob es im Bereich Liebe und Sexualität bis auf das Abschütteln der schlimmsten moralischen, rechtlichen und geschlechterpolitischen Repressionen keine positiven Veränderungstendenzen gegeben hätte. Dagegen gibt es aber auch Analysen, die das Befreiende und »Demokratisierende« an den Veränderungen im Umgang mit Liebe und Sexualität betonen. Ihre wesentlichen Argumentationen, führend vertreten durch Schmidt (2002, 2004), sollen hier anhand der neusten Entwicklungen an der Schwelle zum 3. Jahrtausend wie folgt noch einmal beschrieben werden.

5.3.1 Moralischer Wandel

Schmidt nennt den Wechsel der moralischen Systeme, der zu beobachten ist, einmal »Von der Kirchenmoral zur Verhandlungsmoral«, womit er auch eine »Demokratisierung der Moral« vonstatten gehen sieht (Schmidt 2002, S. 51). Durch die Enttabuisierung bestimmter sexueller Praktiken und durch die zugleich erfolgende Festlegung auf einen Negativcode, was alles an Sexuellem als übergriffig oder gar gewaltsam verstanden wird, entwickelte sich eine Art »Sexualcodex«, demgemäß Partner mehr oder weniger explizit aushandeln konnten, was sie zu tun gedenken. Ziel dieses Vorgehens ist ein Konsens über die gemeinsam auszulebenden Bedürfnisse, weshalb hier auch der Begriff »Konsensmoral« ins Spiel kommt. Damit verlieren die althergebrachten, häufig kirchlich-konfessionell fundierten Verbote ihre Wirksamkeit und Gültigkeit. Egal ob hetero-, homo-, bisexuell, ob sadomasochistisch, ruppig, zu zweit oder mit mehreren: Das alles ist moralisch sekundär oder nichtig, es zählt nur das Ergebnis des Aushandelns unter den beteiligten Akteuren; deshalb auch die Idee, es könne sich um eine Demokratisierung handeln.

Kritiker (wie teilweise auch ich selbst) meinen dazu, dass diese im Grunde völlig beliebige »Aushandlungsmoral« kritisch hinterfragt werden muss. Erstens einmal könnte es sein, dass dieses Aushandeln nicht »auf Augenhöhe« erfolgt, dass also einer der Partner vom anderen – warum auch immer – abhängig ist. Wo bleibt dann die »Erlaubnis« zu wie immer geartetem Sex durch einen wirklichen »Konsens«? Andere mutmaßen, dass diese Auffassung einer Verlängerung der konsumgesellschaftlichen Sexualisierung des gesamten Lebens ins Privatleben hinein Vorschub leisten könne, weil sozusagen der Markt an Sexualitätswaren unter kräftiger medialer Unterstützung unkritisch an die Konsumenten und Konsumentinnen herangetragen und auch benützt würde.

Schmidt selbst sieht die Sache eher positiv, weil dadurch viel in Bewegung kommen könne. Die Heterosexualität etwa würde in ihrer fraglosen »Normalität« relativiert und zu einer Lebensform neben anderen, die Perversionen würden zumindest teilweise entdämonisiert und könnten nun als spezielle Art der Sexualität einvernehmlich realisiert werden. Zudem erfordere und befördere das Aushandeln eine Sensibilität für die Wünsche des anderen, sodass gewisse Automatismen, was Frauen »eigentlich wollen«, außer Kraft gesetzt würden – ein Argument, das zweifellos in einem Bereich, der so sehr von Sprachlosigkeit und »Vorannahmen« beherrscht wird, etwas für sich hat. Kuss wäre demnach tatsächlich Kuss und nicht schon die Einladung zum Geschlechtsverkehr usw. Zudem verlange eine »Verhandlung« nach zwei gleichberechtigten Partnern, ohne dass einer den anderen dominierte, wenn dies nicht der Fall sei, könne man eben auch nicht von Verhandlungsmoral sprechen. Nun, ich denke, dass einige der genannten Argumente sicher einen Fortschritt im Geschlechterverhältnis darstellen, ohne dass zum Beispiel jegliche Werthaltung außen vor bleiben kann, wenn nur das Verhandlungsergebnis danach ist.

5.3.2 Wandel des Beziehungsmodus

Bei den vorherrschenden Partnerschafts- und Beziehungsmodi sieht Schmidt einen Trend von der Ehe oder eheähnlichen Beziehung zur »reinen Beziehung« (vgl. »Pure Relationship« nach Giddens 1993). Mit »rein« ist natürlich nicht etwas »Sauberes« gemeint, sondern eine auf nichts anderem als auf Emotionalität selbst beruhende, nicht mehr durch gemeinsame Aufgaben oder durch ökonomisch-rechtliche Gründe zusammengehaltene Beziehung: »reine« Emotion also oder »Beziehung pur« (vgl. Schmidt 2002, S. 55 f.). Sie wird quasi nur um ihrer selbst willen eingegangen und besteht auch nur um ihrer selbst willen – und wenn das einmal nicht mehr trägt, wird sie durch die nächste reine Beziehung abgelöst, dann nämlich, wenn sich die Partner nicht mehr wohlfühlen darin und der »emotionale Wohlfahrtsgewinn« (ebd., S. 56) nicht mehr garantiert ist. Das macht das ganze Beziehungsgefüge natürlich instabil, erhöht die Trennungs- und Scheidungsraten und fördert den Trend zur »seriellen Monogamie«, also zu hintereinander eingegangenen exklusiven Zweierbeziehungen.

Diese reine Beziehungsform ist ob ihrer Ansprüche an Emotionalität sehr aufwändig und komplex: Beide Partner müssen die emotionale Wohlbefindlichkeit mittels geeigneter Aktivitäten immer wieder herstellen, die entstehende dichte Nähe und Intimität verlangt ein Sich-Öffnen, das vor allem Männern, die das weniger gelernt haben, oft sehr schwer fällt (was auch der Grund für das so häufige Einreichen der Scheidung durch die Frauen sein dürfte). Der Wunsch nach lebenslanger Beziehung ist gemäß dem Vorherrschen des romantischen Liebesideals von Jugend an zwar vorhanden, hier aber an die Bedingung geknüpft, dass eine hohe emotionale Zufriedenheit herrscht. So lange und nur so lange gelten dann auch die monogamen Treueanforderungen der Partner. Lediglich das Vorhandensein von Kindern reduziert die Beziehungsfluktuationen, aber auch nur teilweise – woraus dann die »post-familiale Familie«, die Beck-Gernsheim schon in den 1990er Jahren postuliert hatte, erwächst (Beck-Gernsheim 1994). Auf dieser Grundlage veränderter Beziehungsformen können dann auch Trennungen und Scheidungen neu bewertet werden: Sie sind zumindest bei halbwegs gleichberechtigter und einvernehmlicher Trennung auch als neue Optionen auf eine Erweiterung der Lebenschancen – auch für Kinder – zu verstehen. Zudem sieht Schmidt auch hier eine *Demokratisierung von Beziehungen* angelegt, weil dieser Trend alle, also auch nicht heteronormativ dominante Lebensweisen, ergreift. Zugleich wird dadurch die egalitäre Verteilung der Rollen und Aufgaben in der Beziehung gefördert, weil beide sich um den »emotionalen Wohlfahrtsgewinn« bemühen müssen.

Mir scheint bei aller Zustimmung zur Entdramatisierung von »gescheiterten« Ehen und Beziehungen, die dieses Modell im Rahmen der seriellen Monogamie bereithält, die »Funktionalität der Emotion« als alleiniges Bindemittel von Beziehungen hier zu positiv bewertet. Was ist zum Beispiel mit den in jeder Beziehung vorkommenden und an sich ganz »normalen« Phasen, in denen es zu sexuellen »Sendepausen« kommt, die wiederum verschiedenste Gründe haben können und in denen der »emotionale Wohlfahrtsgewinn« sicher nicht gerade sensationell ist? Oder was ist mit emotionalen Krisen, die durchaus länger dauern und dennoch ein gemeinsames Wachstum des Paares nach sich ziehen können? Gleich oder jedenfalls bald Schluss machen? Eine neue reine Beziehung eingehen? Ein wenig scheint mir hier die Gefahr gegeben zu sein, eine »Beziehungs-Wegwerfmentalität« zu entfalten, die ich nicht Schmidt, aber dem System neoliberaler Vergesellschaftung und Marktwirtschaft unterstelle. Dies scheint mir deshalb ein recht fragwürdiges Modell zu sein. Deshalb sehe ich die Analyse von Giddens und Schmidt als richtig, ja brillant an, würde aber dieses Beziehungsmodell nicht wirklich als zukunftsträchtiges sehen oder gar empfehlen.

5.3.3 Der Wandel des Geschlechterverhältnisses

Obwohl sie es oft nicht so recht als Erfolg sehen will, hat die Frauenbewegung der letzten Jahrzehnte immerhin erreicht, dass viele der Privilegien für das männliche Geschlecht zunehmend in Zweifel gezogen und stellenweise auch beseitigt wurden. In jüngster Zeit fragt man sogar schon nach eventuellen Nachteilen für Jungen im Verlauf ihrer Erziehung und Sozialisation, weil die Pädagogik quasi auf sie und die für Jungen entstehenden Schwierigkeiten (wie Vaterlosigkeit, kaum Männer im Erziehungsbereich usw.) vergessen hätte (vgl. z. B. Hurrelmann und Schultz 2012). Schmidt sieht generell eine Verflüssigung der Geschlechterrollen und -ansprüche, die dann auch ausprobiert und spielerisch erprobt werden können – Frauen besetzen männliche Positionen und Räume und umgekehrt. Im *Geschlechterspiel*, das wir schon erläutert haben (vgl. Schmidt 2002, S. 60 f.) sieht er deshalb eine *Demokratisierung des Geschlechterverhältnisses*.

Während das soziale Geschlecht, also festgelegte Rollen, wie »Mann« und »Frau« zu sein haben, weitgehend in Frage gestellt wird, bleibt, wie schon erwähnt, das »kulturelle« Geschlecht stark besetzt: Ästhetisierungen und Sexualisierungen bleiben ungebrochen aufrecht, ja sie werden teilweise noch stärker in Szene gesetzt, als wolle man der Geschlechterangleichung etwas entgegensetzen. Wenn Mädchen sich in diesem Sinne zum Beispiel in aufreizender Weise kleiden (man erinnere sich etwa an die »Bauchfrei-Mode«), dann wollen sie aber damit noch lange nicht andeuten, dass sie als Sexpuppen von Jungen angemacht oder auf Sexualobjekte reduziert werden wollen. Vielmehr ist es ein spielerisches Sich-in-Szene-Setzen mit dem Bedürfnis, etwas Tolles darstellen und gesehen werden zu wollen – eben »Geschlechterspiel«. Die Jungen und Männer ziehen etwas mühsam nach, wobei auch neue Formen des »metrosexuellen« und anderer durch mediale Vorbilder angeheizte Moden ausprobiert werden. Jedenfalls herrscht auch bei ihnen – etwa die Mühsal langer Prozeduren zur Herstellung bestimmter Frisuren – ein Inszenierungsbedürfnis, das in früheren Generationen undenkbar gewesen wäre.

Schmidt nimmt die Popsängerin Britney Spears als Beispiel für diesen Trend, die sich ja als Sexobjekt erster Klasse inszenierte, nicht ohne gleichzeitig zu verkünden: »I'm a virgin!«. Die 12–16-jährigen Mädchen, auf die diese Inszenierung zugeschnitten war, eiferten der Sängerin nach, die ihnen die Botschaft mitgab: »Seid ruhig so sexy wie ich, übt es, spielt mit den Geschlechtsattributen, auch sexualisierten, d. h. aber noch lange nicht, daß ihr es tun müßt!« (Schmidt 2002, S. 62). Diese selbstbewusst-trotzige Inszenierung mache es den Mädchen leichter, mit ihrer heranwachsenden Geschlechtsreife spielerisch umzugehen (etwa auch bei improvisierten Misswahlen u. a.) und ihre Rollen, die längst Spiel und keinesfalls mehr Unterwerfung unter männliche Machtansprüche sind, zu erproben. Fest steht, dass Jugendliche neuerdings gelassener mit den sexualisierten Alltagsszenarien umzugehen scheinen, was darauf verweist, dass der sexualisierte Aufforderungscharakter, den viele Erwachsene in den jugendtypischen Outfits sehen, für die Jugendlichen selbst eine andere Bedeutung hat, als es der alten Auffassung von Sexualisierung als Aufforderungsreiz entspricht.

5.3.4 Der Wandel der Triebhaftigkeit und des Verlangens

Auch hinsichtlich der Triebbedingtheit des sexuellen Begehrens hat sich in den letzten Jahrzehnten – auch in der Psychoanalyse selbst – eine Veränderung ergeben. Durch das symptomatische und diskursive Vorherrschen narzisstischer Störungen ist eine gewisse Abwendung von triebtheoretischen Erklärungsmodellen zu konstatieren. Der Siegeszug der Selbstpsychologie, die sich um die offenbar gesellschaftlich immer massiver infrage gestellten maroden »Selbste« kümmerte, und auch der der Objektbeziehungstheorien, die das Interaktive und seine seelischen Abbilder stärker in den Blick nahmen, haben eine Konzentration auf das Narzisstische, das immer auch die Darstellung nach außen hin braucht, bewirkt. Diese Tendenz meint Schmidt (2002, 2004) auch im Bereich sexuellen Erlebens und Verhaltens orten zu können. Er sieht dabei einen Wechsel *vom triebhaft aufgefassten und als solches erlebten Begehrens hin zum designten Verlangen*. Diese

Betrachtungsweise nehme der Sexualität auch ein Stück Mystisches, das der Triebtheorie anhaftet, weshalb er von einer *Entdramatisierung der Sexualität* (2002, S. 63) spricht. Demnach erleben Menschen heute ihr Begehren nicht mehr als »dampfkesselartige« Antriebskraft, sondern analog zur vorherigen Darstellung des Geschlechterspiels eher als spielerische Lust- und Lusterhaltungssuche, als *Verlangen nach dem Verlangen*, also als Spannungsaufrechterhaltung über möglichst lange Zeit (bezugnehmend auf Zygmunt Baumanns *Erregungssucher* und *Erregungssammler*, vgl. Baumann 1998). Sie sind dabei ständig bemüht, neue »Thrills« zu empfangen und zu erleben. Diese (postmoderne) Sexualität ist »frei flottierend, setzt sich ihre eigenen Regeln und scheint grenzenlos frei, eine Art ›Hansdampf in allen Gassen‹« (Baumann 1998, S. 10).

Zum Setzen der je eigenen Regeln gehört auch das, was Schmidt mit *Design* meint. Design ist dabei nicht nur die gekonnte oder auffällige äußerliche Darstellung, sondern auch der Versuch, seine sexuellen Möglichkeiten dann abzurufen, wann sie gerade gebraucht werden. Die Suche nach Arzneien, an erster Stelle natürlich die *Viagraisierung*, wie ich sie nennen möchte, soll die Männersexualität möglichst schon ab 20 oder 30 Jahren stets abrufbar und »schlagkräftig« machen (▶ **Kap. 6.1**), aber auch die Frauen-Viagra steht schon in den Startlöchern, die das Verlangen dann aktivieren kann, wenn es benötigt wird. Dies sind Beispiele dafür, was mit Designer-Sex – ein Begriff, der übrigens von der deutschen Popsängerin Ulla Meinecke stammt – gemeint ist. Dahinter steckt die Phantasie, *den Sex sozusagen in den Griff zu bekommen* – etwas, was man durchaus als Entdramatisierung verstehen könnte. Ob das Ganze dann wirklich spannend wird, sei dahingestellt. Freilich ist dies sozusagen das Gegenbild zu einer triebhaft vorgestellten Lust, die mit Wildheit, Unberechenbarkeit und Eruption assoziiert wird und die offenbar immer noch Angst macht, sodass wir geneigt sind, »handhabbarere« Modelle zu konstruieren, in denen uns dann der einst bedrohliche Sex entgegentritt.

Diese Sexualität sei »befreit von falschem Tiefsinn«, etwas, dem ich schon was abgewinnen kann, wenn ich an pathetische Sexualaufklärer und -reformer mit ihrem peinlichen missionarischen Sendungsbewusstsein denke. Etwas geringer wird meine Begeisterung allerdings, wenn Schmidt dann von »pragmatischem Sex« spricht, und ich fühle mich in meiner Skepsis bestärkt, wenn er diesen dann mit »Just fun, no drama« umschreibt, auch wenn er versucht, ihm durch die Abkehr von jeglicher Orgasmuszentriertheit und -fixierung etwas Positives abzugewinnen. Folgen der »Pragmatik« des trieblosen Sex seien immerhin Dinge wie die sinkende Abtreibungsrate, bessere, geplantere Verhütung, die noch nie so gut gewesen sei, und rückläufige Geschlechtskrankheiten. So weit, so gut. Fraglich hingegen erscheint mir dann schließlich jenes Positivum, das darin bestünde: »Und noch nie wurden die Kosten sexueller Handlungen, z. B. eines Seitensprungs, für Körper und Seele und Partnerschaft so kühl kalkuliert und abgewogen wie heute« (Schmidt 2002, S. 66). Diese »abgeschätzte Sexualität« erscheint mir tatsächlich als Entdramatisierung, allerdings als eine, durch die man sich eher auf eine Sex-Börse mit steigenden und fallenden Kursen verbannt fühlt, und selbst dort geht es wohl noch unberechenbarer und vielleicht auch »dramatischer«, also spannender zu.

5.3.5 Die große Planbarkeit und Freiheit?

Schmidts Schluss aus diesen Analysen ist schließlich, dass Sexualität am Eingang ins dritte Jahrtausend wie geschildert »liberalisiert«, »demokratisiert« und »entdramatisiert« sei, zudem befreit von der Religion, vom Patriarchat und vom bürgerlichen Drama um den Sexualtrieb. Diese »kleine Erfolgsgeschichte« (ebd.) kann man als stark ausgeprägten, auf die Sexualität gerichteten »Kulturoptimismus«, wie Schmidt ihn vertritt, verstehen. Und man muss ihm keinen ebenso starken psychoanalytisch orientierten Kulturpessimismus entgegensetzen, um festzustellen, dass diese neue »Pragmatik«, diese demokratischere, vom Patriarchat befreite und der Religion entrissene Sexualität wohl nicht so »frei«, so »demokratisch« und »entdramatsiert« sein kann, wenn man die langwierigen Prozesse bedenkt, denen Veränderungen seelischer Innerlichkeit, zu denen die Sexualität auch gehört, ausgesetzt sind. Allein schon die äußerst zähen Veränderungsmöglichkeiten kulturell-weiblicher und kulturell-männlicher Eigenheiten lehrt uns doch, dass es generationenübergreifend weitergegebene und verinnerlichte Haltungen gibt, denen man nicht aufgrund einzelner Freisetzungen von sexuellen Verhaltensmöglichkeiten zu mehr Tempo verhelfen kann. Den geschilderten Liberalisierungen und »Demokratisierungen« ist darüber hinaus in einer Gesellschaft, die alles und jedes an Sexualität und Körperlichkeit gnadenlos vermarktet, ebensolche Skepsis entgegenzubringen wie jenen aus der sagenumwobenen 1968er Zeit, die auch wichtig und ein Stück Befreiung bewirkten, aber dennoch vom Kapitalismus mit seiner unglaublichen Integrationskraft aufgesogen und weitgehend entschärft wurden.

Die Antworten der Menschen auf diese Bewegungen fallen unterschiedlich aus: Nach wie vor zeigen uns Studien von Jugend an eine ungebrochene, ja noch zunehmende Sehnsucht nach dem großen lebenslangen Glück zu zweit, was wir als *Romantisierung der Sexualität* zu bezeichnen gewohnt sind. Zudem formiert sich seit einiger Zeit, wie wir es im Lauf dieses Buchs noch genauer zeigen werden, eine Bewegung, die von Sexualität nicht mehr viel wissen will, die der »Asexuellen« oder »Postsexuellen«, die der österreichische Philosoph Robert Pfaller (2008, 2011) als konsequente Antwort auf die merkantilen Vermarktungstendenzen und die daraus resultierenden Normierungen der Sexualität und somit als konsequente Fortsetzung der ersten sexuellen »Revolutionen« deutet.

Beides sind Phänomene, die sich mit den von der Sexualwissenschaft und Soziologie herausgearbeiteten Verhaltensweisen, mit »reinen Beziehungen«, mit der »seriellen Monogamie« usw. reiben. Beides sind auch Hinweise darauf, dass es vermessen wäre zu sagen, wir hätten einen wirklich nachhaltigen Fortschritt auf dem Weg zu sexuell glücklicheren Menschen erzielt. Wir haben eine gewisse Enttängstigung, zugegeben, eine gewisse Liberalisierung, ein Egalitärer-Werden der sexuellen Ansprüche und Praxen, ja. Aber wir haben auch massenhaftes sexuelles Elend, massenhaft Lustprobleme, wir haben einen viel zu großen Anteil an Gewalt und wir haben jede Menge Ratlosigkeit und Verunsicherung: Zu viel von all dem jedenfalls, um wirklich von einer nachhaltigen »Befreiung«, die wohl auch nicht so isoliert zu haben ist, sprechen zu können.

5.4 Wie leben die verschiedenen Generationen heute Partnerschaft und Sexualität?

Was bisher noch nicht beantwortet werden konnte und dennoch als Hintergrundwissen für professionelle Helfer bei sexuellen Schwierigkeiten bedeutsam ist, ist die Frage, welche Unterschiede zwischen jüngeren und älteren Altersgruppen in der Bevölkerung es hinsichtlich ihrer sexuellen und partnerschaftlichen Lebensformen eigentlich gibt. Ohne dies hier umfassend behandeln zu können (vgl. dazu Schmidt et al. 2006), seien hier ein paar der auffälligsten Merkmale dargestellt und diskutiert. In einer interessanten Studie der genannten Autoren wurden drei unterschiedliche Generationen bzw. Jahrgänge auf ihre partnerschaftlichen und sexuellen Lebensformen hin befragt. Diese Gruppen waren zum Erhebungszeitpunkt 2002

a) die *vorliberale Generation* der 1942 Geborenen (also 60-Jährigen),
b) die *Generation der sexuellen Revolution* der 1975 Geborenen (die 45-Jährigen) und
c) die *Generation der Gender Equalisation* der 1972 Geborenen (die 30-Jährigen)[23].

Alle drei Alterskohorten der Untersuchung umfassten etwa 250 Frauen und Männer aus Hamburg und Leipzig – Letzteres, um auch etwaige Unterschiede bezüglich der Herkunft aus den beiden politischen Systemen zu finden (vgl. Schmidt et al. 2006, S. 12 f.).
Die *Generation a)* ist sozusagen die »Vor-68er«-Generation, die zum Zeitpunkt des Einsetzens der Bewegung der sexuellen Liberalisierung schon erwachsen war. Die *Generation b)* erlebte ihre Jugendzeit auf dem Höhepunkt dieser Liberalisierungsbewegung, und die *Generation c)* wuchs schon nach dem Liberalisierungsschub und während der Umsetzung von mehr Frauenrechten in der Gesellschaft wie auch im partnerschaftlichen Leben auf. Nachdem dies sehr unterschiedliche Bedingungen in einer entscheidenden Sozialisationsphase sind, durften auch interessante Unterschiede in der Praxis partnerschaftlich-sexuellen Lebens erwartet werden. Vor allem der *Wandel* der Beziehungen in den Zeiträumen zwischen den drei Geburtsjahrgängen interessierte die Autoren. Dabei konnten folgende Partnerschafts- und Lebensformen gefunden werden:

- konventionelle Ehe
- nichteheliche Lebensgemeinschaften
- »Living apart together« (ein Paar, aber getrennt wohnend)
- Single(-Lebensphasen!).

---

23 In Anlehnung an einen Begriff der finnischen Soziologen Haavio-Mannila, Kontula und Rotkirch 2002 (vgl. Schmidt et al. 2006, S. 12).

Nun fragte die Studie nicht nur nach den jeweils aktuellen, sondern auch nach jener Lebens- und Zusammenlebensform, als die Angehörigen aller der Jahrgangsgruppen 30 Jahre alt waren beziehungsweise, was die jüngste Gruppe betrifft, sind. Im Laufe der Zeit wurden dabei im Alter von 30 Jahren über drei Generationen hinweg die *nichtehelichen Gemeinschaften* immer stärker: Während die befragten 60-Jährigen noch zu fast 70 % verheiratet waren und nur zu 10 % in nichtehelicher Gemeinschaft lebten, lebten von der jüngsten Kohorte der 30-Jährigen nur mehr 16 % in ehelicher und 29 % (das entspricht also fast einer Verdreifachung) in nichtehelicher Lebensgemeinschaft. Bei der mittleren Gruppe der 45-Jährigen waren noch knapp 40 % verheiratet und 16 % lebten in nichtehelicher Partnerschaft. Dies ergibt einen kontinuierlichen und *beträchtlichen Rückgang von Paaren, die in einer Ehe zusammenleben*. Interessant ist auch die Entwicklung von Paaren, die zwar in einer Partnerschaft leben, *aber getrennt wohnen*, also des Living-apart-together-Modells. Waren dies bei den 60-Jährigen gerade einmal nur 4 %, die diese Lebensform im Alter von 30 Jahren bevorzugten, so wuchs der Anteil bei den 45-Jährigen schon auf 26 %, und ebenso viele waren es auch bei der jüngsten Altersgruppe der 30-Jährigen. Die Lebensform der *Singles*, von denen viele ja nicht freiwillig allein leben, wuchs von immerhin schon 17 % bei den 60-Jährigen auf 19 % bei den 45-Jährigen und dann doch relativ sprunghaft auf 29 % bei den 30-Jährigen – wobei sich das bei den aktuell 30-Jährigen angesichts des heute statistisch relativ hohen Heiratsalters noch ändern kann.

Das *Single-Leben* muss dabei differenziert betrachtet werden: Ein Gutteil davon sind »Übergangssingles« (ebd., S. 71), die sozusagen in Zwischenphasen allein leben und in durchschnittlich zwei bis fünf Jahren wieder eine Beziehung einzugehen erwarten, während die »stetigen Singles« überzeugt sind, nicht mehr so schnell eine Partnerschaft und ein Zusammenleben führen zu können oder zu wollen (dieser Anteil steigt mit dem Alter stark an). Interessant für die Arbeit mit Klientinnen und Klienten ist, dass wir dazu neigen, das variationsreiche und »ungebundene« Sexualleben der Singles zu überschätzen: Nur ein Bruchteil aller von den Befragten berichteten Sexualkontakte ist den Singles zuzuordnen, nämlich ganze 2 % bei den 60-Jährigen, 4 % bei den 45-Jährigen und 6 % bei der jüngsten Kohorte der 30-Jährigen. Übrigens wird auch der *Sex in Außenbeziehungen* – gemessen an den Ergebnissen dieser Studie – meistens stark überschätzt: Nur etwa 1 % aller Sexualkontakte erfolgt in Außenbeziehungen bzw. bei Seitensprüngen, was für Männer und Frauen, junge wie alte Befragte in West- wie in Ostdeutschland in etwa gleichem Ausmaß gilt. Insofern kann man resümieren, dass gelebte Sexualität zwar nicht mehr monopolartig in der Ehe praktiziert wird, aber über die nichtehelichen Lebensgemeinschaften nach wie vor fest im Bereich der Partnerschaft angesiedelt ist (Schmidt et al. 2006, S. 114 f.).

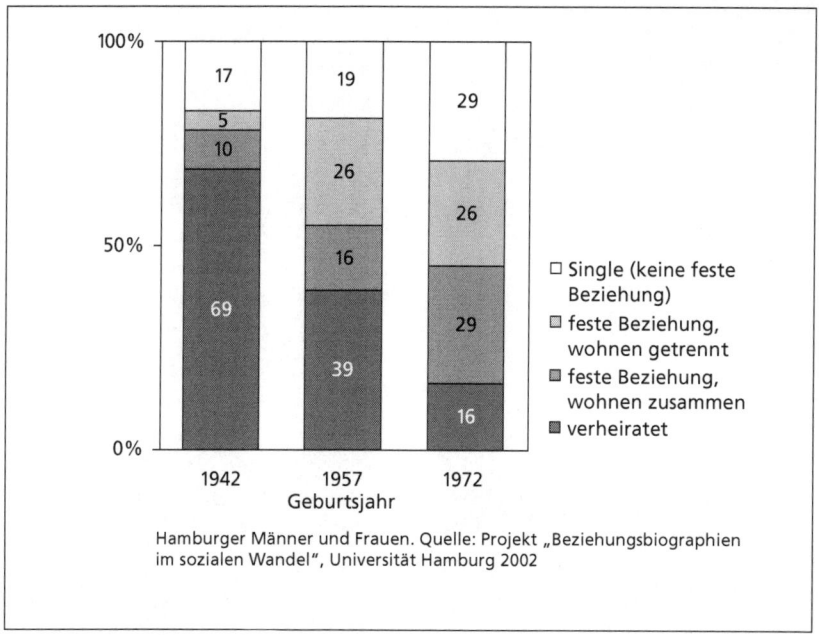

Abb. 5.1: Beziehungsformen im Alter von 30 Jahren – drei Generationen im Vergleich (Schmidt 2004, S. 25)

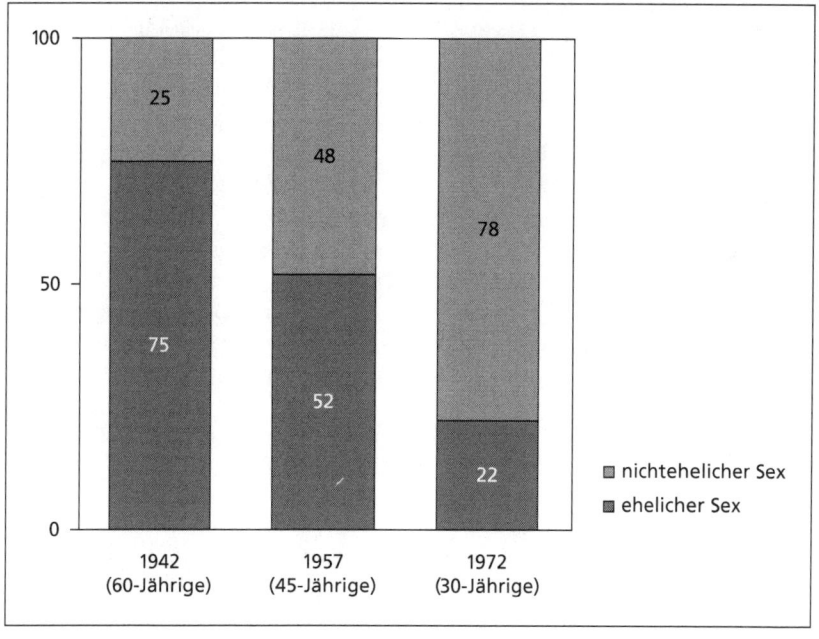

Abb. 5.2: Wie viel Sex ist ehelich (nach Generation in %; Schmidt et al. 2006, S. 114)?

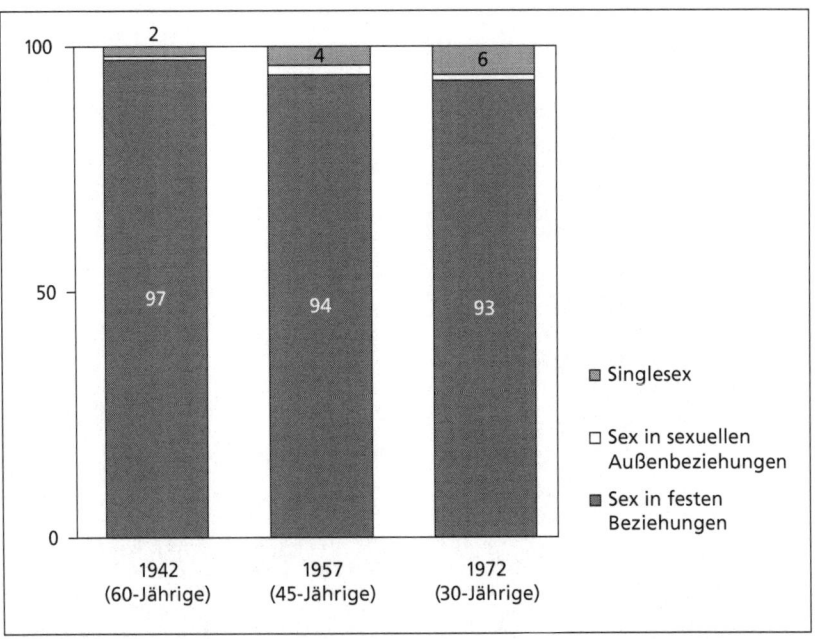

Abb. 5.3: Feste Beziehungen organisieren die Sexualität (nach Generation in %; Schmidt et al. 2006, S. 115)

Auch über Einzelheiten des Sexuallebens dieser drei Generationen finden sich interessante Ergebnisse in dieser Studie, deren Kenntnis für ein kritisches Abwägen und Bewusstsein in der Arbeit mit Ratsuchenden wichtig ist. So hat sich zum Beispiel die *Selbstbefriedigung* von einer für die älteste Generation noch sehr schambesetzten und als »Ersatzform« wirkenden Lustbefriedigung dergestalt verändert, als dass sie »heute viel häufiger friedlich mit dem Partner koexistiert« (ebd., S. 115). Das heißt, dass bei den Jüngeren auch bei aufrechter und aktiver Partnersexualität doch ein beträchtlicher Teil der Befriedigungserlebnisse (44 %) durch Masturbation herbeigeführt wird – und zwar auch, wenn die Befragten mit der partnerschaftlichen Sexualpraxis sehr zufrieden sind. Bei den älteren Generationen kommt dies viel seltener vor, wobei man nicht vergessen darf, dass diese Menschen in der Zeit vor 1968 ja noch viel häufiger mit einer repressiv wirkenden Schuld- und Sünde-Mentalität in Sexualfragen aufgewachsen sind. Dies ist zu bedenken, wenn wir es mit älteren Menschen zu tun haben. Das Item »*Masturbation ist eine eigenständige Form der Sexualität, die in festen Beziehungen unabhängig davon, wie häufig die Partner miteinander schlafen, praktiziert werden kann*«, wird demnach von fast 80 % der 30-Jährigen mit ja beantwortet, von den 60-Jährigen nur von 36 % (ebd., S. 117; Hervh. JCA).

Was die *sexuelle Orientierung* (hier nur: homosexuell versus heterosexuell) betrifft, bezeichnen konstant 6 % der Männer aller drei Generationengruppen ihre Orientierung als homo- bzw. bisexuell, bei den Frauen sind es bei den älteren beiden Generationen übrigens deutlich weniger (0 – 1 %). Hier befinden wir uns sozusagen immer noch im Rahmen der Kinsey-Report-Daten, die sehr ähnlich waren. Die Einstellungen gegenüber und das Wahrnehmen von gleichgeschlechtlicher Attraktion haben hingegen einen enormen Zuwachs erlebt: Etwa ein Viertel der Männer und gar mehr als ein Drittel der Frauen können sich lustvollen gleichgeschlechtlichen Sex vorstellen und fühlen sich teilweise von gleichgeschlechtlichen Personen angezogen (vgl. Dekker u. von Stritzky 2004, S. 486).

Scheidungen und Wiederverheiratungen sind heute an der Tagesordnung, das wissen wir. Eine bürgerliche Normalbiografie im Beziehungsleben lässt sich nur schwer ausmachen und dies auch schon bei den 60-Jährigen. Die *serielle Monogamie*, also relativ hohe Treue während einer begrenzten Beziehungsdauer, auf die dann die nächste monogame Beziehung folgt, sind ein häufig vorzufindendes Muster. Was uns zu denken geben sollte, ist, dass sich der Supermarkt an sexuellen Attraktionen und Konsumangeboten nur mäßig auf das praktizierte Sexualverhalten auswirkt (was für Jugendliche übrigens auch gilt – vgl. Stulhofer et al. 2009). Dies scheint eine Art Neben- oder gar Gegenwelt zur Alltagssexualität zu sein, deren normierende Kraft zwar gegeben ist (insbesondere über Körperinszenierungen und -ideale), die aber – auch wegen ihrer in vielerlei Hinsicht idealtypischen Darstellungen – offenbar für die Praxis des Sexuallebens wenig Bedeutung hat.

Was die *Geschlechtsspezifität* der generationellen Veränderungen betrifft, sind die Verhaltensmöglichkeiten für Frauen deutlich erweitert und Verhaltensrestriktionen aufgeweicht worden. Diese Emanzipation in sexuellen Dingen hat ambivalente Folgen für die Beziehungen, weil dadurch auch der Druck für viele Frauen steigt, sexuell aktiv, initiativ und ständig attraktiv zu sein (vgl. Matthiesen u. Hauch 2004, S. 505). Dementsprechend gibt es auch ein Persistieren der höheren Unzufriedenheit mit dem Sexualleben bei Frauen, allerdings eben aus anderen Gründen als früher. Auch eine – mehr oder weniger bewusste – Verunsicherung der männlichen Partner durch das selbstbewusstere sexuelle Niveau der Frauen darf – entsprechend den Ergebnissen aus Jugendstudien (▶ Kap. 4.2) – angenommen werden, versteckt sich aber häufig hinter einem veränderungsresistent erscheinenden maskulin-sexuellen Habitus, der dem traditionellen Männerbild entspricht.

5.5 »Null Bock«? – Lustlosigkeit als gesellschaftliches Leitsymptom

Schon seit den 1980er und 1990er Jahren begann sozusagen ein Gespenst in Europa umzugehen, das zunächst in journalistischen und Magazinbeiträgen, dann auch im Rahmen der bescheidenen europäischen Sexualforschung zur Geltung kam: das der »Lustlosigkeit« oder des »Lustmangels« in Ehen und partnerschaftlichen Beziehungen. Dieses Phänomen fiel zunächst im Beratungs- und klinischen Bereich auf. Hatten etwa die Kolleginnen und Kollegen an der Hamburger Sexualberatungsstelle, die ihre Arbeit stets sorgfältig evaluieren, in den 1970er Jahren noch eine

Überzahl an Fällen mit verschiedensten Erregungs- und Erlebnisstörungen zu sehen bekommen, so wendete sich das Blatt bis in die 1990er Jahre entscheidend: Nun dominierten zahlenmäßig sehr deutlich Phänomene und Klagen über Lustlosigkeit – und zwar bei beiden Geschlechtern mit starkem Anstieg, wenn auch bei den Frauen häufiger als bei den Männern.

Nun darf das nicht dergestalt missverstanden werden, als verschwinde die Lust generell, sondern sie verflüchtigte sich als praktizierte, sinnliche Lebensäußerung zwischen Partnerinnen und Partnern. Umso verwunderlicher ist es übrigens, dass sich die Humanwissenschaften kaum um dieses Thema kümmerten – ähnlich wie in den Zeiten schlimmster Repression sexueller Bedürfnisse. Ernest Borneman, deutsch-österreichischer Pionier der Sexualwissenschaft in den letzten Jahrzehnten des 20. Jahrhunderts, hatte vor seinem Tod 1995 ein monumentales Werk zum Thema des Verschwindens der Sexualität in Arbeit, dem er den reißerischen Titel »AUS!« geben wollte (vgl. Aigner 1994). Leider ist das begonnene Manuskript bis heute nicht zugänglich. Baudrillard (1997) hatte dieses weiträumige Verschwinden partnerschaftlicher Sexualität mit dem Ausschlachten von Sexualität in der Postmoderne in Zusammenhang gesehen: »Man muß doch klar sehen, daß die Sexualisierung der Welt [...] ein gigantisches Entsexualisierungsunternehmen ist [...]. Das ist ein Verschwinden, ein Verschwinden des Sexuellen in einer unendlichen Fülle von Möglichkeiten, überall Sex zu sehen, Sex zu machen« (S. 39).

Was ist aber nun dran am etwas salopp behaupteten »Verschwinden« der Sexualität in den letzten Jahrzehnten? Zunächst einmal geht es bei dieser These um ganz augenfällige empirische Fakten von offenbar massenhaft verbreitetem *Zurückgehen bzw. Geringer-Werden sexuellen Begehrens in Beziehungen und Partnerschaften*. Neben klinischen Erfahrungen gibt es – wie in diesem Buch auch schon dargestellt – auch viele Hinweise, wie etwa aus Jugendstudien, die einen Rückgang sexueller Aktivitäten und der Lust, diese Aktivitäten bald wieder zu erleben, u. a. m. ergeben. Dieses Manko an Begehren ist insofern bemerkenswert, als wir zur selben Zeit eine *ständige Präsenz sexueller Reize* im Alltag und in der Öffentlichkeit konstatieren können – als eine Hochblüte »sexueller Marktwirtschaft«, wie Borneman (1998) es einst nannte. Kann das in unserer Privatheit gelebte Sexuelle gegen dieses merkantile Treiben rund um die Allgegenwart sexueller Reize in seinem Gehalt an Reizhaftigkeit etwa nicht mithalten?[24]

5.5.1 Anstieg oder Umstieg – was ist das Problem?

Dabei erschien die Lustlosigkeit in Beratungs- und Therapieeinrichtungen bisher zunächst überwiegend als weibliches Problem. In zunehmendem Maß und von einem geringeren Ausgangslevel her klagen nun seit geraumer Zeit auch Männer darüber (immerhin eine Vervierfachung zwischen den 1970er und 1990er Jahren, ▶ Tab. 5.1). Das heißt wie gesagt nicht, dass es bei diesen Menschen keinerlei

---

24 So jedenfalls eine der Interpretationen, die in einem mit dem Titel »Der sexuelle Overkill« veröffentlichten Kommentar in der österreichischen Tageszeitung »Der Standard« schon im Jahr 1999 getroffen wurde.

sexuelle Lust gegeben hätte, etwa in Form erregender Phantasien oder – wie hauptsächlich bei Männern – in sexuellen »Ersatzhandlungen« im Bereich der Pornografie, der Masturbation oder der Prostitution; aber dem wirklichen Partner gegenüber bleibt die Erregung und bleiben sexuelle Aktivität und Befriedigung häufig und über lange Strecken aus. Wie sieht dies nun im Detail aber wirklich aus: Das Institut für Sexualforschung und forensische Psychiatrie an der Universitätsklinik Hamburg-Eppendorf – eine der bedeutendsten und traditionsreichsten sexualwissenschaftlichen Einrichtungen in der Bundesrepublik Deutschland – und seine auf Beratung und Sexualtherapie spezialisierte Kollegengruppe hat im Verlauf der letzten Jahrzehnte die in **Tabelle 5.1** aufgeführten Veränderungen festgestellt.

Tab. 5.1: Veränderungen sexueller Probleme in der therapeutischen und Beratungspraxis (Hauch et al. 2006, S. 157)

	1975–77	1992–94	2000/2003
Frauen			
Lustlosigkeit	8 %	58 %	49 %/44 %
Erregungs-/Orgasmusstörung	80 %	29 %	25 %/18 %
Vaginismus	12 %	13 %	26 %/28 %
Männer			
Lustlosigkeit	4 %	16 %	20 %/19 %
Erektionsstörung	67 %	63 %	51 %/41 %
Ejaculatio praecox	23 %	19 %	20 %/17 %

Dass diese Daten nicht allein auf eine norddeutsche Großstadt und ihren Einzugsbereich beschränkt sind, zeigen die Daten aus Helen Singer Kaplans Beratungszentrum in New York, die eine ähnliche, stetige Zunahme von Fällen, in denen zumindest einer der Partner Lustlosigkeit als primäres Symptom angab, aufweisen (Kaplan 1995). Auch Claus Buddeberg bestätigt diesen Steigerungstrend aufgrund seiner Erfahrungen im Rahmen der sexualmedizinischen Sprechstunde an der Universitätsklinik Zürich: Dort stieg der Anteil lustloser Frauen von 30 % im Jahr 1980 auf fast 50 % im Jahr 1990 (vgl. Lange 1994). Damit wird verständlicher, wenn manche meinen, dass rund 30 % aller neuen Fälle in Sexualberatungsstellen Appetenzstörungen darstellen, wobei der Frauenanteil größer sei als der der Männer (Kring 1997, S. 152).

Diese Daten weisen neben der quantitativen Häufung des »Lustlosigkeitssyndroms« – wobei Syndrom ja schon auf ein Zustandekommen aus verschiedenen Faktoren hinweist – auch auf recht bedeutsame qualitative Veränderungen im Bereich des Geschlechterverhältnisses hin, wie wir es aus Studien über die neueren Entwicklungen der Sexualität Jugendlicher schon kennen. Besonders deutlich ist dies bei der gegenläufigen Veränderung der Häufigkeiten von weiblichen Lustlosigkeitsproblemen einerseits und weiblichen Erregungs- und Orgasmusstörungen andererseits: Diese Art reziproker Verschiebung der Zahlen, besonders deutlich zwischen dem Erhebungszeitraum 1975/77 und 1992/94 (man beachte die grau gefärbten Felder in ▶ Tab. 5.1), hin zur Dominanz der Lustlosigkeit ist auffällig und interpretationsbedürftig. Wir können diese Verschiebungen wohl so deuten, dass es bei Frauen in diesem Zeitraum einen Prozess des Autonomer- und Bewusster-Werdens im Bereich der sexuellen Selbstbestimmung gegeben hat, der auch die weiblichen Ansprüche an Sexualität und sexuelle Befriedigung verändert hat: Hatte sich früher eine Frau noch als erregungs- oder orgasmusgestört attribuiert, empfindet sie sich – gemessen an ihren veränderten Ansprüchen – heute als lustlos! Dies bedeutet, dass die Frauen es sich im eigenen Erleben und in der Selbstattribuierung heute offenbar eher »erlauben«, sich als lustlos zu erleben, während sie sich früher als »erregungsgestörte« oder gar »frigide« Versagerinnen gefühlt hatten (vgl. auch Hauch et al. 2006, S. 158).

Dies ist auch der Grund für die These von *Lustlosigkeit als Möglichkeit der Emanzipation* (vgl. Schmidt 1998), also Emanzipation von althergebrachten Fremd- und Selbstzuschreibungen! Dies brächte immerhin den »Fortschritt« mit sich, dass Frauen aufhören, sich wegen sexueller Unzufriedenheit selbst zu pathologisieren oder gar weiterhin nur in gynäkologischen Abteilungen nach den Ursachen dafür suchen, sondern sie im individuellen Partnerverhältnis bzw. im gesellschaftlich bedingten Geschlechterverhältnis zu verorten, das hier ins Private mit hineinspielt. Oft ist die Lustlosigkeit von Frauen deshalb gar nicht so sehr (was es auch gibt) Ausdruck tieferliegender Ängste und Probleme, sondern schlicht eine Verweigerung jener »Schmalspurformen« patriarchaler Sexualität, die – wie die Beratungs-Erfahrung lehrt – von Frauen sehr oft als »zu schnell«, »zu wenig gefühlvoll«, »zu orgasmusfixiert« usw. erlebt werden.

5.5.2 Weibliche oder Partner-Lustlosigkeit?

Zwei weitere Faktoren sind bei diesem weit um sich greifenden »Lustmangelsyndrom«, wie man dieses Konglomerat gelegentlich nennt, zu berücksichtigen: Zum einen darf man zusätzlich zu den in Beratung und Therapie sichtbar werdenden Fällen eine hohe Dunkelziffer von Betroffenen annehmen, die gar nie Rat und Hilfe suchen. Dabei handelt es sich aber gar nicht so sehr – wie man meinen könnte – um Menschen, die schon lange Zeit zusammen sind und zwischen denen das ursprüngliche Feuer der Begierde, was ganz normal wäre, in seiner ursprünglichen Form zum Erliegen gekommen ist. Nein, das Problem stellt sich bei vielen Ratsuchenden auch schon nach recht kurzer Beziehungsdauer ein. Alle möglichen »Erklärungen« wie Stress, Müdigkeit, depressive Verstimmungen werden bemüht, um das Lustvakuum zu erklären. Eine 21-jährige Studentin in einer erst sehr jungen Partnerschaft erklärte mir zum Beispiel, sie sei am Abend durch die Doppelbelastung von Studium und Erwerbstätigkeit derart geschafft, dass sie keinerlei Lust mehr auf Sex, nur auf Entspannung und »Durchhängen« hätte. Zum anderen muss man dem Lustlosigkeitsthema auch kritisch gegenübertreten, indem man einerseits hinterfragt, ob es sich in vielen Fällen nicht um ein Artefakt handelt, das aus unrealistischen Vorstellungen von ständiger »neosexueller« Lustsuche herrührt. Andererseits sind oft andere psychische Probleme, durchaus massiverer Art dahinter verborgen (Depressionen, Erschöpfungszustände u. a. m.). Bei Männern ist die Lustlosigkeit wiederum in manchen Fällen ein »Decksymptom«, hinter dem eigentlich Versagensangst und Erektionsprobleme lauern. Dies muss jedenfalls in den ausführlichen Anamnesen und Explorationen zu Beginn eines Behandlungsprozesses diagnostisch abgeklärt werden.

Jedenfalls schien Lustlosigkeit bisher überwiegend ein weibliches Problem zu sein. Nun klagen in zunehmendem Maße – wie **Tabelle 5.1** zeigt – auch Männer darüber. Das heißt übrigens in all diesen Fällen nicht, dass es keinerlei sexuelle Lust mehr gäbe, etwa in erregenden Phantasien oder – wie hauptsächlich bei Männern – in sexuellen »Ersatzhandlungen« wie Pornografie, Prostitution, Swingerclubs usw.; aber mit dem »wirklichen« Partner bzw. der Partnerin bleiben Lust und Erregung zumeist aus. Auch bei Männern zeigen die verfügbaren Daten eine Vervielfachung und damit eine gewaltige Steigerung des Problems. Überhaupt muss die Geschlechtsspezifität des Auftretens aus den Erfahrungen der Paartherapie heraus als täuschend bezeichnet werden: Wie eben erwähnt haben Männer in unserer Gesellschaft auch mehr Kompensationsmöglichkeiten, mit denen sie ihren Lustschwund eine Zeit lang zudecken können. Außerdem reagieren Männer »in sexualibus« viel stärker schambesetzt und suchen nicht so schnell professionelle Hilfe. Zudem können wir in den Paartherapien regelmäßig feststellen, dass in vielen partnerschaftlichen Systemen die Frauen dazu neigen, die Verantwortung für die erotische Öde zu übernehmen, obwohl dem Mann eigentlich genauso zumute ist. Wir haben es also mit einem partnerdynamischen Phänomen zu tun. Genau genommen gibt es selten nur einen Lustlosen, meistens sind es zwei – also beide, aber nur einer merkt es! Wir können also durchaus von einer »rollenverteilten Lustlosigkeit« (Schmidt 1996, S. 76) sprechen: Den traditionellen Geschlechterrollen entsprechend übernimmt nun die Frau als Lustlose, als Symptomträgerin, die Rolle der ständig von ihm Begehrten, während der Mann sich als Begehrender, als potenzieller Eroberer, aber leider eben als Verschmähter fühlen kann. Damit kehrt wieder, was Männern wie Frauen klischeehaft vertraut ist: »Potent zu sein und begehrt zu werden – konventionelle geschlechtsspezifische Träume« (ebd.).

Besonders deutlich wird diese Dynamik in jenen Paartherapien, in denen die Frau langsam wieder Lust bekommt und der Mann auf einmal – siehe da – lustlos oder gar »impotent« reagiert! Er ist nun irritiert über die Bereitschaft seiner Frau, mit ihm öfters zu schlafen, sie wundert sich, wo denn seine dauernde Lust geblieben ist. Die Lustlosigkeit eines solchen Paares – so könnte man schließen – »ist nun wieder gerecht verteilt« (ebd.): nämlich bei beiden! Dann erst ist der Weg frei, um zu schauen, was denn den beiden die Lust vergehen lässt – dazu etwas später.

5.6 Die Last mit der Lust?

Warum aber diese Probleme heute so häufig auftreten, ist mit diesen Beschreibungen noch nicht beantwortet. Was an unserer Zeit ist denn nun so lustraubend? Dass das Abhandenkommen von Freiräumen zur Muße, zum zwecklosen Zusammensein, die »Verterminisierung« der Freizeit und das Übergreifen von Leistungskriterien auf unsere Partnerschaften lustfeindlich ist, wurde schon dargestellt und tritt in Beratungsgesprächen mit großer Regelmäßigkeit zutage. Schauen wir also zunächst auf die alltäglichen gesellschaftlichen Hintergründe, die solche Entwicklungen und Problemlagen mitbedingen. Sie können auch als Thesen zum Begründungszusammenhang sexueller Lustlosigkeit oder Lustarmut verstanden werden (vgl. dazu auch Schmidt 2004).[25]

Diese Überlegungen und Hintergründe scheinen mir für das Verständnis der Ratsuchenden in Beratung und Psychotherapie sehr wichtig, ebenso wie sie – wie ich immer wieder aus Rückmeldungen nach Vorträgen oder Erwachsenenbildungsveranstaltungen erfahre – für unser eigenes und generell für das Leben in Partnerschaften wichtig sind. Letztlich wird es erst durch das Verständnis dieser Dynamiken möglich, die Beschwerden oder Symptome zu entschlüsseln und ihr Verhalten sozusagen »produktiv« zu deuten, um individuelle Versagens- und Scheiternsgefühle zu minimieren.

5.6.1 »Emanzipation schafft einen Freiraum zur Lustlosigkeit«

Die Emanzipationsbewegung der Frauen seit den 1970er Jahren hat nicht nur verschiedene Freiräume in Alltag, Familie und Beruf erkämpft, die zumindest in den Einstellungen vieler Frauen und Männer heute geteilt werden (auch wenn an verschiedenen Stellen die Umsetzung zu wünschen übrig lässt), sondern sie hat im Gefüge des Geschlechterverhältnisses mehr in Bewegung gebracht, als manche ihrer Vertreterinnen oft meinen. Schon bei der Jugendsexualität hatten wir diese Veränderung des Geschlechterverhältnisses in Form einer Geschlechtsrollenmodifikation, z. B. verunsicherte, defensiv agierende Jungen und selbstbewusstere Mädchen, kennengelernt. Auch im Bereich der Selbstattribuierung von Frauen als mit eigenständigen sexuellen Ansprüchen ausgestattet, haben wir eine Veränderung bemerkt, indem Frauen nicht mehr fraglos die männlichen sexuellen Standards als gegeben hinnehmen. In diesem Verständnis spricht Schmidt nun vom »Freiraum zur Lustlosigkeit« (Schmidt 1996a, S. 189). Wie können wir das verstehen? Nun, wo Frauen sich früher unter anderen Voraussetzungen als den männlichen Wünschen nicht genügend empfanden, als »frigid« usw. und dadurch letztlich als individuell »gestört«, reagieren sie heute vielfach mit einer Verweigerung dessen, was sie häufig an männlichen Angeboten bekommen, also mit Lustlosigkeit. Die Seele der Frau »leistet sich« sozusagen heute die Lustlosigkeit. Das ist ein *emanzipatorischer Fortschritt*, spielt er das Problem doch zurück in die Beziehung und weg von der individuellen Schuld- oder Versagensübernahme.

Auch die Männer kriegen ein Stück dieses »Freiraum-Kuchens« ab: Wo früher Erektionsstörungen, vorzeitiger Samenerguss etc. auftraten, werden heute erfahrungsgemäß auch Männer häufiger »lustlos«. Auch das ist insofern ein Fortschritt,

---

25 Die Darstellung dieser Thesen erfolgt in Anlehnung an Überlegungen Gunter Schmidts (1996a, S. 189 ff.; siehe auch 2004, S. 70 ff.), der besseren Lesbarkeit halber nicht im Detail zitiert.

als jetzt vielleicht auch ohne Auftauchen eines körperlichen Symptoms und ohne Flucht in medizinisch-medikamentöse Behandlungen oder technische Hilfsmittel (Penisprothesen, Aufpumphilfen etc.) genauer hingeschaut werden kann, was mit dem Mann eigentlich los ist. Jedenfalls sind nun beide Partner – anstatt wie früher nur einer – gefragt, diesem Problem im Rahmen ihrer Beziehung auf den Grund zu gehen. Die Lustlosigkeit macht sozusagen den Raum auf, nämlich die Beziehungsprobleme, die hinter diesem Problem stecken, zu erkennen und anzugehen. Die daraus resultierende Frage ist dann nicht mehr »Was ist los mit Dir?«, sondern »Was können, was müssen wir in unserem gemeinsamen Leben ändern, damit das anders wird?«.

5.6.2 Lustlosigkeit in modernen Beziehungen? Ein »no go«!

Die postmoderne »Freigabe« der Sexualität, wie sie schon kritisch analysiert wurde, verankert in vielen Menschen fragwürdige und oft unrealistische Ansprüche an sich selbst und den Partner. Ein zentraler Angelpunkt dieser Normierungsvorgänge ist die Vorstellung, dass Erregung und Leidenschaft ständig abrufbare Qualitäten sein müssten: allzeit bereit, ständig reizend, ewig jung, ästhetisch und sexy vom Frühstück bis zum Gute-Nacht-Kuss. Erotik wird zugleich zum oft entscheidenden Gradmesser stilisiert, ob eine Beziehung funktioniert oder nicht. Dass es auch Phasen der Leidenschaftslosigkeit gibt – Lebensereignisse, die einen stark in Anspruch nehmen, z. B. Elternwerden, berufliche Belastungen, die einen blockieren, usw. – gerät vor diesem Hintergrund außer Blick oder wird gar zur Gefahr für die Beziehung. Sexuelle Ruhephasen bedrohen das Paar und entwerten einen oder beide Partner. Dagegen können lustlose Phasen in einer Beziehung durchaus normal, ja notwendig und gesund sein (z. B. zur Wiedergewinnung verlorengegangener Distanz usw.). Wir haben es im Gefolge des Leistungs-, Jugendlichkeits- und Oberflächen-Sex-Kults unserer Gesellschaft also auch mit einer nicht ungefährlichen Fehleinstellung zu tun, die dauerhafte Leidenschaft fast zur Pflicht macht und deren Fehlen als unnötige Belastung für die Beziehung erscheinen lässt.

Generell scheint der Leistungsdruck, nicht zuletzt durch verschiedenste fragwürdige Umfragen in Zeitschriften und Journalen (meist im »Sommerloch«), enorm zu sein, wie oft man »Sex haben« sollte: Schon manch ein Paar klagte in Beratungsstunden darüber, zu wenig Sex zu haben; Nachfragen ergaben, dass das »nur« ein-, zwei- oder maximal drei- bis viermal im Monat der Fall sei. Auf die Frage, warum das Paar denn meine, es öfter machen zu müssen, ergeben dann häufig derartige populistische Daten, dass es eben zwei- bis dreimal die Woche sein müsse, um auf der Höhe der Zeit zu sein. Fragt man aber, ob diese ein- bis drei- oder viermal Sex im Monat schön und zufriedenstellend seien, antworten viele dieser zweifelnden Paare mit einem »Ja, eigentlich schon!«, womit oft das Problem schon gelöst ist und das eine oder andere Paar oft einen geradezu erleichterten Eindruck hinterlässt. Diese Angst, »es« könnte zu wenig sein, obwohl beide eigentlich zufrieden damit sind, ist Ausdruck dieser *Beziehungs- als Sexualitäts-Leistungskultur*, die uns zu schaffen macht.

Nicht zuletzt gerät dieses Ideal der dauerhaften Leidenschaft immer mehr in Widerspruch zu den wirklichen Lebens- und Partnerverhältnissen, die ja – wie Schmidt et al. (1998) es empirisch darstellten – in Richtung »serieller Monogamie« gehen: Der häufige Wechsel des Lebens- und Sexualpartners, der auch mit wachsender Mobilität bezüglich des Wohnorts und Arbeitsplatzes zusammenhängt, gehört heute schon eher zur Normalbiografie als die lebenslange Ehe! Diese Diskrepanz erzeugt vor dem Hintergrund des geschilderten Ideals ein massenhaftes Gefühl des Scheiterns: »Wieder haben es Zwei nicht geschafft!«, denken oder sagen wir, nachdem die Nachbarin sich von ihrem Mann nach 15 Ehejahren getrennt hat – anstatt etwa zu sagen: »Die beiden haben es ganz schön lang miteinander geschafft!«. Hier wird das Ideal sozusagen zur Qual. Deshalb wäre es – der anhaltenden Romantisierung der Liebe zum Trotz – möglicherweise hilfreicher und tröstend, das Ideal der Liebesbeziehungen, das offensichtlich nicht mehr greift, zu verändern oder aufzuheben: Dafür stehen alternativ zur Ehe die sogenannten »Lebensabschnitts-Partnerschaften« zur Verfügung, die ja durchaus auch Zulauf zu verzeichnen haben (vgl. Schmidt et al. 2006). Die Hinwendung zu mehr Akzeptanz der Begrenztheit vieler Beziehungen könnte auf Dauer möglicherweise auch vieles an Trennungs- und Scheidungselend lindern.

5.6.3 Lustlos wegen geänderter Geschlechterverhältnisse?

Ein weiterer Faktor, der der Lust abhold sein kann, sind die – je nach sozialer Schichtzugehörigkeit – mehr oder weniger stark veränderten Geschlechterverhältnisse. Die Frauenbewegung und die durch sie angestoßenen soziologischen Verschiebungen und sozialpsychologischen Folgen haben zahlreiche Veränderungen im Verhältnis der Geschlechter gebracht, die zwar eine produktive Chance zu mehr Egalität darstellen, aber dennoch verunsichern. Diese sind

- die verstärkte Einbindung von Frauen in den Arbeitsmarkt,
- die Verschiebung breiter Arbeitsmöglichkeiten in den Dienstleistungsbereich, für den Frauen besser sozialisiert zu sein scheinen,
- der verstärkte Zugang von Frauen zur Bildung, speziell bei höheren Bildungsabschlüssen und
- damit auch generell eine zunehmende berufliche Konkurrenz für Männer.

Dies bedingt, dass Frauen im Vergleich zu früher langsam auch mit mehr Selbstbewusstsein im Alltag und Privatleben auftreten. Ungeachtet der wenig zufriedenstellenden Ergebnisse in noch vielen Bereichen (gleicher Lohn für gleiche Arbeit!) scheint mir die Frauenbewegung hier mehr erreicht zu haben, als ihr manchmal bewusst ist. Frauen beginnen in der Folge auch, ihre eigenen Lebens- und Erlebensansprüche anders zu definieren – bis hinein ins Private und Familiäre. Dazu gehört offenbar auch der Anspruch, das Sexualleben nicht – wie Jahrhunderte zuvor – fraglos den Ansprüchen der Männer zu überlassen und stattdessen sexuelle Zufriedenheit für sich selbst und nicht nach männlichem Gutdünken zu definieren. Die Definitionsvollmacht, wie Sexualität sich anzubahnen, zu verlaufen, zu empfinden wäre und wie bzw. was beim Sex gemacht wird, wird dadurch den Männern zunehmend streitig gemacht (siehe dazu auch die Schilderungen zur neueren Jugendsexualität, ▶ Kap. 4).

Dass selbstbewusste Frauen mit sehr eigenständigen sexuellen Standards und Anforderungen manchen Männern mächtig Angst machen können, kennen wir übrigens nicht nur bei jugendlichen, sondern auch bei erwachsenen Männern. Zwar gibt es (auch in der Pornografie) den Mythos des aktiven, Männer verschlingenden »Superweibs«, erfahrungsgemäß aber werden Männer häufig sehr schnell unsicher, wenn diese Phantasie Wirklichkeit wird und eine solche Frau die eingeschliffenen traditionellen Aktivitäts-Passivitäts-Muster umdreht. Dann gerät die »Lustbalance« durch Verkehrung der eingeschliffenen »Machtbalance« leicht durcheinander (vgl. Wouters 1997). Jedenfalls sind diese Ansprüche von Frauen im sozialen und zwischenmenschlichen Alltag heute stärker präsent als früher. Das »Stillhalteabkommen« von Frauen gegenüber patriarchal geprägter Partnerschaft und Sexualität löst sich damit immer stärker auf (vgl. Treiber 1997).

5.6.4 Ausgrenzung des Aggressiven

Hinzu kommt, wie im Zusammenhang mit dem »Negativdiskurs« zu Sexualität in der Öffentlichkeit schon diskutiert, eine neue Konvention, die Sexualität – speziell männliche – als etwas zunächst einmal Problematisches oder gar Gefährliches ansieht. Das heißt, dass die jeder Sexualität inhärente aggressive, erobernde, überwältigende Dynamik, das Triebhafte, das »Außer-sich-Geraten« usw. weitgehend verbannt und damit wichtige Aspekte von Erotik und Leidenschaft ausgegrenzt zu werden drohen. Diese gegenwärtige Tendenz, die aggressive Seite der Sexualität zu ächten oder gar zu verbieten, ist aus Sicht der tatsächlichen Gewaltvorkommen im Bereich von Partnerschaft und Sexualität, die zum Großteil von Männern begangen werden, verständlich. Dennoch ist sie eine undifferenzierte, männliche Sexualität vorschnell pauschal dämonisierende Reaktion, die sozusagen das Kind mit dem Bade ausschüttet: Alles Aggressive wird nun zum Problem und aus der Bandbreite sexueller Erlebens- und Verhaltensformen ausgegrenzt.

Um kein Missverständnis aufkommen zu lassen: *Aggression* hat hier nichts, aber auch schon gar nichts mit *Gewalt* und noch weniger mit perversen sadistischen Gelüsten zu tun; sie meint vielmehr das Wilde, das Unberechenbare, das Überraschende, das Sich-Unterwerfen ebenso wie das Unterwerfen-Wollen, wodurch sexuelle Lust ja auch – wohlgemerkt »auch«! – gekennzeichnet sein kann. Interessanterweise hat schon Freud – beschränkt auf Männer – die Beimengung von Aggression als konstitutiv für den Sexualakt betrachtet: »Die Sexualität der meisten Männer zeigt eine Beimengung von Aggression, von Neigung zur Überwältigung, deren biologische Bedeutung in der Notwendigkeit liegen dürfte, den Widerstand des Sexualobjektes noch anders als durch die Akte der Werbung zu überwinden« (1905, S. 67). In egalitären sexuellen Verhältnissen können wir das auch auf Frauen ummünzen, ist doch das »Erobern« des Mannes durch die Frau, die raffinierte Verführung, das Jemandem-den-Kopf-Verdrehen, Ihn-außer-Rand-und-Band-Bringen usw. durchaus etwas im weiteren Sinne »Aggressives«. In dieser Hinsicht ist also Sexualität, zumindest sehr lusthafte, entgrenzende Sexualität, immer ein Stück weit amalgamiert mit einer Brise Aggression. Freud verweist damit auch auf die »Gefährlichkeit«, die Triebhaftes immer ein Stück weit an sich hat. Sexualität ist demnach nach psychoanalytischer Auffassung immer auch ein »Spiel« an der Grenze zum Verlöschen, zum Verschmelzen und Sich-Verlieren und damit letztlich zum Tod (vgl. den französischen Ausdruck »le petit mort« – »der kleine Tod« für den Orgasmus). Wer dies alles »befrieden« oder diese Tendenzen aus der Sexualität ausgrenzen will, enteignet Sexualität auch eines wichtigen Faktors für Lust und Begehren.

5.6.5 Probleme mit dem Genießen: Libertinage versus neue Prüderie?

Zur Bedeutung beziehungsweise zur Prekarität des sexuellen Genießen-Könnens hatte ja schon Freud eine düstere Vision geäußert: In »Das Unbehagen in der Kultur«, jener Schrift aus dem Jahr 1930, deren Aktualität hinsichtlich der Verursachung menschlichen Unglücks und menschlichen Leidens heute noch beeindruckend ist, meint der Begründer der Psychoanalyse, dass das Sexualleben der Kulturmenschen »doch schwer beschädigt« erscheine, »es macht mitunter den Eindruck einer in Rückbildung befindlichen Funktion« (1930, S. 234). »Man hat wahrscheinlich ein Recht anzunehmen, daß seine Bedeutung als Quelle von Glücksempfindungen, also in der Erfüllung unseres Lebenszweckes, empfindlich nachgelassen hat« (ebd., S. 234 f.).

Wie Freud dafür die Eigenarten, Verbote und Gebote einer Kultur verantwortlich macht, einer Kultur, die nicht gerade klug – wie er einmal meinte – mit der Regelung des Sexuallebens umgeht, so bleibt bis heute die Frage nach den Unbehagen-Zuständen und ihrer Verursachung offen. Der österreichische Philosoph Robert Pfaller (2011) hat jüngst in einem vieldiskutierten Buch (»Wofür es sich zu leben lohnt«) darauf aufmerksam gemacht, dass es seit den 1990er Jahren in unserer Gesellschaft eine zunehmende »Tendenz zu Lustfeindlichkeit und Prüderie« gäbe (2011, S. 51). Er bringt das mit den Kontroll-, Gesundheits- und Korrektheitszwängen, die Sphäre des privaten Lebens, der Ernährung, der Fitness- und Körperinszenierungen usw., in Zusammenhang: »Den meisten Genüssen ist der Zahn gezogen, sodass wir [...] Schlagsahne vorzugsweise ohne Fett, Bier ohne Alkohol, Kaffee ohne Koffein, Sex ohne Körper etc. serviert bekommen« (ebd.). Pfaller schließt aber auch an die normative Zwangsidealisierung von Sexualität und Körperlichkeit an, das Propagieren von Idealen also, die für die wenigsten Menschen erreichbar sind. Deshalb habe sich Sexualität, wie sie performativ geprägt und letztlich zum Scheitern verurteilt sei, zunehmend »aus der Mitte der Gesellschaft verflüchtigt; nur mehr an ihren Extremen ist sie jetzt auffindbar: einerseits an der Reichtumsspitze der Gesellschaft, etwa in der ›Flavio-Briatore-Klasse‹, und andererseits am immer breiter werdenden unteren Rand« (ebd., S. 55).

Pfaller wählt hier einen etwas anderen Zugang zu den lustfeindlichen Widersprüchen neuzeitlicher Sexualkultur. Ihm zufolge gibt es einerseits so etwas wie eine ganz »saubere«, »edle« Sexualität, die aber aufgrund lebensferner Gestyltheit und an Sterilität grenzender Sauberkeit nicht wirklich befriedigend sein kann, und anderseits gibt es eine speziell im Internet amateurhaft verbreitete »unkorrekte«, ganz und gar nicht edle, schmutzige (»dirty talking«) Sexualität, die angeblich aufregend sein soll: »Je mehr die Gesellschaft als ganze ihre kulturellen Bezüge zur Sexualität verliert, desto drastischer sind die Bilder davon, die auf ihren Bühnen erscheinen« (ebd., S. 52). Das mittlerweile geflügelte Wort von »oversexed und underfucked« meint genau diese Spannung gesellschaftlicher Sexualisierung und Prüderie. Die ausufernden Bilder, die nicht der Realität des Sexuallebens der breiten Masse entsprechen, halten dabei die Sehnsüchte und Hoffnungen auf ein wildes, aufregendes Leben wach und bedienen – vor allem, aber nicht nur bei Männern – auch den Suchtmechanismus, dem Sexualität und ihre leichte Zugänglichkeit ausgesetzt ist. Wer die Macht dieser Bilder wie der Bilderwelt überhaupt kennt, der weiß, wie schwer es ist, sich diesen Trends zu entziehen. Meistens besteht auch kein Anlass dazu, so lange den Betroffenen, also uns, diese Probleme nicht bewusst sind oder so lange nicht ein Symptom, das dann auch als Chance verstanden werden kann, zum Denken und Handeln anregt.

5.6.6 Was tun? Wider die Veralltäglichung des Sexuellen!

Nun stellt sich die Frage, was man vor dem Hintergrund all dieser Analysen tun kann und soll, um ein etwas karg gewordenes Sexualleben vielleicht wieder mehr genießen zu können – und zwar nicht nur mit Klientinnen und Patienten im Rahmen auffällig gewordener Leidenszustände, sondern auch im ganz »normalen« Alltag. Probleme dieser Art sind ja Massenphänomene und nicht nur Probleme, die irgendwann klinisch vorstellig werden. Guter Rat ist aber nicht nur sprichwörtlich teuer, sondern seriöserweise auch nicht als Pauschalrezeptur lieferbar. Dennoch hier einige ganz grundlegende Anregungen.

Entlastung

Zuallererst sollten sich Betroffene insofern entlastet fühlen, als sie bei gelegentlichen oder sich mehrenden Lustlosigkeitsgefühlen wissen dürfen, dass sie keine Ausnahmen, sondern Einzelne unter vielen sind. Eine wahrhaft merkwürdige Umdrehung: War es früher in Zeiten der Tabus entlastend zu erfahren, dass auch andere diese oder jene verpönt geglaubte Praxis ausüben, so stellt es heute eine außerordentliche Entlastung dar, zu hören, dass andere genauso wenig (und auch ganz »normale«) Sachen machen wie man selbst! So ändern sich die Zeiten!

Mehr Zeit füreinander nehmen

Die Betroffenen tun gut daran, sich – dem Alltagsgetriebe zum Trotz – mehr Zeit füreinander zu nehmen. Die Paare zum Beispiel, denen wir in der Paartherapie die verschiedensten Streichelübungen für zu Hause verschreiben (▶ Kap. 10.2), sind oft schon alleine deshalb äußerst angenehm davon überrascht, weil sie sich dabei mindestens(!) dreißig Minuten Zeit füreinander nehmen müssen. Wenn wir einmal in uns kehren, werden wir sehen, dass es gar nicht so selbstverständlich ist, dass Paare sich so viel Zeit für sexuelle Interaktionen nehmen.

Nichtalltägliche Gestaltung

Vielen Paaren tut es gut, sich ein entsprechendes Ambiente, das aus dem Alltag herausgehoben ist, zu schaffen – freilich ohne diesbezüglich wieder in Stress zu geraten, andauernd etwas ganz »Besonderes« bieten zu müssen! Aber ein Gesprächsaustausch über das, was beiden wichtig ist, ein Glas Wein, angenehme Beleuchtung oder was immer tut den meisten Betroffenen gut.

Partnertag

Wer kleine Kinder hat, sollte sie wenigstens einmal im Monat »ganz« abgeben können, sofern Großeltern oder gute Freunde das ermöglichen. Ich empfehle (auch aus eigener Erfahrung damals), einen »Partnertag« einzulegen, wo das Paar einen Tag oder wenigstens einen Nachmittag lang zu zweit etwas miteinander unternehmen kann. Man kann diesen partiellen Ausstieg aus dem Alltag auch als ein Stück Widerstand gegen das Verschluckt-Werden von Alltagszwängen verstehen, als Bastion gegen das stets Funktionieren-Müssen, gegen die Zwänge und Anpassungsleistungen unserer Leistungs- und Konsumgesellschaft. Manchen tut es zum Beispiel gut, wieder einmal etwas ganz »Ver-rücktes« – aus dem Gewohnten Herausgerücktes – zu unternehmen, sei es etwas, was man schon lange nicht mehr gemacht hat, oder sei es auch ein besonderes Arrangement für eine »Liebesstunde«.

»Getrennte Wege gehen«

Das klingt nun seltsam, ist aber ernst gemeint: Viele der »prototypischen« lustlosen Paare sagen ja, dass sie »alles gemeinsam machen« – da läuten bei mir schnell die Alarmglocken. Im Gegensatz dazu sollte jeder für sich wieder mehr sein eigenes Leben leben, die je eigenen Freunde wieder mehr ins Blickfeld rücken, anstatt – wie so oft – nur mehr die Freundschaften des einen Partners (meist des Mannes) zu pflegen. Dies bedeutet nichts anderes, als ein Stück weit bewusst aus der Verschmelzung und »zweisamen Vereinzelung« auszusteigen. Wer möglichst oft getrennte Wege geht, kann sich auch wieder bewusster treffen, bewusster zusammenfinden.

Das Schätzenswerte an sich (wieder)entdecken

Die Normierungen unserer auf Äußerlichkeiten fixierten Gesellschaft setzen vor allem Frauen unter Druck, wie schon aufgezeigt wurde. Zunehmend sind aber auch Männer Ziel bestimmter Moden, ohne deren Einhaltung man als »out« gilt. In bewusster Abkehr von diesen (oft ohnehin unerreichbaren) Normen sollten Betroffene sich wieder einmal auf das ganz individuell Schätzenswerte an sich selbst besinnen, an etwas, was sie und ihr Partner früher liebenswert, erotisch oder anziehend fanden. Dazu gehört ein kleines Muttermal an einer reizvollen Stelle ebenso wie bestimmte Körperstellen, an denen der Partner gern berührt wurde, auch bestimmte Kleidungsstücke, die etwas am Äußeren des Partners besonders vorteilhaft betonen, ein Grübchen am Kinn, das mit Dreitagebart besonders nett aussieht usw. Aber auch liebenswürdige Eigenschaften und sogar Schwächen, die man halt mit akzeptieren muss, gehören dazu! Und anstatt sich zu einer schlechten Model-Nachahmung durchzuhungern, sollte besser die individuelle Persönlichkeit, zu der ja auch Rundliches passen und gehören kann, schätzenswert gestaltet und entfaltet werden. Man glaubt z. B. gar nicht, wie viele Männer den Typus der rundlichen Frau begehrenswert finden, ja auch bei Prostituierten bewusst suchen und wie viele Frauen den Schönling weniger schätzen als den originellen, liebenswerten Individualisten.

Sich offen austauschen

Man muss ja nicht alles im Bereich der Sexualität zerreden, aber manche Paare machen genau das Gegenteil und reden gleich gar nie (und nicht mehr) darüber! Da gibt es bei jedem die kleinen geheimen, vielleicht als unstatthaft eingeschätzten Wünsche, die sich jeder aber nur in der Phantasie oder mit Hilfe von Pornografie (v. a. die Männer) zu verwirklichen traut. Ich habe oft erlebt, dass Partner in der Therapie nach 15 oder 20 Jahren Ehe schamhaft dieses oder jenes an sexuellen Wünschen, die sie immer schon gehabt hätten, äußern und der andere daraufhin erstaunt meint: »Ja, wieso hast Du denn das nicht früher gesagt!?«. Besonders wichtig scheint es erfahrungsgemäß, auch seine »andere Seite« manchmal zu zeigen – was immer das sein kann: Wildheit, Unterwerfungslust, die eine oder andere Praktik – und dies unabhängig von den herrschenden Mann-Frau-Rollen! Das Wilde an der Sexualität wird ja, wie schon dargestellt, gerne abgespalten, als schlecht erlebt, weil es sich angeblich nicht gehört und – siehe Gewaltdiskurs – negativ konnotiert ist.

Reflexion des (neuen) Geschlechterverhältnisses

Wegen der bewussten oder unbewussten Verunsicherung vieler Paare durch die sich verändernden Geschlechterverhältnisse wissen z. B. Männer oft nicht so recht, ob diese oder jene Haltung und Handlung, die einst als »gentleman-like« galt, heute noch zeitgemäß ist, ohne eine Frau zu bevormunden. Frauen sind ihrerseits oft zwischen den eher traditionellen als »weiblich« bezeichneten Haltungen und einem neuen Selbstbewusstsein hin- und hergerissen, was sich z B. auch in Unsicherheit gegenüber ganz alltäglichen Höflichkeitsriten (Mantel reinhelfen, Tür aufhalten usw.) äußern kann. Eine Reflexion darüber, was Männer wie Frauen jeweils auch vom anderen Geschlecht in sich haben oder wie wir es selbst gerne hätten, wenn wir dem anderen Geschlecht angehörten, kann hier Wunder wirken und Verständnis befördern. Wo ist zum Beispiel das Fürsorgliche in den Männern, wo eine Brise fordernder, beherrschender Dominanz in den Frauen? Vor allem aber tut eine ganz offene Aussprache darüber, was man sich wünscht und was man lieber nicht will, gut. Diese Verunsicherung der Geschlechterrollen kann auch als eine Chance individueller Partnerschaftsgestaltung begriffen werden, ohne dass wir an alten Mustern festhalten müssen und auch ohne dass wir gleich wieder neue Definitionen von »männlich« und »weiblich« erfinden müssten (»neue Männer« usw.) – also auch ohne neue Zwänge, ohne die vielleicht das ganz individuelle Mann- und Frau-Sein leichter ausprobiert werden kann!

Wider die »Entzauberung« der Sexualität

Die Rede von der »Entzauberung« der Sexualität (Guillebaud 1999) wurde hier schon mehrfach erläutert (Vermarktung, Ausverhandlung, Trivialisierung). Wenn wir uns fragen, was zu ihrer »Wieder-Verzauberung« getan werden kann, stoßen wir zuallererst auf kollektive und je individuelle Rituale und Zeremonien. Ihr Kennzeichen kann eine besondere Herausgehobenheit aus dem Alltag sein oder eine Besonderheit (den Begriff des »Geheimnisses« traut man sich kaum mehr zu gebrauchen!), die nur die beiden Partner betreffen und niemanden sonst etwas angehen. Wenn wir etwa an die »Familialisierung« der Jugendsexualität denken, wonach es heute schon fast alltäglich und selbstverständlich ist, seine Sexualpartner nach Gutdünken mit nach Hause zu nehmen und dort unter Wissen der Eltern auch voll »zur Sache zu kommen«, dann ist damit angedeutet, dass hier eine »Öffnung« stattgefunden hat, die durchaus auch fragwürdig ist. Nicht, dass man den Jugendlichen wieder alles verbieten sollte, aber sie sollten ebenso wie wir Erwachsenen ihr eigenständiges Sexualleben, auch ihre eigenen Geheimnisse haben können, von denen die Eltern wirklich nichts mitkriegen (und die letztlich zur Ablösung vom Elternhaus führen sollen). Dazu gehört das eine oder andere Mal auch, dass sie sich andere Orte und Gelegenheiten suchen müssen, wo sie wirklich für sich Sexualität haben können – nicht immer im »Hotel Mama«! Ähnlich ist es bei den Besonderheiten und »Geheimnissen« der Erwachsenen, soweit sie für sich selbst ihre individuellen Riten und Gewohnheiten, ihre Vorlieben und ihre Rückzugsmöglichkeiten haben, die auch keinen Verwandten und keinen Freund oder Bekannten etwas angehen, bewahrt haben. Auf diese sich zu besinnen, tut der Lust gut.

Soweit also ein paar Denkanregungen, ohne dass damit gesagt sein soll, dass sich Unterstützung für betroffene Paare allein auf das Individuelle und dessen Veränderung beschränken soll. Menschen, die mit solchen Problemen zu uns kommen, müssen auch spüren, dass sie und ihr »Versagen« in Liebesdingen auch auf strukturelle Gründe und Erschwernisse zurückgeht. Sie müssen unterstützt werden, sich in reflektierter Weise für andere Lebensformen zu entscheiden, die ihre subjektiven »Liebesbedingungen« verbessern. Dies beruht auf der Forderung beziehungsweise Anregung zu einem gemeinsamen Zusammenleben voll Würde, Achtung und Wertschätzung, auf Faktoren also, die im gesellschaftlichen Lebensalltag oft gar nicht so verbreitet sind. Die Austauschbarkeits- und Wegwerfmentalität, die unsere Gesellschaft dominiert, tangiert auch Partnerschaftsvorstellungen – nicht so bewusst, aber dennoch: »Schaff' ich mir halt einen anderen Partner an!«. Das Aufzeigen der gesellschaftlichen Verunmöglichung der Liebe, die in vielen dieser Alltagszwänge steckt, erfordert aber auch eine fundamentale Gesellschaftskritik. Unsere kapitalistisch-neoliberale Gesellschaft ist nicht von Liebe und Zuneigung, sondern strukturell von der *Enttäuschungsform der Liebe* (Moeller 1985), dem *Hass*, geprägt. Diese aggressiv-gehässigen Tendenzen der enttäuschten Liebe finden sich auch bei Einzelnen und Paaren wieder. Erst wenn diese »vergesellschaftete Lieblosigkeit« durchgearbeitet werden kann (freilich anhand individueller früherer und aktueller Enttäuschungen), können neue Partnerschafts- und Erotikformen lustvoll und lebendigkeitssteigernd zum Tragen kommen und weiterentwickelt werden.

6 Altensexualität – Mythos oder pharmazeutisches Hoffnungsgebiet?

Ein weiteres Phänomen, das im Rahmen der Vermarktung der Sexualität vor dem Hintergrund jugendkultureller Normierung viele Probleme schafft, die uns auch in Beratung und Therapie immer wieder begegnen, ist das der sogenannten »Alterssexualität«. So suchen immer häufiger Menschen ab »50 plus«, die sich mit ihrem sexuellen Leben und Erleben unzufrieden zeigen, Hilfe und Unterstützung – Einzelne wie auch Paare. In den meisten Fällen hat man es dabei nicht wirklich mit »sexuellen Störungen« zu tun (obwohl es sich um Altersgruppen handelt, in denen viele Beziehungen und damit auch die Sexualität in die Krise geraten), sondern mit den Auswirkungen der geschilderten *Jugendlichkeits-* und *Leistungsideologie*. Die aus diesen Ideologien entspringenden Vorstellungen und Ansprüche *müssen* älter werdenden Menschen mit sich verändernden körperlichen Bedingungen ja Probleme bereiten! Die Nichtanerkennung des Alterns, die Pathologisierung des Nachlassens gewisser körperlicher Fähigkeiten, zu denen auch die sexuellen Reaktionen und ihr »reibungsloses Funktionieren« (sic!) gehören, führen dann eben zu Unzufriedenheit, mangelnder Selbstakzeptanz und damit einhergehend zu den Verunsicherungen unterschiedlichster Art. Wie froh sind manche ältere Klienten, wenn man ihnen sagt, dass sie auch »im Bett« nicht mehr so schnell sein müssen, wie sie ja auch steile Berge mit dem Rad oder zu Fuß nicht mehr so hurtig erklimmen können wie in jüngeren Jahren!

Die Diskussion über sexuelles Verhalten und sexuelle Bedürfnisse von Menschen im Alter von 50 Jahren aufwärts hat sich jedenfalls auch in der Fachwelt in den letzten beiden Jahrzehnten intensiviert. Insbesondere seitens der pharmazeutischen Industrie scheint ein ungeheuer großes Interesse zu bestehen, Männer auf ihr mögliches(!) oder tatsächliches Versagen im Bett aufmerksam zu machen. Der Anschein, als hätten Menschen dieser Altersgruppen besondere Schwierigkeiten mit ihrem Sexualleben, kann aber auch als ein »pharmako-soziales« Konstrukt vor dem Hintergrund einer gesellschaftlichen Situation verstanden werden, in der »Jugendlichkeit« ad ultimo idealisiert und angebetet wird, während »Alter« und »Älterwerden« als defizitär diskriminiert werden. Dann lässt sich auch die Sexualität mühelos – wie man sieht – für Zwecke leistungsorientierten Verhaltens älter werdender Menschen funktionalisieren. Damit wiederum wird die Illusion genährt, wir könnten alle ohnehin »für immer jung« bleiben! Ältere Menschen, so kann belegt werden, sind einerseits sehr wohl sexuell aktiv, was aber aus dem öffentlichen Bewusstsein verbannt zu sein scheint, und haben andererseits sehr ähnliche Probleme, wie wir sie auch bei jüngeren Menschen finden. Deshalb werden nun auch die Jungen immer mehr zur Zielscheibe *pharmako-sozialer Manipulation*.

Wie sehr wir uns über die spezifischen Möglichkeiten, die auch ältere Menschen noch haben, täuschen können, habe ich im letzten Abschnitt des Buchs versucht zu zeigen – und dies mittels der Fallschilderung eines 68-jährigen Mannes und seiner ebenso alten Frau nach einer Prostata-Totaloperation, nach der die behandelnden Ärzte (trotz nervenschonender Vorgangsweise) dem Patienten keinerlei Hoffnung mehr gemacht hatten, dass sein Sexualleben je noch einmal wirklich »funktionieren« könne. Ich bin dankbar dafür, das an einem noch dazu sehr komplexen Fall mit zwei älteren Menschen erfahren und gelernt zu haben (▶ **Kap. 12.2**). Diese Therapie hat deshalb meine Haltung zur Sexualität alter Menschen (auch angesichts des eigenen Alterns) geändert und radikalisiert. Das Erleben des Begehrens der beiden und ihr inbrünstiger Wunsch, trotz widrigster biografischer Umstände wieder bzw. endlich einmal(!) Sexualität – und zwar ihre altersspezifisch passende – miteinander erleben zu können, waren eines der stärksten und eindrucksvollsten Erlebnisse in meiner Therapeuten-Laufbahn. Nach der dreiwöchigen Intensivtherapie konnten die beiden alten Leute wieder beziehungsweise neu miteinander Spaß haben und genossen dies in der Folge auch sehr.

Die Sexualität alter Menschen ist allerdings in der Sexualforschung ein Bereich (mit Ausnahme der Pharma-Forschung, die keine Sexualforschung ist), der noch größere Defizite aufweist, als dies generell für Sexualforschung gilt. Wir wissen über die äußerlichen Fakten Bescheid, wie die Abnahme der Koitushäufigkeit älterer Menschen. Wir wissen auch, dass die Männer (was übrigens wie vieles anderes auch für Jüngere gilt!) eher auf den Geschlechtsverkehr orientiert sind, die Frauen hingegen auch Freude an anderen Formen der Befriedigung und Zärtlichkeit haben. Wir können empirisch auch zeigen, dass älteren Frauen die emotionale Qualität der Paarbeziehung wichtiger ist als die Qualität sexuell-genitaler Interaktionen, wobei es doch einen engen Zusammenhang von sexueller Zufriedenheit und allgemeiner Zufriedenheit mit dem partnerschaftlichen Zusammenleben gibt (vgl. Berberich u. Brähler 2001).

Auch die Probleme mit dem »Funktionieren« sexueller Vollzüge alternder Menschen sind einigermaßen bekannt, wenn auch nicht wirklich systematisch beforscht. So reduziert sich etwa die sexuelle Reaktionsfähigkeit bei Männern in der Weise, dass sie weniger starke, seltenere und auch störungsanfälligere Erektionen erleben. Es ist auch bekannt (ohne dass es im Rahmen unserer Sex-Leistungskultur wirklich erlebensmäßig akzeptiert zu sein scheint!), dass diese Männer mehr genitale Stimulation benötigen, um eine Erektion bekommen und halten zu können. Wir wissen auch, dass der Orgasmus von vielen älteren Männern als weniger intensiv erlebt wird und die Ejakulation schwächer ausfällt. Umgekehrt wird bei älteren Frauen die Haut im Umfeld von Vulva und Vagina dünner und empfindlicher, was ebenfalls Probleme im Rahmen sexueller Stimulation und auch beim Vollzug des Geschlechtsverkehrs schaffen kann. Anders als bei Männern aber kann die sexuelle Reaktionsfähigkeit bei Frauen oft bis ins hohe Alter unbeeinträchtigt erhalten bleiben. All das sind freilich Befunde, die entsprechend der biopsychosozialen Komplexität der menschlichen Sexualität wiederum nicht einfach per se isoliert biologisch gesehen werden sollten, sondern die je nach Art des partnerschaftlichen sexuellen Lebens mehr oder weniger stark ausgeprägt sein *können*.

6.1 Nicht Alter, sondern Gelegenheit und Geschlechtsrolle!?

Bei Durchsicht der Literatur zur »Altensexualität« fällt generell auf, dass viele Autoren bei der Beschreibung der sexuellen Erlebnisse und Bedürfnisse älterer Menschen immer wieder Begriffe wie »kann«, »häufig«, »oft« usw. verwenden. Dies impliziert auch, dass es nicht so sein *muss* und ganz anders sein kann, also »oft eben nicht« und »nicht zwingend« und »bei manchen ist es ganz anders«! Außerdem ist in vielen Fällen höchst unklar, was mit »Alter« eigentlich gemeint ist, weil gelegentlich auch höchst merkwürdige, viel zu große Alterskohorten als Untersuchungsgruppen gebildet werden, die allein schon wegen dieser Spannbreite fragwürdig und wenig aussagekräftig sind. So finden sich in einer amerikanischen Studie Ergebnisse wie: »52 % aller Männer *zwischen 40 und 70 Jahren*« haben Potenzstörungen (Jacobi 2004, S. 149; Hervh. JCA). Zwischen einem 40-jährigen und einem 70-jährigen Mann liegen aber ganze 30 Jahre, in denen viel passieren und sich viel verändern kann, sodass es mehr als fragwürdig erscheint, diese beiden in ein und dieselbe Untersuchungsgruppe einzureihen. Oder es wird gleich alles über 30 Jahren in einen Topf geworfen (vgl. Rösing 2012, S. 87) und dann in den Ergebnissen unter entsprechenden Prozentzahlen pauschal zusammengefasst. Diese und ähnliche Unschärferelationen findet man häufig, insbesondere in von Pharma-Firmen geförderten Untersuchungen – und manchmal beschleicht einen der Verdacht, dass dies auch Absicht sein könnte, um zu verunsichern und so auf immer jüngere Kunden für gewisse Medikamente abzuzielen (siehe dazu etwas weiter unten).

Aber auch aus einem anderen Grund scheint es wenig zu bringen, beim Nachdenken über die Sexualität älterer Menschen nur auf derartige Umfragedaten, die doch weitgehend Oberflächenphänomene widerspiegeln (wie oft, mit wem usw.), zu vertrauen. Wir wissen, dass in Studien zur Sexualität, auch in anonymisierten Verfahren, relativ stark »sozial erwünscht« geantwortet wird, was sich durch die Scham, mit der sexuelles »Versagen« generell belegt ist, noch verstärken könnte. Qualitativ-inhaltliche Studien sagen hier wesentlich mehr und Substanzielleres aus. So haben Klaiberg et al. (2001) mittels des tiefenpsychologisch fundierten Gießen-Tests (Richter und Beckmann) und anderen qualitativen Verfahren versucht, »tiefere« Einblicke in das sexuelle Leben und Erleben von Menschen in den Altersgruppen über 50 Jahren zu gewinnen:

Diesen qualitativen Erhebungen zufolge sind die sexuelle Aktivität und ihr Erhalt zunächst einmal und sehr stark vom *Vorhandensein einer fixen Partnerschaft* abhängig. Dies ist deshalb von Bedeutung, weil ältere Menschen auch weniger Gelegenheit zu sexuellen Begegnungen außerhalb solcher Bindungen haben. Allein lebende ältere Menschen (der Begriff »Singles« würde eine freiwillige Wahl bedeuten) gibt es vor allem auf Seiten der Frauen, die ja um einiges länger leben als Männer, und haben also recht wenig sexuellen Kontakt – das gilt aber auch für jüngere allein lebende Menschen in höherem Maße, als wir manchmal meinen (vgl. Schmidt 2004c)!

Männer zeigen sich – je nach Altersgruppe – mit dem Sexualleben im Alter *generell zufriedener als Frauen* – wobei dies im Zusammenhang mit den geschlechtsspezifisch unterschiedlich anerzogenen Verhaltensstandards zu reflektieren wäre. Vielleicht sind es ja die in unserer patriarchalischen Kultur weit verbreiteten männlichen »Schnellbefriedigungen«, die Männer leichter zufriedenstellen als Frauen, deren Ansprüche – auch hier wieder: wie bei jüngeren Frauen auch – andere sind. Im Gegensatz dazu besteht aber bei Männern zwischen den sexuellen Wünschen und der Wirklichkeit ihrer Einlösung ein wesentlich größerer Unterschied als bei älteren Frauen. Ältere Frauen – hier zwischen 78 und 96 Jahren – empfinden Sexualität schon als etwas Wichtiges, aber nicht in dem Maße, in dem sie es von Männern, mit denen sie Kontakt hatten, erfahren haben. Es gibt auch eine Reihe geschlechtsspezifischer Haltungen, die man beachten muss, wenn man einfach nach der Häufigkeit von sexuellen Kontakten fragt: So gaben viele dieser älteren Frauen an, dass sie »es« hauptsächlich wegen »ihm« machen, »man kommt nicht drum rum«, sagte eine (Bamler 2008, S. 115). Hier scheint natürlich die traditionelle weibliche Rolle, sich den sexuellen Bedürfnissen des Mannes zu unterwerfen, entscheidend zu sein. Diese Frauen erleben Männer auch als triebhafter und als in erster Linie am Geschlechtsverkehr interessiert, fügen sich selbst aber in diese Scripts ein, obwohl sie eigentlich mehr Bedürfnisse in Richtung zärtlicher Nähe und liebevoller Intimität hätten (ebd., S. 120f.).

Die wichtigste Determinante sexueller Zufriedenheit ist interessanter- und typischerweise die *eigene Aktivität*; was also aus meinem Antrieb und meiner Initiative heraus geschieht. Diese ist ihrerseits wiederum sehr stark vom Gesundheitszustand der alten Menschen abhängig, aber auch von der Gelegenheit, geeignete Partner zu treffen, was seinerseits wieder vom Grad des Selbstzutrauens, inwieweit ältere Menschen sich noch interessant und liebenswert finden, abhängt (vgl. auch Klaiberg et al. 2001, S. 117 ff.). Gerade Letzteres deutet darauf hin, wie wichtig Wertschätzung und Würde des Alters auch für das Liebesleben ist, wodurch ja das Selbstzutrauen und das Selbstbewusstsein entscheidend beeinflusst werden.

Darüber hinaus kamen auch einige sehr interessante Details zutage, die ebenfalls zeigen, *dass es eigentlich nicht das Alter ist, das für bestimmte Schwierigkeiten verantwortlich gemacht werden kann,* sondern besonders eingeschliffene, aus der patriarchalen Rollenverteilung herrührende Männer- und Frauenrollen, die sich hemmend auf sexuelle Zufriedenheit auswirken. Bei den älteren Frauen gibt es nämlich eine spezielle Gruppe, die besonders stark durch ihre Unzufriedenheit auffällt: Es sind dies jene, die sich selbst als *sehr fürsorglich und freundlich* empfinden, also *aufopfernde Frauen*, wie man auch sagen könnte. Sie sind ebenso wenig mit der Sexualität zufrieden wie die Frauen am anderen Ende sozialer Kompetenzen, nämlich jene, die sich als abweisend und kalt beschreiben (ebd., S. 119). Dies sind deutliche Hinweise darauf, dass die in unserer Kultur den Frauen oft antrainierte Rolle als fürsorglich-mütterliche »Verzichterin« offenbar bis ins Alter hinein ein Hindernis für die sexuelle Erlebnisfreude darstellt! Dagegen berichtet Schultz-Zehden (2003) von einer Studie, in der eine Gruppe von Frauen im Alter zwischen 50 und 65 Jahren, die sich selbst als sehr *emanzipiert* einschätzten, über ein äußerst erfülltes und befriedigendes Sexualleben berichteten. Diese beiden empirischen Hinweise lassen den Schluss zu, dass die *selbstbewusste*

Wahrnehmung der eigenen weiblichen Rolle fernab von den üblichen Geschlechterklischees eine sehr gute Voraussetzung für sexuelle Zufriedenheit auch im fortschreitenden Alter ist (Schultz-Zehden 2003, S. 33).

Ein weiterer Befund aus dem Gießen-Test (vgl. Klaiberg et al. 2001) scheint uns ebenso bedeutsam zu sein. Er betrifft eine allgemeine charakterliche Eigenschaft, die auf der Skala »Durchlässigkeit« aufscheint und die Fähigkeit meint, einerseits *eigene Wünsche äußern*, auf der anderen Seite aber auch *Geben-Können* beziehungsweise, *vertrauensselig annehmen* zu können. Männer wie auch Frauen, die auf dieser Skala hohe Werte erzielten, berichteten von deutlich erhöhter sexueller Zufriedenheit und Erfüllung im Vergleich zu jenen Probanden mit niedrigeren Werten. Dies ist ein gutes Beispiel dafür, wie das reziproke fordern, aber auch geben zu können gut für vitale Sexualität ist – und auch hier können wir mutmaßen, dass dies für junge Menschen genauso gilt. Ergebnisse wie diese unterstreichen jedenfalls den Zusammenhang von *vital-kommunikativen Persönlichkeitseigenschaften* und sexueller Zufriedenheit.

6.2 Spezielle »Alterssexualität«?

Wie nun schon mehrmals angemerkt, stellen die meisten dieser Faktoren und Determinanten genau genommen *keine Altersspezifika* dar: Die geschilderten Haltungen und Persönlichkeitszüge führen auch bei jüngeren Menschen und Paaren zu höherer oder geringerer Zufriedenheit mit dem Sexualleben. Dies können wir auch ohne systematische empirische Studie nach gut 20 Jahren Sexual- und Paartherapie mit jüngeren und älteren Menschen getrost behaupten. Sogar Faktoren, die man gern für das »Nachlassen« sexueller Attraktion und Attraktivität im Alter hernimmt, wie etwa die Koitusfrequenz, gehen auch bei jüngeren Paaren nach einer gewissen Anzahl von Jahren der Partnerschaft drastisch zurück (vgl. Schmidt 2004c). Bezieht man die bei älteren Menschen erschwerend hinzukommenden sozialen Faktoren – wie zuallererst die Frage nach dem Gesundheitszustand oder dem Vorhandensein eines Partners – mit ein, dann scheint das Verhältnis älterer zu jüngeren Menschen, die schon längere Partnerschaften leben, in Fragen der Koitushäufigkeit kaum nennenswerte Unterschiede aufzuweisen. Auch die berichteten geschlechtsspezifischen Erlebensweisen, die aktive Sexualität bei Älteren fördern oder hemmen, gibt es bei jungen Männern und Frauen, und sie beeinflussen ihr Partnerschafts- und Sexualleben ebenso wie das älterer Menschen.

Isoliert betrachtet ist der Faktor »Alter« mit steigender Tendenz nur bei Männern ein Prädikator für sexuelle Unsicherheiten und Unzufriedenheit, bei Frauen hingegen nicht. Dies mag bei Männern – neben den zahlreichen physiologischen Veränderungen, die sich bei vielen ab 50 Jahren einstellen – vor allem durch die absinkende erektile »Potenz« bedingt sein. Auch Zusammenhänge mit Krankheitsbildern wie Diabetes, Herzproblemen und Bluthochdruck sowie der entsprechenden Medikationen dagegen sind hier als Gründe zu bedenken. Vor allem aber kann sich dieses Nachlassen gewisser Funktionen (was ja noch kein Versagen derselben ist!) auf dem Hintergrund der koituszentrierteren Erwartungshaltung von Männern dramatisch auswirken: Unsicherheit und Erwartungsangst sind dann die Folgen. Beides, diese Anspruchshaltung der Männer wie auch deren Unsicherheit, wird durch die Verheißungen der Pharmaindustrie – insbesondere seit dem Vertrieb der sogenannten »Potenzpillen« – noch gefördert und gleichzeitig frustriert. Erst jüngst hatte ich auf einem entsprechenden Kongress den Eindruck, dass der auch vom Absatzinteresse getragene Diskurs um die Sexualität des alternden Mannes langsam eine fragwürdige Selbstverständlichkeit annimmt: Man tut so, als ob man(n) ab 45 Jahren (in manchen Statistiken auch noch früher) quasi »von Natur aus« einer potenziell gefährdeten Gruppe angehört, die zum glücklichen Erleben von Sexualität auf die Segnungen der Potenzpillen angewiesen ist.

Manche Aussagen und Dokumente von Vertretern der Industrie zur pharmakologischen Lustförderung machen einem denn auch völlig klar, dass die Potenzdrogen eigentlich nichts mit dem Alter zu tun haben, sondern auch schon auf *ganz junge Männer* – und dies zum Zweck der *Leistungssteigerung* – zielen:

> »Die sexuelle Funktionsfähigkeit nimmt ab den Zwanzigern langsam ab. Viagra verbessert die Erektionsfähigkeit, wenn diese aus welchen Gründen auch immer eingeschränkt ist«, so ein gewisser Dr. Sweeney von der Firma Pfizer.
> »Gerade bei jüngeren Männern kann Viagra dazu beitragen, die sogenannte Versagensangst zu verringern. [...] Beziehungsprobleme können die Erektionsfähigkeit eines jeden Mannes, ganz gleich welchen Alters, beeinträchtigen. Wenn ›mann‹ einmal nicht kann, kann sehr schnell ein Teufelskreis entstehen [...]«
> Und: »Viele glauben, dass ED[26] ausschließlich ältere Männer betrifft und demzufolge alle unter Dreißigjährigen, Viagra und Co. sozusagen ›zum Spaß‹ verwenden«.
> Aber: »[...] fast jeder Mann ist im Laufe der sexuell aktiven Jahre früher oder später einmal davon betroffen.«
> Und: »Es gibt Belege dafür, dass diese Art von Medikament auch bei Männern, die eigentlich gar nicht unter Impotenz leiden, immer beliebter werden. Demnach nehmen viele potente Männer Viagra und Co. gerne als vorbeugende Maßnahme z. B. nach Alkoholkonsum oder einfach, um die sexuelle Leistung zu steigern.«[27]

Man beachte hier die entscheidenden Textpassagen: Die sexuelle Funktionsfähigkeit nähme »ab den Zwanzigern langsam ab«, die »aus welchen Gründen auch immer« möglicherweise eingeschränkt ist. Das heißt also, dass es *egal ist, warum* das Problem besteht, womit praktisch auch ohne Diagnose und ohne Indikationsstellung Abhilfe geschaffen werden kann – dank Viagra und ähnlichen Superpillen! Rösing (2012, S. 88) kritisiert diesen zu frühzeitigen Einsatz von Medikamenten ausdrücklich. Ja sogar bei den ausdrücklich in Betracht gezogenen »Beziehungsproblemen« soll man nicht erst diese zu lösen versuchen, sondern eine Potenzpille schlucken – und zwar »ganz gleich welchen Alters«. Und selbstredend ist »fast jeder Mann« einmal betroffen und deshalb »pillenbedürftig«, und sogar bei gar nicht Impotenzbetroffenen wird die Pille als »vorbeugende Maßnahme« immer beliebter, und sei's nur, um nach Alkohol-Abusus die Leistungsfähigkeit zu garantieren!

---

26 Abkürzung für »erektile Dysfunktion«.
27 Quelle: http://www.online-artikel.de/article/erektile-dysfunktion-betrifft-nicht-nur-aeltere-maenner-6906-1.html – Abrufdatum 18. 8. 2012.

Dieses *pharmakologische Harakiri*, wie ich eine solche Haltung nennen möchte, ist eigentlich eine unglaubliche Verantwortungslosigkeit und spiegelt in wenigen Zeilen wider, wie hier mit den Problemen alter und auch junger Männer umgegangen wird!

Die für die dahinter steckenden wirtschaftlichen Interessen provokante Frage müsste deshalb lauten: *Sitzen wir hier nicht einem gnadenlosen sexuellen Leistungsdenken und einer viel zu engstirnigen patriarchalen Penis- bzw. Potenzfixiertheit auf?* Ein über 50-Jähriger weist wie gesagt auch insgesamt körperlich-physiologische Abbauprozesse, nicht nur den Penis betreffend auf! Das ist etwas ganz »Normales«, das nicht durch einen hysterischen Diskurs ins Pathologische gezogen werden darf, weil dieser erst recht zu einer pathogenen Verunsicherung vieler Männer beiträgt. Darüber hinaus könnte man aufgrund vorliegender Untersuchungen auch bei jungen Männern solche Bedrohungen konstruieren: Kinzl et al. (1997) haben schon vor vielen Jahren an der Universität Innsbruck in einer Studie an jungen Studierenden unter den dort befragten jungen Männern eine Fülle sexueller Probleme – insbesondere vermindertes sexuelles Verlangen, aber auch vorzeitigen Samenerguss und gelegentliche Erektionsstörungen – gefunden (Kinzl et al. 1997, S. 43). Niemand ist deshalb auf die Idee gekommen (oder sollten wir das besser nicht zu laut sagen?), für dieses Problem einen pharmakologischen Massenbedarf zu proklamieren. Vielmehr können solche Phänomene – egal, ob bei alt oder jung – wichtige Fragen aufwerfen, die durch die simplen Verheißungen von Potenzpillen eher verdeckt oder gar als unnötig erachtet werden, nämlich: Was könnte mit diesen jungen Männern, ihrem Verhältnis zu Frauen, ihren Beziehungen usw. »los sein«? Ähnliche Fragen könnten für die Probleme älterer und alternder Männer gestellt werden, ohne dass sofort und von vornherein eine quasi naturgegebene sexuelle Minderleistung festgestellt wird, die durch pharmakologische Beeinflussung auf den vermeintlichen »Normalstand« gepuscht werden müssen. Die viel wichtigeren Fragen aber werden vielfach erst gar nicht mehr gestellt.

Wir haben es also bei all diesen Feststellungen zur »problematischen« Seite der Sexualität älterer Menschen, insbesondere zu jener der älteren Männer, ein gutes Stück weit auch mit *konstruierter Wirklichkeit* zu tun, mit einem Problem, das erst durch bestimmte Verhaltens- und Erlebensansprüche inmitten einer von Leistungs- und Juvenilitätswahn beherrschten Gesellschaft auftaucht und von bestimmten Interessensgruppen vor dem Hintergrund wirtschaftlicher Verwertungsinteressen tatkräftig aufgegriffen wird.

6.3 Abschaffung des Begriffs »Alterssexualität«?

Angesichts dieser Analyse wird auch Gunter Schmidts Vorschlag, den Begriff »Alterssexualität« am besten überhaupt abzuschaffen (vgl. Schmidt 2004c), verständlicher. Dieser Begriff suggeriert ja, dass es etwas klar von der »Erwachsenensexualität« in Richtung Alter hin Abzugrenzendes gäbe, das mit besonderen

Problemen behaftet sei. Dagegen setzt er die These, die mir aus therapeutischer Erfahrung aus dem Herzen spricht, *dass die Sexualität älterer Menschen genau so unterschiedlich ist wie die der jüngeren und genauso von deren konkreter Biografie geprägt ist.* Freilich wird niemand bestreiten, dass es Unterschiede zwischen dem historischen Zeitabschnitt gibt, in dem die kindliche und jugendliche Sexualentwicklung einzelner Generationen stattgefunden hat, die auch entscheidend für das Erleben in späteren Jahren und im Alter ist, wie die Generationenstudie von Schmidt et al. (2006) anschaulich aufzeigt. Diese unterschiedlichen Standards prägen das Erleben und die Empfinden der späteren »Alten«, aber – und das ist das Entscheidende! – nicht wegen ihres Alters, sondern weil sie zu anderer Zeit sozialisiert wurden. So spielt es sicher eine wichtige Rolle, die alte Menschen von jungen unterscheidet, dass heute 60–65-Jährige in einer »vorliberalen« Epoche aufgewachsen und erzogen worden sind und dass diese Altersgruppe die »sexuelle Revolution«, die in einer eher pseudoliberalen kommerziellen Liberalisierungsbewegung endete, erst in höherem Erwachsenenalter erlebte. Diese Gruppe hat dann aufgrund ihrer Vorgeschichte auch spezifische Besonderheiten, ohne dass einheitlich von »den Alten« gesprochen werden könnte.

So haben an die 70 % der heute 60–65-Jährigen eine sehr traditionelle Bindungsbiografie (Ehe, Verwitwung – im Westen stärker als im Osten) und leben in sehr langen Beziehungen (von 30 Jahren aufwärts). Die *sexuelle Aktivität* dieser Menschen aber variiert enorm: Die Spannbreite reicht von jenen 14 %, die jeglichen Geschlechtsverkehr aufgegeben haben, bis zu den 4 % jener, die drei Mal wöchentlich Sexualverkehr erleben! Und dazwischen lebt eine breite Masse jener, die sexuell ganz schön aktiv sind und *sich zumindest nicht wesentlich von der Gruppe der heute 45-Jährigen unterscheiden* (Schmidt 2004c, 17 f.). Dabei muss man aber bedenken, dass die 60-Jährigen meistens in schon viel länger andauernden Beziehungen leben als die 45-Jährigen, ein Faktor, der im Allgemeinen nachweislich zum Sinken der Koitusfrequenz führt. Und so sehen wir umgekehrt auch bei 60-Jährigen und Älteren, dass die sexuelle Aktivität dann sehr hoch ist, wenn sie in jüngeren Partnerschaften leben! Somit *ist die Beziehungsdauer statistisch gesehen ein exakterer Prädikator des sexuellen Aktivitätsgrads als das Alter* der Betroffenen (ebd., S. 18) – hört sich da das Gerede von »Alterssexualität« nicht wirklich auf!?

Insgesamt kann resümiert werden: »Es kommt alles vor: Der Sex ist erfüllender oder weniger wild als früher; er gilt als unverzichtbar oder man hat sich wehmütig, resignativ oder erleichtert von ihm verabschiedet; er macht beide zufrieden und glücklich – oder ist nur oder vor allem die Sache des einen, in der Regel die des Mannes« (ebd., S. 21). Also auch hier *keine wirkliche differentia specifica*!?

6.4 Was sie treiben und was sie treibt

Ein auffälliger Zug im Diskurs über die »Alterssexualität« scheint mir neben der behaupteten Rückläufigkeit sexuellen Interesses eine gewisse *Entdämonisierung bzw. Verfriedfertigung der sexuellen Praxen älterer Menschen* zu sein: »[...] die wollen doch gar nicht mehr so ›richtigen‹ Sex, sondern eine Kuschelvariante davon«! Besonders für ältere Frauen (und Frauen überhaupt) hört man derartige Annahmen recht häufig.

Wenn wir schauen, was die Empirie dazu zu sagen hat, ergibt sich Folgendes:

- Die länger als ihre Männer lebenden Frauen, die in einer juvenilitätsbesessenen Gesellschaft meistens noch viel schwerer einen neuen Sexualpartner finden als Männer, weisen tatsächlich einen Rückgang sexuellen Interesses und sexueller Lust – stärker als gleichaltrige Männer – auf.
- Aber es liegt die Vermutung nahe, dass auch hier – neben biologisch-klimakterischen Ursachen – vor allem soziale und geschlechtsrollenbezogene Ursachen eine Rolle spielen, als ob es älteren Frauen im Unterschied zu Männern quasi nicht ansteht, sexuell noch besonders aktiv oder gar »geil« zu sein. Somit kann dieser Rückgang sexuellen Interesses auch »eine adaptive Strategie sein, um Frustrationen zu vermeiden« (Bucher et al. 2001, S. 44).
- Auch das größere Bedürfnis nach Zärtlichkeit – anstatt z. B. nach Petting oder genitaler Sexualität –, das Frauen bis ins hohe Alter stärker empfinden als Männer, kann auf diese Faktoren zurückgehen.
- Und es kann auch sein, dass die patriarchalische Genitalfixiertheit, deren Vorherrschen und deren Tempo auch jüngeren Frauen zu schaffen macht, bei älteren Frauen erst recht auf keine besondere Gegenliebe mehr stößt.

Insgesamt zeigen die vorliegenden Daten, dass bis ins hohe Alter die Wünsche nach Zärtlichkeit, körperlicher Nähe, auch nach Petting und nach Geschlechtsverkehr vorhanden sind: Ganze 80 % der über 75-jährigen Männer und 40 % der Frauen in diesem hohen Alter berichten von Zärtlichkeiten, von Petting sprechen immerhin noch 54 % der Männer und 22 % der Frauen über 75 Jahren. Und auch wenn der Prozentsatz der Frauen hier viel niedriger liegt als der der Männer, weil sie eben in Ermangelung von Partnern weniger Gelegenheit dazu haben, ist das doch eine beachtliche Zahl! Sexuelles Verlangen oder sexuelle Tagträume liegen bei Männern in diesem Alter ebenfalls um die 80 % und bei den erotisch vielfach »totgesagten« Frauen über 75 Jahren immerhin noch zwischen 45 und 50 %. Etwa 61 % dieser Männer und 47 % der Frauen schließlich wünschen sich Geschlechtsverkehr (ebd., S. 44 ff.).[28]

Man sieht also: Die »Alten« – wenn wir hier nur die älteste Gruppe der über 75-Jährigen der hier Untersuchten nehmen – *sind ganz und gar nicht so inaktiv, wie manche meinen*! Und schon bei der nächstjüngeren Gruppe der 70–74-Jährigen nähern sich die Wünsche und das sexuelle Verlangen dem an, was wir aus therapeutischer Erfahrung auch von Durchschnittspaaren jüngerer Altersgruppen kennen: So haben 95 % dieser Männer und 77 % der Frauen anhaltendes sexuelles Verlangen (Bucher et al. 2001, S. 44 f.). Ich bin überzeugt, dass eine Untersuchung

---

28 Bemerkenswert bezüglich des Forschungsstands zur sogenannten »Alterssexualität« ist, dass wir so gut wie keine seriösen Studien über die homosexuellen Erfahrungen und Wünsche älterer Menschen vorliegen haben.

über das tatsächliche Sexualverhalten dieser älteren Menschen fernab der zeitgenössischen Leistungsideologie noch einige weitere Überraschungen zutage fördern würde.

6.5 Die Generationenschranke – »Meine Eltern tun das nicht!«

Unsere verbreitete Neigung, das sexuelle Leben älterer Menschen zu unterschätzen, ja es sich kaum vorstellen zu können beziehungsweise es ihnen gar nicht zuzutrauen oder zuzugestehen, stellt eigentlich ein bemerkenswertes Phänomen dar, das meistens nicht näher hinterfragt wird. Vielleicht ist dies auch ein Grund dafür, dass mit Ausnahme absatzorientierter Pharmakonzerne kaum jemand ein größeres Forschungsinteresse dafür an den Tag legt.

Die psychoanalytische Theorie bietet aber einen möglichen Zugang dazu mittels der Vorstellung einer unbewussten, ödipal bedingten *Inzest- und Generationenschranke*: Kaum ein Kind und auch kaum ein Jugendlicher können sich lebhaft vorstellen, dass es die »Älteren«, also die Eltern, wirklich lustvoll »miteinander treiben« oder es jemals so getrieben hätten. Die zentrale seelische Dynamik besteht darin, dass wir einerseits den unbewussten (ödipalen) Wunsch hegen, dass zumindest einer der beiden Elternteile uns ganz alleine gehörte. Und dies schmälert die Bereitschaft, sich diesen Elternteil geteilt mit einem oder einer anderen vorstellen zu wollen. Außerdem wollen wir als Kinder den Eltern (den »Älteren«!) das, was sie uns mehr oder weniger klar verbieten oder wegen unseres Entwicklungsstands noch verunmöglichen, auch selbst nicht gönnen. Natürlich ist dies – weil unbewusst – für kaum jemanden bewusst vorstellbar.

> »Die Verdrängung der Vorstellung, dass die Eltern untereinander etwas tun, zu welchem das Kind nicht zugelassen ist, ist so nachdrücklich und anhaltend, dass man hier die psychodynamische Wurzel dafür findet, dass entgegen aller rationalen Erkenntnis und allen biologischen Wissens, die Vorstellung, dass Eltern keinen Sexualverkehr haben, auch in der Pubertät und oft noch darüber hinaus wirksam bleibt.« (Neises u. Ploeger 2003, S. 36)

Die Eltern selbst spielen dieses unbewusste Spiel übrigens mit, indem sie Zärtlichkeiten oder erst recht erotische Berührungen und Ähnliches vor den Kindern oft stark einschränken oder gar peinlichst vermeiden und jedwede sexuelle Praxis in räumlicher und zeitlicher Distanz zu den Kindern ausüben (vgl. ebd., S. 37). Diese Tendenzen, die in unserer Kultur gang und gäbe sind, prägen unsere etwas verquere, sperrige Einstellung zur Sexualität älterer Menschen stark mit.

6.6 Selbstbewusstheit statt Jungbleiben um jeden Preis

Die spärlichen sexualwissenschaftlichen Befunde über das Liebesleben älterer Menschen zeigen jedenfalls, wie fragwürdig viele der (Leistungs-)Vorstellungen über ältere Menschen und ihre Sexualität sind. Älterwerden wird – zumindest im Kontext mit sexuellem Erleben – schnell einmal zum defizitär-pathologischen Befund erhoben, weil manche Erlebnis- und Verhaltensmöglichkeiten nicht mehr uneingeschränkt wie in jungen Jahren zur Verfügung stehen, während andere Problemlagen aber denen der jüngeren Generationen sehr ähnlich oder gar ident sind.

Nach wie vor sind es also, wie gezeigt werden konnte, vor allem charakteristische patriarchalische Geschlechtsrollenmuster, derentwegen sich Unterschiede im sexuellen Erleben und Verhalten zwischen Frauen und Männern ergeben, ohne dass dies aber unmittelbar mit dem Faktor des Alterns etwas zu tun hat. Insofern ginge es darum, in der Arbeit mit älteren Menschen diesen »Gender-Gap« bewusst zu machen und ältere Frauen wie Männer zu unterstützen, ihre gewohnten Rollenmuster ruhig noch einmal infrage zu stellen. Gerade Männern, die aufgrund ihrer physischen und physiologischen Abbauprozesse ohnehin mehr Zeit, mehr geduldige Stimulation und Zärtlichkeit benötigen, könnte ein Abbau schnelllebiger patriarchaler »Ruck-Zuck-Sexualität« auch entgegenkommen. Sie könnten gemeinsam mit ihren Partnerinnen noch einmal einen neuen Zugang zu körperlich-sinnlicher Nähe entwickeln, wie es auch unser Fallbericht eines älteren Paares (▶ Kap. 12.2) sehr berührend, wie ich finde, zeigt.

»Alterssexualität« ist angesichts dieser Überlegungen und der unglaublichen Individualität, die sexuelles Verhalten und Erleben älterer Menschen aufweist, eine Konstruktion, die allen Beteiligten letztlich auch ihre Souveränität abspricht. Unter dem Druck sehr ähnlicher oder gar gleicher Belastungsfaktoren, wie sie jüngeren Menschen dieser Gesellschaft auferlegt sind, sollten ältere Ratsuchende auch nicht viel anders als jüngere behandelt werden – mit Ausnahme des aufklärerischen Impulses, der ihre eigenen Alterszuschreibungen in Frage stellt, damit sich neue Perspektiven unter einer veränderten Haltung auftun können. Wo nämlich die Wünsche nach ewiger Jugendlichkeit, nach Glattheit, Straffheit, Makellosigkeit und nach schalen Schönheitsidealen dominieren, wo kosmetische Chirurgie, Liften und Verleugnen von altersbedingter Veränderung zum Alltag – insbesondere von Frauen – gehören, dort ist es um eine authentische Lust und Sinnlichkeit älterer Menschen schlecht bestellt. Solange das Alter »wie ein wertloser Wurmfortsatz der ersten Lebenshälfte betrachtet wird, lässt sich kein echtes Selbstbewusstsein [...] entwickeln«, schreiben Otto und Hauffe (2003, S. 5). Und aus einer längst notwendigen »Neudefinition des Sinns des Alterns« würden sich schnell auch »Sinn, Platz und Formen der Sexualität« ergeben (ebd.).

7 »Das brauch ich doch nicht!« – Asexualität, Postsexualität und der Widerstand gegen gesellschaftliche Zumutungen

In den letzten Jahren schreiben unterschiedliche Autoren immer häufiger von einem gesamtgesellschaftlichen Trend, der die »Notwendigkeit« herkömmlicher Sexualität in Form hetero- oder homosexueller Partnerschaft überhaupt in Zweifel zieht. Gemeint sind sich breit machende *Rückzugstendenzen von jeglicher sexuellen Aktivität,* vor allem von deren Dranghaftigkeit. Nicht nur, dass die Koitusfrequenz und die Häufigkeit sexueller Aktivitäten auch schon bei den jungen Generationen zurückgeht (▶ **Kap. 4**), darüber hinaus scheint es neben den ratsuchenden lustlosen oder sexuell irritierten Menschen immer mehr zu geben, die überhaupt auf Sex verzichten wollen. Wobei »Verzicht« hier genau genommen das falsche Wort ist, weil ihnen der Sex auch gar nicht abgeht.

Insofern wird neuerdings viel von »Asexualität« gesprochen (vgl. Berkel 2009), ja sogar von einem *»epidemischen, inzwischen mehr als eine Generation betreffenden Gefühl der ›Postsexualität‹«* ist die Rede (Pfaller 2008, S. 221; Hervh. JCA). Über das schon vertraute Lustmangelsyndrom hinaus mache sich eine »gigantische Langeweile und Lustlosigkeit« breit und man wundert sich, dass es »überhaupt einmal so etwas wie Begehren gegeben haben muss«. Zugleich seien – parallel zur negativen Diskursivierung der Sexualität – massive »Formen von gesellschaftlich kultivierter Sexual-Angst bzw. Sexual-Ekel« (ebd.) zu beobachten.

Dies alles erscheine als verbreitete, durch Verunsicherung und »political correctness« indizierte neue Form der »Prüderie als Zeichen gesellschaftlicher Distinktion, als ›symbolisches Kapital‹ im Sinne Pierre Bourdieus« (Pfaller 2008, S. 223): Wer sich noch offen als sexuell interessiert zeigt, setze sich heute leicht entweder den Vorwürfen sexistischen Machotums (bei Männern) oder dem der durch mangelndes feministisches Bewusstsein bedingten »Fraternisierung mit dem Feind innerhalb der Geschlechterverhältnisse« (bei den Frauen) aus. Sexualität spiele deshalb gegenwärtig die Rolle eines »gesunkenen Kulturgutes« (ebd.). Das Ergebnis sei jedenfalls das Phänomen der »Postsexualität« als *»Sexualbetätigung der politisch Sexualgeschädigten«* (ebd., S. 224; Hervh. JCA). Zu diesen provokanten Thesen des österreichischen Philosophen noch ein paar zusätzliche Überlegungen im Einzelnen.

7.1 Das Phänomen Asexualität

Empirischen Studien zufolge bekennen in den letzten Jahren immer mehr Menschen, kaum oder überhaupt keine Sexualität zu leben und auch nicht mehr das Bedürfnis danach zu haben. Die Zahl jener Menschen, die regelrecht »asexuell« leben, also sich nicht erinnern können, jemals sexuelles Begehren oder das Bedürfnis nach orgastischer Befriedigung gehabt zu haben, schätzt man neuerdings international nach verschiedenen, meist internetbasierten Umfragen laut Asexual Visibility and Education Network (AVEN)[29] auf etwa 1,9 – 3,6 % der Bevölkerung (vgl. Sigusch 2011a). Dabei ist Asexualität – wie schon seit den Kinsey-Reports bekannt (vgl. Reinisch u. Beasley 1991) – kein neues Phänomen. Neu ist nur die Verwendung des Begriffs als eine Art »Markenzeichen«. Wer keine Lust empfindet, hatte das bisher als seine Privatsache, als Problem, das man sich mit seinem Partner allein ausmachte, erlebt. Insofern zeigt die in den letzten Jahren immer wieder aufflackernde Debatte um Asexualität an, dass etwas Spezielles um sie wichtig geworden zu sein scheint. Dieses Wichtige wird von manchen als Gegenpol zur grenzenlosen Vermarktung der Sexualität gesehen, gleichsam als Herausgehobensein aus der Mehrheit übersexualisierter Massenindividuen.

Im Internet gab es bereits Anfang der 1990er Jahre die ersten Seiten, auf denen Menschen ihre fehlende sexuelle Lust und Libido eingestanden: Dabei warben sie für ihr asexuelles Leben, ohne sich dafür schämen oder Schuldgefühle empfinden zu müssen. Dies war der Startschuss für ein selbstbewusstes und öffentliches Auftreten Asexueller weltweit. Vorher wurden Menschen ohne sexuelles Interesse und ohne sexuelle Praxis mehr oder weniger ignoriert oder pathologisiert. Die Betroffenen suchten die Schuld bei sich selbst oder in der Beziehung, in der sie lebten. Nun aber wird Asexualität zu einer Art »Kulturform« (vgl. Sigusch 2011a).

Inzwischen gilt Asexualität bei vielen Kommentatoren sogar als »vierte« sexuelle Orientierung (hetero-, homo-, bi- und asexuell). Auf der Internet-Plattform »AVEN« werden dabei mehrere Gruppen, je nach Begründung ihrer Asexualität, unterschieden: Menschen, deren Sexualtrieb ruhe und die keinerlei erotische Attraktion verspüren; dann jene, bei denen ein Sexualtrieb überhaupt zu fehlen scheint, ohne dass sie jedem Bedürfnis nach körperlicher Nähe fern stünden; dann jene, die emotionale Anziehung spüren, die sogar Selbstbefriedigung betreiben, wobei aber körperliche und emotionale Lust quasi auseinanderfallen, also dissoziiert seien; und schließlich gäbe es noch jene Menschen, bei denen sowohl triebhaftes Verlangen als auch jede Art von Anziehung durch andere Menschen völlig fehle. Viele Asexuelle haben auch sehr unterschiedliche Beziehungsvorstellungen, nachdem sie ja nicht unbedingt allein bleiben und leben wollen. Neben der Vermeidung von Beziehungen finden sich auch Individuen, die sozial sehr eingebunden und aktiv sind und jede Menge Freundschaften pflegen, in denen sie auch Geborgenheit und Unterstützung suchen und auch erleben können. Es finden sich

---

29 Vgl. auch http://www.asexuality.org/de/.

auch »romantische«, sozusagen platonische Beziehungen zwischen Asexuellen (vgl. Sigusch 2005 a).

Auch von so etwas wie »sexueller« Erregung berichten manche Asexuelle, allerdings zieht dies nicht eine Suche nach einem geeigneten Sexualpartner nach sich. Andere wiederum leiden unter Zuständen sexueller Erregung, weil sie sie eigentlich ablehnen, bei wieder anderen gibt es so etwas wie Erregung überhaupt nicht. Nachdem sie aber auch nicht darunter leiden, suchen sie weder Rat noch Hilfe bei Experten, eher schon Solidarität bei »Gleichgesinnten«.

Dabei ist es wichtig zu unterscheiden, ob die Asexualität immer schon empfunden wurde oder nur vorübergehend, vor allem aber auch, ob sie unter Umständen als Reaktion auf sexuelle Traumatisierungen, als Begleiterscheinung von depressiven Erkrankungen oder aber zur Abwehr gefürchteter perverser Praxen vorkomme (vgl. ebd.). Es ist auch durchaus denkbar, dass Asexuelle – sozusagen vor jedem Coming Out – in Beziehungen gelebt und sogar gelegentlich Geschlechtsverkehr ausgeübt haben, aber es interessierte sie eigentlich nicht und sie empfanden nichts dabei. Sigusch wendet sich auch vehement dagegen, die Asexuellen als »gestört« oder »krank« zu betrachten. Die Sexualwissenschaft wisse seit Langem von der umfassenden Lustlosigkeit vieler Männer und Frauen. Insofern kommt es einem Akt der Befreiung gleich, sich auch zu dieser unüblichen Lebensweise bekennen zu können, umso mehr in einer Kultur, die den »Götzen-Sex« auf ihre Fahnen geschrieben hat. Ganz im Gegensatz dazu sei aber »in den letzten Jahrzehnten der König Sex von seinem Revolutionsthron gestoßen worden« (ebd.). Sexualität ist demnach nicht mehr ein Zeichen für Freiheit, auch nicht für Glück; sie ist entzaubert und zugleich banalisiert, überall billigst zu haben und somit eigentlich auch entwertet.

7.2 Postsexualität – die vierte Revolution?

Das Phänomen der Asexualität ist aber selbst wiederum nichts besonders Neues. Hinter der marktschreierisch angebotenen Sexualität, der angeblichen Liberalität, versteckt sich schon länger eine gähnende sexuelle Leere (Pfaller 2009, S. 31). Was auffällig und neu ist, ist, wie oft und wie freimütig sich noch recht junge Menschen in den Medien und entgegen dem sexualisierten Zeitgeist völlig offenherzig dazu bekennen, keinen Sex und auch kein Interesse daran zu haben. Eine offene, ja geradezu trotzig-stolz vertretene Asexualität in Medien und Talk-Shows ist heute keine Seltenheit mehr, manchmal auch an der Grenze zu einer Art neuen Sexualfeindlichkeit und Prüderie. Pfaller meint, dies auch in der Kunst und im Film beobachten zu können, wo der Sexualität und der offenen Erotik ebenfalls schon »postsexuell« abgeschworen worden sei, weshalb er hier den Trend zu einer »brave [n] ›Abstinenzkunst‹« zu beobachten meint (ebd., S. 32). Auseinandersetzungen und streitbare Diskurse zum Sex sind verschwunden, so etwas gibt es nur mehr unter dem Gender-Aspekt, der aber relativ »abstinent« von allen sexuellen

Konnotationen geführt werde. Mit Blick auf die negative Diskursivierung alles Sexuellen (speziell des männlichen) und auf die Political-Correctness-Tendenzen frage es sich schließlich:

> »Wie konnte es so weit kommen? Wie ist es möglich, dass die Sexualität, die nach 1968 der heißbegehrte und umkämpfte Gegenstand eines gesellschaftlichen Befreiungsversuchs war, innerhalb von weniger als drei Jahrzehnten vorwiegend zum Anlass von Abscheu, Ärgernis und Belästigung wurde und heute von vielen Menschen bevorzugt nur noch als ein entbehrliches Übel betrachtet wird?« (Pfaller 2009, S. 33)

Seine Antwort: Es ist nicht einfach – wie oft simplifizierend erklärt wird – das berüchtigte Pendel, das halt nun wieder in die andere Richtung ausschlage. Diese heutige offene oder versteckte *Sexualablehnung* ist dagegen »keine *Gegenbewegung* auf die Euphorie der sexuellen Befreiung [...], sondern vielmehr deren *konsequente Fortsetzung*«. Asexualität und Abneigung gegenüber Sexualität beruhen damit auf denselben ideologischen Voraussetzungen wie die sogenannte sexuelle Befreiung, sind also »deren legitime Erben« (ebd.). Wie ist das zu verstehen?

Der Philosoph meint beobachten zu können, dass die moderne Gesellschaft voll mit *Normierungen* sei, *wie man zu sein habe*, um »dazuzugehören«, »in« zu sein usw. Zugleich sei man stärker als je zuvor selbst und individuell dafür verantwortlich, ob dies gelinge bzw. ob und wie das Subjekt überhaupt noch als etwas Konturiertes, Eigenständiges wahrgenommen wird, was verletzungsanfällig macht und die narzisstischen Tendenzen innerhalb einer Kultur weiter fördert. Zu den herrschenden Anforderungen und Forderungen, wie das moderne Subjekt zu sein hat, gehört auch die Sexualität, die qualitativ und quantitativ quasi von außen definiert wird. Dadurch *wird Sexualität selbst zu einem Teil kultureller Ordnung*, die bestimmten Gesetzen folgt sowie Spielregeln und Fertigkeiten verlangt, will das Subjekt als solches bestehen. Diese Zumutung will das Subjekt aber nicht annehmen, empfindet sie auch als nicht authentisch (was seinem Narzissmus dienen würde) und lehnt sie deshalb ab. Es kommt zu einer »Rebellion, in der etwas neues Eigenes sich nun gegen das vermeintlich Heteronome der Sexualität geltend macht: Die Asexualität nimmt jetzt die Rolle des Authentischen, unzweifelhaft Ich-Gerechten ein und drängt darauf, die als belästigend empfundene Sexualität aus dem öffentlichen Raum zu verbannen« (ebd., S. 36).

Sexualität stellt somit in verstärktem Maße nicht mehr jenes Nichtalltägliche, das dem Alltag fremd Gegenüberstehende dar. Etwas dem Alltag »Fremdes« bestünde ja ein Stück weit in dessen Überschreitung, in Ausnahmesituationen oder gar in einer »Verbotsverletzung«. Verbot darf hier nicht wörtlich im Sinn strenger Sittengebote, die überwunden sind, verstanden werden, aber dennoch als etwas, was nicht einfach selbstverständlich, sondern eben ein Stück weit Grenzüberschreitung ist (vgl. Guillebaud 1999). Eine solche Grenzüberschreitung, sozusagen eine »Verbotslust«, die der Sexualität auch einen gewissen Reiz verlieh, ist kaum mehr möglich: »Sie haben nichts mehr, womit sie an Barrieren arbeiten und diese triumphal überwinden könnten« (Pfaller 2009, S. 45). Nebenbei bemerkt, ist Postsexualität außerdem gesellschaftlich hoch willkommen: Der nicht mehr durch Lust- und Libidokonflikte abgelenkte Mensch ist »frei« von diesen

Problemen, Postsexualität macht damit Platz für den totalen Einsatz anderswo, meist in der Arbeitswelt (nicht umsonst hat man uns ja auch schon eingeredet, dass Arbeit »geil« sei).

Der Verzicht auf Sexualität wird in der Folge libidinös besetzt – wie übrigens auch der Verzicht auf viele andere, ehemals noch als charmant oder elegant geltende Genüsse, die nun unter das Verdikt der wachsenden »political correctness« fallen. Dieser Widerstand wird auch als *befreiend* empfunden, weshalb Postsexualität und ihr »Wahrzeichen«, die Asexualität, als ein *zentraler Lösungsmechanismus* erscheinen: Sie ersparen einem auch die verschiedensten neuen Schwierigkeiten (Pfaller: »wahrscheinlich sogar massivere als in der bürgerlichen Epoche Freuds« 2009, S. 40). So ist es heute oft schon schwierig, wenn heterosexuelle Männer Annäherungsversuche tätigen und sich allein deshalb schon in die Gefahr des Verurteiltwerdens begeben: entweder als Macho oder als einer, der gar belästigend und übergriffig wird. Sexualität scheint also in einer neuen Hinsicht gefährlich geworden zu sein. »Das Manifestieren heterosexueller Interessen und Attraktoren kann darum leicht zu einem beträchtlichen Verlust an Sozialprestige führen – was angesichts der voranschreitenden Deklassierung immer größerer Teile der Gesellschaft keine unbeträchtliche Gefahr darstellt« (ebd., S. 41). Und nachdem sich auch die Medien auf diese Phänomene stürzen, wie sie sich ehemals auf die Enttabuisierung gestürzt hatten, kann man heute in Umkehrung des gewohnten Slogans quasi schon von »asex sells« sprechen.

7.3 Sexualität, Narzissmus, Selfsex

Dies ist ein Punkt, an dem Osswald-Rinner (2011) mit einer gar nicht so einfach »verdaulichen« Erklärung der narzisstischen Dimension des neuen Sexualitätsverständnisses ansetzt: In einer neueren Studie wendet sie sich gegen jenen gewohnten und einleuchtenden »monokausalen Zusammenhang«, wonach die »Hypersexualisierung« der Gesellschaft die »zunehmende Leere in den Betten von Männern und Frauen« bewirkt hätte. Dies sei ein Fehlverständnis, weil hier »underfucked« mit Unlust gleichgesetzt werde. Diese Gleichsetzung sei kurzsichtig, weil sie vergisst, dass Sexualität einem grundlegenden Bedeutungswandel unterliege, der zu berücksichtigen sei: Dieser nicht abgeschlossene Wandel sei unter dem Begriff der »Feminisierung der Sexualität« zu fassen. Diese Feminisierung hätte dazu geführt, »dass sukzessive alle sexuellen Praktiken, die ehemals den Männern als lustbringend zugeschrieben wurden, als minderwertig und inzwischen auch sinnentleert gedeutet werden« (2011, S. 251).

Zugleich seien sexuelle Kontakte, in denen es um den Austausch von Körpersäften gehe, seit dem Aufkommen der HIV- und Aids-Epidemie in den Hintergrund getreten, etwa zugunsten technologisch-digitaler und damit körperloser Kontaktnahmen. Auch die Tendenz zur Selbstdarstellung, zum Zwang, sich narzisstisch in seiner sexuellen Identität zu inszenieren, die von anderen Autoren angesprochen wurde, wird von der Autorin bestätigt und führt sie schließlich zu dem provokanten Schluss: »Der Geschlechtsverkehr ist tot, es lebe die Selbstbefriedigung und Selbstentwicklung!«. Dieses *narzisstische Achten auf sich selbst* (»Selbsttreue«) hätte die Treue in Partnerschaft und Beziehungen abgelöst, ja es spitzt sich sogar noch zu: »Selfsex macht das Individuum ungestört und uneingeschränkt glücklich, er ermöglicht perfekten und vor allem ›gesunden‹ Sex« (ebd.), liest man und weiß nicht so recht, wie viel Zynismus da mitschwingt. Dass jemand das Gefühl habe, zu wenig Geschlechtsverkehr zu erleben, kann demnach nur einem »alten Begriff von Sex zwischen zwei Individuen« geschuldet sein, nicht dem gegenwärtigen Begriff von Sexualität, der lauten muss: »Sex ist dort, wo Menschen sich selber befriedigen«, was sie manchmal auch mit dem »Hilfsmittel Beziehung« täten (ebd., S. 252).

»Hypersexualisierung« ist dieser Auffassung nach dann konsequenterweise schlicht eine Vervielfältigung der Möglichkeiten der sexuellen Selbstinszenierung, nicht irgendwelcher interaktiver Sexualkontakte. Und »oversexed« kann dann auch keine Ursache von Lustmangel mehr sein, sondern die konsequente Realisierung des neuen narzisstischen Verständnisses von (Self-)Sex (ebd.). Dies könnte auch den Rückgang der partnersexuellen Frequenz und Mobilität bei Jugendlichen erklären, weil diese gar nicht mehr nach neuen oder wechselnden Partnern streben, die sie erproben könnten, sondern nach erregenden Selbstinszenierungen mit Selbstbefriedigung (vgl. ebd., S. 30 ff.). Ja »Sex« ist nicht einmal mehr das Synonym für Geschlechtsverkehr (im Sinn von »Sex haben«), sondern für erregende Erlebnisse der Selbstinszenierung und -befriedigung (ebd., S. 109). Der fast makabre Schluss, den Osswald-Rinner aus ihrer Analyse zieht, ist, dass wir im Übergangsraum zwischen der alten und einer neuen Idee von Sexualität lebten, wobei

> »[...] bald niemand mehr die Lust vermissen und keiner dem derzeit als antiquiert und mit Dornröschen attribuierten Geschlechtsverkehr nachweinen [wird]. Die einstmals potente ›Männersexualität‹ wird weiterhin ins Abseits manövriert, sodass nur diejenigen Männer sexuell erfolgreich sind, die sich Hand in Hand mit der weiblichen Deutungsmacht ›entwickeln‹. Frauen haben sich dann abschließend ›emanzipiert‹, wenn sie sich sexuell von Männern ›befreit‹ haben.« (Osswald-Rinner 2011, S. 252)

Diese Sicht ist schockierend und deprimierend zugleich: Alles, von der Sehnsucht nach Authentizität und Innerlichkeit bis hin zur Unverträglichkeit der Geschlechter, fördere eine Konzentration auf sich selbst. »Die Lust avanciert zum Medium der Selbstfindung« (ebd.). Nicht einmal die Hoffnung auf eine Gegenbewegung (Pendel) zu diesen tristen Aussichten wird zugestanden. Eine solche würde die weitere Entwicklung nur verzögern, aber nicht aufhalten können. »Der König ist tot, es lebe die Königin« (ebd.), schließt diese bedrückende Analyse.

Nun wird sich Osswald-Rinner sicher keine Freundinnen im Bereich der feministischen Forschung machen, schreibt sie einen Gutteil dieser Entwicklung doch der »Feminisierung« der Sexualität und der stark negativistisch konnotierten Infragestellung der Männersexualität zu. Wie bei anderen Entwicklungen auch, müssen meines Erachtens hier Beschreibung und Verursachung auseinandergehalten werden. Dass bestimmte Lebens- und Liebensformen patriarchaler Männlichkeit infrage gestellt, kritisiert und sozial geächtet wurden, hat seine »menschliche« und geschlechterpolitische Plausibilität und Berechtigung, darüber sollte es keinen

Zweifel geben. Eine andere Sache aber ist es, wie wir mit der gesellschaftlichen und privaten Verunsicherung von Männern – und damit auch von deren potenziellen Partnerinnen und Partnern – umzugehen gedenken. Die entstandenen neuen Unklarheiten im Umgang der Geschlechter miteinander dürfen nicht als einzige Konsequenz einem verstärkten narzisstischen Rückzug von Frauen und Männern auf sich selbst nutzen, bis hin zu pathologischer Ich-Fixiertheit auch im sexuellen Leben (vgl. Maaz 2012). Diese drohenden neuen Arten von »Inversion« der Sexualität auf sich selbst, auf narzisstische Dimensionen der Befriedigung und ebensolche Inszenierungen, die auch als Flucht vor Unklarheit und Unsicherheit zu verstehen sind, sind dann auch nicht mehr der »Feminisierung« der Sexualität oder anderen Momenten der Emanzipationsbewegung der Geschlechter anzulasten, sondern müssen durch gemeinsame geschlechterpolitische Anstrengungen, bei denen auch die Männer gefordert sind, bekämpft werden. Heterosexuelle, Homosexuelle, Bi- und Transsexuelle sind angehalten, ihre Lebens- und Liebensbedingungen hinsichtlich ihrer Auswirkungen auf eine Kultur interaktiv lebbarer Sexualitäten zu reflektieren, damit jener Bestimmungsfaktor, den wir für Sexualität genannt haben, nämlich der kommunikative, zwischenmenschliche Aspekt wieder zu neuem Leben erweckt werden kann.

7.4   Resümee?

Und nun: War es das also mit der Freude, der Erregung, der Befriedigung durch Sexualität, die wir wenigstens unseren Nachfolge-Generationen doch allenthalben wünschen würden? Oder ersparen sich – wie es in manchen Zukunftsvisionen oder in diversen Asexuellen-Foren durchklingt – die künftigen narzisstischen Selfsex-Betreiber und Asexuellen nicht eine Menge Ärger im Vergleich zu den »noch sexuell Lebenden«? Die Problempalette mit unterschiedlich intensivem oder schwindendem Begehren, mit kränkender Lustlosigkeit, mit jeder Menge Partnerschaftskonflikten, weil der eine der anderen nicht entspricht usw., lassen die Vision selbstgenügsamer narzisstischer Befriedigung oder asexueller Enthaltsamkeit tatsächlich nicht nur als zu fürchtende erscheinen. Der Philosoph tröstet uns hier und lässt im Rahmen seiner kulturpessimistischen Diagnose noch ein Fenster für künftige Hoffnungen offen: Asexualität – und wir könnten ergänzen: narzisstisch dominierter Selfsex – würden ja mit der Zeit selbst wieder zu einem normativen Bestandteil der Kultur und damit zu einer »hohlen Phrase« wie die Verheißungen der sexuellen Revolution werden. Und dann würde derselbe Mechanismus in Kraft treten, der schon die Sexualität ins Abseits gedrängt hat: Die Menschen wehren sich dagegen und wollen's wieder andersrum haben! Und dann würde hinter der Asexualität und dem Selfsex vielleicht wieder ein Reichtum geheimnisvoller sexueller und partnerbezogener Phantasien und Praktiken hervorkommen (Pfaller 2009, S. 46). Dann würde abseits vorgegebener und normierter Seins-Diktate auch wieder Platz für die mehr oder weniger geheimen und individuellen Gelüste entlang jener Spannungslinie, die wir Sexualität nennen, auftauchen und blühen.

Dann würden im Kontrast zu jenen Analysen, wonach der Sexualität alles Geheimnisvolle geraubt und sie dadurch entzaubert worden wäre, die Sexualität wieder in der Spannung von Erahnbarem, Sichtbarem und Verborgenem gelebt werden könnte, womit der – wie ich mir angewöhnt habe zu formulieren – extremen »Enthüllungskultur« unserer Gegenwart wieder eine *raffinierte neue Verhüllungskultur* entgegengesetzt werden könnte, die die Bedürfnisspanne anreizt, anstatt sie abzuflachen oder sie in narzisstischer Flucht auf sich selbst zu erschöpfen.

8 Was ist schon »normal«? Perversionen und was wir aus ihnen lernen können – eine neue Perspektive

Weil in der Diskussion über die neuen sexuellen Revolutionen der Perversionsbegriff regelmäßig auftaucht, sei diesem hier ein eigenes Kapitel gewidmet. Dabei gilt der Begriff »pervers« heute immer noch eher als Schimpfwort. Nicht so in der Psychoanalyse, die – auch um den Begriff und die darin enthaltenen Phänomene zu rehabilitieren – hartnäckig an ihm festhält und damit auch betonen will, dass die »pervers« Empfindenden oder Handelnden keinerlei Ausgrenzung verdienen oder sich einer moralischen Verfehlung schuldig machen. Begriffe haben ja an sich noch keine moralische Qualität und geben mithin auch noch keinen Anlass für ethische Ausschließung.

Das lateinische »pervertere« meint ja zunächst nichts anderes als »umkehren«, »verdrehen«, »abweichen«. Wir könnten »Perversion« in diesem Sinne als eine »Verdrehung« oder »Abweichung« von etwas, was die Mehrheit tut, begreifen. Mindestens ebenso unscharf ist ja der als Pendant genutzte Begriff des »Normalen«, was ist das? Das, was die Mehrheit tut oder denkt? Der Durchschnitt? Insofern ist der Begriff »Perversion« natürlich auch normativ, setzt er doch etwas voraus, was »umgekehrt« oder »verdreht« werden kann. Allerdings ist dieses Normative nicht willkürlich gesetzt, sondern geht von einer Funktionsbestimmung und einem bestimmten Mechanismus, durch den etwas »pervers« wird, aus. Im Bereich der Sexualität könnte eine solche Funktionsbestimmung z. B. die Fortpflanzung sein. Zu Zeiten, wo dies der erklärte und einzig statthafte (wenn auch verlogene) Sinn von Sexualität war, galten andere Lustbarkeiten tatsächlich auch als »pervers«. Oder man nimmt die gemeinhin in der Psychoanalyse verwendete »reife« (was hier als »normal« gemeint ist) Funktion der Sexualität, nämlich den »Primat der Genitalien«, in dem Freud die prägenitalen Partialtriebe zusammenfließen sah und in dem Lust, Beziehung und Fortpflanzung zu einer Einheit werde (Freud 1925, S. 65). Dies würde folgerichtig alles, was »prägenital« und nicht in die genitale Lust integriert ist, als pervers erachten lassen (wie es bei der »polymorph-perversen« Kindersexualität tatsächlich der Fall war).

Abseits dieses normativen Charakters des Perversionsbegriffs wollen wir hier »Perversion« aber *in ihrer speziellen Funktionalität als an bestimmte Voraussetzungen gebundene Erlebensmöglichkeit von Lust* gebrauchen. Wie sich zeigen wird, schützt die Perversion letztlich die Lust, die auf dem als »normal« geltenden Weg der genitalen Vereinigung nicht erlebt werden kann, weil bestimmte traumatische Erlebnisse und deren angstgebundene Folgeerscheinungen dies unmöglich gemacht haben. Dies will heißen: Ohne bestimmte Inszenierungen, Detailvorlieben, Gegenstände usw. ist keine »normale« genitale und orgastische Lust erlebbar. Damit ist übrigens noch nichts über das *Krankheitswertige* oder die *Behandlungs-*

bedürftigkeit dieser Erlebensweisen gesagt. Erstens können manche Menschen Lust auf diese oder jene Weise oder auch keine Lust, wie die Asexuellen, erleben, ohne deshalb krank oder behandlungsbedürftig zu sein. Schon Freud meinte, dass lediglich die »Ausschließlichkeit« und die »Fixierung« auf ein bestimmtes Sexualobjekt und -ziel, nicht aber das »neben dem Normalen« auftretende Perverse als krankheitswertig zu verstehen sei (Freud 1905, S. 70 f.). Und natürlich muss man auch den Leidensdruck mit beachten, der »Krankheit« kennzeichnet: Warum sollten sich etwa zwei miteinander arrangierte Menschen, von denen einer Sexualität gerne etwas heftig ausübt, und der andere an der Grenze zum Schmerzhaften am meisten Lust erlebt (und beide tun keinem anderen Menschen etwas zuleide!), behandeln lassen? Dies heißt wiederum nicht, dass es nicht am anderen Ende des Vorstellbaren auch leidvolle, ja sozial schädliche, deviante und kriminelle Perversionen gibt, die übrigens bei einigen Autoren – auch um sie von nicht krankheitswertigen Perversionen abzugrenzen – unter dem Begriff »Paraphilie« gefasst werden (dazu etwas später vgl. Berner 2000).

Ich möchte mich hier diesen Phänomenen – auf gut-freudianische Weise – insgesamt recht »perversionsfreundlich« nähern. Dies allein schon deshalb, weil die Psychoanalyse in ihrer Tradition den kindlichen Lustäußerungen einen hohen Stellenwert zuschrieb und diese wie gesagt als »polymorph-pervers« – weil notgedrungen noch nicht auf der Stufe des normativen »Genitalprimats« angelangt – bezeichnete (vgl. Freud 1905). Und weil nach Auffassung der psychoanalytischen Entwicklungstheorie in unserer erwachsenen Sexualität immer auch Anteile aus der prägenitalen Zeit, dem kindlich Partialtriebhaften weiterleben, sind in unsere vermeintlich »nicht-perverse« Sexualität natürlich immer auch Tendenzen prägenitaler Erregung und Lust eingelassen. Diese infantilen Positionen, die an kindliche Spiele mit den erogenen Zonen erinnern, können dem Sexualleben als Besonderheit und Bereicherung dienen. Man kann also auch sagen, dass es sich bei den als Perversionen bezeichneten Abweichungen um *Hervorhebung oder Überbetonung von Lustelementen handelt, die auch im Bereich der »normalen« Sexualität eine Rolle spielen*. Und dies ist auch ein Grund für die Aussage, der ich nach vielen Erfahrungen in Therapie und Beratung zuneige, dass nämlich in jedem »Perversen« mindestens so viel »Normales« steckt wie im »Normalen« »Perverses«. Wie wir noch genauer erläutern werden, könnte das »Perverse«, in Spuren vorhanden und gelebt, überhaupt eine Bedingung von Lust darstellen.

Auch die erregenden Momente bei Perversionen,

- das Sich-Zeigen (*Exhibitionismus*),
- das Schauen und Andere-Beobachten (*Voyeurismus*) oder
- das Sich-Reiben (*Frotteurismus*)

erinnern teilweise an *kindliche* Lustbarkeiten. Perverse sexuelle Bedürfnisse dieser Art, so könnten wir aus psychoanalytischer Sicht sagen, überbetonen deshalb lediglich einen oder mehrere in jedem Menschen enthaltene Partialtriebe, die mehr oder weniger schwach in jedem von uns angelegt sind; ein »kopernikanisches Umdenken in der Perversionsfrage«, wie Schmidt meint (1988, S. 106).

Daneben gibt es aber auch Neigungen, bei denen dies schwerer nachzuvollziehen ist, wie etwa das

- Fixiertsein auf bestimmte Dinge oder Situationen (*Fetischismus*),
- das Spiel von Ohnmacht und Dominanz (*Sadomasochismus*),
- die Lust an Kindern und Kindlichem (*Pädophilie*),
- die Lust an und mit Tieren (*Zoophilie*, früher *Sodomie*),
- die Lust an menschlichem Kot (*Koprophilie*),
- die Lust an Totem und an Leichen (*Nekrophilie*)

und eine ganze Menge anderer, oft in ihrer komplex angelegten »Lustdynamik« schwer verstehbarer, befremdlicher und schwer analysierbarer Neigungen, die in entsprechenden Lehrbüchern nachgelesen werden können (etwa DSM-IV 1998).

Es ist übrigens ganz besonders hervorzuheben und als ebensolcher Verdienst der Freud'schen Psychoanalyse zu würdigen, dass Freud die Homosexualität – obwohl sozusagen das Sexualziel verfehlt und die Libido auf ein »inverses« Objekt, also auf seinesgleichen, gerichtet wird – immer von den Perversionen und von krankheitswertigen Störungen ausnahm und differenzierte. Damit war Freud nicht nur seiner Zeit, sondern auch späteren Anschauungen, in denen die Homosexualität bis in die Gegenwart herein als krankheitswertige, therapiebedürftige Störung gesehen wurde, sowie seiner eigenen Zunft, die sich bis heute schwer tut, Homosexuelle zur Ausbildung zuzulassen, weit voraus:

> »Die psychoanalytische Forschung widersetzt sich mit aller Entschiedenheit dem Versuch, die Homosexuellen als eine besonders geartete Gruppe von den anderen Menschen abzutrennen [...]. [Sie] erfährt, dass alle Menschen der gleichgeschlechtlichen Objektwahl fähig sind und dieselbe auch im Unbewussten vollzogen haben.« (Freud 1905, S. 56, Fn. 1 [Zusatz 1915])

Und er geht sogar noch weiter:

> »Im Sinne der Psychoanalyse ist also auch das ausschließliche sexuelle Interesse des Mannes für das Weib ein der Aufklärung bedürftiges Phänomen und keine Selbstverständlichkeit [...]« (ebd.)

Jedenfalls hat die psychoanalytische Sexualforschung schon vor mehr als hundert Jahren den Startschuss zur Erforschung und zum Verständnis jener oft merkwürdigen sexuellen Abweichungen gegeben, die uns auch in Beratung und Therapie immer wieder, meist sehr schuldhaft und schambesetzt, begegnen und denen viele Fachkollegen nach wie vor relativ hilflos gegenüberstehen.

Für die Praxis ist auch noch eine Einteilung der Perversionen von Schorsch (1971) hilfreich, der insgesamt *vier Verlaufsformen* beobachten zu können meinte:

- Eine *ich-syntone Verarbeitungsform*, die sozusagen keine besonderen seelischen oder interaktiven Probleme aufwirft (auch weil ein Partner mitmacht),
- ein *partielles Zulassen* von als pervers geltenden Erlebnisweisen, etwa in einem subkulturellen Milieu oder als Ausdruck zeittypischer Moden,
- eine *ich-dystone Verarbeitungsform*, die die Betroffenen in massive seelische und soziale Konflikte bringt, und

- eine *verleugnete Form*, bei der die Betroffenen sich selbst gar nicht eingestehen, dass sie etwas abseits des »Normalen« beziehungsweise etwas Deviantes oder gar Kriminelles im Sinn haben (vgl. Schorsch 1996, Pfäfflin 2010).

Beratung und Psychotherapie haben es in der Regel mit den letzten beiden Kategorien zu tun, wobei sich in diesen Verarbeitungsformen auch die jeweils besondere biografische und soziale Situation der Betroffenen spiegelt, was bedeutet, dass wir eine Menge anderer Faktoren abseits der perversen Dynamik mit zu berücksichtigen haben.

8.1 Entstehen und Verstehen von Perversionen

Nun fragt es sich natürlich, wie diese Neigungen, Fixierungen oder Abweichungen, wie immer wir sie nennen wollen, entstehen. Insgesamt unterscheidet Freud die Perversion zunächst von der *Neurose*, bei der ja durch Verdrängung konflikthafter Triebbedürfnisse und deren darauf folgender Verarbeitung im Unbewussten die verschiedensten Symptome entstehen können (Zwangsneurosen, Hysterie u. a. m.). Bei der Perversion hingegen dominiert nicht die *Verdrängung* von sexuellen Triebbedürfnissen und Wünschen, was zu neurotischen Einschränkungen des Trieblebens führen würde, sondern diese Wünsche können sich hier »ohne Ablenkung vom Bewußtsein direkt in Phantasievorsätzen und Taten äußern« (Freud 1905, S. 74). Von daher stammt auch das bekannt gewordene Dictum »Die Neurose ist sozusagen das Negativ der Perversion« (ebd.). Während man bei der Perversion aber die Luststrebung erkennt, wird sie bei der Neurose mehr oder weniger unkenntlich gemacht, verdrängt und nur in abgewehrter, entstellter Form sichtbar.

Die klassische Psychoanalyse hatte sich schon früh mit der Herleitung von Perversionen befasst. Freud sah die unterschiedlichsten Formen zunächst durch die *Kastrationsangst* ausgelöst: Die Angst vor dem Verlust des Penis, verbunden mit traumatischen Vorkommnissen oder Beziehungselementen beim Gewahrwerden der Penislosigkeit der Mutter, führe dazu, dass später nicht mehr der »normale« Koitus, sondern nur mehr Abirrungen, Umkehrungen des Geschlechtsverkehrs oder der Koitus unter der Bedingung ablenkender Inszenierungen, ablenkender Gegenstände (Fetische) libidinös besetzt würden, um dieser Angst (und meistens auch der Kohabitation selbst) auszuweichen und die Angst abzuwehren (Freud 1927, S. 384 f.). Diese Bestimmung wirft natürlich die Frage auf, warum und wie dann auch Frauen von Perversionen betroffen sein können (vgl. Friday 1981). Nun sind weibliche Perversionen generell seltener anzutreffen als männliche, und die klassische Psychoanalyse hätte sie so erklärt, dass auch das Mädchen in seiner vom Penisneid gesteuerten Hoffnung, dass es noch einen Penis bekommen werde, beim Anblick des penislosen Mutterkörpers unter bestimmten Konfliktbedingungen erschrecken würde und diese Hoffnung nun traumatischerweise aufgeben müsse.

Heute ist man von dieser sehr engen Ätiologie weggekommen. Man sieht zwar nach wie vor die Mutter-Kind-Beziehung und ihre Störungen als Auslöser perverser Entwicklungen, weil hier Verschmelzungsängste oder Traumata gegen das Geschlecht geschehen können, die dann die Vermeidung der Nähe zu einem Liebesobjekt zur Folge haben (vgl. Berner 2011, S. 21 ff.). Glasser (1979, 1986) hebt aus seiner Erfahrung mit kriminellen Perversen die Bedeutung *tiefer Verschmelzungswünsche mit der Mutter* hervor, die aber wegen ihrer Ambivalenz beziehungsweise Bedrohlichkeit durch aggressive Trennungsimpulse, wie manche Perversionen sie bereitstellen, und dann per *Sexualisierung der Aggression* abgewehrt werden müssen (vgl. Berner 2011, S. 23 ff.). Chasseguet-Smirgel (1986) erweitert die Freudianische Sicht der Abwehr der Penislosigkeit der Mutter als Grund für die perverse Symptombildung um das Element der »Verleugnung der ganzen genitalen Welt *des Vaters*, der dafür stehe, dass der Junge (im Falle der weiblichen Perversion auch das Mädchen) der Mutter nicht genügen könne« (Berner 2011, S. 23). Perverse würden dann also aus Angst heraus, so, wie sie sind, nicht genügen zu können, ihre perversen Inszenierungen zur Abwehr dieser Angst benützen.

Sehr hilfreich scheint mir auch der Erklärungsansatz von Morgenthaler (1974 und 1984): Er sieht die Funktion der Perversion als einen Versuch, eine *Lücke in der Selbstentwicklung* zu schließen. Diese »Füllung« funktioniert quasi wie eine »Plombe« und stellt eine reparative Ich-Leistung dar, ohne die die Betroffenen gar keine Sexualität erleben könnten. Damit ist die Perversion eine Überbrückungsstruktur, die sozusagen ein narzisstisches Loch im Selbst »stopft«. Wie auch bei unplombierten Zähnen, würde das Individuum ohne diese Plombe nur höchst schmerzhaft weiterleben können. Behandlungstechnisch scheinen auch die Überlegungen Reimut Reiches (1996) interessant, der *fünf Kriterien* dafür entwickelt hat, wann man denn überhaupt von einer Perversion sprechen könne. Diese Kriterien sind folgende:

- *Kriterium des obligaten Fetisch*: Die Betroffenen müssen irgendein unbelebtes Objekt, Ersatzobjekt oder eine mit einem solchen Objekt verbundene Handlung libidinös besetzt haben.
- *Kriterium der perversen Szene*: Eine innere Objektbesetzung muss immer wieder im Außen, über Phantasien und Vorstellungen hinaus, realisiert, also ausgelebt werden.
- *Kriterium des Orgasmus* (dessen Notwendigkeit aber später widerrufen wurde)
- *Kriterium der süchtigen Unaufschiebbarkeit*, wonach keine Ruhe eintreten kann, bevor die Inszenierung und das Erleben nicht stattgefunden haben.
- *Kriterium der Perversion in der Perversion* nach dem Muster der bekannten russischen Puppen, wonach in jeder Perversion eine weitere schlummert, die mit ersterer abgewehrt wird und wenn überhaupt, dann oft erst in besonderen Krisensituationen zum Vorschein kommt (Reiche 1996, S. 244 f.).

Berner (2011), der jüngst eine umfangreiche und übersichtliche Kategorisierung von Perversionen vorgelegt hat und sich ebenfalls auf diese Kriterien bezieht, hat noch eine hilfreiche Differenzierung zwischen Perversion und *Paraphilie*[30] angebracht. Das Wesentliche, das diese beiden Kategorien zu unterscheiden und das Gefährliche an der Paraphilie zu benennen hilft, ist der Umgang mit beziehungsweise die Integration von *Aggression* in das Begehren. Der eher der Borderline-Struktur zuzurechnende *Typus der Paraphilie*, dessen Wünsche und Begierden abgespaltener, weniger ritualisiert und durchbruchsartiger auftreten, weist auch schon eine andere Beziehungsstruktur auf: Gegenüber dem Typus der Perversion, der eine gewisse Rücksichtsfähigkeit (gemeinsame Abmachungen und Ritual) gegenüber seinem Gegenüber aufweist, ist der Paraphile manipulativ, beherrschen wollend, uneinfühlsam und nur auf »Partialobjekte« (auch entlebendigte) konzentriert. Gegenüber dem Zwanghaft-Rituellen des Perversen wiederum weist der Paraphile eine suchtartig-impulsive Dynamik auf. Und schließlich und sehr entscheidend: Bei der Perversion steht die Aggression im Dienste der Libido (als Lust am Triumph, wie gleich ausgeführt werden wird), ist also gewissermaßen »libidinös integriert«, während bei der Paraphilie die Libido im Dienste der Aggression steht, was vernichtende Formen annehmen kann, weil das Begehren auf Schädigung oder Auslöschung des Objekts gerichtet ist (vgl. Berner 2005).

8.2 Die Dynamik von Demütigung, Feindseligkeit, Risiko und Triumph

Die vielleicht umfangreichste und meiner Erfahrung nach zum Verständnis perverser Phänomene praxisgeeignetste Theorie zur Psychodynamik der Perversion stammt von Robert Stoller (1979).Wie der Titel seines Hauptwerks »Perversion. Die erotische Form von Hass« es schon andeutet, spielt hier die Aggression eine wichtige Rolle. Stoller geht zunächst in der Vorgeschichte und Ätiologie der Perversion von einer *demütigenden Niederlage oder Schmähung in der Kindheit* aus, die die Betroffenen erlitten haben. Wenn man so will, dann steht bei ihm »Kastrationsangst« ganz generell für Wegnahme von Würde und Identität als Mann beziehungsweise als Geschlechtswesen (weil das auch für Frauen gilt). Dementsprechend haben spätere Perverse eine Demütigung erlitten, die sie sozusagen zentral in ihrer *Geschlechtsidentität* als Jungen oder Mädchen getroffen hat. Diese Demütigung verunmöglicht eine genitale Annäherung an das Liebesobjekt und erst recht eine »normale« genitale Vereinigung, weil diese Nähe unerträgliche Selbstzweifel und Erinnerungen an diese Demütigung hervorbringen würde, die abgewehrt werden müssen. Diese Abwehr erfolgt durch eine vom Gedemütigten angestrebte Art von *Revanche* für die erlittene Schmach, die lustvoll

---

30 Berner traf diese funktionelle Unterscheidung in Abweichung vom neueren Gebrauch des Paraphilie-Begriffs in der DSM-IV-Diagnostik, wonach der Paraphilie-Begriff den der Perversion ablöst (vgl. DSM-IV 2003).

besetzt wird. Deshalb haben perverse Handlungen, wie wir sehen werden, immer etwas mit Genugtuung und Triumph zu tun. Stollers zentrale These lautet deshalb:

> »Ich gehe von der Hypothese aus, daß eine Perversion das erneute Durchleben eines gezielt gegen das Geschlecht (als körperliche Bedingtheit) oder gegen die Geschlechtsidentität (Männlichkeit oder Weiblichkeit) gerichteten tatsächlich vorkommenden Traumas ist und daß die Vergangenheit in der perversen Handlung ungeschehen gemacht wird. Diesmal nun wird das Trauma in Lust, Orgasmus, Sieg verwandelt.« (Stoller 1979, S. 19)

Übrigens hat jüngst der Philosoph Christoph Türcke (2012) darauf hingewiesen, dass die Wiederholung von Traumatischem, Schrecklichem kulturhistorisch gesehen ein generelles Mittel zu dessen Abwendung und Überwindung sei:

> »An die Stelle des ursprünglichen, schreckhaft von außen überfallenden Grauens tritt ein selbst veranstaltetes, in Eigenregie genommenes, zelebriertes«. Dieses wäre in der Lage, das Erfahrene »so zu dämpfen, zu mildern, zu verwandeln [...], dass es erträglich, um nicht zu sagen, vertraut wurde, in mancher Hinsicht interessant, attraktiv, belebend oder sogar beglückend« (2012, S. 51).

Die meisten perversen Vorlieben haben wegen dieser Lust am Sieg und der Überwindung der Peinigung zumindest einen Hauch von *Feindseligkeit* an sich. Fast immer sind sie wohl deshalb ihrerseits begleitet von Tendenzen wie

- Aggressivität,
- Revanchismus,
- Erniedrigung,
- Peinigung oder
- Demütigung,

wobei das auf die Handlung folgende *Sieg- und Triumphgefühl* als notwendige Bedingung für eine orgastische Befriedigung erscheint.

> Nehmen wir als Beispiel eines, das sehr häufig vorkommt, wenn es um die Perversion des Exhibitionismus geht: Exhibitionisten sind sehr häufig Männer, deren männliche Identität und Würde schon als Kind massiv verletzt wurde – etwa durch einen von Mutter und Großmutter dominierten Haushalt, vielleicht auch noch durch Schwestern, die in der Familie besser angesehen sind –, bei gleichzeitig versagender männlicher, väterlicher Bezugsperson. Die Frauendominanz in der Familie führt zu einer von enttäuschenden Männererfahrungen bedingten Gehässigkeit gegenüber allem Männlichen, auch gegenüber dem Jungen und seiner sich entwickelnden Männlichkeit.
> Man könnte also durchaus metaphorisch sagen, der Junge werde durch diese Konstellation »kastriert« und hat allen Grund, künftig seiner Männlichkeit gegenüber selbst misstrauisch und zweifelnd zu sein. Dies wiederum hindert ihn an intimer genitaler Nähe zu Frauen. Als Erwachsener nun findet er ungeheure Lust daran, der Umwelt, insbesondere den für seine ehemaligen Peinigerinnen stehenden Frauen zu beweisen und zu zeigen, dass er »nicht kastriert« ist, also seinen möglichst erigierten Penis zu entblößen und damit die »Weiber« zu erschrecken und in die Flucht zu schlagen.

> Und tatsächlich wenden sich alle Frauen in dieser Inszenierung ab und rennen kreischend weg, was dem schwächelnden Mann eine große Genugtuung bereitet: Er schleicht nach der perversen Handlung beispielsweise in eine Kaufhaustoilette und befriedigt sich dort sehr lustvoll selbst. Damit nicht genug, erregt der gute Mann nicht nur sich selbst, sondern auch ungeheures Aufsehen: Funkstreifen fahren mit Blaulicht heran, da muss schon etwas Wichtiges passiert sein! Und tatsächlich sollen Exhibitionisten zu den meisterwischten Tätern[31] gehören, als ob selbst das Polizeiszenario noch der Aufwertung des ramponierten Männlichen dienen sollte. Der Triumph jedenfalls ist dem Mann sicher.

In ähnlicher Weise lassen sich bei so gut wie allen Perversionen solche »Feindseligkeitstendenzen« nachweisen, manchmal deutlicher, manchmal weniger, aber immer in Spuren vorhanden: Der *Voyeur* etwa, der sich an intime Räume heranschleicht, um dort anderen bei sexuellen Handlungen zuzusehen, was den Ausgespähten sicher nicht angenehm ist und eine gewisse Demütigung darstellt; oder der *Fetischist*, der sich an einem menschlichen Liebesobjekt nur erregen kann, wenn ein bestimmter Gegenstand mit zur Erregung beiträgt – auch nicht gerade »ehrenvoll« für den potenziellen Sexualpartner, wenn es ohne Fetisch nicht geht usw. Aber auch *sadistische Praktiken* bzw. gewaltsame Sexualität, Bestrafungsrituale, Auspeitschen, erst recht *Ankoten*, oder auch nur das mittlerweile »modisch« gewordene *Fesseln* usw. unterstreichen diesen aggressiv-feindseligen Charakter.

Die korrespondierenden Gefühle Perverser zeigen denn auch entsprechende Parallelen, z. B.:

- das Gefühl einer gewissen hinterhältigen Befriedigung
- ein Gefühl, jemand anderen auszunutzen und zu gefährden (bei manchem sadomasochistischem Spiel etwa)
- das Gefühl, andere irgendwie zu beschmutzen
- sich generell dabei über andere hinwegzusetzen.

Und auch in derartigen Gefühlen ist wieder jene Spur von Aggressivität und Feindseligkeit zu erkennen. Und je deutlicher diese Züge in den Phantasien der Betroffenen sind, desto eher haben wir es mit einer Perversion zu tun.

Der im perversen Akt erlebte (orgastische) *Triumph muss dann ständig wiederholt werden*, um sich der Identität des eigenen Geschlechts sicher zu bleiben. Daher auch der schon erwähnte häufig suchtartige Charakter perverser Handlungen. In diesen Wiederholungen ist oft auch *ein gewisses Wagnis* enthalten oder zumindest inszeniert vorgetäuscht, um die Voraussetzung zu ausreichender Erregung zu

---

31 In diesem Zusammenhang ist es wichtig zu zeigen, dass sogar das Erwischt-Werden eine Bedeutung für den Exhibitionisten und seinen Triumph hat: »Die Festnahme bezeugt, daß er wichtig ist. Sie ist ein Sieg über die Angst vor der eigenen Bedeutungslosigkeit, genau wie die erhoffte Schockreaktion der Frauen, vor denen er sich exhibitioniert« (Stoller 1979, S. 170).

schaffen – allerdings gut dosiert und mit nicht zu viel Angst, die die Erregung wiederum verhindern würde. Perverse pflegen wegen dieses Risikos und der oft schwierigen Umsetzbarkeit perverser Wünsche aber auch eine ausgedehnte erotische Tagtraum-Kultur: Wenn schon keine perverse Handlung/Befriedigung möglich ist, dann muss die Phantasie, begleitet von Masturbation, das Trauma, das der Perversion zugrunde liegt, für eine Weile wieder ungeschehen und »vergessen« machen. Diese Tagträume sind sehr wichtig und verraten oft auch viel über das zugrundeliegende Trauma:

> »Erstens tragen Tagträume zum Lustgewinn bei, indem sie die Welt umformen und einen dadurch von der Angst, das Trauma könne sich wiederholen, erlösen. Zweitens enthält der Tagtraum Elemente, die ein Wagnis vortäuschen, so daß Erregung – Spannung – ins Spiel kommt. Drittens garantiert der Tagtraum ein glückliches Ende, was bedeutet, daß man diesmal nicht nur das Trauma überwunden, sondern sogar denjenigen einen Strich durch die Rechnung gemacht hat, wenn nicht gar ein Trauma zugefügt hat, die ursprünglich die Angreifer waren.« (Stoller 1979, S. 31)

Diese Einzelheiten der Phantasie sind in der Behandlung sehr wichtig, ohne sie bliebe Ursprung und Herkunft der Perversion kaum verständlich: »Wenn man die Phantasie in allen Einzelheiten ergründet, so findet man in ihrer Tiefe Reste von Kindheitserlebnissen des Individuums mit anderen Personen, die in der Realwelt die Reaktion hervorrufen, die wir Perversion nennen und in deren Mittelpunkt Feindseligkeit steht« (ebd., S. 83). Insofern ist die Rekonstruktion der Entstehung der Perversion oder der perversen Tagträume Voraussetzung zum Verständnis der perversen Inszenierung und ihrer spezifischen Funktion (und damit auch jener des Traumas). Das schließlich eintretende Lustgefühl und der Orgasmus komplettieren dann den Triumph über das erlittene Unrecht und die Bedrohungen der geschlechtlichen Identität: Damit *wird Lust »zum Bollwerk gegen Angst, Verzweiflung, Entwertung und Zerstörung«* (Schmidt 1988, S. 108; Hervh. JCA).

> Noch ein Fallbeispiel, in dem wiederum die Bedrohtheit der geschlechtlichen Identität des betroffenen Mannes sehr deutlich wird, ebenso wie die nachfolgende Lust am Triumph, das Schmidt (1988, S. 107f.) berichtet:
> »Ein Mann – wenn wir ihn diagnostisch abstempeln wollten, ein fetischistischer Transvestit – zieht sich in Situationen dranghaft erlebter Unruhe in einem ausgefalteten, in allen Einzelheiten festgelegten Ritual weibliche Wäsche und Kleidung an. Dann onaniert er vor dem Spiegel stehend mit heftigen Orgasmen. Danach ist er entspannt, innerlich ruhig, nicht nur befriedigt, sondern auch befriedet. Die Vorgeschichte ergibt, dass dieser Mann in seiner Kindheit hinsichtlich seiner Geschlechtsidentität schwer verunsichert und gedümpelt wurde durch seine ältere Schwester und seine Mutter, die er so erlebte, als wollten sie ihn zum Mädchen machen, als würden sie ihn verächtlich machen und entwerten, weil er ein Junge war. Der schwache Vater war keine Stütze in diesem Konflikt, da der selbst seiner Frau nicht gewachsen war und sich in der familiären Situation durch häufige, beruflich bedingte Abwesenheit entzog. In der transvestitischen Verkleidung wiederholt dieser Mann als Erwachsener nun das Kindheitstrauma der Entmännlichungs-Bedrohung, er setzt es selbst wieder

> in Szene. Er sucht die alte bedrohliche Situation auf, stellt sie her durch das Anziehen weiblicher Kleidung; nur: Was ihm früher angetan wurde, macht er nun selber, er nimmt das früher erlittene Elend in die eigene Hand, verweiblicht sich selbst in der Hoffnung und in der Beinahe-Gewissheit, diese Situation zu überstehen. Und er übersteht die Situation durch einen potenten männlichen Orgasmus und bestätigt sich, dass er selbst in Frauenkleidern, sozusagen ganz verweiblicht, noch ein Mann ist. Die Niederlage der Kindheit wird zum Triumph [...]. Der Orgasmus ist nicht nur Ejakulation, sondern, wie Stoller sagt, ein ›größenwahnsinniger Ausbruch von Freiheit‹. Die sexuelle Befriedigung hat mit der Abfuhr sexueller Energie nur wenig zu tun; ihre besondere Intensität erhält die sexuelle Handlung aus ihrer psychologischen Bedeutung: aus dem Erlebnis der Konfliktlösung, der Angstüberwindung.«

Perversionen sind somit eigentlich sexualisierte Konfliktlösungen oder »*unbewußt inszenierte sexuelle Happenings, die einen Selbstheilungsversuch darstellen*« (ebd., S. 109; Hervh. JCA). Dabei ist noch etwas von großer Bedeutung, nämlich, dass der perverse Akt – im Gegensatz zur traumatischen Verursachungsszene, in der man ohnmächtig und Opfer war –, nun *in Eigenregie*, also *selbstbestimmt* und *machtvoll* erlebt werden kann. Die Ohnmacht in der auslösenden Situation wird somit in eine Machtposition dessen umgewandelt, der nun selbst Regie führt.

Dieses Muster finden wir wie gesagt bei so gut wie allen Perversionen und auch bei vergleichsweise harmlosen perversen Phantasien. Diese existieren häufiger, als man annimmt, und werden meist nur sehr schamvoll in Therapien berichtet. Etwa die Gewaltphantasien von Frauen, die sich von einem Mann sexuell bedrängt oder vergewaltigt phantasieren, die ebenfalls diesem Muster gehorchen:

> Eine 39-jährige Akademikerin berichtet in einer analytischen Psychotherapie, sie beunruhige eine lustvolle, aber ihr völlig fremd, ja abstoßend erscheinende und nicht verständliche Masturbationsphantasie, dass nämlich ein Clochard ihr gegen Abend in einer dunklen Seitengasse auflauere, sie in einen Mauervorsprung dränge, ihr dort mit roher Gewalt die Kleider vom Leib reiße, sie mit gespreizten Beinen hochhebe und dann heftig in sie eindringe – wobei sie bei dieser Masturbationsphantasie sehr schnell einen ebenso heftigen Orgasmus erleben könne.

Hier fließen, ohne dass diese Patientin eine masochistische Perversion hätte und sich jemals an einen wirklichen Übergriff erinnern hätte können, eine ganze Reihe von Faktoren zusammen: Lebensgeschichtlich real erlebte Ängste vor einem solchen Ereignis, dunkle Phantasien, die bei Frauen in unserer Kultur aufgrund solcher Vorfälle leider auch nicht aus der Luft gegriffen sind, das bedrohliche Fremde, das sich in einem sozial deklassierten Mann ausdrückt – und dann die »Ermächtigung«, anstatt Angst erleben zu müssen, selbst Regisseurin dieses Geschehens zu sein, letztlich also in Eigenregie lenken und auch stoppen zu können, wenn diese Bilder zu bedrohlich würden. Und daran entzündet sich auch die lustvolle Verarbeitung dieser Ängste einschließlich des Orgasmus als Selbstberuhigungsversuch.

8.3 Ohne Perversion keine Lust? Zur Bedeutung des »perversen Mechanismus«

Stoller (1979) geht nun in seinen Betrachtungen weiter davon aus, dass in unserer Kultur und Gesellschaft – und nach Freud (1930) ist ja die Triebverzichtsforderung überhaupt Kennzeichen von Kultur – sexuelle Sozialisation immer auch mit kränkenden, manchmal eben auch traumatisch kränkenden Erfahrungen verbunden ist. Das Kind wird, auch wenn es nicht traumatisiert wird, ob seiner sexuellen Wünsche tendenziell eingeschränkt und damit auch beschämt (»Das tut man nicht!« oder »Das ist zu früh für Dich!« u. ä.). Stoller nennt das die »*Mystifizierung der Sexualität*« (1979, S. 129; Hervh. JCA), deren Art, Ausmaß und Intensität durchaus zu perversen Entwicklungen beitragen kann, weil auch solche Mythen in der Lage sind, unter bestimmten Umständen die Geschlechtsidentität Einzelner zu bedrohen oder zu beschämen. Diese Mystifizierung der Sexualität mache »[...] Kinder zu Opfern, quält sie mit Andeutungen gefährlicher Freuden, die, da sie geheimnisvoll sind, ständig locken, aber unbestimmt bleiben« (ebd.). Man könnte nun meinen, dass heute doch kaum mehr nennenswerte Restriktionen gegenüber kindlicher Sexualität mehr bestehen und sich von daher eine deutliche gesamtkulturelle »Entmystifizierung« von Sexualität ergeben hätte. Die in diesem Band genannten Analysen einiger Kollegen scheinen auch in diese Richtung zu verweisen. *Scheinen*, würde ich betonen, denn »Restriktionen« und »Mystifizierungen« sind ja nicht nur simple Verbote in Form von erzieherischer Repression oder die Verheimlichung wichtiger Informationen, und zum anderen sollte man sich nicht darüber hinwegtäuschen, dass bei Kindern und Jugendlichen nach wie vor viele Fragen und Unsicherheiten vorhanden sind, die auch Unruhe und Beschämung stiften können – anders als in Zeiten repressiver Sexualmoral, aber dennoch. Letztlich ist auch der geschilderte *Körper- und Jugendlichkeits-Fetischismus* eine solche Mystifizierung der Sexualität, unter der sehr viele Menschen kraft der entstehenden *Entsprechungsängste* zu leiden haben und fürchten, kein »richtiger Mann« oder keine »richtige Frau« zu sein.

Und schließlich sind ja auch die Eltern – deren eigene sexuelle Sozialisation kritisch zu beachten ist – die ersten Überbringer der Botschaften von der anerkennenswerten oder zu verurteilenden Sexualität der Kinder. Damit ist sozusagen noch der subjektive Charakter von Mystifizierung der Sexualität mit im Spiel und kann Kindern, wie wir es aus der Sexualtherapie wissen, schwer zu schaffen machen (wobei Stoller der *Vorenthaltung* besondere Bedeutung zumisst): »Es geht mir hier vor allem um die *Perspektive der Versagung durch die Eltern, die Wut nach sich zieht*. Es sind die Eltern, die bestimmen, was übersexualisiert wird. Sie tun das durch ihr Vorenthalten von – und durch ihr nervöses Überbetonen ihrer eigenen heimlichen Lust an – Erfahrungen, die ohne ihr Zutun nur geringe erotische Anziehungskraft hätten, wie ein Vergleich mit anderen Gesellschaften zeigt« (Stoller 1979, S. 146; Hervh. JCA). Dieses Stück Versagung und Nichtanerkennung des individuellen Begehrens bedingt dann auch – im Sinne der Revanche für die erlittenen Versagungen – die Ingredienzien von Lust: Dazu gehören z. B. die Lust am »Tabubruch«, an der Unbeherrschtheit, sich über etwas hinwegzusetzen und dadurch »Genugtuung« zu verspüren, oder ein sexuelles »Abenteuer« erlebt zu haben u. a. m.!

Damit sind Versagung, Vorenthaltung, Beschämung und Unterdrückung sexueller Wünsche in unserer Kultur quasi eine »Zivilisationsbedingung«, die dafür sorgt, dass wir alle ob unseres Geschlechts in kleinen Brisen gedemütigt und enttäuscht werden – worauf wir mit (nicht immer so bewusster) »Wut« und »Revanchelust« reagieren können, um diese Demütigungen ungeschehen zu machen. Daher sind einzelne »Perversionsbestandteile« wie die Lust am Sich-Zeigen, am Beobachten, am Sich-»wild«- oder -»extatisch«-gehen-Lassen, ja am »Den-Verstand-Verlieren« und alles, was in der Literatur für sexuell außergewöhnliche und erregende Augenblicke beschrieben wird, Folgen dieser »Zivilisationsbedingung«, und erzeugen in Form eines »perversen Mechanismus« auch große Lust. Gut nachvollziehbar ist das Erregende durch das Moment des *Risikos*, das Stoller – zumindest in gewissen Grenzen – ebenfalls für einen Faktor perverser Lust hält und das einzugehen manche sexuelle Interaktion besonders erregend macht. Wir alle – oder sagen wir: viele von uns – kennen das Herzklopfen und die besondere (erotische) Spannung, die die Phantasie (oder der reale Vollzug) von Sex in der Natur, also in der Öffentlichkeit, ausmacht. Das Risiko des Erwischt-Werdens, ein »bewußt eingegangenes Risiko, um die Sache zu würzen« (Stoller 1979, S. 153), ist sozusagen der Motor für die »perverse« Lust, Sex in solchen Risikozonen auszuüben.

Wir können also – wie der Unterschied zwischen manifesten Symptomen und den zuletzt genannten perversen Tendenzen es nahelegt – unterscheiden zwischen einer

- *Symptom-Diagnose-Perversion*, entlang der eine entsprechende Traumatisierung samt reinszenierter Verarbeitung feststellbar ist, und einem
- *perversen Mechanismus*, der davon lebt, dass bestimmte sexuelle Impulse, die zivilisatorisch mystifiziert und vorenthalten werden, in abgelenkter Form mit einem Hauch perverser Phantasien oder Szenen ausgelebt werden!

Ersteres hat also eine manifeste perverse Symptomatik verschiedenster Art zur Folge, die durch eine Traumatisierung gegen das Geschlecht bzw. die Geschlechtsidentität verursacht wurde, Letzteres hingegen schafft aufgrund einer *Zivilisationsbedingung* bestimmte Vorlieben oder Spielarten sexueller Erlebens- und Handlungsweisen, die auch Spuren von als »pervers« geltenden Lüsten enthalten und so die Erregung steigern.[32, 33]

Es besteht Einigkeit darüber, dass wir die menschliche Sexualität nicht verstehen können, wenn wir diesen perversen Mechanismus nicht verstehen können. Erregung, Spannung, Überwindung von Hindernissen und Grenzen, Übertretung von Ordnungen, ja die Missachtung vermeintlicher oder gesetzter Verbote – das ist der Stoff, auf den wir uns immer wieder einmal über kulturelle Beschränkungsinstanzen erheben, mit einer Brise Revanchelust und nachfolgendem Triumphgefühl, wie es in größerer Intensität auch für die Perversion selbst kennzeichnend ist. Das ist auch der Grund, warum Stoller – die Wichtigkeit des perversen Mechanismus und der sexuellen Befriedigung für die »Seele« hervorhebend – meinte: »Was die Wärme für den Körper ist, das ist vielleicht der perverse Mechanismus für die Seele« (1979, S. 147).

Das psychodynamische Verständnis von Perversion und perversem Mechanismus erscheint mir für die Praxis der Arbeit in Sexualberatung und -therapie sehr hilfreich und unverzichtbar. Es bewahrt uns davor, sexuelle Vorlieben und Besonderheiten bis hin zu manifesten perversen Symptomen als etwas – wie es häufig geschieht – irgendwie »Unheimliches« und uns sehr Fremdes zu erleben, an das man »lieber nicht rangeht«, wie es eine Kollegin in der Supervision einmal ausdrückte. Wer entlang der Stoller'schen oder Morgenthaler'schen oder anderer Erklärungsweisen die biografische Konstellation zurückverfolgt, im Rahmen derer die von perversen Symptomen Betroffenen leidvoll eine gegen ihr Geschlecht gerichtete Traumatisierung erfahren mussten, wird nicht nur ein besseres empathisches Verständnis für die Probleme dieser Menschen entwickeln, sondern kann damit auch therapeutisch umgehen, wie mit anderen seelischen Leidenszuständen auch. Das Verständnis des perversen Mechanismus wiederum ermöglicht das Verstehen der individuellen Besonderheiten sexueller Erregung und Befriedigung.

---

32 Vgl. auch Sigusch (2005): »Am Grund der Liebe aber liegt die Perversion, ohne die die Liebe eine Ödnis wäre. [...]. als unablösbarer Teil der normalen Sexualität, als Übersteigerung des Normalen« (2005, S. 8 f.).

33 Ein zumindest für Männer geltender empirischer Beleg für die Verbreitung solcher »perverser« Phantasien – neben zahlreichen Erfahrungen bei Frauen und Männern aus der Psychotherapie – findet sich in einer Berliner Studie über sexuelle Phantasien bei der Selbstbefriedigung: 46,9 Prozent der Befragten baute die Erregung bei der Masturbation unter Zuhilfenahme von Phantasien auf, die den Perversionen zuzuordnen sind – zum Beispiel mittels fetischistischer, masochistischer oder exhibitionistischer Szenen (vgl. Schäfer et al. 2003; zit. n. Rösing 2012, S. 91).

III Ein neuer Blick

9 Der neue Blick auf Sexualität, Liebe und Partnerschaft oder die Bedeutung des »Nichtsexuellen« für die Sexualität

Nach den Überlegungen zu den vielfältigen Zusammenhängen von Sexualität und Biografie, zur Einbettung von Sexualität, Liebe und Beziehungen in gesellschaftliche Zusammenhänge soll nun sozusagen ein »Blick ins Behandlungszimmer« beziehungsweise eine Neueinstellung des professionellen Blickes auf die Arbeit mit Menschen, die unter sexuellen Problemen leiden, versucht werden. Wieder gehe ich dabei von jenen Erfahrungen und Lernprozessen aus, die für mich selbst wichtig und hilfreich gewesen sind.

Diese hilfreichen und handlungsrelevanten Anregungen erfuhr ich – wie ja schon mehrfach angeklungen ist – vor allem durch die Fortbildung und Mitarbeit im Rahmen der renommierten »Abteilung für Sexualforschung«, wie sie früher hieß, beziehungsweise am späteren Institut für Sexualforschung und Forensische Psychiatrie des Universitätsklinikums Hamburg-Eppendorf. Die dort tätigen Kolleginnen und Kollegen haben das aus dem Amerikanischen stammende, von Masters & Johnson (1973) ausgehende Modell in den letzten Jahrzehnten zu einer integrativen Methode psychotherapeutischer Behandlung von Sexualstörungen entwickelt und rund um diese Methode eine Fülle von ätiologischen, therapietheoretischen und -praktischen Konzeptionen entwickelt, die für die Weiterentwicklung von Theorie und Praxis äußerst hilfreich sind.

Dabei ging es auch darum, *einen neuen Blick auf die menschliche Sexualität und deren Entwicklung* zu leisten, der praktizierenden Beratungs- und Therapiefachleuten als hilfreiche Horizonterweiterung dienen kann. Dieser neue Blick weicht von den bislang gewohnten Herangehensweisen zur Sexualität, die sich durch eine relativ eng geführte, ja oft isolierte Betrachtung unmittelbar geschlechtlicher Vorgänge auszeichnen, deutlich ab, ist sehr breit angelegt, interessiert sich stellenweise auch für ganz unspektakuläre, aber für das Verstehen umso hilfreichere individuelle und biografische Zusammenhänge von sexuellen Problemen und Störungen.

Besonders erwähnenswert und inspirierend waren und sind dabei die Arbeiten (und die Zusammenarbeit) mit Gunter Schmidt (vgl. insbesondere 1988, 2004)[34], der sich von Beginn an in unterschiedlichem Maß und unterschiedlicher Schwerpunktsetzung auch einer *psychoanalytischen Betrachtungsweise* bedient, obwohl er einigen Grundannahmen der psychoanalytischen Entwicklungstheorie kritisch gegenübersteht: So kritisiert er etwa die starke ödipale Akzentuierung der Entwick-

---

34 Hier sei besonders auf die unter Praktikern nach wie vor zu wenig bekannten Bücher »Das große DER DIE DAS. Über das Sexuelle« von 1988 und »Das neue DER DIE DAS. Über die Modernisierung des Sexuellen« von 2004 verwiesen.

lungsmöglichkeiten des Kindes, aber auch die alte triebtheoretische Ausgangsbasis der Psychoanalyse (vgl. Schmidt 2012, S. 66 f.). Bei aller Kritik verschiedener klassischer Positionen der Psychoanalyse könne man sie aber für die Analyse sexuellen Verhaltens und Erlebens hervorragend einsetzen, weil sie *latente Botschaften entschlüsseln* und dem *latenten Sinn von Sexualität und sexuellen Äußerungsformen und Erregungsmustern* auf die Spur kommen will. Dieses *Entschlüsselungspotenzial* der Psychoanalyse wird nun auf eine zunächst verblüffende Formel (die sich aber in klinischen Erfahrungen bestätigt – siehe später) gebracht, die schon ausdrückt, dass es beim Sex immer um viel mehr als das eigentlich »Geschlechtliche« geht:

> »Sexuelle Entwicklung und sexuelle Sozialisation vollziehen sich weitgehend und in erster Linie in nichtsexuellen Bereichen, also durch Erlebnisse und Erfahrungen, die im eigentlichen oder engeren Sinn nicht sexuell sind.« (Schmidt 2012, S. 67)

Wir haben es also mit einer *nichtsexuellen sexuellen Sozialisation und Entwicklung* zu tun – was soll das? Das heißt nichts anderes, als dass wir davon ausgehen können, dass bestimmte grundlegende Erfahrungen der Befriedigung von Bedürfnissen, des Erlebens von Beziehungen, des Behandelt-Werdens als Bub oder Mädchen – und noch einmal: nicht im direkt sexuellen, sondern in allen möglichen Bereichen des Alltags- und Zusammennlebens – viel entscheidender sind für die spätere Sexualität respektive sexuelle Schwierigkeiten, als man lange Zeit angenommen hatte und wohl vielerorts auch heute noch annimmt. Fragt man Menschen, was die Sexualität entscheidend präge, erhält man wohl die meisten Antworten in Richtung des Umgangs mit Sexualität im Elternhaus und in der Sexualerziehung (beziehungsweise im Alleingelassen-Werden ohne Sexualerziehung), in Richtung kirchlicher Sexualrepression usw. Die intendierte Sexualerziehung etwa – und ich würde sagen, egal welche, wenn sie nicht *zu* angstmachend und erniedrigend ist – ist aber nur ein sehr enger Bereich der Beeinflussungsmöglichkeit der sexuellen Entwicklung von Kindern und Jugendlichen, und – so Schmidt (ebd.) – sie »ist für die spätere Sexualität des Kindes sehr viel weniger bedeutsam als (zum Beispiel) die Stabilität und Zuverlässigkeit seiner Beziehungen zu seinen Eltern«.

Diese Zugangsweise hat sich in meiner eigenen Erfahrung als Paar- und Sexualtherapeut als sehr hilfreich erwiesen und wird auch von vielen Kolleginnen und Kollegen als solche erlebt. Sehr schnell stellt sich dann bei derartigen Therapien, trotz eines ganz klar definierten sexuellen Symptoms als Anmeldegrund, die Erfahrung ein, wonach die ganze Szene, die der Patient oder das Patientenpaar repräsentieren, eigentlich gar nichts (mehr) mit Sexualität zu tun hat. Da spielen dann ganz andere lebensgeschichtliche Erfahrungen herein, die allerdings in der Lage sind, das sinnliche Erleben massiv zu beeinflussen und zu irritieren.

Die Vaginismus-Problematik bei einer Patientin etwa verschwindet sehr schnell hinter dem Problem einer auf's Ärgste bevormundenden und dadurch auch demütigenden Mutterfigur der Patientin, derentwegen das Selbstwertempfinden der Patientin als Frau arg ramponiert erscheint. Immer wieder stellen sich

> depressive Zustände ein – quasi »neben« dem sexuellen Symptom, und doch auf's Engste mit ihm verbunden.

Und genau auf diese Gesamtheit, auf das Zusammenspiel mit anderen lebensgeschichtlich bedeutsamen Ereignissen und Beziehungen, auf die Einheit von »Bio-Psycho-Sozialem« (Beier u. Loewit 2011), kommt es an. Da sind die entscheidenden Hebel, um dem Problem und seiner möglichen »Heilung« auf die Spur zu kommen. Wenn man diese Dinge nicht sieht, nicht mit einbezieht und nicht bearbeitet, dann wird sich entweder kein therapeutischer Erfolg einstellen oder die Behandlung wird möglicherweise kurzfristig oder aber auf dem Weg der Symptomverschiebung eine Wirkung zeitigen.

Aus diesen Überlegungen heraus ergibt sich – den Ansätzen von Schmidt (1988, 2004) und in gewisser Weise auch Beier und Loewit (2011) folgend, die sich in ähnlicher ganzheitlicher Betrachtung auf die sich in jedem Begehren spiegelnden »Grundbedürfnisse« des Subjekts beziehen – der im Folgenden dargestellte »neue Blick auf die Sexualität«.

9.1 Neue Perspektivenvielfalt – Sexualität und »Nichtsexuelles«

Die Fragen, die zu stellen am Beginn von Beratungen oder Behandlungen hilfreich und für die Einleitung eines diagnostischen und therapeutischen Prozesses notwendig sind, kreisen zunächst um die *Einflusssphären auf Sexualität*: Was alles beeinflusst denn unsere Entwicklung und damit auch unsere Fehlentwicklungen oder Störungen? Welche *Zusammenhänge – familiäre, psychodynamische und gesellschaftliche* – sind von Bedeutung, also individuelle Besonderheiten, Elternbeziehungen, soziale Lage der Familie und des Umfelds des Aufwachsens u. a. m. Oder der Bereich, der besondere Vorkommnisse in der Entwicklung betrifft: Welche Schädigungen, Traumatisierungen, Trennungen, Verluste etc. sind vorhanden und von Relevanz? Welche »Triebschicksale«, welcher Umgang mit Triebverzicht, Umgang mit Versagung und Einschränkungen, welche Dranghaftigkeit von Bedürfnissen, neurotische Züge dürfen vermutet werden? Und welche bewussten Erfahrungen mit Sexualität und allem »Drumherum« kann der oder die Ratsuchende angeben?

Sexuelle Entwicklung und sexuelle Sozialisation vollziehen sich weitgehend und in erster Linie sozusagen *in nichtsexuellen Bereichen*. Diese paradox klingende Feststellung meint, dass es ganz wichtige Erlebnisse und Erfahrungen gibt, die die Sinnlichkeit eines werdenden Menschen beeinflussen, ohne selbst direkt sexuell zu sein. Wer etwa in Erziehung und Sozialisation bedingt durch familiäre oder institutionelle Kontexte (etwa Schule) Entwertung oder Demütigung erfahren hat, dessen Sexualität ist »anders« als die eines Menschen, dem das nicht passiert ist. Das heißt auch, dass sich in der Sexualität die jeweils individuelle Geschichte eines Menschen mit all seinen Bedürfnissen, Wünschen, Beschädigungen usw. niederschlägt.

Wenn wir all diese Einflusssphären, die den theoretischen Vorannahmen zur lebensgeschichtlichen und gesellschaftlichen Bedingtheit sexueller Entwicklung entsprechen, und damit auch *das »Nichtsexuelle« am Sexuellen ernst nehmen*, dann ergibt sich eine zumindest vierfache, miteinander verflochtene Perspektivenverschränkung, durch die wir das Gewordensein von Ratsuchenden, ihre auch abseits der Sexualität entwickelten Beziehungen und Bindungen, ihre Persönlichkeitsentwicklung, ihre traumatischen Erlebnisse und lebensgeschichtlichen Brüche und auch ihre aktuellen sexuellen Probleme sehen können. Es sind dies die Perspektiven der

- Bedürfnisgeschichte,
- Beziehungsgeschichte,
- Körpergeschichte und
- Geschlechtsgeschichte (vgl. im Folgenden Schmidt 2004 a).

Die erste Perspektive betrifft den Modus der Erfahrung der frühen und grundlegenden *Bedürfnisse* (vgl. auch Beier und Loewit 2011) nach Zuwendung, Bindung, Verlässlichkeit usw., die zweite Ebene die Art der *Beziehungen*, im Rahmen derer die Bedürfnisbefriedigung erfolgt. Dabei spielt – besonders in der frühen Kindheit, aber dann auch in allen späteren Lebensphasen –, der *Umgang mit dem Körper* eine bedeutsame Rolle: Sowohl die Bedürfnisse sind teilweise körperlich oder mit körperlichen Dimensionen assoziiert (etwa Nähe als seelische *und* körperliche Dimension), als auch Beziehungen sind letztlich über den Körper erfahrbar. All diese Erfahrungen machten wir als Buben und Mädchen, also *je nach Geschlecht*, was wiederum unsere Entwicklung zu einer je spezifischen Männlichkeit oder Weiblichkeit ganz entscheidend mit gestaltet. Diese vier Erlebensbereiche – Bedürfnisgeschichte, Beziehungsgeschichte, Geschlechtsgeschichte und Körpergeschichte – beeinflussen unsere Persönlichkeitsentwicklung und zugleich unsere sexuelle Entwicklung nachhaltig und sind wesentlich bedeutsamer und prägender als manche intendierte erzieherische Einflussnahme oder auch restriktive sexualpädagogische Unterweisungen dieser Art (wobei die Sexualpädagogik als unterstützende Begleitung von Kindern und Jugendlichen in ihrer Bedeutung aber auch nicht geschmälert werden soll). Sehen wir uns diese Perspektiven, die fundamental bedeutsam für das Verständnis von Ratsuchenden sind, genauer an.

9.1.1 Bedürfnisgeschichte

Kinder, deren Grundbedürfnisse nach Sicherheit, Schutz, verlässlicher Zuwendung, Bindung usw. ausreichend befriedigt werden, entwickeln ein *Grundgefühl des Zutrauens*, wie wir es schon bei der Besprechung der psychosexuellen Entwicklung (Kutanität und Oralität) kennengelernt hatten. Das ist eine gute Voraussetzung für die Entwicklung eines stabilen Selbstbewusstseins. Findet eine derart ausreichende Befriedigung nicht statt, entwickelt sich ein *Grundgefühl des Zu-kurz-gekommen-Seins* und eine latent anhaltende Angst, immer wieder unbefriedigt und mit seinen Bedürfnissen unberücksichtigt zu bleiben. Im ersten Fall wird der spätere Erwachsene zum Beispiel zuversichtlich und gelassen mit Trennungen und Frustrationen umzugehen wissen, in letzterem Fall werden später – bis in den partnerschaftlich-sexuellen Bereich hinein – die Angst vor Unbefriedigt-Bleiben oder eine anhaltende Enttäuschungsangst usw. vorherrschen, was z. B. zur Flucht nach vorne in dauerndes sexualisiertes Herumsuchen oder auch zu Sexualstörungen (Decksymptome wie Lustlosigkeit oder eine Funktionsstörung) führen kann.

Ein anderes Beispiel aus dem Bereich der Analität: Hier kann beispielsweise das Bedürfnis nach Autonomie, nach selbstbestimmtem Zurückhalten und Loslassen, das auch das lustvolle Erleben selbstregulierender Spannung und Körperbeherrschung einschließt, durch übergriffige Bevormundung, penible Reinlichkeitserziehung usw. frustriert werden. Diese Frustrationen können die Fähigkeit zum Zulassen von Körperreaktionen beim späteren Erwachsenen einschränken oder auch die Angst fördern, sich dem körperlichen Erregungszustand zu überlassen und ihn steuern zu können. Am Ende kann dann eine Störung des Orgasmuserlebens aus Angst vor Kontrollverlust stehen. Ebenso einschneidend können Erfahrungen in der ödipalen Phase sein: Hier werden ja die Grundbedürfnisse nach Anerkennung und Zuwendung, nach Begehren und Begehrt-Werden wirksam, die die spätere Partnerwahl, wie wir wissen, massiv beeinflussen können. Die Erfüllung dieses Bedürfnisses kann sowohl im positiven als auch im negativen Sinn sehr folgenreich sein, eine vom Vater in ihrem Sein anerkannte Tochter wird mit ganz anderem weiblichen Selbstbewusstsein ins Leben gehen wie ein Mädchen, das das nicht erleben durfte. Diese paar wenigen Beispiele mögen genügen, um zu zeigen, wie der frühe Umgang mit den Bedürfnissen unmittelbar die Persönlichkeitsentwicklung und damit auch das Sexualverhalten prägt.

9.1.2 Beziehungsgeschichte

Nur der Systematik halber von der Bedürfnisebene trennbar, spielt auch die *Beziehungsgeschichte* von klein auf bei der Entwicklung der Sexualität eine tragende Rolle, vielleicht sogar die herausragendste Rolle überhaupt. In der Praxis entdecken wir die prägenden Erfahrungen der Beziehungsgeschichte dann, wenn etwa eine sehr klammernde, besitzergreifende Mutter ein Kind abhängig und klein hält und es nicht loslässt. Für seine weitere Entwicklung kann dies bedeuten, dass später Beziehungsängste, nämlich »aufgefressen« und »verschlungen« zu werden, auftreten, die auch das Sexualleben massiv beeinträchtigen können. Dennoch »wählen« Menschen mit oft verblüffender Regelmäßigkeit wieder ein »Objekt«, das den früheren Erfahrungen, die gar nicht mehr bewusst sind, entspricht. Das Fernhalten von Beziehungen generell, auch ein rasender Wechsel sexueller Beziehungen mit baldigem Davonlaufen vor zu viel Nähe, Beengtheitsgefühle bei verbindlichen Abmachungen usw. können die Folge einer solchen Beziehungserfahrung sein: Diese Abgrenzungsbemühungen eignen sich auch gut dazu, von sexuellen Funktionsstörungen verdeckt zu werden, was ja einen gewissen »Abstand« zum Partner nach sich zieht. Ein anderes Beispiel wären Patienten mit frühen traumatischen Trennungserlebnissen (Verlust der primären Bezugsperson durch Tod, längere Krankenhausaufenthalte, zu frühe Auflösung der symbiotischen Nähe Mutter/Kind u. a. m.). Dies kann sich später in Form großer Sehnsucht nach symbiotischer Einheit, Nähe und Verschmelzung mit einem Partner äußern. Aber weil all diese Gefühle und Affekte auch ambivalent sind, kann auch das Gegenteil der Fall sein, dass jemand dem Partner gegenüber immer wieder einmal aggressiv-gehässige Ausbrüche zeigt, quasi um zu testen, ob die Symbiose das auch wirklich aushält. Auch ein ständiger Wechsel von Wegstoßen und Anklammern kann Folge der genannten frühen traumatischen Erfahrungen sein.

Nach den frühesten Beziehungserfahrungen sind in der mittleren Kindheit vor allem auch die ödipalen Erfahrungen sehr prägend für partnerschaftlich-sexuelles Erleben. Eltern sind für ödipale Kinder nicht nur die ersten schwärmerisch begehrten Objekte, bei denen sie den anderen Elternteil verdrängen möchten, sie sind auch wichtige und (im körperlichen Sinne) große und mächtige Bezugspersonen. Wie dieses Beziehungsgefüge verläuft, wie liebevoll oder kindisch-eifersüchtig dieses »Spiel mit den ersten Geliebten« von Seiten der Eltern geführt werden kann, ist sehr wichtig für späteres partnerschaftliches Verhalten. So prägt die Art, wie bedrohlich, abweisend oder aber zugewandt der gleichgeschlechtliche Elternteil den Verzicht des Kindes auf sein Begehren nach dem anderen Elternteil einfordert, die sich entwickelnde Persönlichkeit entweder in Richtung ängstlicher Unterworfenheit oder aber in diejenige selbstbewusster, durch gute Identifizierungen getragener Autonomie. Die Anerkennung des gegengeschlechtlichen Elternteils ist auch fundamental wichtig für eine positive sexuelle Identität des Mädchens oder Jungen, wie wir schon im Rahmen der Bedürfnisgeschichte festgestellt hatten. Was oft vergessen wird, ist die Bedeutung der Nähe zum gleichgeschlechtlichen Elternteil (der sogenannte »negative Ödipuskomplex«), der die Anlehnung und Identifikation mit ihm meint und – trotz des ödipalen Rivalisierens mit ihm – sehr wichtig für das spätere Frau- und Mann-Sein ist (vgl. Aigner 2002). Auch die Art, inwieweit die Heranwachsenden sich von den Elternobjekten wirklich loslösen und abkoppeln können, entscheidet über selbstbewusstes Frau- und Mann-Sein im späteren Erwachsenenleben.

Wesentlich erscheint es an dieser Stelle, die Bedeutung eines *reziproken Begehrenlernens* hervorzuheben: Kinder können und sollen in kindgemäßer Weise nicht nur den bewunderten ödipalen Elternteil begehren können, sie sollen auch das Begehrt-Werden erfahren können, freilich abseits jeglicher unabgegrenzt übergriffigen Erwachsenensexualität. Der oder die »Größte« für Vater oder Mutter zu sein, ist – besonders in psychoanalytischem Verständnis – ein »sexueller« Akt, der die Erfahrung beinhalten soll, dass das Mädchen oder der Junge für den jeweiligen Elternteil auch ein begehrenswertes, ein anmutiges, ja ein bezauberndes Wesen darstellt, das den Stolz der Eltern verdient, wie es dabei zugleich selbst auf sich stolz zu sein erfahren und lernen kann.

9.1.3 Körpergeschichte

Obwohl in den psychologischen und psychotherapeutischen Theorien (mit Ausnahme körperorientierter Methoden) der Körper in seiner entwicklungspsychologischen Relevanz oft sträflich vernachlässigt wird, entwickeln sich Menschen immer entlang körperlicher Empfindungen und körperlicher Veränderungen, was für den Bereich der Sexualität ganz besonders bedeutsam ist. An die enge Verzahnung von Ich und Körper bei Freud, wonach das Ich ja von Anbeginn an »vor allem ein körperliches« sei (Freud 1923, S. 294), haben wir in dieser Arbeit schon erinnert (▶ Kap. 2.1.4). Zum Gutteil wird die Sexualentwicklung selbstredend von körperlichen Veränderungen begleitet, man denke nur an die Umgestaltungen in der Pubertät. Aber auch schon lange vor Ereignissen wie der ersten Ejakulation oder der ersten Regelblutung sind der Körper und die Antworten auf ihn seitens der erzieherischen Umwelt von Bedeutung. Annahme und Nähe sind immer auch körperliche Dimension und je nachdem, wie Kinder dies erfahren, ist der Körper als sinnliches Organ »besetzt« und vitalisiert. Kinder, die diese Nähe nicht oder zu wenig erfahren oder an denen dauernd im Sinne normierter Körperlichkeit herumgenörgelt wird, werden sich schwer tun, den sexuellen Körper frei und hingebungsvoll erleben zu können. Die Körper-, Jugendlichkeits- und Schönheitszwänge, die erst später ab der Pubertät auf die Heranwachsenden einwirken, haben dann je nach Art der bisher erfahrenen Körperakzeptanz ein mehr oder weniger leichtes Spiel.

Eine besondere Spielart der Körperakzeptanz stellt die Beziehung zu den eigenen Genitalien dar: Auch hier ist – wie schon in der Schilderung der problematischen »Intimkorrekturen« (vgl. Borkenhagen u. Brähler 2010) erwähnt – in den letzten Jahrzehnten eine enorme Entwicklung vonstattengegangen, die uns zu denken geben muss. Männer strahlen zwar häufig eine oberflächliche, mit einem gewissen narzisstischen Stolz daherkommende Phallizität aus, es gibt aber auch jede Menge Zweifel, ob der »beste Freund« oder wie immer dieser angeblich so wichtige Körperteil eigenartiger Weise genannt wird, denn wirklich den phantasierten Anforderungen genügt. Insofern ist für Geschäftemacherei wie operative »Penisverlängerungen« ein großer Markt vorhanden. Bei Frauen scheint den Intimbereich betreffend aber ein noch größerer Bedarf an chirurgischer »Verschönerung« zu bestehen, wie in ▶ Kap. 3.6 zum Fetisch Jugend schon dargestellt wurde.

Was sexuelles »Funktionieren« über körperliche Eingriffe betrifft, kritisiert Sigusch (2005) den Traum der Mediziner von der perfekten »Prothetisierung« der sexuellen Funktionen, wie er das nennt, »deren Verkörperungen den Körper zur Leiche machen, also auch Entkörperungen sind« (Sigusch 2005c, S. 16). Dies korrespondiere mit dem allgemeinen Traum, das Somatische soweit »in den Griff« zu bekommen, dass es quasi zu einer »Überwindung des Körpers«, ja zu einer »Entleiblichung«[35] käme (ebd.).

---

35 Sigusch sieht diese Entleiblichungstendenz, wo sozusagen alles von Körperlichem »bereinigt« ist, in der verbreiteten Tendenz zu »leiblosen« Befriedigungsweisen wie Telefon-Sex oder Cyber-Sex bestätigt (ebd. S. 16 f.).

In der Therapie erleben wir immer wieder allein schon deshalb massive Probleme, weil die Patienten angehalten sind, im Rahmen der Partnerübungen zu Hause ihren Körper dem Partner zu zeigen und natürlich auch hinzugeben. Selbst äußerlich attraktiv erscheinende Menschen – insbesondere Frauen – haben wegen vergleichsweise geringfügiger Abweichungen von einem fiktiven Schönheitsideal massive Selbstakzeptanzprobleme. Erst recht ist der Intimbereich – wie in Paartherapie-Vignetten (▶ Kap. 12) noch zu zeigen sein wird – von großer Scham besetzt, von einer Scham, die nichts mit Intimität, sondern letztlich mit mangelnder Selbstakzeptanz zu tun hat. Geschlechtsorgane werden hier als »ekelig«, übel riechend usw. phantasiert, und sie dem Partner zu zeigen, ist selbst für lange Jahre zusammenlebende Paare oft ein Riesenproblem.

Es ist unmittelbar einleuchtend und lässt sich in den Biografien bestimmter Patientinnen auch nachzeichnen, dass hier die früher erfahrene Nähe und Körperbejahung eine Identitätsbasis schafft, die nicht so leicht durch den »Idealterror« aus Medien und öffentlicher Bilderwelt zu verunsichern ist. »Im eigenen Körper zu Hause zu sein«, setzt voraus, dieses Zuhause als ein anerkanntes und geliebtes erfahren zu haben. Die erwähnte Tendenz zur Normierung des angeblichen Idealkörpers, die zunehmend auch auf Männer zutrifft, sowie jene zur Verleugnung des Älterwerdens und des Nachlassens gewisser körperlicher Funktionen (einschließlich der Frage der sexuellen Funktionen, insbesondere der Erektion – siehe dazu ▶ Kap. 6) gehören zu den am nachhaltigsten wirkenden Hindernissen ungezwungener Körperlichkeit und Erotik, wie sie uns als Problem in Beratung und Therapie beschäftigt. Für eine Gesellschaft, in der der alternde Körper direkt oder indirekt (durch Ausblendung und Tabuisierung)[36] als unästhetisch angesehen wird, ist es nur folgerichtig, dass körperliche Abweichungen vom Ideal jugendlicher Normierung eine Beeinträchtigung des partnerschaftlich-sexuellen Lebens nach sich ziehen. Hier ist Aufklärungsarbeit nicht nur in Beratungssituationen, sondern auch im Sinne kritischer Bildungsarbeit und öffentlicher Bewusstseinsbildung vonnöten.

9.1.4 Geschlechtsgeschichte

Die Erfahrungen mit relevanten Beziehungen, mit der Bedürfnisbefriedigung und mit Körperlichkeit werden von Anbeginn des Lebens an als Mädchen oder als Junge gemacht. Sogar vor der Geburt sind bei Eltern schon geschlechterbezogene Einstellungen zum erwarteten Kind nachweisbar. Neuerdings scheint auch die traditionelle Farbenlehre (rosarot für Mädchen, hellblau für Jungen) wieder eine Renaissance zu feiern, eine durchaus unnötige Renaissance, wie ich meine. Jedenfalls ist die Entwicklung der Kinder entlang ihrer Geschlechtszugehörigkeit eine entscheidende Variable für ihre spätere Sicherheit als Geschlechtswesen. Freilich ist hier nicht die Übernahme traditionell überlieferter Mann-Frau-Klischees gemeint. Auch

---

36 Ich erinnere bei dieser Gelegenheit an die Aufregung, die jedes Mal entsteht, wenn in Spielfilmen ältere Paare oder auf Großflächenplakaten nackte Körper älterer Menschen zu sehen sind.

Männer und Frauen, die sehr unterschiedliche, von den überlieferten Rollenbildern abweichende Lebensweisen haben, können eine sehr stabile Geschlechtsidentität erwerben und haben (wie etwa ein vom traditionellen Männerbild abweichender Hausmann) durchaus die Möglichkeit, sich in ihrer subjektiven Männlichkeit wohl und stabil zu fühlen.

Wichtig ist für den Erwerb dieser stabilen Geschlechtsidentität vor allem einmal ein gleichgeschlechtlicher Elternteil bzw. eine entsprechende Bezugsperson, zu der das Kind eine positive emotionale Beziehung aufbauen und pflegen kann. Aber auch der gegengeschlechtliche Elternteil (oder die Bezugsperson), der das Kind in seiner von sich unterschiedlichen Eigenart als Mädchen oder Junge annimmt, ist von großer Bedeutung. Dieser andersgeschlechtliche Elternteil hat die Aufgabe, dem Kind eine angstfreie und wertschätzende Auseinandersetzung mit den nach konventioneller Auffassung »gegengeschlechtlichen« Anteilen in sich zu ermöglichen. Diese Fragen sind heute durch eine durchlässigere Geschlechterauffassung, durch die Kritik und teilweise Beseitigung starrer Geschlechtsrollenklischees weitgehend entschärft und zugleich präsenter als früher. Deshalb scheinen diese Entwicklungsschritte nach wie vor für viele Kinder nicht einfach zu bewältigen zu sein. Insbesondere Jungen haben auf dem Weg zu ihrer je subjektiven Männlichkeit (also gerade nicht zu einer angeblich »typischen« Männlichkeit) oft zu wenig Unterstützung seitens entscheidender männlicher Bezugspersonen, etwa seitens ausreichend präsenter Väter (vgl. Aigner 2002). Hinzu kommt das, was wir die »Feminisierung« der Erziehung nennen, dass also Erziehung vom Kindergartenalter an traditionellerweise – und in jüngster Zeit sogar wieder in zunehmender Zahl – fast ausschließlich von Frauen geleistet wird.[37] Nun soll nicht behauptet werden, dass dies in jedem Fall ein Problem für Jungen abgeben könnte, aber angesichts der großen Veränderungen gerade des Geschlechterverhältnisses in den letzten Jahrzehnten (siehe auch die Ausführungen zur Jugendsexualität), des Brüchig-Werdens althergebrachter Muster und zusätzlich der Überflutung Heranwachsender mit medialen Bildern ist doch verständlich und nachvollziehbar, dass es hier für Jungen auch immer wieder Verunsicherungen geben kann. Diese werden dann von vielen Jungen – wovon fast alle Lehrer und Lehrerinnen ein Lied singen können – durch gehobene Unruhe (Externalisierung von Konflikten) und/oder erhöhtes »Macho-Gehabe« zu kompensieren versucht. Mädchen scheinen es hier – allein schon durch die fast durchgehende Präsenz von Frauen entlang ihres Entwicklungsweges – ein wenig leichter zu haben. Für sie sind ständig gleichgeschlechtliche Bezugspersonen vorhanden, von denen sie sich etwas abschauen, von denen sie sich abgrenzen oder an die sie sich anlehnen, mit denen sie sich jedenfalls auseinandersetzen können. Denn es geht nicht immer darum, »Vorbilder« zu haben, mit denen man sich identifiziert und denen man nachstrebt, sondern es geht um Auseinandersetzung, um lebendige Nähe, Anziehung und Abstoßung, um in dieser vitalen Bezogenheit entsprechende individuelle Möglich-

---

[37] Letzteres gilt besonders für den Bereich der Grundschule, in dem sich die Männer etwa in Österreich von rund 45 % Anfang der 1970er Jahre auf unter 10 % heute verflüchtigt haben (vgl. Aigner u. Rohrmann 2012).

keiten als Frau oder Mann zu entwickeln, für die es ja heute eine größere Vielfalt und Toleranz gibt.

Aus der Perspektive der *Geschlechtsgeschichte* fragen wir uns also, inwieweit Frauen und Männer mit der Entwicklung ihrer Geschlechtsidentität zurechtgekommen sind und wie sich das auf ihr Partnerschafts- und Sexualleben auswirkt. Frauen und Männer, die hier Probleme haben, sind dabei in sexualibus stets in gewisser Weise verunsichert und behindert: Männer mit krampfhaft aufrechterhaltener traditioneller Männlichkeit haben oft Probleme, sich zärtlich hinzugeben; schnelllebige sexuelle Interaktion ohne viel »Drumherum« dient dann manchen Männern dazu, sich davor zu schützen, als zu weich oder gar »weibisch« zu gelten, und dies nicht so sehr in den Augen der Partnerin, sondern vor sich selbst. Auch machohaftes, Frauen dauernd genital bedrängendes oder gar an Brutalität grenzendes Potenz-Geprotze dient oft der Abwehr dieser »weichen« Anteile bei Männern. Bei den Männern, die den Weg in eine Bratungsstelle finden, scheint mir hingegen eher der Rückzug aus Beziehung und Sexualleben als Bearbeitung dieser Verunsicherung dominierend zu sein.

Aber auch Frauen sind vom Wandel und der Enttraditionalisierung des Geschlechterverhältnisses und der Geschlechterrollen betroffen: Viele äußern Unzufriedenheit damit, wie sich neue Selbständigkeit und Anlehnung an Männer vereinen lassen; viele haben auch Angst, Männer damit zu vertreiben. Aber auch Hinweise auf ein Vermissen traditioneller Männlichkeitsmuster (»kein richtiger Mann«) finden sich immer wieder. Andererseits erlebt man bei Frauen viel Wut über die nach wie vor vorhandenen patriarchalen Selbstverständlichkeiten, denen »frau« aber nicht mehr gewillt ist zu folgen. Wir kennen auch Fälle, wo die Hingabe und Orgasmusfähigkeit von Frauen unbewusst verweigert wird, weil sie als Niederlage und als Unterwerfung unter männliche Machtansprüche erlebt würden. An dieser Stelle ist es auch wichtig zu betonen, dass es sich in solchen Fällen nicht um eine diagnostizierbare sexuelle Störung, sondern letztlich um eine adäquate Reaktion auf nicht mehr zu akzeptierende Geschlechterverhältnisse handelt.

Das gesamte sich aus diesen »Geschichten« ergebende Geflecht von Erfahrungen samt der daraus resultierenden Vorlieben, Frustrationen oder Ängste hat der Psychoanalytiker Robert Stoller einmal als »Microdots« bezeichnet (1979). Das sind »Minibilder«, in denen sich biografische Erfahrungen, die für sexuelle Reaktionsweisen, Affekte und Erregungsmuster prägend gewesen waren und unbewusst das aktuelle Sexualleben beeinflussen, widerspiegeln. Unser aller Erotik wird auf diese Weise von solchen Microdots bestimmt: z. B. bestimmte Einzelheiten bei der Partnerwahl, bestimmte Vorlieben, die Erregbarkeit durch besondere Praktiken, nicht zuletzt die zentralen sexuellen Phantasien einer Person. Ähnliche Vorstellungen haben Gagnon und Simon (1973) mit ihrem Konzept der »sexuellen Skripte« und Money (1986) mit seinen »Liebeslandkarten« (»Lovemaps«) vorgelegt (vgl. auch Schmidt 2011, S. 67f.). All diese Konzepte meinen innere Entwürfe, die die Besonderheiten unseres sexuellen Wünschens, Phantasierens und Begehrens erklären können – wobei sich die Stoller'schen Microdots immer auf frühe Erfahrungen beziehen und unbewusst sind – im Gegensatz zu den Skripts und Lovemaps, die auch durch adoleszente oder noch spätere Erfahrungen und Beziehungen grundgelegt werden können.

Wir können jedenfalls zusammenfassen, dass sich die unterschiedlichsten Ausgestaltungen sexuellen Erlebens und Verhaltens, wie sie sich aus diesen Erfahrungen ergeben und uns auch in Beratung und Therapie begegnen, mithilfe der vierfachen Perspektivenverschränkung von Bedürfnis-, Beziehungs-, Körper- und Geschlechtsgeschichte gut verstehen und entschlüsseln lassen. Dies ist eine wichtige Voraussetzung dafür, um Bewusstwerdung und produktive Veränderungen in Gang setzen zu können, die von eingeschliffenen, unzufrieden oder gar krank machenden Mustern partnerschaftlich-sexueller Interaktionen wegführen. Sexualwissenschaft, die sich diesen Perspektiven verpflichtet weiß, wird nicht in Gefahr geraten, sexuelle Probleme zu eng und abgetrennt von der sonstigen Biografie und vom »nichtsexuellen« Leben zu betrachten. Ohne Letzteres ist das sexuelle Leben auch gar nicht wirklich verstehbar. Das heißt aber auch – und die Fallbeispiele in ▶ Kap. 12 werden das auch zeigen –, dass Veränderungen im Bereich sexuellen Erlebens immer auch an Veränderungen des nichtsexuellen Lebens, der »sonstigen« Lebensweise, Partnerschaft und Beziehung gebunden sind.

9.2 Sexuelle Probleme zwischen Metaphorik und Ätiologie

Die Probleme und Störungen, die uns in Beratungsstellen und Therapiepraxen begegnen, sind natürlich sehr vielfältig, und mir fällt dazu oft der Satz ein: »Es gibt nichts, was es nicht gibt!«. Dabei handelt es sich sehr oft auch um »Störungssymboliken«, die metaphorische Hinweise auf ihren Begründungszusammenhang liefern – ähnlich, wie wir es von psychosomatischen Beschwerden kennen: z. B. bei unangenehmen Aufgaben »Bauchweh haben«, oder vor Ärger »kommt einem die Galle hoch«. Ähnliches finden wir auch bei sexuellen Unzufriedenheiten immer wieder.

»So eine wie die werde ich nie«, sagt etwa die Frau, die in ihrer seit 16 Jahren bestehenden Ehe noch nie mit ihrem Partner Geschlechtsverkehr haben konnte, weil sie unter einem schweren Vaginismus leidet, über ihre Mutter. Dabei *ballte und verkrampfte sie die Hand so zur Faust*, als wollte sie unbewusst die Verspannung anzeigen, die auf der physischen Ebene ihr Symptom ausmachte.[38] Die Mutter der Patientin war eine gebeugte, depressiv Unterworfene unter die patriarchale Macht ihres dominierenden Gatten, eines Bauern, der verhärmt und hart sein Leben fristete. Und wenn jemand nicht *wie* die Mutter werden will, dann wird sie am besten *selbst nie* Mutter, was am »einfachsten« durch Vermeidung des ehelichen Verkehrs, in diesem Fall durch eine vaginistische Symptomatik, zu haben ist. Ganz abgesehen von den sonstigen Dynamiken zwischen diesen beiden Partnern war das eine Schlüsselstelle in dieser Paartherapie, in der es im Weiteren gar nicht mehr so

---
38 Siehe dazu die ausführliche Fallschilderung in ▶ Kap. 12.1.

sehr um die Verspannung der Vaginalmuskulatur, sondern um die Arbeit an diesem Frauen- und Mutterbild ging. Auch hier also wieder ein Beispiel, wie »Nichtsexuelles« in die Schwierigkeiten mit der Sexualität und deren Vollzug hineinspielt.

Ein männlicher Patient, der wegen Lustlosigkeit und partieller erektiler Dysfunktion in Behandlung gekommen war, schilderte das Eingeengt-Sein und die erniedrigende Situation im Haushalt seiner Eltern, wo er keinen Raum beanspruchen konnte, den er selbst autonom nutzen und gestalten konnte. »*Ich hatte keinen Raum für mich, es war erniedrigend*, überall musste ich Platz machen, konnte mich nirgends ausbreiten«, klagte er. Auch hier kann das Symptom, mit dem er kam, nämlich das (phallische) Sich-nicht-ausbreiten-Können bzw. das lustlose Blockiert-Sein, als metaphorischer Ausdruck der offenbar traumatischen Verunmöglichung von Initiative und Bewegung gesehen werden. Nie hatte er das Gefühl, einfach mal »loslegen« und sich entfalten zu können, was ihn auch bis in seine lustlose Ehe hinein begleitete. Andere Männer wiederum »stehen immer ihren Mann« und verleugnen damit jegliche Art von Schwäche. Diese abgewehrte »Schwäche« passiert ihnen dann just im intimsten Bereich, der sie unbewusst an das Klein- und Abhängig-Sein gemahnt, in Form einer massiven Erektionsproblematik. Auch hier spielen die biografischen Erfahrungen aus Beziehungs- und Geschlechtsgeschichte des Jungen, der der Patient einst war, eine wichtige Rolle, und es wäre geradezu fahrlässig, ein solches Symptom einfach nur wegzutrainieren, wie das einst im Rahmen der frühen Verhaltensmodifikations-Ansätze geschah.

Ein anderes Beispiel: Eine karrierebeflissene Naturwissenschaftlerin mit einer eben gescheiterten achtjährigen Beziehung hinter sich kommt wegen anhaltender Anorgasmie, die schon diese Beziehung belastet hätte, in Behandlung. Die 35-jährige Frau ist attraktiv und erfolgreich, lediglich ihre der längeren Beziehung folgenden Affären gestalteten sich schwierig, weil sie stets die perfekte Partnerin »geben« wollte. Dabei spielte der Körper – die Patientin war in ihrer Jugendzeit etwas »pummelig« gewesen – eine wichtige Rolle, ohne dessen stetiges Fithalten und ohne penible Gewichtskontrolle sie massives Unwohlsein verspürte. Exzessives Laufen war die Folge, wenn sie einmal zu viel gegessen zu haben meinte. Als dann in der Pubertät zum Übergewicht auch noch die Trennungsgeschichte ihrer Eltern hinzukam, meinte sie, dass sie *keinen Boden mehr unter den Füßen und somit keinen Halt mehr* gehabt hätte. In der Folge entwickelte sie einen Hang zur peinlich genauen Planung der intimen Zusammenkünfte mit ihren Liebhabern, bei denen sie sich quasi vorbereitete und vorher übte, wie sie sich halb oder ganz entkleidet hinlegen sollte, um die kleinen Speckpölsterchen möglichst zu kaschieren. Man kann sich lebhaft vorstellen, wie entspannt diese Frau jeweils beim Liebesspiel gewesen sein mag, wie sehr das Gefühl der Haltlosigkeit den Prozess beeinträchtigt, sich gehen und fallen lassen zu können, was auch förderlich für ein Hineingleiten in den Orgasmus gewesen wäre. Auch hier steht ein ganz anderes und breites biografisches Feld zur Bearbeitung an, als ein Symptom wie die Anorgasmie vordergründig den Anschein erwecken würde.

Oder: Ein Patient mit einer für ihn selbst fragwürdigen Fixierung auf den Koitus »a tergo«, also von hinten in die Partnerin einzudringen, berichtet von zahllosen Auseinandersetzungen mit einer herrschsüchtigen, stets rechthaberischen, sowohl Vater wie Sohn in demütigender Weise dominierenden Mutter. Meistens, so sagte er, hätte sie ihn bei Verfehlungen in rasender Wut angeherrscht «Schau mir in die Augen, wenn ich mit Dir schimpfe, sonst kriegst Du eine!«, verbunden mit demütigenden, oft im Vergleich zum Anlass heillos überzogenen Strafen.»Konsequenterweise« wählt er später unbewusst eine ihm bildungs- und statusmäßig deutlich unterlegene Frau, um »auf Augenhöhe« mit ihr bleiben zu können – übrigens zwei Mal hintereinander denselben Typus. Im Alltagsleben kann er damit seine unheilvollen Mutter-Erfahrungen der Partnerin gegenüber offenbar in Schach halten. Für die intensivste Annäherung reicht die soziale Unterlegenheit der Partnerin offenbar dennoch nicht aus: Er ist erektil impotent, wenn er sich ihr von vorne nähert.

Abgesehen davon, ob und in welchem Ausmaß nun das Symptom schon allein metaphorisch das dahinter liegende Problem wiederspiegelt, haben wir es bei der sexualtherapeutischen Arbeit im Alltag in einem groben Überblick mit folgenden Störungsbildern zu tun (frei nach DSM-IV und ICD-10):

- Mangel oder Verlust an sexuellem Verlangen (verminderte sexuelle Appetenz)
- Sexuelle Aversion und mangelnde Befriedigung
- Versagen genitaler Reaktionen: beim Mann Erektionsstörungen, bei der Frau Mangel an Erregung
- Orgasmusstörungen (weiblich und männlich)
- Vorzeitiger Samenerguss, mangelnde Ejakulationskontrolle (Ejaculatio Praecox)
- Vaginismus (nichtorganisch bedingt)
- Dyspareunie (nichtorganisch bedingt)
- Gesteigertes sexuelles Verlangen (vulgo auch häufig als Sexsucht bezeichnet)
- Sonstige nichtorganische und nicht näher bezeichnete Funktionsstörungen.

Die sexuellen Funktionsstörungen darunter werden wiederum eingeteilt in Subtypen je nach Auftretensbedingungen:

- Lebenslanger Typus (primär): seit Anbeginn an
- Erworbener Typus (sekundär): nach einer Zeit des Funktionierens
- Generalisierter Typus: also nicht auf bestimmten Partner beschränkt
- Situativer Typus: auf besondere Situationen und/oder Stimulationsarten, Praktiken oder Partner beschränkt.

Daneben oder dazwischen aber gibt es alle denkbaren Formen somatoformer Störungsbilder, mit oder ohne organmedizinische Vorgeschichte (Operationen etc.) oder mit massiven partnerschaftlichen Konflikten. In all diesen Fällen, die hier der Systematik halber fein säuberlich voneinander differenziert wurden (wie sie in der Praxis selten vorkommen), bedarf es einer gründlichen Anamnese (Exploration; ▶ Kap. 10.1.2), um der Verursachung und damit auch dem Ansatz zur Heilung am besten auf die Spur zu kommen.

9.3 »Sexualtherapie« oder Psychotherapie?

Die im vorhergehenden Kapitel dargestellten Beispiele sollen genügen, um auch plastisch verdeutlicht zu haben, wie viel »Nichtsexuelles« in die Sexualität und in sexuelle Probleme hineinspielt. Mehr dazu wird in den ausführlicheren Therapie-Vignetten und Fallschilderungen in ▶ Kap. 12 noch nachvollziehbar. Es ist, um das betonend zu wiederholen, deshalb evident, dass jede Art der Beratung und »Therapie«, die den Sexualbereich hier zu eng betrachtet, an all diesen mitverursachenden Faktoren vorbeisehen und so mit Sicherheit keine zufriedenstellenden Behandlungsziele erreichen würde. Dies führt uns auch zu der häufig kontrovers diskutierten Frage, ob es denn nun eine *Sexualtherapie* als solche überhaupt gäbe, wenn doch alle möglichen lebensgeschichtlichen und psychodynamischen Faktoren mitspielten, oder ob es sich nicht einfach um eine *Psychotherapie bei sexuellen Störungen* handelt.

Die Antwort liegt in diesem Buch und in den dargestellten Zusammenhängen eigentlich schon vor: Natürlich sind alle die Aufarbeitungen, die es zum Verständnis und zur heilsamen Veränderung sexueller Symptome braucht, nichts anderes als *psychotherapeutische Interventionen*. Ich teile deshalb die Ansicht der Kolleginnen und Kollegen des Instituts für Sexualforschung und Forensische Psychiatrie am Universitätsklinikum Hamburg-Eppendorf, dass jede Behandlung sexueller Symptome letztlich eine Psychotherapie darstellt, die allerdings – wie es auch bei anderen Störungsbildern der Fall sein kann – bestimmter spezieller methodischer Schritte bedarf, um therapeutisch erfolgreich zu sein. Dies war auch einer der Gründe, warum etwa Hauch (2006) als Herausgeberin des Standardwerks über das sogenannte »Hamburger Modell« die Neuauflage des Buchs wieder »Paartherapie bei sexuellen Störungen« und nicht »Sexualtherapie« nannte.

Ein weiterer Grund, mit dem Begriff »Sexualtherapie« vorsichtig umzugehen, ist, dass es auf diesem Marktsegment, in dem Hilfestellungen, Behandlungen oder gar Heilung sexueller Störungen angeboten werden, auch eine ganze Menge recht zweifelhafter Angebote gibt, vor denen die Hilfesuchenden auch nicht – wie in den meisten europäischen Ländern bereits umgesetzt – durch ein Psychotherapiegesetz oder etwas Ähnliches geschützt sind.[39] Dennoch gibt es – wohl der Praktikabilität und der Sichtbarmachung wegen – seit einiger Zeit eine Art stillschweigender Übereinkunft darüber, die therapeutische Arbeit an sexuellen Symptomen – egal ob einzel- oder paartherapeutisch – als »Sexualtherapie« zu bezeichnen, um die spezielle »Marke«, wie das auf neoliberal heißt, also um die spezielle Qualifikation einer Einrichtung oder bestimmter Fachleute nach außen hin deutlich zu machen.

Im Grunde aber sind »Sexualtherapien« Psychotherapien mit einem oder mehreren speziellen Methoden, die den besonderen Problemen (z. B. dem Selbstverstärkungsmechanismus, siehe dazu ▶ Kap. 10.2.5 und 10.2.6) angemessen sind.

---

39 Inwieweit der Begriff bzw. Zusatz »-therapie« schon eine Analogie zur rechtlichen Gleichstellung mit »Psychotherapie« herstellt, ist meines Wissens nicht hinreichend ausjudiziert, sodass – zumindest in Österreich – sich eigentlich jede/r »Sexualtherapeut« nennen kann.

Diesen »Zuschnitt« auf eine bestimmte Problemlage gibt es ja auch bei anderen Psychotherapien (etwa Trauma- oder Familientherapien usw.). Insofern hat sich eingebürgert, von »Sexualtherapie« zu sprechen, wenn sexuelle Symptome behandelt werden, ohne dass hier – fachlich gesehen – eine wie immer geartete neue Branche gemeint ist.[40]

---

40 Die Gruppe aus dem Hamburger Institut für Sexualwissenschaft und forensische Psychiatrie hat deshalb ihre »Sommerfortbildung« zur »Paartherapie sexueller Störungen« auch immer als »Fortbildung«, also als *Zusatzausbildung und Spezialisierung für Psychotherapeutinnen und Psychotherapeuten* verstanden, nie als »*Aus*bildung« zu einer eigenen, neuen Therapieform.

IV Lernen am Leiden

10 Was wir aus der Psychotherapie sexueller Störungen alles lernen können

Mein eigener Zugang zur therapeutischen Arbeit erfolgte eigentlich über Erwachsenenbildungs-Angebote. Durch die Möglichkeit, an der Universität Salzburg im Rahmen des dort in den 1970er Jahren ansässigen psychoanalytischen Lehrstuhls unter Igor A. Caruso (1914–1981) sexualwissenschaftliche Vorlesungen von Ernest Borneman (1914–1995)[41] zu hören, hatte ich zunächst selbst Gelegenheit, mich über grundlegende sexualwissenschaftliche Fragen, die – wie eingangs geschildert – bis heute in den meisten humanwissenschaftlichen Ausbildungscurricula fehlen, zu informieren. Besonders in den 1970er Jahren herrschte großes Interesse – wohl schon allein wegen der »revolutionären« Umwälzungen in Sachen Sexualität und Liebe, die uns auch persönlich in ihren Bann gezogen hatten. Bornemans Vorlesungen waren deshalb auch stets überfüllt, ein »Pflicht-Event«, wie man heute sagen würde.

Nachdem wir dann gemeinsam mit Borneman – teilweise noch als Studierende – die »Österreichische Gesellschaft für Sexualforschung« Mitte der 1970er Jahre in Österreich wieder gegründet hatten (es gab sie schon vor dem 2. Weltkrieg), wurden wir als junge Psychologinnen und Pädagogen auch selbst von Erwachsenenbildungs-Einrichtungen immer wieder zu Vorträgen und Workshops zu den Themenbereichen Sexualität, Beziehung, Partnerschaft eingeladen. Bei diesen Gelegenheiten, die damals meist volle Säle garantierten, geschah es immer wieder, dass man einige Zeit danach Briefe (E-Mails gab es ja noch nicht!) erhielt, in denen Ratsuchende mitteilten, dass ihnen das eine oder andere im Vortrag geradezu aus der Seele gesprochen hätte und sie selbst unter diesem oder jenem Problem litten. Dies war dann auch immer mit der unvermeidlichen Frage verbunden, ob man auch helfen könne. Nun war ich damals noch in psychoanalytischer Ausbildung, aber auch nach deren Abschluss wusste ich zumeist nicht, was ich Hilfreiches anzubieten gehabt hätte – außer die Betroffenen zu einem jener wenigen »Spezialisten« zu schicken. Dieser »Reflex« des Weiterschickens und des »Die-Finger-davon-Lassens«, wenn es um Sexualität oder erst recht um Perversionen oder Missbrauchserfahrungen geht, ist bis heute weit verbreitet, und sei es aus Ratlosigkeit oder zur Abwehr eigener Insuffizienzgefühle.

---

41 Ernest Borneman war als spät zu akademischen Ehren gelangter Freigeist, Jazzmusiker und Anthropologe, dessen Lebenslauf unzählige Fragezeichen offen lässt, von dem Psychoanalytiker Igor A. Caruso (1914–1981) an die Universität Salzburg geholt worden und lehrte dort Psychoanalyse und Sexualwissenschaft (siehe am besten zusammengefasst Borneman 1977).

Das psychoanalytische Setting, egal ob auf der Couch oder im Sitzen, war für mich jedenfalls keine praktikable Methode, um mit Menschen, die ein bestimmtes, eher eng umrissenes sexuelles Symptom mitbrachten, zu arbeiten und dies erst recht nicht mit Paaren, für die dieses Setting und die Technik frei assoziativer und langdauernder Gespräche ja nicht geschaffen und auch nicht geeignet ist. Gerade bei Paaren scheint die alleinige Behandlung des Symptomträgers mittels dessen, was ich gelernt hatte – nämlich der Psychoanalyse bzw. analytischen Psychotherapie – vor allem auch ökonomisch fragwürdig für Menschen, die ansonsten ein relativ stabiles seelisches Leben führen – mit Ausnahme des sexuellen Symptoms. Auch die spezifisch abstinente Methodik, das zurückgenommene Zuhören und die starke Konzentration auf Gesprochenes schien mir bei Patienten, die ja am Sprechen (also auch am Assoziieren) über diese Probleme oft aus Scham, Konvention oder warum immer stark beeinträchtigt sind, nicht geeignet.

Deshalb und weil die Anfragen mit der Zeit zunahmen, begann ich, mich nach Ausbildungen oder Fortbildungen umzusehen, die spezifische Kompetenzen zur Beratung bzw. Behandlung bei derartigen Problemen bereitzustellen versprachen. Und so kam es über Borneman zu Kontakten mit der schon erwähnten »Abteilung für Sexualforschung«, die seit den 1970er Jahren immer wieder die sogenannten »Sommerfortbildungen« zur »Paartherapie sexueller Störungen« anbot, während derer therapeutisch und sexualmedizinisch erfahrene Praktiker und Praktikerinnen in einem »Learning-by-doing-Setting« Theorie und Technik dieser stets weiterentwickelten und streng evaluierten Therapiemethode erlernen konnten: Neben theoretischen und Selbsterfahrungsanteilen bildet hier die mit einem erfahrenen Therapeuten oder einer Therapeutin durchgeführte Paartherapie (eine Art »Lehrtherapie«) in konzentrierter, massierter Form über drei Wochen den Kern der Fortbildung. Kolleginnen und Kollegen aus ganz Deutschland, gelegentlich auch aus Österreich und der Schweiz, die über entsprechende psychotherapeutische Erfahrung und Kompetenz verfügen, konnten und können dort ein gut handhabbares Instrumentarium zur Behandlung sexueller Störungen erlernen. Und das tat ich dann auch ab Sommer 1993.

10.1 Lernen am »Hamburger Modell« der Paartherapie, einer integrativen Methode zur Therapie sexueller Störungen

Vorweg möchte ich betonen, dass die Konzentration der Darstellung der psychotherapeutischen Arbeit und Vorgehensweise auf die mittlerweile als *HH-Modell* bekannte Methode der Paar- und Sexualtherapie *keine Geringschätzung anderer Methoden und Herangehensweisen* bedeutet. Als besonders erwähnens- und schätzenswert möchte ich hier die Arbeiten von Ulrich Clement (2004) und Arnold Retzer (2004) nennen. Beide haben – der systemischen Psychotherapie verpflichtet

– äußerst interessante und brauchbare Ansätze entwickelt und führen sie auch mit großem Zuspruch durch. Besonders Clement scheint auch an bestimmten psychoanalytischen Denkzusammenhängen, deren integrative Verwendungsmöglichkeit ich am Hamburger Modell schätze, zu liegen. Seine Inspiration durch den amerikanischen Sexualtherapeuten David Schnarch (2006), der die Frage nach dem Begehren anstatt der nach der Störung ins Zentrum rückte, und die Beschäftigung mit den aus dem System Paar ausgegrenzten Gewissheiten und Bedürfnissen, also mit einer Art gemeinsamem Unbewussten des Paares[42], stellen sehr anregende Aspekte paartherapeutischen Vorgehens dar. Auch seine Beachtung der sexuellen Differenz als zentraler Dynamik des Begehrens und der jeweiligen Ambivalenzen sexuellen Erlebens und Begehrens, die nie einfach nur »gut«, sondern auch »aggressiv« und »böse« sein können (vgl. Clement 2004 S. 60 f.), sind beachtenswerte Ansätze. Ich teile nicht Clements Einwände gegen die Paartherapie, wie sie in Hamburg aus der Masters & Johnson-Tradition heraus, aber doch sehr modifiziert weiterentwickelt wurde, dass sie nämlich sexuelle Wünsche und sexuelles Begehren verflachen und zu wenig beachten würde; und dass sie durch ihre Entspannungsorientiertheit (die heute nicht mehr so im Vordergrund steht) zur »Verharmlosung« der Sexualität beitrage (Clement 2001, S. 97). Dazu lässt dieses integrative Modell viel zu viel Spielraum für verschiedenste Auslegungen zu (siehe dazu später).

Auch Arnold Retzer (2004), der besonderes Augenmerk auf die Entwicklungsphasen einer Paarbeziehung legt, sei hier anerkennend erwähnt, ohne ausgeführt werden zu können. Sein Verdienst ist es auch, die heiklen Fragen der Paarkonflikte im Fall von Nebenbeziehungen und Fremdgehen besonders studiert zu haben und dazu mit den Begriffen des »Ausgleichs« und der »Vergebung« als mögliche alternative Umgangsformen eine neue Dimension eröffnet zu haben. Ich schätze auch, dass es ihm in diesem Zusammenhang nicht so sehr um die therapeutisch schon etwas inflationär gewordenen zukunfts- und lösungsorientierten Perspektiven geht, die Gewesenes eher wegschieben, sondern »um einen vergangenheits- und problemorientierten Schuld- und Vorwurfsdiskurs« (Retzer 2004, S. 277), dem nicht ausgewichen werden kann.

So viel in aller Kürze zur Würdigung anderer namhafter Paar- und Sexualtherapeuten im deutschen Sprachraum. Das *HH-Modell* nun scheint mir – neben dem Umstand, dass meine Ausbildung sich auf diese Methodologie stützte – das dem körperlichen und sexuellen Fokus doch am unmittelbarsten zugewandte zu sein. Es wurde am Universitätsklinikum Hamburg Eppendorf in Anlehnung an die klassische amerikanische Verhaltenstherapie (nach Masters und Johnson 1973) von Schmidt und Arentewicz (1993) schon zu Beginn der 1990er Jahre sozusagen »europäisiert«, »eingedeutscht« und psychodynamisch erweitert. Dieser modifizierte Ansatz der Paartherapie, der mittlerweile sukzessive weiterentwickelt wurde (vgl. Hauch 2006), ist in Österreich bis heute nach wie vor weitgehend unbekannt,

---

42 Auch der bekannte Schweizer Paartherapeut Jürg Willi (2008), der mit dem gemeinsamen Unbewussten von Paaren arbeitet, kommt hier ebenfalls zu kurz. Seine Bücher sind allerdings allesamt erhältlich und seine Konzeption und Praxisanregung gut nachlesbar.

was natürlich auch ein Licht auf die rückständige österreichische sexualwissenschaftliche und -therapeutische Szene[43] wirft.

Bei dieser als *HH-Modell* bekannt gewordenen Methode nun handelt es sich – und das fand und finde ich etwas sehr Anziehendes – um einen *interdisziplinär-integrativen Ansatz*, der über Schulgrenzen hinaus in die unterschiedlichsten therapeutischen Richtungen integrierbar ist. So tummelten sich in meiner eigenen Sommerfortbildung Gestalttherapeuten (Pearls), Gesprächstherapeuten (Rogers), Verhaltenstherapeuten, aber auch Adlerianer und ich als Freudianer. Meine einführende Co-Therapeutin etwa war und ist Verhaltenstherapeutin – Psychoanalyse und Verhaltenstherapie, wer hätte das gedacht? Ich kann rückblickend sagen, dass es sehr interessante Momente des Austauschs und des Voneinander-Lernens gegeben hat. Auch von den wissenschaftlichen Begleitstudien und Evaluationsnachweisen her, die intensiv und selbstkritisch geführt werden, kann dieser Ansatz sich sehen lassen: Das Konzept hat sich in den vergangenen 20 Jahren bewährt, wie die hohen klinisch-empirisch erhobenen Erfolgsraten zeigen. Masters und Johnson hatten in den 1960er Jahren über 80 % Besserung oder Heilung, die Hamburger Forscher und Forscherinnen sprechen von 75 % Symptombesserung und/oder Heilung. Interessant und immer stärker zu betonen sind vor allem die 78 %, die nach der Therapie angeben, eine befriedigendere Sexualität *und* eine erfülltere Partnerschaft leben zu können. Nur knapp ein Fünftel bricht die Therapie vorzeitig ab. Neben der *Symptombehebung bzw. -linderung* berichten Paare wie Therapeuten aber auch von *erheblichen Veränderungen des Beziehungserlebens*: Bei der überwiegenden Mehrheit wird die Partnerbeziehung »als besser, weniger feindselig, offener und kommunikativer, ihre Sexualität als aktiver, befriedigender und zärtlicher« geschildert (Hauch 1997, S. 164), oder aber die Partner berichten – wie es eines meiner Patientenpaare einmal ausdrückte –, sie hätten »sich wieder lieben gelernt«, was als große Bereicherung erlebt wird, auch wenn das Symptom in diesem Fall nur in geringfügigem Umfang beseitigt werden konnte. Besonders diese Art eines »Therapieerfolgs« verweist schon auf die große Wirkungsbreite, die wir dieser Art der Paartherapie zuschreiben dürfen.

---

43 Erst mit Juni 2012 ist es beispielsweise gelungen (nach mühsamem Durchsetzungsaufwand), erstmals ein akademisches Studienprogramm zu sexualwissenschaftlichen Fragen an einer österreichischen Universität, an derjenigen in Innsbruck, zu etablieren – die beiden Universitätslehrgänge »Intervention und Beratung im Bereich Sexualität« (mit Abschluss »Akademische/r Experte/in für Sexualberatung«) und »Sexualtherapie« (mit MAS-Abschluss – »Master of Advanced Studies«). Bislang gab es noch nie in der Geschichte etwas Vergleichbares, geschweige denn ein sexualwissenschaftliches Universitätsinstitut oder eine Professur. Einzig der in diesem Buch mehrmals erwähnte, mittlerweile emeritierte Sexualmediziner Kurt Loewit war – ebenfalls in Innsbruck – als außerordentlicher Professor an der Medizinischen Fakultät der Universität Innsbruck tätig. Seine Abteilung durfte damals aber nur den heute zu Recht als völlig antiquiert bzw. kabarettistisch anmutenden Titel »[...] für Fortpflanzungsbiologie« tragen.

10.1.1 Das Modell im Überblick

Wer noch nie mit diesen Methoden zu tun hatte, dem sei vor der Beschreibung des Modells kurz und überblicksartig erläutert, wie Programmatik und Setting dieses Ansatzes aussehen: Idealerweise wird die Therapie, was aber aufgrund der Praktizierbarkeit im Alltag niedergelassener Therapeuten nur selten vorkommt, von einem *Therapeutenpaar* geführt. Dies ist vor allem bei den Sommerfortbildungen an der Universitätsklinik Hamburg selbst der Fall, wo durch die Kombination eines erfahrenen mit einem auszubildenden Therapeuten die paarweise Arbeit garantiert ist. Auch bei regionalen Konstellationen, wenn ich z. B. selbst mit einer Kollegin am Anfang ihrer eigenen Tätigkeit gemeinsam arbeite, kommt dies hin und wieder vor, ist aber auch verrechnungstechnisch privat (wegen des Doppelhonorars) wie auch mit den Krankenkassen schwer abrechenbar. Im Alltag wird man deshalb meistens allein arbeiten. Dabei gab es seit Anbeginn eine Regel und Empfehlung (die ebenfalls wegen des Alleine-Arbeitens schwer einzuhalten ist), wonach man möglichst nicht ein Paar behandeln sollte, bei dem der zum Therapeuten gegengeschlechtliche Partner Symptomträger ist (v. a. bei Vaginismustherapien). Die dahinter steckende Vorstellung war, dass die Symptomträger in eine minderheitliche Position geraten, dass also etwa bei einem vaginistischen Symptom die Patientin nun gleich mit zwei Männern zu tun habe, denen sie sozusagen das Verschwinden des Symptoms »schulde«, woraus schwer zu kontrollierende Phantasien und Dynamiken entstehen könnten.

Außerdem kann diese Form der Paartherapie in zwei verschiedenen zeitlichen Settings abgehalten werden, nämlich in einer *massierten Form* über drei Wochen, und in einer *gestreckten Form* (Dauer je nach Frequenz). Bei der *massierten Form* der Therapie kommt das Paar täglich sechsmal die Woche mit Ausnahme des Sonntag zu den therapeutischen Sitzungen. In vielen Fällen nehmen sich die Paare dazu Urlaub, weil sie die zu Hause durchzuführenden Übungen (siehe dazu später) doch zweimal täglich durchführen sollen und dies in Ruhe tun wollen. Nach drei Wochen und insgesamt 18 Sitzungen ist dann die Therapie auch »zu Ende«, wobei der erreichte Grad der Besserung oder Symptomlinderung sehr unterschiedlich sein kann. Wesentlich häufiger in der alltäglichen Praxis ist jedoch die sogenannte *gestreckte Therapieform*, in der das Paar günstigstenfalls einmal in der Woche (manchmal auch zweimal oder auch nur einmal alle zwei Wochen) kommt, wobei sich hier in meiner eigenen Praxis bei wöchentlichen Sitzungen ein Erfahrungswert zwischen 30 und 40 Sitzungen ergeben hat.

Nun wird Erstaunen darüber entstehen, dass nach den 18 Sitzungen oder aber nach 30 bis 40 Sitzungen einfach »Schluss« mit der Therapie ist, und dies relativ ungeachtet dessen, welcher Therapiestatus oder -fortschritt bereits erzielt worden ist. Dies beruht einfach auf Erfahrungswerten, die im Lauf der Jahre gesammelt werden konnten, insbesondere, was das Ende in der massierten Therapie betrifft: Hier kann ja der Urlaub zu Ende sein oder das Paar muss, falls es im Rahmen der Sommerfortbildung an der Uniklinik selbst behandelt worden war, wieder nach Hause abreisen. Das Setting, dessen Erlebnisqualität gleich beschrieben werden soll, scheint aber ein hohes Maß an »Autonomieförderung« des Paars bereitzustellen bzw. als Lerneffekt zu hinterlassen. Dies führt dazu, dass das Paar – was auch bei katamnestischen Nachbesprechungen immer wieder bestätigt wird – offenbar gelernt hat, wie mit seinen Problemen umzugehen ist, und sich so aufgrund des bis dorthin Gelernten und aufgrund der neuen emotionalen Erfahrungen auch selbständig weiterentwickeln kann. Es kommt dann auch immer wieder vor, dass das Symptom, auch wenn es bei Therapieende noch bestanden hatte, nach Beendigung der Therapie und bei den katamnestischen Nachbesprechungen quasi »von selbst« verschwunden ist. Aus der Psychoanalyse wiederum ist dieser Gedanke nichts Neues: Der therapeutische Prozess ist nicht mit dem Ende der Analyse vorbei, sondern geht – mitunter oft lebenslang – weiter.

10.1.2 Der Verlauf der Therapie

Ohne die einzelnen Schritte hier im Detail wiedergeben zu wollen (siehe dazu Hauch 2006), sollen hier die wesentlichsten Schritte, die einen solchen Prozess kennzeichnen, dargestellt und sozusagen schmackhaft gemacht werden.

> Hier sei extra betont, dass die speziell dieser Therapieform gewidmeten Bücher (wie etwa Hauch 2006) eine entsprechende Fortbildung und Selbsterfahrung in dieser Therapieform einschließlich eingehender Supervisionszeiten nicht ersetzen können. Gerade Paare können Therapeuten in kaum durchschaubare Loyalitäts- und Abhängigkeitsverhältnisse ziehen, deren Übertragungs- und Gegenübertragungsdynamik für den Einzelnen, auch für erfahrenere Therapeutinnen, schwer durchschaubar und veränderbar sind.
>
> Ich habe deshalb hohen Respekt vor jenen Kolleginnen und Kollegen, die trotz teilweise jahrzehntelanger Erfahrung stets dichte Supervisions- oder Intervisionserfahrungen aufsuchten, um speziell mit schwierigen Fällen besser und professioneller weiterzukommen.

Den Anfang der Therapie bilden – wie bei den meisten Verfahren – nach entsprechender Anmeldung und sorgfältiger Indikationsstellung nach einem Erstgespräch die ausführlichen anamnestischen Gespräche, die als *Explorationen* bezeichnet werden (wohl weil man angesichts der intimen Themen manchmal wirklich »explorieren«, also etwas aus den Patienten »rausholen« muss). Zunächst geschieht dies mit beiden Partnern einzeln.

> Das ist übrigens ein Punkt, der mir als nicht orthodox, aber doch freudianisch ausgebildetem Psychoanalytiker – und wohl nicht nur mir, sondern den meisten Psychotherapie-Fachleuten – zu schaffen machte: Will man, was notwendig ist, genau nachfragen, was sich da in sexuellen Handlungen oder Phantasien abspielt, so muss man auch über diese sexuellen Details halbwegs entspannt sprechen können (ich gebe zu, dass es manchmal heute noch und immer wieder eine Herausforderung ist und in Einzelfällen auch eine gewisse Überwindung

> bedeutet!). Dieses Sprechen geht in intime Details, wird oft von den Ausbildungskandidaten selbst fast als übergriffig erlebt, und ist doch notwendige Voraussetzung gelungenen »Explorierens«. Der Teufel steckt, wie man so sagt und wie an Beispielen gezeigt werden könnte, im Detail. Deshalb ist ein ausgewogenes, selbsterfahrungsgestütztes Sprechen-Lernen auch unabdingbarer Bestandteil dieser Fortbildung.

Nachdem es sich also in den oft hoch schambesetzten Themenbereichen des eigenen Sexuallebens für die Partner nicht so einfach spricht, sind wir aufgefordert, dem Gedächtnis und der Auskunftsbereitschaft der Patienten etwas »nachzuhelfen«. Ich nehme dazu selbst auch noch nach Jahren praktischer Erfahrung manchmal eines der in der Literatur empfohlenen Manuale zur Hand, um nicht Wichtiges (oder mir selbst Peinliches) zu vergessen. Um zu zeigen, wie genau und detailorientiert diese Exploration erfolgen sollte, seien hier beispielhaft etwa die Bereiche »soziosexuelle und psychosexuelle Entwicklung« (etwa ein Drittel des gesamten Manuals) aus diesem Anamnese-Manual aufgeführt.

Soziosexuelle Entwicklung

Elternhaus, Kindheit, Jugend:

- familiäre Situation: Zusammenleben mit beiden Eltern, einem Elternteil, anderen Bezugspersonen, Geschwistern und sonstigen wichtigen Bezugspersonen, Trennung und oder Scheidung der Eltern
- Verhältnis zu den familiären Bezugspersonen früher und jetzt: z. B. Geborgenheit, emotionale Sicherheit, Zuwendung, Vertrauen vs. Vernachlässigung, emotionale Ausbeutung, Gewalterfahrungen, Beziehungslosigkeit
- Kommunikationserfahrungen: Ansprechen wichtiger Erlebnisse, persönlicher Sorgen, Zukunftserwartungen, Streitkultur usw.
- konkrete Lebensumstände: z. B. Wohnsituation, räumliche Abgrenzungs- und Rückzugsmöglichkeiten, berufliche und ökonomische Situation der Eltern
- religiöse/kulturelle Bindungen
- Erleben und Einschätzen der Beziehung der Eltern
- Welche elterlichen »Botschaften« oder »Aufträge« gibt es?
- vorgelebte Bilder von Weiblichkeit und Männlichkeit/Rollenverhalten und -erwartungen
- schulische und berufliche Entwicklung
- Freundschaften, Peergroups, Idole
- Erleben der Pubertät
- einschneidende Erlebnisse: z. B. Krankheiten, Todesfälle, Unfälle, Umzüge, Arbeitslosigkeit, existenzielle Krisen.

Psychosexuelle Entwicklung

Kindheit:

- Erfahrungen mit Körperkontakt, Nacktheit, Zärtlichkeit und Sinnlichkeit innerhalb der Familie (konkret und atmosphärisch)
- Wahrnehmung der elterlichen Sexualität und Einstellung zur Sexualität
- frühkindliche sexuelle Erfahrungen: Doktorspiele, kindliche Selbststimulation, Beobachtung Erwachsener, Verbote, Strafen
- Inzest, Erfahrungen mit sexueller Belästigung und Übergriffen.

Pubertät und Adoleszenz:

- Aufklärung durch Eltern, Lehrer, Gleichaltrige, Medien u. ä.
- erste Menstruation bzw. erster Samenerguss (Zeitpunkt, Vorbereitung darauf, emotionale Verarbeitung)
- Selbstbefriedigung (Häufigkeit, Techniken, Zeitpunkt der ersten Erfahrungen, Erleben, Phantasien)
- Dating, Pettingerfahrungen
- erster Koitus (Umstände, Verarbeitung, Verhütung, initiale Funktionsprobleme)
- weitere Koituserfahrungen
- Schwangerschaften, Schwangerschaftsabbrüche
- gleichgeschlechtliche Erfahrungen
- sexuelle Missbrauchs- und andere Gewalterfahrungen
- ungewöhnliche sexuelle Erlebnisse, Erfahrungen und Wünsche usw. (vgl. Hauch 2006, S. 98).

Man sieht also, dass es hier wirklich notwendig ist, einen detaillierten und tiefen Einblick in die Geschichte und darauf folgend auch in die Gegenwart familiären und sexuellen Erlebens zu nehmen. Die *Durchführung der Exploration* unterscheidet sich dabei je nach therapeutischem Setting, also ob einzeln oder als Therapeutenpaar gearbeitet wird: Während im Einzelsetting alles der Einzeltherapeut zu machen gezwungen ist, finden im Fall eines Therapeutenpaars die Einzelexplorationen zunächst »geschlechtshomogen« und dann noch »geschlechtskonträr« (die sogenannte »Kreuzexploration«) statt. Frau spricht zuerst mit Frau und Mann mit Mann, weil erfahrungsgemäß bestimmte Dinge dem jeweils gleichgeschlechtlichen Therapeuten anders erzählt werden. Die gegengeschlechtliche Exploration wird dann angeschlossen, um gegebenenfalls Vergessenes, aber auch unterschiedliche Sichtweisen der Patienten, die einem gegengeschlechtlichen Therapeuten gegenüber vielleicht anders gesehen und empfunden werden, zu evozieren und zu explorieren.

Das Zusammentragen, Sichten, Reflektieren und gegebenenfalls auch (bei paarweiser Durchführung) gemeinsame Beraten darüber, was man dem Paar als erstes Angebot hinsichtlich seines Problems und der dahinter liegenden Zusammenhänge anbieten könnte, sind dann ein erster wichtiger Höhepunkt der Therapie: Im Rahmen eines *Round-table-Gesprächs* wird dem Paar ein erster

Vorschlag unterbreitet, um die Dynamik des Problems vorläufig einmal verstehen zu können.

> Die Formulierungen, die ich hier treffe, sind bewusst vorsichtig gewählt, weil sich diese am »round table« präsentierte Sichtweise noch nicht als die letztmögliche erweisen und im Verlauf des therapeutischen Prozesses auch noch ändern kann. Das Round-table-Gespräch sollte einen das Paar diskursiv und reflexiv einbindenden Charakter haben, also keinen dozierenden, als ob man schon – was gar nicht möglich ist – die ganze Wahrheit hätte. Es soll die Haltung, die wir während der ganzen Therapie brauchen, vorwegnehmen, nämlich dass wir gemeinsam an dem Problem arbeiten wollen, dass das Paar selbst aktiv beteiligt sein wird müssen, was auch eine andere – man möchte fast sagen »emanzipierte« – Patienten- und Therapeutenrolle einschließt. Formulierungen wie »Könnte es nicht sein, dass ...« oder »Was würden sie zu dem oder dem sagen ...« sind hier einladend und angebracht.

Auch Aufklärungen zu eventuell vorhandenen, im Laufe der Explorationen zutage getretenen *Lern- und Informationsdefiziten*, die trotz der Überschwemmung mit Informationen häufiger sind, als man meint, haben hier ihren Platz. Und schließlich kann auch der teuflische Zyklus der *Selbstverstärkungsmechanismen*, das Angst-Haben vor der sexuellen Begegnung und dem Nichtgelingen derselben, wozu es dann ja konkrete Verhaltensanweisungen gibt (▶ Kap. 10.2), hier schon angesprochen werden.

Der weitere Therapieverlauf – wie schon erwähnt erfahrungsgemäß zwischen 18 (massierte Durchführung) und 30 bis maximal 40 Sitzungen im gestreckten Setting – wird zur Veranschaulichung dessen, was man auch bei schweren sexuellen Störungen alles machen kann, weiter unten (▶ Kap. 10.2) detailliert und beispielhaft beschrieben. Er gestaltet sich mittels eines *zu Hause durchzuführenden Übungsprogramms* einerseits und andererseits durch die *regelmäßigen Therapiesitzungen*, in denen über die Erlebnisse und Erfahrungen bei diesen Übungen reflektiert wird. Das nach einer bestimmten Stufenfolge ablaufende Übungsprogramm mit verschiedensten Streichel-Übungen hat dabei zuallererst den Sinn, dem Paar wieder zu einer größeren *Empfindsamkeit des ganzen Körpers* im Austausch miteinander zu verhelfen. Allein das ist in einer durch eine banalisierte, genitalfixierte »Schrumpferotik« gekennzeichneten Gesellschaft wie der unseren auch sehr notwendig und sehr heilsam, wie die Erfahrungen mit den meisten Patientenpaaren zeigen. Die sinnliche Wahrnehmung und die erotische Empfindsamkeit des gesamten Körpers muss erst wieder erlernt und kultiviert werden, und dies frei von genitalem Erfolgszwang. Auch dazu hat diese Methode einige Kunstgriffe parat, die im Anschluss gleich beschrieben werden.

10.1.3 Wie man Sexual-/Paartherapeut wird

Zuerst aber noch zu der sicher interessierenden Frage, wie man sich diese Methode aneignen kann. Die Ausbildung zur Paartherapie ist wie gesagt eigentlich eine *Zusatzausbildung* beziehungsweise *Fortbildung für bereits psychotherapeutisch Tätige oder in fortgeschrittener Ausbildung Stehende* und schon mit eigenen Fällen Arbeitende. Diese Fortbildungen finden meistens im Rahmen einer Intensiv-Fortbildung (z. B. an der Universitätsklinik Hamburg in den Sommermonaten, deshalb »Sommerfortbildung«) statt: Dabei folgen auf einen theoretisch-anleitenden, auch Selbsterfahrung beinhaltenden Wochenendblock drei intensive Wochen zu je sechs Arbeitstagen mit Beteiligung der Fortzubildenden als Co-Therapeuten gemeinsam mit einem erfahrenen Kollegen oder einer erfahrenen Kollegin direkt am Fall. Jeder dieser Therapietage ist zusätzlich gespickt mit Intervisions- und Gruppen-Supervisionssitzungen sowie Therapiebeobachtungen durch eine Einwegscheibe (natürlich mit Zustimmung des jeweiligen Patientenpaares). Diese Beobachtungen wiederum werden in Nachbesprechungen diskutiert und aufgearbeitet – was übrigens ein Grund dafür zu sein scheint, warum diese sogenannten »Scheibenpaare« zu den erfolgreichsten Fällen gehören: Es denken, fühlen und sehen so viele Kolleginnen und Kollegen mit und zu, dass es sich quasi um eine ganz besonders gründlich supervidierte Behandlung handelt. Kurzum: ein sechs- bis zu zehnstündiger Tag zum Thema Sexualität – auch anstrengend, aber sehr lehrreich!

Auf diese »Lehrtherapie« samt Supervisionsumfeld hin folgt eine einjährige Phase, in der die Fortbildungsteilnehmer an eigenen Fällen arbeiten und sich – meistens einmal im Monat einen ganzen Tag lang – in regionalen Gruppen zur Supervision der selbständig geführten Fälle mit einem erfahrenen Supervisor treffen. Zusätzlich gibt es an der Universitätsklinik Hamburg, die das Zentrum dieser Ausbildungsinitiativen darstellt, jährlich am letzten Januar-Wochenende ein offenes Treffen, um besondere Fälle oder neu anfallende Fragestellungen, besondere Schwierigkeiten usw. zu diskutieren und sich auszutauschen. Unter der Schirmherrschaft der Deutschen Gesellschaft für Sexualforschung (DGfS) folgt zudem eine einjährige Fortbildungsphase, in der an fünf langen Wochenenden die speziellen Gebiete

- der Anwendung paartherapeutischer Erfahrungen in der Sexualberatung,
- der Arbeit mit Perversionen/Paraphilien,
- der Straftäterarbeit,
- der Arbeit mit sexuell traumatisierten Menschen und
- der Beratung und Therapie von Transsexuellen

behandelt werden. Die Fortbildung zur Paar- und Sexualtherapie endet schließlich mit einer Abschlussarbeit, die eine gewisse Zahl von Erstgesprächen, Fallbehandlungen und eine ausführliche Epikrise eines selbst behandelten Paares enthalten muss.

Seit September 2012 gibt es diese sexualtherapeutische Fortbildung auch als *Weiterbildungsstudium* (Universitätslehrgang »Sexualtherapie« mit Abschluss

»Master of Advanced Studies«) in Österreich, namentlich an der Universität Innsbruck (in Zusammenarbeit mit der Medizin-Universität Innsbruck). Hier kann man sich in einem berufsbegleitenden sechssemestrigen Weiterbildungsstudium sozusagen »von der Pike auf« eine umfangreiche sexualberatende und -therapeutische Kompetenz einschließlich der Lehrtherapie aneignen.

Schließlich stellt sich noch die Frage nach der Einzeltherapie für jene Fälle, wo kein Partner vorhanden ist oder dieser nicht einzubeziehen gewünscht wird. Neben den allgemein-psychotherapeutischen Zugängen zu Einzelpatienten, derer es hier wie bei jeder Psychotherapie bedarf, lassen sich verschiedene Komponenten des paartherapeutischen Ansatzes auch für Einzelbehandlungen anwenden: Verschiedene Einzelübungen zum Beispiel, die im Rahmen der detaillierteren Fallschilderungen aus Paartherapien noch beschrieben werden (▶ **Kap. 12**), können auch bei Einzeltherapien verwendet werden. Selbst die Streichelübungen können im Dienste der Wiederaneignung körperlicher Sensibilität – sozusagen als »Selbststreicheln« – hilfreiche und heilsame Effekte und eine allgemeine Sensibilisierung bewirken. Im Allgemeinen jedoch sollten bei Vorhandensein eines Partners, was selbst bei anfänglicher Weigerung eines der beiden Partner noch erreichbar ist, möglichst beide die Therapie mitmachen.

Oft wird seitens des nicht symptomtragenden Partners gegen eine Therapiebeteiligung eingewendet, was das denn solle, er oder sie »hat ja schließlich nichts; das Problem ist ihres (seines)!«. Hier ist es notwendig, den Beistand und die Mitwirkung des Partners zu erreichen, etwa mit der Argumentation, dass die Partner ja schon geraume Zeit zusammen sind, das Symptom also so lange gemeinsam getragen haben, dass es unbewusste Verschränkungen zwischen Partnern gibt und das Symptom eine Botschaft an den anderen sein kann, dass die Erfahrung lehrt, dass das für die gesamte Beziehung das Beste ist u. a. m. Dort jedenfalls, wo eine mehr oder weniger verzwickte Partnerdynamik lauert und das Symptom sozusagen eine Funktion auch gegenüber dem Partner erfüllt, ist dies mittels einzeltherapeutischer Intervention nicht aufzulösen.

Bei Lektüre der folgenden Abschnitte zum paartherapeutischen Geschehen und zu konkreten Therapieverläufen könnte der Eindruck entstehen, dass sich diese Therapiemethode ganz schön viel vornimmt und sich vielleicht auch mit Aufgaben überlastet – etwa, wenn sich bei den Symptomträgern oder auch bei den Partnern massive biografische Erfahrungen, Traumatisierungen etc. finden. »Da muss man zuerst eine intensive Psychotherapie ansetzen«, ist eine häufige Reaktion, die ich bei Fallschilderungen oft zu hören bekam. Aber es ist tatsächlich erstaunlich, wie diese relativ kurze »Fokaltherapie« – also Fokus auf das Paar und seine körperlich-sexuellen Erlebnisqualitäten – selbst Menschen mit sehr schwierigen biografischen Erfahrungen sozusagen »hält« und mit ihnen natürlich auch die Therapeuten. Das klar strukturierte Regelwerk, die verhandlungsartigen Abmachungen, die Konzentration auf das in den Übungen Erfahrene, auch wenn das immer wieder zu ganz anderen, breit angelegten Assoziationen und Erinnerungen biografischer Herkunft führt, scheint ein System von »Haltegriffen« bereitzustellen, mit denen sich auch sehr schwierige Situationen meistern lassen. Das heißt nicht, dass es nicht manchmal notwendig ist, weitere therapeutische Initiativen nach Beendigung der Paartherapie zu empfehlen und anzuhängen, aber auch in diesen Fällen stehen die Paare und die Therapeuten den Prozess durch – und oft auch noch mit recht zufriedenstellendem Ausgang (siehe dazu insbesondere den Fall K. in ▶ Kap. 12.2).

Dies sozusagen als erster Überblick über das paar- und sexualtherapeutische Modell, das nun – nach einer Reflexion über den Körper als Zugang – durch eine Darstellung der einzelnen Schritte ergänzt werden soll. Dabei geht es mir nicht um eine Wiederauflage der im Standardwerk von Margret Hauch (2006) geschilderten Vorgehensweise, sondern darum, was ich anhand der Erfahrungen mit diesem Modell, anhand der einzelnen Übungsschritte und anhand der therapeutischen Aufarbeitung über die menschliche Sexualität – fernab jeder Buchwissenschaft – alles erfahren und lernen konnte und was mir seither auch die Arbeit an sexuellen Problemen außerhalb dieses Settings – in Beratung und Einzeltherapie – sehr erleichtert.

10.1.4 Der Körper und die in ihm gespeicherten Affekte – Spuren der Vergangenheit, Wegweiser für die Zukunft

Nach den ersten etwas ungewohnten Schritten mit dieser Methode – erfordert sie doch wie schon erwähnt ein ungewohnt direktives, detailgenaues Explorieren der Lebensgeschichte und der sexuellen Erfahrungen der Paare (auch der aktuellen Erfahrungen bei den Übungen zu Hause) – bemerkt man schnell, wie ungeheuer »wirksam« die Körpererfahrungen sind, die das Paar sich gegenseitig durch die Streichelübungen zufügt. Für mich als Analytiker und damit reinem »Sprach-Psychotherapeuten« war das wirklich faszinierend, vor allem auch das Tempo, also die relativ kurze Zeit, in der über Körpererfahrungen die verschiedensten Affekte, Stimmungen und auch Erinnerungen auftreten, für deren »Hebung« es bei einer abstinent durchgeführten psychoanalytischen und wohl auch andersartigen klassischen Psychotherapie wohl Monate dauert, bis man an diese Empfindungen rankommt. Und ich entdeckte tatsächlich gewisse Gemeinsamkeiten mit den Erfahrungen bei der Einbeziehung des Körpers auch in psychoanalytische und andere psychotherapeutische Arbeitsweisen.

Tilmann Moser (1989), der allerdings für seine diesbezüglichen Versuche in Psychoanalytiker-Kreisen mittlerweile massiv attackiert und auch schon länger aus den betreffenden Berufsvereinigungen ausgeschlossen worden ist, war einer der ersten, der sich mit diesen Fragen intensiv und unter freimütiger Darstellung seiner Arbeitsweise beschäftigt hat. Im Unterschied zu den meisten Analytikern beschrieb er wenigstens genau, was er machte, erstmals 1989 in »Körpertherapeutische Phantasien«. Hier sind seine Erfahrungen mit der Einbeziehung des Körpers, mit der körperbezogenen Berührung und den daraus resultierenden Phantasien und Empfindungen, Übertragungen etc. in psychoanalytisches Therapieren dargelegt. Nach Moser – und mittlerweile hat sich diese Gruppe auch unter Psychoanalytikern erweitert – ist es bei manchen Patienten von vornherein zweifelhaft, ob eine rein sprachliche Therapie ihnen wirklich Gewinn bringen kann. Schließlich »läßt sich ja davon ausgehen, daß ihre Störungen aus unangemessenen, verzerrten, unzureichenden psycho-physischen Interaktionsformen« mit den wichtigen Bezugspersonen stammen (1989, S. 14). Seine Grundthese ist, dass bestimmte Szenen und

Affektspuren der früheren Beziehungs- und Erlebnisrealität zunächst *nur über den unbewusst gesteuerten körperlichen Ausdruck* erkennbar und analysierbar sind: nämlich abgespaltene, aus bestimmten traumatischen Beziehungserfahrungen herrührende Affekte, die den Patienten *nicht* in sprachlich-szenischer Form zur Verfügung stehen, sondern »in den Körper und den rudimentären seelischen Apparat eingelagert« sind. Die rein sprachliche Fassbarkeit vieler seelischer Konflikte oder Defekte wäre eine oft nicht einlösbare Anforderung an die Patienten. Deshalb müsse die Psychotherapie »eine andere Form des Containments« zur Erhellung und Bearbeitung solchen in den Körper eingelagerten psychischen Materials anbieten (ebd. S. 16 f.).

Dies erinnert mich an viele Passagen aus der Paartherapie, wo Patienten über die körperliche Berührung und den Affekt, den diese auslöste, auf einmal Erfahrungen und Erinnerungen zugänglich werden, die bisher verschüttet waren. Die von Moser erwähnten *psycho-physischen Interaktionsformen*, die tief eingelagert in körperlichen Erlebnisreaktionen schlummern, spielen nach meinem Verständnis auch bei der Paartherapie eine große Rolle. Auch Schmidt (1996 a) hat diesen Zugang zum Unbewussten über die Sexualtherapie in einer Publikation aus dieser Zeit explizit gewürdigt, wenn er meint, die aus dem verhaltenstherapeutischen Ansatz stammenden Partner- und Körperübungen würden generell Einblick in den »psychischen Haushalt der Betroffenen« ermöglichen und ließen immer auch Grundzüge der »Beziehungsmuster des Paares« erkennen (Schmidt 1996a, S. 189).

Natürlich ist ein wesentlicher Unterschied der Paartherapie zu der von Moser und anderen körperorientierten Psychoanalytikern beschriebenen Technik der körperpsychoanalytischen Therapie der, dass in ersterer nicht und nie durch den oder die Therapeuten selbst an den Körper »Hand angelegt« wird. Die körperliche Dimension der Erfahrung gewähren sich die beiden streichelnden Partner durch das Setting mit den Ganzkörper-Streichelübungen gegenseitig. Was oberflächlich betrachtet wie simples Streicheln aussieht, verschafft nicht nur merkliches Wohlbefinden, sondern weckt auch heftige Emotionen und Erinnerungen an ganz entscheidende biografische Szenen und Erfahrungen. All dies »besorgt« also das Paar selbst, nicht der Therapeut, und dennoch werden ganz ähnliche Effekte erzielt: Die Patienten empfinden unter dem Eindruck der Berührungen des Partners in ähnlicher Weise wie in Körpertherapien etwa Gefühle wie das der Sehnsucht nach Nähe, nach nie erlebter Geborgenheit oder Angst vor dem Ausgeliefertsein, Ängste wegen schon einmal erfahrener Haltlosigkeit und anderes mehr – eben *Spuren der auf den Leib geschriebenen, tief im Körperlichen eingravierten biografischen Ereignisse.*

Auch für diese körperlichen Berührungen und Erfahrungen eines Paars gilt analog zur Körperpsychoanalyse buchstäblich, dass das Ausmaß des Schmerzes im Körperausdruck »so viel nackter, direkter und unausweichlicher vor mir steht«, weil »das Körpergefühl dem ›inneren Kind‹ näher ist, als die Sprache«, wie Gisela Worm (1990, S. 149) es ausdrückt. Wir können insofern auch für den Bereich der Sexualität von einer in den Körper eingeschriebenen Erfahrung *der allgemeinsinnlichen und erotischen Achtung und Beachtung bzw. Nichtbeachtung und Geringschätzung*, die jemand von klein auf erfahren hat, sprechen. Diese »Engramme«, wie wir sie nennen könnten, drücken sich dann später in Form sexueller (oder besser: »psycho-sexueller«) Symptome aus, wie wir sie im Verlauf von Paartherapien immer wieder vorfinden.

In den diese Körperübungen begleitenden therapeutischen Sitzungen schließlich werden die auftauchenden Emotionen und Erfahrungen der beiden Übenden besprochen und – je nach Methode der Therapeuten – interpretiert, hinterfragt und gedeutet. In meiner eigenen Fortbildung und in der späteren Praxis habe ich wie gesagt verschiedenste Therapieschulen erlebt, die mit diesem Ansatz arbeiten, wobei die therapeutische Bearbeitung je nach der eigenen Paradigmatik erfolgt. Auch gemischte Schulen, im Fall eines Therapeutenpaares, sind kein Hindernis, ja sie können bereichernd wirken: Die in meiner eigenen »Lehrtherapie« mit einer verhaltenstherapeutischen Kollegin gelebte gegenseitige Offenheit und Achtung der fachlichen Herangehensweise des anderen ist ja vielleicht sogar ein gutes Modell dafür, wie mit unterschiedlichen Auffassungen produktiv umgegangen werden kann!

10.2 Vorgehen und helfendes Regelwerk

Wie schon erwähnt, beginnen nach Erstgespräch, Inidikationsstellung und dem wichtigen, eine erste Problemeinsicht zu vermitteln versuchenden »round table«, dem »runden Tisch«, die Therapeuten, dem Paar das Vorgehen, die Übungsanweisungen und die wichtigsten Regeln, nach denen die Übungen jeweils erfolgen sollten, zu erläutern. Dabei ist zunächst das berüchtigte *Koitusverbot*, aus der klassisch-verhaltenstherapeutischen Masters & Johnson-Tradition stammend, von Bedeutung. Diese recht autoritär, ja vielleicht sogar entmündigend klingende Anweisung weckt bei vielen humanistisch orientierten Therapeutinnen und Therapeuten stilles Unbehagen: Der Patient soll doch ein mündiger sein und auf seine eigenen Bedürfnisse achten. Ja, aber das muss er auch erst einmal können! Was sind denn die eigenen Bedürfnisse, ist das von vornherein so klar? Was ist denn das, was einem – mündig oder nicht – gut tut? Freilich haben die Paare das Bedürfnis, wieder oder in manchen Fällen auch erstmals halbwegs gelungenen Sex miteinander erleben zu können. Aber was ist, wenn das andauernd nicht klappt? Diese Fähigkeit ist ja bei vielen Ratsuchenden irritiert oder durch Lustlosigkeit blockiert und bedroht die Existenz der Partnerschaft. Und vor allem erzeugt dieses »Nichtfunktionieren« ja eine permanente Erwartungsangst und den korrespondierenden Stress, ob »es« beim nächsten Mal nun endlich funktioniert oder ob »es« wieder nicht geht. Deshalb ist es nur folgerichtig zu überlegen, ob diese angstmachende Situation nicht einfach vorübergehend ausgeschaltet werden soll, indem man sie zunächst, bis zum Draufkommen, was alles hinter den Problemen stecken und was anders und heilsamer gehen könnte, meidet: also kein Koitus und damit auch kein Stress! Auch angesichts der in unserer Kultur extrem verkürzten erotischen Begegnungskultur mit sehr starker Fixierung auf den Koitus kann es gar nicht schaden, wenn Gelegenheit geschaffen wird, anderes als nur das angeblich »Eigentliche« der Sexualität zu entdecken.[44]

10.2.1 Egoismus- und Vetoregel, Prinzip Selbstverantwortung

Den angeblichen »Endzweck« zeitweise entbehren zu können, sollen auch die Ganzkörper-Streichelübungen in verschiedenen Abstufungen helfen: »Von der Locke bis zur Socke«, wie die deutschen Kolleginnen und Kollegen sagen, also von ganz unten oder oben bis ganz oben oder unten (die Richtung entscheiden die Betroffenen) soll das Paar sich gegenseitig zu Hause streicheln, jeweils mindestens zweimal zwischen den Therapiesitzungen, das Ganze nackt und so, dass sich die Partner sehen können. Wie streicheln? Während die Abfolge festgelegt ist, nämlich dass sich beide hintereinander zuerst am Bauch liegend streicheln (was ein sichereres Gefühl abgibt als in Rückenlage) und dann hintereinander am Rücken liegend, um dann im dritten Teil wieder am Bauch liegend am Rücken »ausgestreichelt« zu werden, ist die Art des Streichelns ganz individuell den Einzelnen überlassen: So und nur so, wie der oder die aktiv Streichelnde es gerade wollen! So zart oder auch so wild, so sanft oder auch so stürmisch! Wir nennen das auch die sogenannte *Egosimusregel*. Sinn dieser Regel ist, dass der aktive Part sich möglichst *authentisch* verhält, sozusagen seine ganze Beziehungsemotion in das Streicheln reinpackt, und nicht schon wieder alle möglichen (und vielleicht missverstandenen?) Rücksichten nimmt, weil er meint, der andere mag dies oder das (angeblich) nicht!

Nun werden einige denken, dass dieser »Ego-Trip« für den jeweils passiv Gestreichelten ganz schön unangenehm werden kann, wenn er beispielsweise darunter leidet, weil der Partner das sehr heftig macht. Richtig: Und deshalb gibt es sozusagen eine Gegenregel, die wir *Veto-Regel* nennen. Wenn nämlich etwas weh tut oder unangenehm ist, ist der Gestreichelte geradezu verpflichtet, zu stoppen und ein Veto einzulegen. Daraufhin muss der Aktive aufhören und sich – ohne Anweisung des Passiven – etwas anderes, wieder nach seinem ureigensten Gutdünken, einfallen lassen. Die Partner verpflichten sich dabei, ein deutliches verbales Zeichen zu geben, also ein »Stopp« oder »Veto« auszusprechen, wenn etwas unangenehm ist. So übernehmen die Partner die *Verantwortung für die Wahrnehmung und Setzung ihrer eigenen Grenzen*, allein das ist für viele schon ein recht ungewohnter, aber umso heilsamerer Lernprozess. Diese Vetos sind übrigens

---

44 Auch die Frage der *Verhütung* muss übrigens ganz klar vereinbart werden: Während der Therapie ist eine sichere Verhütungsmethode anzuwenden – allerdings kein Kondom (insbesondere bei männlichen Störungen, aber auch bei Dyspareunie oder Vaginismus absolut ungeeignet). Dies deshalb, weil bei vielen Paaren ein Kinderwunsch vorhanden ist, der nicht realisierbar ist (warum auch immer) und der nun unbewusst mithilfe der Therapie erfüllt werden könnte, wobei sich die Symptome – etwa bei Vaginismus – nach »Abhaken« dieses Wunsches und nach Schwanger-Werden der Patientin häufig wieder einstellen. Deshalb wird auch vereinbart, die Verhütung nach der Therapie etwa ein halbes Jahr weiterzuführen. Aber auch, wenn jemand nicht schwanger werden will, ist eine sichere Kontrazeption notwendig, um das Paar nicht abzulenken.

ausnahmslos zu respektieren, wozu sich wiederum der andere Partner verpflichten muss. Wenn diese Vetos für den jeweils aktiven Part kränkend sind, kann und muss das in der Therapiestunde analysiert werden (vgl. Hauch 2006, S. 105 ff.).[45]

Diese beiden Regeln stellen in ihrer gegenseitigen Schutzfunktion für die Übenden – der eine ist geschützt davor, immer nur wie gewohnt Rücksicht zu nehmen, der andere Partner ist vor unangenehmen Übergriffen geschützt – einen fast genialen Schachzug aus der Trickkiste der Verhaltenstherapeuten dar: »Egoismus« erfordert, nur auf sich selbst und seine Streichelbedürfnisse zu achten und dabei ganz bei sich zu bleiben, *Verantwortung nur für die eigene Lust* zu übernehmen. Die »Vetoregel« andererseits sorgt dafür, dass trotz dieser »Rücksichtslosigkeit« nichts passieren kann, wenn Unbehagen beim Gestreichelt-Werden auftritt. Beides kann dazu beitragen – und das ist eine regelmäßige Erfahrung –, dass sowohl beim aktiven Part als auch beim passiven neue Qualitäten und Empfindungen entdeckt werden, die man so noch nie gemacht und auch nichts von ihnen geahnt hat! Diese Chance auf ganz neue Erfahrungen und Empfindungen gilt auch für die Körperregionen, auf die zu streicheln man in der gewohnten Alltagssexualität noch gar nie gekommen ist, weil man sich gar nicht die Zeit und erst recht nicht den ganzen Körper zum Ziel seiner Zärtlichkeiten nahm.

Überhaupt ist auch dieser *Zeitfaktor* ein wichtiger neuer Erfahrungsbereich. Die Übungsanleitungen geben so rund 5 Minuten für jede »Lage« vor: Bei drei Lagen (Bauch-Rücken-Bauch) pro Partner sind das also 30 Minuten – nur für das, was die Alltagssprache das »Vorspiel« nennt! Hand auf's Herz: Wer macht beim Sex regelmäßig (oder auch nur vereinzelt) 30 Minuten lang zärtliches oder auch wildes Vorspiel? Übrigens sagen auch schon die Zeiteinhalte-Rituale etwas über die Paare aus: Manche nehmen das nicht so genau und lassen sich mal darauf ein, manche aber stellen die Küchenuhr oder den Handywecker! Die meisten Paare in meiner Praxis lassen aber bald jede Zeitkontrolle weg und machen einfach mal, auch, weil die meisten diese Prozeduren nach anfänglicher Unsicherheit sehr zu genießen beginnen. Und so wird dann bei vielen aus 30 Minuten eine Stunde, bei manchen sogar einenhalb Stunden, was aber nicht heißt, das das alles immer harmonisches Schwelgen ist. Natürlich tauchen auch unangenehme Gefühle und Erinnerungen auf, Defizite an Berührt-, Gehalten- und Anerkannt-Sein, die dann zu Tränen und Traurigkeit führen, aber dennoch ganz wertvolle Informationen enthalten, die – um es zu wiederholen – in den verbalen Therapien, also ohne den »Speicher« Körper mit einzubeziehen, wohl nicht so schnell zu haben wären.

Letztlich sind mit diesem Regelwerk auch die beiden wichtigen Prinzipien, die generell in der Arbeit mit sexuellen Problemen sehr fundamental erscheinen, eingeführt, nämlich das *Prinzip »Selbstverantwortung«* und das der *»Ergebnisoffenheit«* (vgl. Hauch 2006, S. 144; Hervh. JCA). Die Selbstverantwortung betont die eigene Verantwortung für die eigene Lust und das Bei-sich-selbst-Anfangen, wenn es um Änderungen der Beziehung und Partnerschaft geht, die Ergebnis-

---

45 Es ist selbstverständlich, dass die Egoismus-Regel – trotz Geschütztheit des Partners durch die Vetoregel – wie die gesamte körperorientierte Arbeit einen *Konsens über Gewaltfreiheit* voraussetzt, wobei Gewaltfreiheit nicht auch Aggressionsfreiheit heißt!

offenheit hingegen schützt vor irgendwelchen Normierungen, »wie es sein soll«, damit es »richtig« ist.

> Früher wurden Paare in der Therapie z. B. angehalten, als Ziel der Übungen absolute Entspannung usw. zu erreichen, also keine Lust oder irgendetwas Bestimmtes, sondern wohliges Dahinströmen, das Ganze noch in einer möglichst angenehm hergerichteten Atmosphäre. Mit der Zeit wurde klar, dass dies mögliche Ausgänge, die hilf- und aufschlussreich sein könnten, verhindert und zudem eine große Portion »Ambiente-Stress« (Hauch 2006, S. 56) erzeugt. »Wir müssen es ganz wohlig und entspannt haben, sonst stimmt etwas mit uns nicht!« Heute ist man dazu übergegangen, einfach einmal zu schauen, was kommt, natürlich abseits der ungeduldigen Erprobung bestimmter Praktiken und unter Einhaltung des Koitusverbots, aber ansonsten ergebnisoffen!

Die Grenzen, was wie sein darf und soll und was nicht, werden also nicht vorher gesetzt oder ausgehandelt, sondern dann, wenn sie erreicht sind, wahrgenommen, respektiert und in den folgenden Therapiesitzungen reflektiert. Dort ist nun der Raum, die Erfahrungen ausführlich zu besprechen, bei denen die Grenzen des subjektiven Wohlbefindens berührt wurden. Hier wird dann in der Regel auch deutlich, dass diese Grenzen einen Grund, eine Entstehungsgeschichte haben, und dass sie nicht absolut zu setzen, sondern situativ und deshalb auch veränderbar sind!

10.2.2 Erfahrungen mit den sexualtherapeutischen Übungen – ein Lernfeld über Sexualität und Lebenslauf

Die einzelnen Übungsstufen nun, auf denen die Paare zu Hause ihre Erfahrungen sammeln sollen, bieten wiederum reiche Lernerfahrungen über die Sexualität in unserer angeblich so enttabuisierten Gesellschaft und über die tiefen Zusammenhänge von Erziehung, Gesellschaft und Sexualität. Sie gestalten sich im Überblick wie folgt:

- »Streicheln« I: Genitalien und Brüste ausgespart
- »Streicheln« II: Genitalien und Brüste oberflächlich einbezogen
- »Streicheln« III: inkl. erkundendes Streicheln im Genitalbereich
- »Streicheln« IV: inkl. »Spiel mit der Erregung«
- »Streicheln« V: inkl. Einführen des Penis
- »Streicheln« VI: inkl. erkundende Bewegungen bei eingeführtem Penis – Koitus.

Um zur jeweils nächsten Stufe weiterzugehen, sollte die aktuell durchzuführende für beide Partner ausreichend (nicht »perfekt«!) zufriedenstellend erfahrbar geworden sein. Hatte ich mich und hatten viele Kolleginnen sich zunächst am Begriff »Streicheln« und erst recht an seiner etwas kaufmännisch wirkenden Durchnummerierung gestoßen, so wurde vielen von uns diese Bezeichnung mit der Zeit vertraut und sogar sympathisch. Man weiß immer, auf welcher Stufe man gerade angelangt ist und der Begriff »Streicheln« beinhaltet über alle sechs Stufen hin auch eine wichtige Konstante, die die sexuelle Begegnung kennzeichnet, nämlich die *Berührung*, die ja ganz verschieden sein kann und durchaus nicht nur eine befriedete und zarte Sexualität umschreibt: Streicheln kann zärtlich *und* wild sein, aber es ist etwas, was in der erotischen Interaktion geschieht, ohne dass es sofort und (fast) ausschließlich nur mehr um den unmittelbaren sexuellen Akt geht. Auf diese Weise *berührt*, geben sich die Partner einander hin und leben ihre Lust. Deshalb sind auch die erste und die dritte Phase des Streichelns (das »Ein-« und »Ausstreicheln« in der Bauchlage) über das gesamte Setting hin immer konstant, während jeweils bei der mittleren Position (Rücken- oder ähnliche Lage) besonders ab dem Streicheln III auch genitalbezogene Übungen durchgeführt werden. Es wird, so könnte man sagen, somit *immer vorspielhaft, genitalbezogen und nachspielhaft* gestreichelt. Besonders deutlich wird die Absicht dieses Begriffs von »Streicheln« auf den Stufen V und VI: Das heißt, dass auch der Koitus(versuch) immer unter »Streicheln« fällt, als ob das Paar sich auch beim Koitus »ineinander« streichelt.

Die genaueren Anleitungen zu diesen Übungen können der darauf spezialisierten Literatur (insbesondere Hauch 2006) entnommen werden. Mir geht es hier nur darum, deutlich zu machen, was auf diesen Stufen erlebt werden kann und warum es alles andere als banale Verhaltensmodifikation oder rein »technische« Fertigkeiten sind, wie manche kritisch anmerken, die hier stattfinden und »gelernt« werden können. Dennoch möchte ich nachfolgend ein paar anschauliche Erfahrungen aus einzelnen Stufen schildern.

Streicheln I

Schon die Eingangsstufe *Streicheln I* birgt wie gesagt große Emotionen, weil vielfach großes Wohlbehagen erlebt wird, und die Partner sich psychophysisch annähern, wie die meisten es kaum jemals zuvor erlebt hatten. Das fördert auch schmerzhafte Erinnerungen, Unverständnis füreinander, Disharmonie und kindliche Regressionen, je nach biografischen Vorerfahrungen, zutage, was dann der psychotherapeutischen Bearbeitung bedarf. Selbst bei Paaren, die ungeduldig auf »mehr« warten und nicht gern auf den Geschlechtsverkehr oder auf masturbatorische Aktivitäten verzichten, nistet sich oft großes Behagen bei dieser simplen Übung, die dennoch gar nicht so leicht ist, ein. Für mich ist es ein schöner Beleg für die »kutane« Erotik, die wir bei der psychosexuellen Entwicklung besprochen hatten, ist doch die gesamte Hautoberfläche sinnlich besetzt und lässt das Streicheln dem passiven Partner häufig ein heilsames Gefühl des Gehalten- und Getragenseins erleben. Oft nisten sich Paare auch auf dieser Stufe ein, also eine Art Widerstand gegen das Weitermachen und Verbleiben im regressiven Zustand der Hauterotik.

Streicheln II und III

Auf *Stufe II* kommt dann die nichtstimulierende Einbeziehung der Genitalien und der Brüste bei beiden Geschlechtern hinzu, und auf *Stufe III* wird die »Erkundung«

der Genitalien, der eigenen und der des anderen, mit einbezogen. Dies ist oftmals ein schambesetzter Vorgang, der viel über die Selbstakzeptanz der eigenen Körperlichkeit einschließlich der Genitalien aussagt. Selten habe ich so viel Scham und Angst bei vielen Patientinnen und Patienten entdeckt wie an diesem Punkt, wo man sich praktisch dem Gegenüber optisch-visuell und nicht zuletzt auch taktil (bei *Streicheln IV* mit Stimulieren) völlig ausliefert. Angst, »dort unten« hässlich zu sein oder übel zu riechen, die eher bei Frauen auftritt, und Angst, nicht den Größen- und Ästhetik-Vorstellungen zu entsprechen, bei den Männern, sind Beispiele für gängige Erfahrungen, die hier gemacht werden. Es kann sehr berührend und von hoher biografischer Relevanz sein, was sich hier alles auftut und wie sich manche Konflikte in diesem Abschnitt zuspitzen, weshalb hier ein Beispiel erzählt sei:

> Beate (28), eine moderne junge Frau aus der Großstadt, kommt mit ihrem Lebensgefährten in eine von einem Therapeutenpaar geführte Therapie, um ihre Lustlosigkeit und die dadurch gefährdete Beziehung, die erst seit zwei Jahren besteht, aufzuarbeiten. Es stellte sich heraus, dass eigentlich beide keine besondere Lust hatten: Der Partner war nämlich durch seinen Beruf derart absorbiert, dass er ohnehin abends meistens zu müde war, um sich dem Liebesspiel zu widmen (man sieht: die Frau neigt dazu, die Verantwortung für den Lustmangel zu übernehmen!). Das konnte ihr eigentlich nur recht sein, fiel doch ihre verlorene Lust dabei nicht so auf. Aber auf die Dauer kam es doch immer wieder zu Konflikten, weil dieser Zustand in so jungen Jahren eigentlich beiden nicht geheuer war und eine Gefahr für den Erhalt der Beziehung darstellte.
>
> Beate hatte schon auf der Ebene Streicheln I und II so ihre Probleme, sich den Händen des Partners locker und vertrauensvoll auszuliefern, bei der Einführung des Streichelns III aber, als die weibliche Therapeutin ihr sagte, wie sie sich mit geöffneten Beinen vor den Mann hinlegen und ihn nahe an ihrem Schoß einfach mal schauen lassen sollte, platzte ihr der Kragen: »Das mache ich sicher nicht, eher breche ich die Therapie ab«, sagte sie wutentbrannt. Die Therapeutin wiederholte geduldig und ermutigend die Aufforderung, es doch wenigstens zu versuchen und zu fühlen, was in ihr vorginge, und wenn es nicht möglich sei, spräche man in der nächsten Therapiestunde darüber. Beate zog sich daraufhin schmollend in ihren Sitz zurück und am Ende der Stunde schnappte sie ihren Mantel und verließ fast trotzig stampfend den Therapieraum.
>
> Das Therapeutenpaar rätselte nun, ob es sich hier – das liegt leider oft zu nahe – um eine Missbrauchserfahrung handelte und ob sie überhaupt noch einmal kommen oder aber die Therapie abbrechen würde. Aber Beate kam zur nächsten Sitzung, etwas verhehlt und bedrückt, aber sie kam. Und sie berichtete, dass sie die Übung durchzuführen versucht hätte, sie aber beim Ansatz, die Beine zu öffnen und ihre Scham dem Partner zu zeigen, gleich wieder abbrechen musste. In der darauf folgenden Nacht habe sie kaum schlafen können, und zwischen Wachen und Träumen sei ihr eine Erinnerung gekommen, an die sie ewig nicht mehr gedacht hätte und die etwa auf das neunte Lebensjahr zurückging: Sie erinnerte sich an diese Zeit, in der sie als Mädchen sehr am Vater gehangen sei,

> umso mehr, als immer eine drohende Trennung der Eltern und sein Auszug aus dem Haushalt im Raum stand. Sie hatte schönes blondes langes Haar gehabt (auch heute noch) und sich immer kunstvolle Frisuren gemacht, um dem Vater zu gefallen. Zugleich aber seien ihr Vater und ihre Mutter wegen ständiger Auseinandersetzungen nahe daran gewesen, sich wirklich zu trennen (was sie später dann auch taten). Nachdem sie die Beziehung noch ein letztes Mal mühsam kitten konnten, erfüllten sie sich – quasi zur Versöhnung – einen schon länger gehegten Wunsch und kauften sich ein geräumiges Aquarium mit lauter teuren Zierfischen darin. Und während die Tochter mit ihren Bemühungen, dem Vater mit ihren kunstvollen Frisurvariationen zu gefallen, von diesem mit keinem Blick beachtet wurde, saßen der Vater und die Mutter dauernd und stundenlang vor dem Aquarium und bewunderten ihre Zierfische.
>
> Die Tochter, tief gekränkt und wohl auch in spätödipaler Rivalität mit der Mutter, steht in der Nacht auf, schleicht sich ins Wohnzimmer und kippt mit einem Ruck das Aquarium samt Fischen auf den ebenfalls neuen Perserteppich – wo die Fische zuckend verenden. Und weil sie ahnt, was sie da angestellt hat, nimmt sie ihr langes blondes Haar, schneidet es sich mit einer Schere im Nacken ab und wirft die Haare zu den verendenden, zuckenden Fischen. Als der Vater am Morgen das Geschehene bemerkt, ist er außer sich, holt das Mädchen aus dem Kinderzimmer, schlägt es heftig, verhöhnt es wegen seiner verunstalten Haarpracht und schreit: »Du bist das Allerletzte – und wie Du aussiehst, Du bist ja nicht mehr zum Anschauen!«. Zusätzlich gibt es noch eine gesalzene Wohnungsarreststrafe und viele Wochen Taschengeldentzug.

Selbst beim Schreiben dieser Geschichte zieht es mir noch eine Gänsehaut auf, wenn ich mir vorstelle, wie das gewesen sein mag. Dass der Patientin diese Geschichte just zu dem Zeitpunkt einfällt, als sie im Verlauf der Therapie in ihrem intimsten Bereich »angeschaut« werden soll, kann kein Zufall sein. Offenbar hat das Sich-Zeigen, das Sich-Preisgeben und Sich-Ausliefern im intimsten Bereich eine Assoziation zu dem hoch emotional aufgeladenen Konflikt geweckt, dem »Nicht-zum-Anschauen-Sein«, verbunden mit Enttäuschung und Angst vor dem geliebten, aber vernachlässigenden Vater. Das alles schwappt hier hoch und lässt eine tiefe existenzielle (nicht direkt sexuelle!) Scham entstehen, die an eine Existenzbedrohung und entsprechende Panikgefühle heranreicht. Nachdem die Therapeutin der Patientin etwas später im Verlauf der Therapie einfühlsam und haltgebend diese Verbindung deutet, bricht Beate in ein tiefes Schluchzen aus, es schüttelt sie geradezu vor Weinen und es dauert eine Zeit, bis die Gefühle von Verletztheit, Scham, aber auch von Sehnsucht nach einem anerkennenden Vater oder Mann bearbeitet werden können. Auch für Beates Partner ist das eine große Herausforderung, er ist konsterniert und ergriffen davon, welche Last seine Partnerin hier mit sich herumschleppt, und er beginnt schließlich, ihr seine Liebe und sein Begehren, das wieder zu erwachen beginnt, zu zeigen. Beate beendet diese Paartherapie mit deutlich gebesserter Symptomatik, sie kann nachfühlen, dass die Lustlosigkeit ein Stück weit auch ein Decksymptom für ihre tiefe Angst vor mangelnder Anerkennung als Frau, aber auch davor, für nichts wirklich gut zu sein usw., darstellt. Gemeinsam mit ihrem Lebensgefährten erarbeitet sie sich Stück für Stück ein für beide zufriedenstellenderes sexuelles Leben abseits irgendwelcher Normen, wie es zu sein hätte, aber für beide stimmig und befriedigend. Derartige Erfahrungen gibt es mehrere, wie gesagt, und diese Stufe III des Übungsprogramms ist eine heikle Passage, an der man sieht, wie vielschichtig die körperbezogenen Erfahrungen auf biografische Schlüsselstellen verweisen und sich auf die gesamte spätere Entwicklung der Persönlichkeit und natürlich auch der Sexualität auswirken können.

Streicheln IV

Streicheln IV nimmt den genitalen Bereich sozusagen explizit – auch zur Stimulation – in die Therapie mit herein. Hier sollen Erfahrungen mit dem Erregt-Werden, mit Erregung herstellen, dem Partner zeigen, wie das geht usw., gemacht werden. Auch die Angst, dass Erregung nicht wieder herstellbar ist, wenn sie einmal abgeflaut ist, kann durch diese Stufe-IV-Übung vertrieben werden. Das »Spiel mit der Erregung« zeigt von der Formulierung her schon an, dass es auch etwas freudig Spielerisches enthalten soll, also wiederum keine bierernste Technikschulung, wie Gegner dieser Methode manchmal unterstellen, sondern etwas, das den Beteiligten wirklich neue Dimensionen der Lust, vielleicht bisher nie gewagte, aber nun durch das Egoismus-Veto-Regelwerk ermöglichte und geschützte, eröffnet.

Oft endet der Therapieverlauf – besonders im kompakten Setting – bei dieser Stufe (manchmal auch schon früher), weil das Paar durch verschiedene Blockaden einfach nicht weiter gekommen war. Es ist aber wie gesagt so, dass der mittlerweile erfolgte Lern- und Entwicklungsprozess es den Paaren häufig ermöglicht, weiter mittels der erfahrenen Schritte an ihren Problemen zu arbeiten und schließlich doch die Symptome loszuwerden, zu lindern und eine halbwegs befriedigende Sexualität zu entfalten.

10.2.3 Auch der Einzelne ist gefragt

Wie schon erwähnt, können bei bestimmten Symptomen oder bestimmten Persönlichkeitsmerkmalen der Patienten auch *Einzelübungen* zur »körperlichen Einzelselbsterfahrung« (Hauch 2006) verordnet werden. Teilweise werden diese sowohl in Paartherapien als auch in Einzeltherapien angewandt, weil sie fundamentale Fähigkeiten, wie etwa die Akzeptanz der eigenen Körperlichkeit, ansprechen. Ein Beispiel ist die *Ganzkörperbetrachtung* vor einem möglichst den ganzen Leib wiederspiegelnden großen Spiegel (deshalb auch *Spiegelübung*), etwas, was übrigens gar nicht so einfach ist: Wer den Selbstversuch machen will, stelle sich einmal nackt vor einen solchen Spiegel und sehe sich etwa drei Minuten aus allen möglichen Blickwinkeln an, um auf die Gefühle zu achten, die dabei auftreten. In der Praxis werden diese Gefühle und Assoziationen dann in der folgenden Therapiesitzung besprochen und bearbeitet. Auch hier zeigen viele Erfahrungen, wie wichtig und lehrreich ein solches »simples« Vorgehen sein kann. Viele, die diese

Übung beginnen, kommen damit schwer zurecht: Da plagen einen wohl mehr oder weniger bewusst die Figurzwänge, Frauen natürlich mehr, aber verleugneterweise und durch den zunehmenden Würgegriff der Schönheitsindustrie doch immer mehr auch Männer. Die Spiegelübung konfrontiert »nackt und bloß« ohne Wenn und Aber mit den eigenen Unzulänglichkeiten oder sagen wir besser mit der eigenen Normalität! Das Wesentliche ist, dass wir lernen müssen, das anzunehmen – entweder, um damit zufrieden zu sein und es in Ordnung zu finden, oder aber um etwas zu verändern. Auch das verlangt zuerst Akzeptanz des Veränderungswürdigen. Und schließlich geht es auch darum, sich in Versöhnung mit den bei jedem und jeder entdeckbaren Mängeln bei sich auch etwas zu entdecken, was einem gut und liebenswert erscheint. Undenkbar, dass wir uns körperlich und sinnlich hingeben können sollten, ohne etwas an unserem Leib liebenswert zu finden! Das ist der hohe Sinn dieser simplen Übung – und er wirft ein bezeichnendes Licht auf die Probleme mit der Körperakzeptanz, die in unserer Gesellschaft weit verbreitet ist und die wir in allen Fällen von Sexualberatung und -therapie nicht vergessen sollten.

Eine andere aus den Paarübungen abgeleitete Einzelübung ist das *Ertasten und Erfühlen des ganzen Körpers* – auch »Selbststreicheln« genannt (Hauch 2006, S. 148). Darin eingebettet könnte auch eine visuelle Erkundung des Genitalbereiches (mit Spiegel etc.) bei sich selbst sein, ebenso die taktile Erkundung. Man darf sich auch heute noch keine Illusionen darüber machen, wie wenig vertraut Menschen mit ihren Genitalien sein können. Frauen sind davon wegen der geringeren Sichtbarkeit der Genitalien mehr betroffen als Männer, aber auch Männer haben oft ein sehr »äußerliches« Verhältnis zu ihrem Penis, das die Feinheiten von dessen »Bauweise« nicht umfasst und nur auf Größe, Dicke usw. achtet. Diese Einzelübungen können aber auch das »Spiel mit der Erregung« bis hin zu intensiver Stimulation (zunächst ohne Orgasmus) umfassen, um die korrespondierenden Gefühle zu erhellen und in der Folge die Sprachlosigkeit, die Sexualität in unserer Kultur oft kennzeichnet, auch für Einzelberatungen und -therapien zu überwinden. Zuletzt schließlich wird ab einem gewissen Therapiefortschritt auch die Selbststimulation mit Orgasmus »freigegeben«; auch hier geht es um Bilder und Phantasien, die die Erregung und den Höhepunkt umrahmen und begleiten und die diagnostisch ebenso wie therapeutisch nutzbar gemacht werden können.

Der Begriff »Übung« blieb im Verlauf der Entwicklung dieser und ähnlicher Therapiemethoden übrigens nicht unumstritten: Er hätte, wie schon erwähnt, eben etwas »Technisches«, rein Lerntheoretisches an sich. Nun, der Begriff hat auch seine Vorteile. Zunächst hat das, was übungsweise passiert, angesichts der völligen Ergebnisoffenheit Analogien zu den »projektiven Tests«: Bestimmte Testaufgaben ergeben nicht nur die offensichtliche Antwort schwarz auf weiß, sondern verraten auch symbolisch-metaphorische, historisch weit zurückliegende und dem Antwortenden zunächst gar nicht bewusste Informationen. Auch der spezifische Charakter des Experiments, der diesen Berührungen anhaftet, lässt den Begriff berechtigt erscheinen, ein Experiment, aus dem ja alte Muster erkennbar, reflektier- und relativierbar werden können und in dem dann neue, für die Beteiligten befriedigendere Muster entwickelt werden sollen. Schließlich lässt auch das schöne

Sprichwort »Übung macht den Meister« den Übungsbegriff in positivem Licht erscheinen, wenn wir damit »den je persönlichen Meister« meinen und von jeder Normierung oder Perfektion Abstand nehmen.

Schließlich gibt es Einzelübungen auch noch im Rahmen der Behandlung ganz bestimmter Symptome. Davon greife ich beispielhaft, weil lehrreich für unser Sexualitätsverständnis, die Übungen für Frauen mit den *Hegar-Stäben* (oder *-Stiften*)[46] bei vaginistischer Problematik heraus. »Vaginistische Paare«, wie wir wegen der oft verblüffend zusammenpassenden Partner bei derartiger Symptomatik auch zu sagen pflegen, sind ja oft viele Jahre zusammen, ohne dass ein Geschlechtsverkehr möglich ist. Meistens kommen sie dann – oft nach jahrelangen Irrfahrten durch organische Behandlungsversuche – wegen eines Kinderwunsches in Paartherapie. In diesen Fällen ist zunächst und entgegen der krampfartigen Verschlossenheit des eigenen Genitales für die Frau sozusagen eine »Eigenermächtigung« des Zugangs zu sich selbst Ziel der Einzelübung. Zur Behutsamkeit angeleitet, sich nicht überfordernd, innehaltend, wenn es »klemmt«, und weiterführend, wenn es möglich ist, soll die Patientin nun diese Hegar-Stifte, die aus Aluminium gefertigt und an der Spitze zulaufend geformt sind, mit ansteigender Dicke (beginnend mit einem kleinfinger-dünnen Stab) selbst einführen. Was von verschiedener Seite völlig missverstehenderweise auch als »Gewalt gegen Frauen« (wegen metallischer Gegenstände?) diskreditiert wird, erleben die meisten Frauen als sehr hilfreich, als ganz »ihres«, über das nur sie allein verfügen können. Tatsächlich »eifern« die Partner gelegentlich und wollen »mithelfen« beim Einführen der Stifte – was die Patientin ab einem gewissen Sicherheitsstatus selbst entscheiden muss. Die Frauen zeigen sich über die metallenen Stifte, die hygienischerweise auch kochend gereinigt werden können, meiner Erfahrung nach nie erstaunt, offenbar erinnert das viele an medizinisches Gerät, wie sie es aus der gynäkologischen Praxis gewohnt sind. Und die Freude, es selbst geschafft zu haben, endlich und oft nach vielen Jahren diese psycho-physische »Sperre« überwunden zu haben, ist groß.

Auch hier wird sichtbar, *dass es nicht einfach um eine bestimmte Technik geht*: Es geht um *Selbstbestimmung*, um Autonomie und Öffnung – und zwar nicht um des Mannes und seiner Wünsche willen, sondern *in Eigenregie*, wozu diese Stifte bei Vaginismus-Therapien einen wertvollen Beitrag leisten. Manche Kolleginnen empfehlen auch, den oder die Finger für diese »Eröffnungsversuche« zu verwenden. Meiner Erfahrung nach geht dies mit den Hegar-Stiften besser: Mit den Fingern hat es fast jede Frau schon (erfolglos) versucht, die Aluminium-Stifte stellen auch eine gewisse »Neutralität«, wie es eine Patientin einmal ausdrückte, her, sie sind von etwas distanzierterem und diskreterem Charakter als die eigene Hand, was in vielen Fällen als angenehm erlebt wird und möglicherweise auch den Übergang zum Eindringen des Glieds des Partners erleichtert. Insofern haben wir es auch hier mit einem vielschichtigen Vorgang zu tun, der weit über das Physische oder Technische hinaus geht und die psychische Ebene der »Verschlossenheit« der Patientin natürlich mit erfasst, ebenso wie die soziale Dimension, nämlich die versteckte Botschaft an die Umwelt und an den Partner, die das Symptom ausdrückt und die wir in den begleitenden Therapiegesprächen zu entschlüsseln gefordert sind.

---

46 Benannt nach Alfred Hegar (1830–1914), einem deutschen Gynäkologen.

Auch für Männer sei eine spezielle Einzelübung und ihr therapeutischer Sinn an einem Beispiel erläutert: Männer sind ja eher körperfern sozialisiert, der Körper ist eher Werkzeug und Leistungsmaschinerie, also achten sie auch – z. B. gesundheitlich, aber auch in Sachen Pflege – weniger darauf. Auch untereinander ist die Berührung des Körpers bei Männern mehr tabuisiert als bei Frauen. Dies schafft auch Distanz zum eigenen Körper, die mittels der Einzelübung »Ganzkörperberührung« erkundet werden soll (vgl. auch Hauch 2006, S. 165 f.). Der Patient soll dabei seinen ganzen Körper etwa 20 bis 30 Minuten lang unbekleidet streicheln, eventuell auch mit einem Massageöl oder Ähnlichem eincremen, um zu spüren, wo es ihm angenehm und wo es eher nicht so angenehm ist, wo es Behaglichkeit gibt und ob bzw. wo unter Umständen unbehagliche Gefühle, z. B. auch homoerotischer Art, auftreten. Die Erfahrungen daraus werden wieder in der Therapiesitzung reflektiert.

> Diese Übung fällt manchen Männern, je nach Distanz zum eigenen Körper und auch entsprechend der Abwehr homophiler Tendenzen (»Ein Mann tut so was nicht!«) oft sehr schwer. Ein Mann, durchtrainiert und sportiv, dessen Partnerin wegen Lustlosigkeit kam und dessen Beziehung ziemlich im Argen lag, weil er keine Zeit für Zärtlichkeiten sondern nur für »rein-raus« hätte, kam nach dieser Übung und meinte, er hätte einfach »nichts« gespürt. Der Therapeut ließ ihn daraufhin diese Übung bis zur nächsten Therapiesitzung wiederholen. Als er dann auch in der darauf folgenden Sitzung wieder berichtete, er hätte »nichts« gespürt, wiederholte der Therapeut seine Aufforderung. Dies ging auch noch ein viertes Mal so, sodass der Patient schon ungehalten wurde, was das solle, der Therapeut aber beharrlich blieb. Schließlich kam es – bei Parallelschalten der Ganzkörper-Spiegel-Übung mit dieser Ganzkörperberührungs-Übung zu einer interessanten Entdeckung, nämlich einem Muttermal (sic!)[47], das der Patient bei sich an der Brust entdeckte und das ihn fast magisch anzog, weil das Darüberstreicheln so wohl täte. Und mit diesem »Eingangstor« zu wenigstens einer kleinen körperlichen Wohlfühlerfahrung konnte der Mann Stück für Stück weitere Körpergefühle entdecken, die seine Empfindsamkeit für Zärtlichkeiten und damit auch seine Empathie für die Sehnsüchte seiner Partnerin mit der Zeit deutlich steigerten und die Sexualität des Paares positiv unterstützen.

Man sieht also auch hier, wie diese in diesem Fall nicht nur »technisch« erscheinende, sondern wegen der mehrfachen Wiederholungen auch als lästig erlebte körperbezogene Übung recht tief in die körperferne oder gar körperfeindliche männliche Biografie zurückgreift und schmerzhafte oder blockierende Dinge wieder ans Tageslicht bringt.

---

47 Es würde zu weit führen, hier die Verflechtung des Mannes mit seiner Mutter (Muttermal!) zu schildern. Jedenfalls war das eine als Berufssportlerin tätige, alleinerziehende Frau, die den Sohn gerne in ihren Fußstapfen gesehen hätte und ihn immer nur nach körperlicher Leistung beurteilte; das hieß auch wenig bis gar keine Zärtlichkeit oder Berührung, was bei diesem Patienten deshalb offenbar durch die Therapie wieder als schmerzhaft vermisst und ersehnt hochkam und folglich (zunächst) abgewehrt werden musste.

10.2.4 Das Ziel der Paar-/Sexualtherapie oder besser die Ziele

So weit nicht schon indirekt angeklungen, sollen uns nun noch die Ziele der Therapie am Beispiel dieses Modells – ich denke, dass sie auch für andere Modelle wie das der »Syndiastischen Therapie« nach Beier und Loewit (2004) zutreffen könnten – beschäftigen. Traditionellerweise und auch bei den erwähnten amerikanischen Pionieren Masters & Johnson ist das Ziel der Therapie klarerweise *die Symptombehebung.* Doch ist das nicht zu kurz gegriffen? So selbstverständlich, wie das klingt, ist es nicht! Man denke z. B. an einen Mann mit erektiler Dysfunktion – ist es so klar, dass es »einfach nur« um die Wiederherstellung der Funktion geht, womit das Symptom ja beseitigt und das Therapieziel erreicht wäre?

Wesentlich differenzierter können wir aufgrund der Erfahrungen mit einem Modell wie dem geschilderten sagen, dass das Ziel vordringlich einmal die *Stärkung der Autonomie als Voraussetzung lustvoller sexueller Interaktion* ist. Der Symptomträger muss sich vielfach erst bewusst werden, was er mit seiner Sexualität eigentlich machen will und inwiefern das wirklich mit seinen eigentlichen Wünschen zu tun hat. Werden diese Bedürfnisse – auch betreffend unserer basalen existenziellen Grundbedürfnisse, nämlich geliebt, geachtet, anerkannt, geschützt usw. zu sein – bewusst gemacht, so setzt dies »enorme psychodynamische Kräfte und Selbstheilungspotenziale« frei (Beier und Loewit 2004, S. VII), die auch Konflikte wieder spürbar und bearbeitbar machen und das Paar (oder auch den Einzelpatienten) in neue Erfahrungsräume bringen. Ohne dieses »Drumherum« wäre eine Symptombehebung entweder kaum vorstellbar oder aber ein fragwürdiges Flickwerk inmitten einer sexuellen Erlebensweise, die wir ja als von ganz vielen Faktoren abhängig bestimmt haben. Das heißt – funktionell gesehen – also auch, dass das sexuelle Symptom im Rahmen dieses Prozesses langsam unnötig wird, seine stabilisierende Funktion verliert oder zumindest doch weniger belastend wird, weil sich die Bedingungen beim Symptomträger selbst als auch innerhalb seiner Beziehung völlig gewandelt haben. Er »braucht« das Symptom nicht mehr, auch nicht dessen Abwehr und Schutz vor anderen möglichen Verletzungen, weil er sich diese bewusst gemacht und sie aufgearbeitet hat und im günstigsten Fall anders als »symptomhaft« damit umgehen kann.

Letzteres verweist auch darauf, dass es bei gelungener Therapie stets auch zu einer *Änderung des Zusammenlebens auch außerhalb der sexuellen Interaktion* kommt: Die Partner sind einander nicht mehr in den gewohnten, pathogenen Mustern ausgeliefert, sondern begegnen einander – unterstützt durch die neuen Erfahrungen in der Therapie – auf einer anderen, autonomeren und dennoch verbundeneren Ebene. Es ist sozusagen *ein emanzipierteres Miteinander als vor diesen Erfahrungen.*

> Ein kleines Beispiel möge dies verdeutlichen: Sogar die »Vetoregel«, also das Stopp-Sagen, wenn etwas nicht passt, überträgt sich quasi automatisch in andere Bereiche des Zusammenlebens und verändert die bisherigen Beziehungsgewohnheiten. So berichtete ein Patientenpaar, dass sich – was anfänglich durchaus zu Konflikten führte – auch bezüglich der Aufgabenverteilung im gemeinsamen

> Haushalt Veränderungen ergeben hätten, die auf einen Transfer der Vetoregel in den Haushalts-Alltag zurückzuführen wären: War bisher für den Abwasch und verschiedene Küchendienste »automatisch« und gewohnheitsmäßig die Frau zuständig, so sagte sie nach den Erfahrungen der ersten beiden Streichelstufen in der Paartherapie eines Tages »Stopp – warum eigentlich immer ich?«, worauf der Partner verblüfft, aber einsichtig reagierte und seitdem diese Aufgabenteilung egalitär geregelt wird.

In weiterer Folge können sowohl im engeren Bereich der Sexualität als auch darüber hinaus ganz *neue Aspekte des Partners bzw. der Partnerin* entdeckt werden, die zu bisher nicht bekannten Erlebensweisen (ein Aspekt der »Ergebnisoffenheit«!) und zu neuer Anziehung beziehungsweise Zufriedenheit führen können. Das heißt, wir haben es auch mit einer *symptomunabhängigen(!) Verbesserung der Lebens- und Partnerschaftsqualität* zu tun, die sich auch in den Evaluationen und katamnestischen Untersuchungen an behandelten Paaren niederschlägt: So sagen viele Paare ganz unabhängig vom Grad der Behebung ihres Symptoms zum Zeitpunkt der Beendigung der Therapie, dass sie sich nun viel besser verstünden als vorher und vor allem, dass sie sich wieder viel lieber hätten als vorher (in der Sexualberatungsstelle Hamburg rund 70 % aller behandelten Paare).[48] Mir selbst erging es bei einem sehr schwierigen Paar, bei dem die Symptomträgerin eine Dermatologin mit Berührungsaversion(!) und massiven Lustproblemen war, so, dass die beiden – obwohl wir das Symptom nicht ausreichend beheben konnten und ich die Patientin in eine Einzeltherapie weiterempfohlen habe – in der letzten Sitzung der Therapie meinten, sie hätten sich in diesen drei Wochen (massierte Therapie) »wieder neu lieben gelernt«. Das ist doch schon etwas!

Gerade die Sexualität, deren Prägung unseren theoretischen Auffassungen gemäß auf sehr frühe und intime Erlebensbereiche im Rahmen unserer Biografie zurückgeht, ist ein besonders empfindsamer Bereich, in dem die grundlegenden Bedürfnisse wie auch die Ängste oder die Defizite, mit denen Menschen aufwachsen, trotz ihrer Verdrängung letztlich via »Eingeschriebensein« in den Körper gespeichert werden. Das gilt auch für leidvolle und symptomerzeugende Erfahrungen. Voraussetzung für die Verbesserung oder Behebung solcher Probleme ist deshalb eine Therapieform, die durch Einbeziehung des Körpers als allseitiges »Sinnes- und Sexualorgan« versucht, diese Bedürfnisse und ihre Verletzungen auch am Körper selbst erlebbar und spürbar zu machen. Nicht viel anderes macht Sexualtherapie, wie sie hier verstanden wird. Die Erkenntnisse und Zusammenhänge, die wir daraus ziehen können, können in allen Formen der Beratung und Therapie von Problemen mit der Sexualität nützlich und hilfreich sein.

---

48 Persönliche Mitteilung von Margret Hauch, einer der erfahrensten Mitarbeiterinnen der Sexualberatungsstelle, aus dem Jahr 2009.

10.2.5 Zur Genese sexueller Probleme und Funktionsstörungen

Was noch offen ist, ist eine Antwort auf die Frage, wie denn die verschiedensten sexuellen Probleme und Störungen, die wir in Beratung und Therapie zu sehen bekommen, in ihrer Genese und in ihrer Funktion zu erklären sind. Dazu kann man eigentlich vier Fragestellungen bzw. Zugänge beschreiben (vgl. im Folgenden Schmidt und Arentewicz 1993; Hauch 2006), die bei Verursachung und Erhalt der Probleme zu beachten sind:

a) *Ängste und Konflikte, die sich in der Störung ausdrücken, oder die Funktion (der »Nutzen«) der Störung für den Betroffenen:*
Diese Überlegung zielt auf die *Psychodynamik*, innerhalb derer das Symptom zu verstehen ist. Hierbei handelt es sich um biografisch bedingte, Triebkonflikte auslösende und in der Folge Ängste und Abwehr hervorrufende Faktoren, die in der Geschichte des Einzelnen zu finden sind und diesen – auch unabhängig von seinem Partner (es sei denn durch die Partnerwahl!) – geprägt haben. Dazu kommen Kontrollverlustängste, Ängste vor Zerfließen oder Überwältigt-Werden, auch Geschlechtsidentitätsängste u. a. m., die durch eine sexuelle Störung abgewehrt werden können.
So wird eine zwanghaft strukturierte Persönlichkeit mit Sexualität und Partnerschaft anders umgehen als jemand, der keinerlei zwangsneurotische Einschläge aufweist und eine unsicher gebundene Person anders als eine sicher gebundene. Ein pathologisch muttergebundener Patient wird andere Nähe- oder Verschmelzungsängste und Abwehr-Mechanismen entfalten als ein gut abgelöster Patient. Insofern kann eine sexuelle Funktionsstörung – sagen wir z. B. eine Ejaculatio Praecox oder vorzeitiger Samenerguss – den Symptomträger auch vor größeren Ängsten – sagen wir an diesem Beispiel vor Verschmelzungs- und Vernichtungsängsten – schützen und damit für dessen seelische Stabilisierung »nutzbringend« sein.

b) *Partnerkonflikte, die sich in der Störung ausdrücken, oder die Funktion (der »Nutzen«) der Störung für die Partnerschaft:*
Diese Ebene verweist uns auf das dynamische Gefüge eines Paares, innerhalb dessen unbewusste Arrangements und ebensolche Abwehrprozesse etabliert sein können, also auf die *Partnerdynamik*, die hinter einem Symptom stecken kann. Der »Ungestörte« kann das Problem des anderen zum Beispiel »brauchen«, um diesen klein zu halten und seine eigene Macht zu sichern. So kann z. B. die Lustlosigkeit einer Frau daher rühren, dass der andere aufgrund seiner eigenen Psychodynamik ganz eng auf der Partnerin »draufklebt«, vielleicht auch ständig »nur das Eine will« und ihr jedenfalls keinen Raum für sich selbst lässt – außer den der Lustlosigkeit, der ihr sozusagen dazu »nützt«, nicht ständig zur Verfügung stehen und symbiotische Nähe ertragen zu müssen. Oder die Schmerzen einer Patientin beim Geschlechtsverkehr können die Potenzängste wegen einer erektilen Dysfunktion beim männlichen Patienten zudecken usw.

Man sieht also, wie eng Psychodynamik und Partnerdynamik auch zusammenhängen.

c) *Erfahrungs-, Informations- und Fertigkeitsdefizite und aus diesen resultierende Ängste:*
Hierzu meint man heute oft vorschnell, dass es in unserer liberalen Gegenwart kaum mehr Erfahrungs- und Informationsdefizite gäbe. Trotz zahlreicher Informationszugänge (vor allem Internet!) ist dies aber, wie sich immer wieder in der Praxis, aber auch in diversen Umfragen über das Sexualwissen von Heranwachsenden zeigt, ein großer Trugschluss: Die hier angesprochenen Defizite sind auch heute noch weit verbreitet. Dies nimmt auch nicht wunder, betrachtet man das nach wie vor weitgehende Fehlen sinnvoller Sexualpädagogik im schulischen und außerschulischen Bereich. Man darf das aber nicht einfach als Mangel an kognitiv verfügbarem »Wissen« missverstehen, sondern als »blinde Flecken« zu manchen Fragen, wo jemand aus verschiedenen Gründen (etwa aus der eigenen Psychodynamik heraus) etwas scheinbar gar nicht wissen *will*. Zum Beispiel hat es viel mit der Persönlichkeit eines Mannes zu tun, wenn er meint, sein Penis sei zu klein oder zu kurz. Durch vorsichtiges Rückfragen im Erstgespräch kommt man dann oft darauf, dass diesem Mann irgendwelche gigantischen Potenzvorstellungen anhaften, wonach dann sein Penis, um die Frau vermeintlich »richtig« befriedigen zu können, eben eine Größe vorweisen müsste, wie der Patient sie z. B. aus der Pornografie kennt. Natürlich sagt das auch etwas – weil ja alles zusammenhängt – über die Psychodynamik dieses Mannes aus. Auch Ängste wegen vorzeitigem Samenerguss sind genau zu explorieren, meinen doch manche Männer (wiederum manchmal aufgrund pornografischer Sehgewohnheiten oder aufgrund überhöhter Männlichkeitsansprüche), sie müssten den Geschlechtsverkehr schier endlos durchführen und damit die Frau restlos befriedigen können. Nicht zuletzt heißt das für Beratungssituationen, aber auch für die Sexualtherapie, dass oft auch eine Art »Aufklärung« Not tut, auch wenn das Nichtwissen selbst kritisch im obigen Sinne zu hinterfragen ist.

d) *Erwartungsängste in der sexuellen Interaktion:*
Diese letzte wichtige Frage stellt viele Therapeuten und Therapiemethoden vor ein Riesenproblem, können doch Konflikte und Ängste, die das Symptom mit erzeugt haben, noch so gut therapeutisch aufgearbeitet worden sein – das Symptom bleibt dennoch bestehen. Schon Helene Deutsch, eine der ersten Schülerinnen Freuds, hatte früh in der Geschichte der Psychoanalyse erfolglos versucht, »frigide« Frauen, wie man damals sagte, zu behandeln und war auf diese *funktionelle Autonomie sexueller Störungen* gestoßen (Deutsch 1965). Das Problem, mit dem wir es hier zu tun haben, zielt auf die *Selbstverstärkungs- oder symptomverstärkenden Mechanismen,* die sich in der sexuellen Interaktion einstellen: Wenn etwa der Patient mit einer partiellen erektilen Dysfunktion im Augenblick der Anbahnung eines Koitus zu grübeln anfängt, ob »es« nun ginge oder nicht, ob »es« heute wieder passiere usw., dann kann er den versuchten Koitus mit großer Wahrscheinlichkeit gleich abhaken. »Es« wird nicht gehen und die Zensur im Kopf und die Erwartungsangst werden für die »Wiederauferstehung« eines noch so gut durchgearbeiteten Symptoms sorgen. Hinzu

kommt eine allgemeine *Misserfolgsorientierung*, die sich aufgebaut hat und die auch die Lust noch hemmt, verbunden mit der sich entwickelnden Neigung zu ängstlicher Selbstbeobachtung und allgemeinen Minderwertigkeitsgefühlen. Gegen diese teuflischen Mechanismen ist deshalb guter Rat oder eine raffinierte Methode gefragt.

10.2.6 Wie das Paartherapie-Setting auf die Begründungszusammenhänge von Störungen reagiert

Das hier vorgestellte Setting der Paartherapie zielt sozusagen punktgenau auf diese Zugänge und Begründungszusammenhänge von Sexualstörungen ab.

Quasi von hinten aufgerollt, werden zunächst die *Selbstverstärkungs- und symptomverstärkenden Mechanismen* angegangen. Was tun gegen den Teufelskreis der Selbstzweifel und der Selbstbeobachtung, der die Lust und die sexuelle Reaktion zunichte zu machen droht? Es ist ein eigentlich simpler und dennoch eleganter Schachzug aus der Verhaltenstherapie, der darin besteht, die angstmachende oder zumindest verunsichernde Situation, die die Selbstzweifel auslöst, einfach *auszuschalten*: Das ist auch der Sinn des *Koitusverbots*. Es geht, wie schon besprochen, darum, die Stresssituation, die Angst und einen Selbstläufermechanismus in Richtung Versagen auslöst, zu vermeiden. Die meisten Paare finden das auch ganz entspannend, ja viele Symptomträger sind geradezu erleichtert, dass es jetzt nicht »darum« gehe und dass sie die damit assoziierte »Leistung« endlich einmal nicht erbringen müssen. Auch ein Bruch, ein Umgehen des »Verbots«, was immer wieder einmal vorkommt, ist jeweils interessant und muss in der den Übungserfahrungen folgenden Therapiesitzung besprochen werden.

Auch die *Lern- und Informationsdefizite* müssen zu Beginn der Therapie besprochen und aufgeklärt werden. Es gibt eine ganze Reihe behindernder Vorstellungen, denen Paare anhängen und die den therapeutischen Prozess aufhalten würden. Oft ist dies z. B. bei weltanschaulich oder religiös sehr konservativen Paaren wichtig, etwa wenn es darum geht, die einer konservativen Anschauung entspringenden starren Geschlechtsrollenklischees zu relativieren oder aufzulösen. Auch muss mit den Paaren – was oft nicht einfach ist – etwas gelernt werden, was auch uns Therapeuten oft gar nicht so leicht fällt, nämlich das genaue Besprechen sexueller Erfahrungen. Hinter jeder nur »so ungefähr« angedeuteten Erfahrung sexueller Handlung oder Emotion kann sich etwas verstecken, was in der Vorstellung der Beteiligten jeweils sehr unterschiedlich aussehen kann, weshalb eine genaue Verständigung notwendig ist.

Die Bearbeitung der *paar- und partnerdynamischen Ebene* und der darin möglicherweise lauernden neurotischen Konflikte durchzieht die gesamte Therapie vom Erstgespräch an. Dabei wird gleich einmal spürbar, das »der Sex« nicht das »Haupt-Symptom-Ziel« der Arbeit ist, sondern die unbewussten Konflikte zwischen den Partnern, die dann zu sexuellen Ängsten, Bedürfnissen, Erfahrungen und Phantasien einen Zugang erlauben. Schon allein die beiden Grundregeln des »Egoismus« und des »Vetos« erlauben häufig völlig neue Erfahrungen in der Abgrenzung und autonomen Gestaltung der Übungen, was die entscheidenden

Verstrickungen und Konflikte der beiden Beteiligten schnell sichtbar macht. Der Psychoanalytiker Reimut Reiche meinte deshalb, dass gerade bei einer Paartherapie eine konzentriert am Konflikt fokussierte Arbeit möglich ist, »sie drängt sich sogar auf, weil am Umgang des Paares mit den Anweisungen stets der zentrale Konflikt des Paares sichtbar wird und geradezu nach fokaler Bearbeitung ruft« (Reiche 1981, S. 379). Dies beschreibt gut, was ich in der Praxis immer wieder erlebe: Dass sich nämlich in diesen simpel scheinenden Übungen tatsächlich immer wieder zentrale Konflikte nicht nur des Paares, sondern auch aus der Biografie des Einzelnen zeigen (siehe dazu beispielhaft die Fallvignette von Beate ► Kap. 10.2.2).

Damit sind wir bei der vierten Begründungsebene, der *Psychodynamik*, angelangt. Sie ist freilich nur der Systematik halber getrennt von der Paardynamik zu betrachten, geht es hier doch darum, die mitgebrachten Belastungen, Konflikte und Traumata der Patienten in ihrer Bedeutung für das sexuelle Erleben oder die sexuelle Störung zu verstehen. Hierbei handelt es sich oft um massive neurotische oder posttraumatische Probleme, die oft auch metaphorisch – etwa »die Enge«, die vaginistische Patientinnen in ihrer Entwicklung als Mädchen/Frau erlebt hatten – von Bedeutung sind und entschlüsselt werden wollen. Hierbei entsteht oft der Eindruck, dass diese Probleme, die natürlich – wenn auch je anders – ebenfalls mit anderen Partnern und Partnerinnen wirksam geworden wären, eigentlich und zuerst einer Einzelpsychotherapie zugeführt werden müssten. Erst dann könne man sozusagen unbehindert an der Paarproblematik arbeiten. Diese Sicht ist verständlich, bewährt sich aber nicht. Psychodynamische Probleme eines der Partner wirken meistens direkt in die sexuelle Störung mit hinein, deshalb können oder sollen sie auch in diesem Setting behandelt werden. Es kann auch sein, dass sie sozusagen originärer Bestandteil der Persönlichkeit des einen Partners sind, der später, was wir auch empfehlen, in eine Einzeltherapie empfohlen werden kann. Dies muss aber noch lange nicht heißen, dass diese Probleme, auch wenn sie auf massive individuelle Traumatisierungen zurückgehen, die Durchführung der gemeinsamen Therapie verunmöglichen. Wir werden am Ende des Buchs einen solchen Fall kennenlernen. Das hat Gunter Schmidt (1994) auch mit »Potenz des Settings«[49] gemeint, die er dieser Methode zuschreibt.

Insgesamt muss gesagt werden, dass das Hamburger Modell der Paar- und Sexualtherapie wohl am explizitesten den Körper und die Sexualität als Fokus des therapeutischen Vorgehens wählt. Dies ist mir bei der Anwendung dieser Methode auch immer wichtiger geworden. Der prominente englische Bindungsforscher Peter Fonagy (2012) hat ganz aktuell darauf verwiesen, dass der Körper, dessen Beachtung und Bedeutung in psychoanalytischen Therapien zumeist eher randständig bleibt, wegen der »verkörperten emotionalen Erfahrungen« eines jeden von uns auch für ein stabiles Selbst wichtig ist (2012, S. 489). Und er folgert: »Vielleicht ist das der Grund für den deutlichen Nutzen nichtanalytischer[50] Körpertherapien

---

49 »Wir waren von der Macht des Settings – oder der Kraft des Selbstheilungswillens der Paare so beeindruckt, daß wir ein langjähriges Forschungsprojekt begannen«, schreibt Schmidt (1994, S. 43) über den Beginn der Arbeit mit diesem Therapieansatz.
50 Wobei noch einmal darauf hingewiesen sei, dass die hier vertretene Methode der Paar- und Sexualtherapie stets auf eine *integrative* Nutzung angelegt ist – also mittels

der sexuellen Dysfunktion, die ihre Wirkung erreichen, indem sie sich auf die Stärkung des physischen Selbst konzentrieren [...]« (ebd., S. 486). Neben der in den Körper eingeschriebenen sozio-emotionalen Erfahrungen, die wir oft nicht mehr versprachlichen können, weil sie uns nicht bewusst sind, lässt sich das nach Fonagy auch so begründen, dass gesundes psychisches Leben und Erleben (wozu wir natürlich auch die Sexualität rechnen) »ein stabiles Gefühl der Grenze des physischen Selbst« (ebd., S. 487) benötigt. Diese Grenze ist im sexuellen Kontakt zeitweise aufgehoben, weshalb eine systematische »Kontrolle« (in der Sexualtherapie durch das »Prinzip Selbstverantwortung«), also das Achten auf die eigenen Grenzen beziehungsweise das Vertrauen auf die Wiederherstellung dieser Grenzen notwendig ist.

Um es noch einmal zu wiederholen: Ich hätte es – als ganz auf Sprache ausgerichteter analytischer Psychotherapeut – nicht für möglich gehalten, wie sehr der Körper quasi als »Speicher« früher und entscheidender Erfahrungen, Traumatisierungen und emotionaler Gestimmtheiten funktioniert und eine Auskunftsquelle für tief verdrängte Gefühle sein kann – vorausgesetzt, man nutzt diese Quelle. Gerade auf dem Gebiet der Sexualität, wo derart viele äußere Normen, Moden und Zwänge wirksam werden, ist es für mich mittlerweile auch kaum mehr vorstellbar, die Beachtung des Körpers und bestimmter körperlicher Reaktionen *nicht* explizit in die Therapie mit aufzunehmen. Man könnte deshalb auch sagen, dass die Paar- und Sexualtherapie nach diesem Modell quasi eine spezifische Form von »Körpertherapie« ist, die sich die beiden Partner mit professioneller Begleitung gegenseitig zufügen.[51]

---

verschiedener psychotherapeutischer Schulen und eben auch mittels psychoanalytischer Erfahrungen und Paradigmata in Therapiegesprächen durchgeführt werden kann.
51 Detaillierteres einschließlich vieler Beispiele und Stundenprotokolle ist im Standardwerk über das »HH-Modell« nachzulesen bei Hauch (2006).

11 Die Geschlechterfrage

Wenn wir uns hier, wie zu Beginn des Buchs erläutert, im Hinblick auf den Großteil der alltäglichen Nachfrage nach Beratung und Therapie bei sexuellen Problemen auf heterosexuell liebende Menschen beziehen, dann haben wir es immer mit Frauen und Männern zu tun, die, bei aller individueller Unterschiedlichkeit, die diese Menschen aufweisen, doch zu zwei verschiedenen Geschlechtern gehören, und seien deren Merkmale auch zu gewissen Anteilen Ergebnis sozial konstruierter Gegebenheiten. Und so fallen im Alltag von Beratung und Therapie Männer und Frauen – ob aufgrund der Wirksamkeit traditioneller Geschlechtsrollenklischees oder ob der Wirkung veränderter Geschlechterbeziehungen – auch durch verschiedene Besonderheiten auf. Geschlechtsunterschiede sind schließlich nicht durch den Hinweis auf ihre soziale Konstruiertheit »inexistent«, sie sind dennoch »da« und wollen, natürlich unter genderkritischen und gendersensiblen Gesichtspunkten, beachtet werden. Dabei gibt es im psychosozialen Bereich, nicht nur im Falle sexualtherapeutischer Interventionen, häufig Probleme damit, dass es *Männern* aus verschiedenen Gründen offenbar nicht so leicht fällt, Zugang zu diesem Feld zu finden.

11.1 Das »starke Geschlecht« in Beratung und Therapie

Eines der hervorstechendsten Merkmale ist dabei, dass Männer sich meist viel schwerer tun als Frauen, über Intimitäten, die ja mit Gefühlen, mit Selbstinfragestellung, mit Innerlichkeit, Verletzlichkeit usw. zu tun haben, zu sprechen (vgl. auch Hauch 1992). Ein zweites, sehr stark geschlechtsdifferenzierendes Merkmal ist, dass der Anteil an Gewalt, der den Sexualitätsdiskurs prägt oder gar dominiert, ebenfalls zu einem Gutteil Männern zugeschrieben werden muss. Das macht es für die Helferberufe mitunter nicht einfach, sich Männern gegenüber in der nötigen Offenheit und »Überparteilichkeit« zu verhalten. Sind Männer also das problematischere Geschlecht in der Arbeit mit sexuellen Problemen? Ist Männlichkeit gar ein »soziales Problem«, wie das Sielert (1997) einmal provokant-pauschalierend ausdrückte? Oder besser gefragt: Wie werden Männer zu diesen »Problemfällen«, die man in manchen zu sehen meint, gemacht?

Hier rücken jene Sozialisationsfaktoren, denen Männer unterliegen und denen gemäß schon Buben weniger über innere Probleme sprechen lernen, sondern sie eher im Außen abreagieren (vgl. Hopf 2008, 2009), ins Blickfeld. Sie müssen kritisch reflektiert und beachtet werden, wenn wir nicht der Gefahr unterliegen wollen, Männer von vornherein latent zu entwerten. Und diese Herleitung aus gesellschaftlicher, erzieherischer Gewordenheit ist bei Männern meiner Erfahrung nach leider noch immer nicht so selbstverständlich wie bei Frauen, denen man das im Fall klischeehafter Eigenschaften, überkommener Geschlechtervorstellungen usw. viel eher zugesteht. »Der« Mann (als ob es den gäbe!) ist noch häufiger »einfach so« – so die zumindest latente Botschaft bei vielen Unzufriedenheiten, die über Männer empfunden und geäußert werden.

Ich selbst empfinde gelegentlich so etwas wie eine Mischung aus Mitleid und Peinlichkeit (weil selbst Mann), wie unglaublich schwerfällig Männer sich an die Themen, die sie ansprechen wollen, heranmühen und wie »hölzern« ihre Gefühlswelt nach außen hin manchmal erscheint. Eher schon reagieren sie stattdessen ungehalten und aggressiv, um die Unsicherheit und auch die traurigen Dinge, die es zu sagen gäbe, zuzudecken und abzuwehren. Andererseits sind auch Frauen in schwierigen, konfliktbeladenen Fragen in gewisser Weise rollenspezifisch eingeschränkt: Sie tun sich von Erziehung und Sozialisation her schwer, Aggressionen auszudrücken, und reagieren dann eher rückzüglich und depressiv, anstatt wütend zu werden und auf den Tisch zu hauen, wen ihnen etwas nicht passt.

Sehr häufig erlebt man z. B., dass erst mal die Frau vorgeschickt wird, und dies nicht nur, wenn bei Paartherapien die Frau die Symptomträgerin ist. Auch wenn der Mann der Symptomträger ist, kommt oft zuerst die Frau allein zu einem Erstgespräch, um einmal vorzufühlen. Ist die Frau von einem Symptom befallen, das man von der Indikation am besten und sinnvollerweise paartherapeutisch behandeln sollte, braucht es oft schon eine strikt ausgesprochene »Einladung«, um den Partner mit in die Beratung bzw. Paartherapie zu bekommen. »Ich doch nicht, ich hab' ja nichts'«, ist die Grundhaltung, und sehr viel mühsamer als im umgekehrten Fall kann und muss klar gemacht werden, dass der Partner historisch und partnerdynamisch einfach mit zum Problem und auch zu dessen Lösung gehört und deshalb mitkommen muss.

Auch der Umstand, dass die Negativ-Diskursivierung von Sexualität in Richtung von Gewalt, von tätlichen oder sexuellen Übergriffen, von Lieblosigkeiten usw. in der Regel die männliche Sexualität berührt, ist ein schwieriger Faktor zu Beginn von Beratungsprozessen und Therapien. Erst kürzlich hat Haubl (2012) darauf hingewiesen, dass Männlichkeit – samt ihrem in der herkömmlichen Geschlechtsrolle liegenden Aggressionspotenzial – nicht von vornherein entwertet werden darf. Damit werden der ohnehin schon starke Widerstand von Männern und ihre Ängste in Richtung Feminisierung usw. nur noch verstärkt (Haubl 2012, S. 50). Stattdessen plädiert er dafür, die Belastungen und Widersprüche, denen Männer ausgesetzt sind, vor allem die »psychosoziale[n] Kosten der Erwerbsarbeit«, in die Männer immer noch mehr verstrickt sind als Frauen, ernst zu nehmen. Dann erst kann man nachvollziehen, welche zerstörerische Wirkung speziell neuere, zugespitzte Arbeits- und Ausbeutungsverhältnisse auf Männer ausüben können: »Provokant formuliert, macht Erwerbsarbeit unter den Vorzeichen neoliberaler

Arbeitsverhältnisse krank. Das betrifft sowohl Arbeitnehmer als auch Arbeitnehmerinnen, Männer, die ihr Selbstwertgefühl aus ihrem beruflichen Erfolg beziehen, aber am stärksten« (ebd. S. 41). Gleichwohl forcieren der Raubbau an Kraft und die ausschließliche Konzentration und Energie, wie sie die Arbeitswelt zunehmend abfordert, auch Sehnsüchte nach einem »anderen Leben«, insbesondere betreffend den privaten Bereich. »Das starke Geschlecht hat seine Stärke verloren, denn das Patriarchat ist unwiderruflich zu Ende, sodass auch Männer zunehmen mit einem Mangelgefühl zu kämpfen haben« (Flaßpöhler 2011, S. 91). Aufgrund dieser Mängel ist die Partnerschaft, die ganz andere Eigenschaften erfordert wie die Arbeitswelt, nämlich Offenheit, Authentizität, Hingabe, unter Umständen auch für Männer ein gutes Lernfeld, auf das sie sich einlassen und die wohltuende Wirkung von Veränderungen spüren können.

Eine gendersensible Ausbildung von Beratern und Therapeuten, die nach meinem Dafürhalten noch nicht sehr verbreitet ist, kann jedenfalls helfen, die maskuline, oft machohafte Schablone, die manche Männer mit in die Therapie bringen, als Schutzwall gegen ungewohnte, vermeintlich bedrohliche, »weibliche« Umgangsformen mit sich selbst und seinem Inneren zu verstehen. Schmidt (1994) hatte schon vor fast 20 Jahren in einer Reflexion der paar- und sexualtherapeutischen Veränderungen entlang der gesellschaftlichen Entwicklung der letzten Jahrzehnte vor einer zusätzlichen Gefahr gewarnt: Dass nämlich unter der berechtigten Kritik herrschender Männlichkeit gewisse Eigenschaften kulturellmännlicher Sexualität mit der Debatte um Gewalt und Übergriffigkeit wie das Kind mit dem Bade ausgeschüttet und pauschal an den Pranger gestellt werden, wodurch dann nur mehr eine zunehmend pazifistische, merkwürdig friedfertige Variante von Triebhaftigkeit als einzig »legitime« übrig bliebe. Verschiedene Begierden von Männern wie von Frauen (auch während der Therapie) würden dann, weil sie dem bisher als »männlich« geltenden Triebhaften zugerechnet werden, »schlimmstenfalls als Übergriff, bestenfalls als Abwehr (was sie in der Tat auch sein können) verdächtigt, als gelte es, das ›Triebhafte‹ zu kappen zugunsten einer psychotherapeutisch vermittelten bedächtigen Sexualität, in der nichts mehr passiert« (Schmidt 1994, S. 49).

Diese Tendenz wirkt sich nicht zum Vorteil jener männlichen Klienten und Patienten aus, die sich von ihrer Sozialisation her eher einer phallisch-erobernden Männlichkeit zugehörig fühlen. Sie kommen damit noch dazu in die Situation, im Rahmen gegenwärtiger Diskurse in die Nähe gewalttätiger, ethisch fragwürdiger Haltungen gerückt zu werden. Es ginge deshalb – geschlechterpolitisch wie auch in Beratung und Therapie – darum, das Bild des Mannes insofern zurechtzurücken, als es durchaus auch andere Arten von Männlichkeit gibt, die allerdings wenig Ansehen genießen, wie etwa der für sich und andere sorgende und sich kümmernde Mann[52], der aber häufig als »unmännlich« stigmatisiert wird (vgl. Koll 2005, S. 80). Dies soll allerdings nicht vergessen machen, dass Männer gemäß ihrer patriarchalen Sozialisation im Bereich des Liebeslebens tatsächlich häufig eine

---

52 Nicht umsonst wird es zunehmend schwierig, Männer in die sogenannten »Care-Berufe« zu bekommen beziehungsweise in Berufen zu halten, die sich stärker in diese Richtung hin entwickeln, wie etwa der Grundschullehrer-Beruf (vgl. dazu Aigner u. Rohrmann 2012).

stark penis- und »endlustfixierte Schnellform« von Sexualität praktizieren (wie wir es auch in der Paartherapie immer wieder erfahren), die Frauen in den meisten Fällen verständlicherweise kaum zufriedenstellen kann. Hauch (1992) hat deshalb darauf hingewiesen, dass Lustlosigkeitsklagen von Frauen häufig nicht meinen, keine Lust zu haben, sondern ein »So nicht!« (Hauch 1992, S. 6) signalisieren. Die patriarchale Überzeugung, »Was ich will, das tut ihr gut«, ja das Mitmachen der Frauen früherer Zeiten in Form von »Was er will, das tut mir gut!« hat aber weitgehend ausgedient und führt eben immer wieder zu Lustlosigkeit oder zu anderen massiven Partnerkonflikten (ebd. S. 13).

Wie Koll (2005) meint, ist Männlichkeit immer ein »Produkt einer Gratwanderung zwischen zu wenig und zu viel Männlichkeit, symbolisiert durch die zwei Ikonen ›Terminator‹ (autark, egoistisch, gewaltbereit, quasi die Weiterentwicklung der Ikone ›Cowboy‹) und ›Tunte‹ (weibisch – als Gegenpol zu weiblich, schwach und lächerlich)« (Koll 2005, S. 76). Die gesellschaftliche Wertigkeit zwischen diesen Polen scheint abseits geschlechterpolitischer Lippenbekenntnisse und von den indirekten Forderungen von Wirtschaft und Arbeitsmarkt her immer noch die zu sein, dass zu viel von dieser herkömmlichen »Männlichkeit« besser ist als zu wenig: Im Ernstfall greift man (übrigens auch viele Frauen!) auf den Macho zurück, während der Softie, wenn er nicht schon ausgestorben ist, beileibe nicht zum Liebling der Frauenwelt geworden ist. Und Männer, die als »neue« oder »alternative« Männlichkeit oder Väterlichkeit bezeichnet werden können, werden vielfach mit Argwohn betrachtet, ob sie nicht in Belastungssituationen (wie es Väterstudien tatsächlich nahelegen) schnell wieder alle guten Vorsätze hinter sich lassen und in alte Muster zurückfallen. Diese Patt-Situation ist für viele Männer eine ernsthafte Schwierigkeit, die sich natürlich auch auf das Sexualleben auswirken kann. Die Gespräche im Rahmen von Beratungsprozessen, vor allem aber auch die körperzentrierten Übungen in der Paartherapie bringen die Problematik männlicher (natürlich auch weiblicher) Lebensentwürfe sehr schnell zutage. Die Unsicherheiten und Widersprüche, die es hier gibt, sollten in akzeptierender Weise, ohne Traditionelles zu entwerten und auch ohne »Gewaltsames« klischeehaft immer nur auf Seiten des Mannes zu sehen, angesprochen werden. »Was für ein Typ Mann oder Frau möchte ich gern sein?« und »Welchen Typ Mann/Frau wünschte ich mir eigentlich?«. Um diese Fragen herum kann es sicher heiß hergehen. Bisheriges sollte kritisch in Frage gestellt und auf etwaige Kränkungen für den Partner hin reflektiert werden, um schließlich zu lebbareren, für die Beteiligten befriedigenderen Lösungen zu kommen, die auch das Sexualleben umgestalten werden.

Dem Negativdiskurs, der die potenziellen Gefahren von Sexualität herausstellt, die ja heute weniger denn je verleugnet werden können, kann aber auch eine positive Seite abgewonnen werden. Die in diesem Diskurs zutage tretenden manifesten Vorkommnisse von Gewalt haben nämlich auch ihre Auswirkungen auf das sexualtherapeutische Handeln und die Therapieszene generell: Nämlich eine Änderung des Bewusstseins und der Achtsamkeit für Formen gewalthaltiger Beziehungen, die früher oft übersehen wurden oder als »normal« galten (vgl. Schmidt 1994, S. 46). Wir konstatieren deshalb

- eine zunehmende Sensibilisierung und Sensitivierung für Gewalt und Aggression zwischen Partnern im Sexuellen,
- ein erhöhtes Bewusstsein für Unterdrückung und Verletzung entlang der Geschlechterbeziehungen (aber nicht immer nur durch den Mann),
- aber auch das Erwachen einer gewissen Skepsis, wie egalitäre sexuelle Beziehungen zwischen Frau und Mann unter den gegenwärtigen nicht egalitätsfördernden Verhältnissen möglich sein können.

Durch diese sensibilisierenden und wachrüttelnden Prozesse üben offenbar viele Frauen (aber auch Männer) eine erhöhte Vorsicht und Kontrolle (Frauen) darüber aus, was mit ihnen geschieht, und eine erhöhte Selbstkontrolle (v. a. Männer), was sie warum tun und wie sie sich anders verhalten könnten. Es ist also »eine neue Kodifizierung der Sexualität zwischen Frau und Mann« entstanden, die Haltungen hervorbringt, die den Umgang miteinander in Partnerschaft allgemein und Sexualität im Besonderen ein Stück »friedlicher«, »rationaler verhandelbar« und »herrschaftsfreier« machen (ebd. S. 46 f.). Das hat nichts mit falschem pazifistischem Pathos zu tun, sondern soll helfen, dass Frauen und Männer sich auch in der Sexualität anders, auf Augenhöhe und vor allem mit größerer Achtung und Anerkennung begegnen können.

11.2 Gender-Diskurse und das Verschwinden von Sex

Schon zu Beginn dieser Arbeit habe ich gezeigt, wie wenig Ausbildung und Lehre es zu sexualwissenschaftlichen Fragen an Universitäten und anderen Ausbildungsstätten für human- und sozialwissenschaftliche Berufe gibt – und wenn es etwas gibt, dann sind es in der Mehrheit Themen, die dem sozialen Geschlecht, also eigentlich *Gender*, gewidmet sind. Der Frankfurter Psychoanalytiker Reimut Reiche hat in einem viel diskutierten Psyche-Aufsatz aus dem Jahr 1997 ganz grundlegend das Verschwinden von *Sex* hinter den stark expandierenden *Gender*-Diskursen problematisiert.

> »Überall wo *gender* semantisch etabliert ist, darf von *sex* nur noch dann gesprochen werden, wenn auf die biologische oder anatomische Basis des Geschlechts Bezug genommen wird. Falls solche Bezogenheit überhaupt noch anerkannt wird. In einigen Diskursen ist *gender* zur Leitfigur avanciert und hat, epistemologisch betrachtet, die alte Hauptmetapher *Trieb* verdrängt. Das gilt besonders für diejenigen geistes- und sozialwissenschaftlichen Diskurse, die von der Psychoanalyse berührt sind. Das sogenannte Verhältnis von Psychoanalyse und Gesellschaft läuft in diesen Diskursen zunehmend über *gender* und nicht mehr über *Trieb*.« (Reiche 1997, S. 926)

Fragestellungen und Themen, die gerade in der Psychoanalyse noch bis vor 30 Jahren unter dem Terminus *Sex* abgehandelt wurden, seien mittlerweile gänzlich verschwunden beziehungsweise würden jetzt nur mehr unter dem Terminus *Gender* erörtert (vgl. ebd.). Reiche verweist auch darauf, dass damit das leiborientierte

Interesse an der Sexualität, wie es etwa die Psychoanalytikerin Judith Kestenberg (1968), die den Gender-Begriff überhaupt noch nicht gebrauchte, sehr fruchtbringend verwendet hatte, stark zurückgegangen ist zugunsten eines sich verstärkt entwickelnden Interesses für *Identity*-Fragen in den darauf folgenden Diskursen (etwa bei Kernberg 1995; zit. n. Reiche 1997, S. 928). Als Schluss daraus folgt: »Wo von *gender* gesprochen wird, wird das *sex* verdrängt – Verdrängung hier zunächst physikalisch und semantisch und gar nicht psychoanalytisch verstanden« (ebd.). Dabei ist diese Zweiteilung des Geschlechtlichen auch im Englischen relativ neu, jedenfalls nicht immer schon selbstverständlich gewesen, hatte dann aber schnell die wissenschafts- und geschlechterpolitische Bühne erobert, sodass der Eindruck entsteht, es könne sich auch um eine *Vermeidung der komplexen psychoanalytischen Grundannahmen von der Bisexualität* und – so könnte man ergänzen – der *Umgehung der schwierigen Zusammenhänge mit biologischen Gegebenheiten* des Geschlechtlichen handeln. Dies kann dann so verstanden werden, dass Fragen des *Sex*[53] wegen seiner schwierigen Zusammenhänge mit Bisexualität und dem verfänglichen Terrain der Sexualbiologie (und Triebtheorie) besser ausgegrenzt bleiben und nur mehr Aspekte des *Gender* weiterverfolgt werden sollen (vgl. ebd., 930).

Insgesamt ist jedenfalls der *Gender-Konstruktivismus* zum Diskursführer avanciert: Ihm zufolge ist alles an sozialer und psychischer Realität konstruiert und keineswegs auf objektive Fakten zurückführbar. Ausgangspunkt waren die verständlichen und berechtigten Forderungen der Frauenbewegung ab den 1970er Jahren, essentialistische Festlegungen von Geschlecht zum Nachteil der Frauen (von denen auch Freud nicht frei war, wie wir wissen) radikal zurückzuweisen und infrage zu stellen. Dabei wurde und wird bis heute lediglich eine Konstruktion von Wirklichkeit und von Geschlecht – eben *Gender* – als legitim anerkannt.

> »Die sogenannte feministische Wissenschaft, die in ihren Anfängen, mit der Wiederentdeckung und Betonung verborgener weiblicher Tugenden, selbst stark fundamentalistisch getönt war und ihre Kritik am ›patriarchalen‹ Essentialismus Freuds ihrerseits essentialistisch geführt hatte, baute ihre gesamte Flotte auf hoher See nach und nach von essentialistisch auf konstruktivistisch um. Das Flaggschiff dieser Flotte trägt seitdem den Namen *gender constructivism*« (Reiche 1997, S. 946), fasst Reiche diesen geschlechterpolitischen Vorgang zusammen.

Die Leugnung »natürlicher« Geschlechtsunterschiede ist wie gesagt vor dem Hintergrund jahrhundertelang gepflegter repressiver Klischees verstehbar. Aber die Unterscheidung *Sex* versus *Gender*, an der auch Sexualwissenschaftler wie John Money und Robert Stoller führend mitwirkten, führte dazu, dass es auf einmal gar kein *Sex* mehr gab, weder als »Körpergeschlecht«, noch als »Stammform von ›sexuell‹«, sondern nur noch *Gender* als sozial konstruiertes Geschlecht. Wer hingegen – und das dauert bis heute an – die Auffassung einer Körpergebundenheit von Geschlechtsunterschieden vertritt, der gilt als »chauvinistisch, altmodisch oder pseudoreligiös« (Reiche 1997, S. 947). Diese Kritik begegnet einem auch in

---

53 »Sex« wird bei Reiche als »verschiedene morphologische, endokrine, anatomische usw. Substrukturen« gefasst, ist aber letztlich ebenfalls bereits eine aus all diesen Bestandteilen »konstruierte Synthese« (Reiche 1997, S. 930 f.).

sexualwissenschaftlichen Zusammenhängen, wenn auch hier nicht in der Vehemenz der akademischen Diskurse – vermutlich durch die tiefen Einblicke in der therapeutischen Praxis in das alltägliche Liebesleben von Frauen und Männern, die keinen ideologischen Dogmatismus aufkommen lassen.

Natürlich hat niemand Vernünftiger etwas gegen die Auflösung starrer Geschlechterklischees und niemand wüsste besser als Sexualtherapeutinnen, dass es in *Sex*-Fragen quer durch *Gender* so ziemlich alles gibt, was man sich vorstellen kann.[54] Aber die Existenz zweier Geschlechter grundlegend zu negieren und sie (gemeinsam mit der Heteronormativität[55]) als entscheidenden Ausgangspunkt von Herrschaft des männlichen über das weibliche anzusehen, der beseitigt gehört, ist *selbst eine Konstruktion*, die sich in zahlreiche Widersprüche verwickelt und außerhalb der ideologisch darauf eingeschworenen Kreise – und schon gar nicht in therapeutischen Belangen – niemandem wirklich weiterhilft.

Mit dem Geschlecht als *Sex* sollen aber auch alle denkbaren anderen sexuellen Festlegungen und Besonderheiten verschwinden. Reiche bringt – recht humoristisch, finde ich – das Beispiel eines *präkonstruktivistischen Fetischisten*, der unter der Herrschaft des Gender-Konstruktivismus gar nicht mehr – wie in der Freud'schen Psychoanalyse – als behandlungsbedürftig angesehen wird (was ja, wenn er oder seine Partner nicht darunter leiden, auch nicht der Fall sein muss), sondern der nunmehr als *genderkonstruktivistischer Fetischist* einfach als Angehöriger von »*many genders*« angesehen wird und mit dieser seiner »genderidentity« soziale Anerkennung verlangt (Reiche 1997, S. 954; Hervh. JCA).

Nach vielen Auseinandersetzungen, die mit Vertreterinnen dieser Auffassungen geführt wurden, kommt mir vor, dass hier *Differenz gleich Beherrscht-Werden* gesetzt wird, was natürlich zur Ablehnung der Betonung einer Geschlechterdifferenz führen muss. Die Auflösung repressiver traditioneller Klischees freut ja auch Nichtkonstruktivisten. Aber den Unterschied an sich zu dämonisieren, ist eine merkwürdige Bildung, die auf eine große *Angst vor dem Unterschied* und damit auf uralte Geschlechterthemen verweist, die nicht gelöst wurden oder auch gar nicht lösbar sind. Zudem erscheint mir dieses Bestreben Ausdruck einer tiefen Unsicherheit zu sein, wie das Zusammenleben dieser Geschlechter und vor allem die

---

54 Schmidt (1994) hatte aus diesem Grund schon früh die an der Paartherapie oftmals kritisierte zu geringe Unterscheidung zwischen Mann und Frau verteidigt, weil es wichtig sei, »[...] die alten, traditionellen Unterscheidungen zwischen männlichen und weiblichen Rollen und Annahmen über ›die Natur‹ der Sexualität in Frage zu stellen oder zu negieren« (1994, S. 45).

55 In Kritik an Judith Butler (1990): »So anerkennt Butler nur einen Generator von Macht, Zwang und Materie: *Hetero*. Diese Trope wird mit unterschiedlichen Komposita zusammengefügt und wandert dann als *Hetero-Normativität, Zwangsheterosexualität, heterosexuelle Hegemonie, Heterosexualisierung, heterosexuelle Regimes, heterosexistisch, heterosexualisiert* und *Umsturz der Heterosexualität* [...]« (Reiche 1997, S. 949). Und weiter heißt es: »Es ist nicht mehr die ›Kultur‹ [Freud], die unserem Luststreben Einschränkungen auferlegt und darum Unbehagen bereitet; es ist auch nicht mehr deren politökonomische Präzisierung als ›Gesellschaft‹ [Freudomarxisten von Reich bis Marcuse]; und schon gar nicht eine als ›Patriarchat‹ diagnostizierte Kultur [konventioneller Feminismus vor der gender-konstruktivistischen Wende]. Quelle des Unbehagens ist das *Hetero*« (ebd., S. 950).

Integration der Abweichungen, die Jahrhunderte oder Jahrtausende lang diskriminiert wurden, gesellschaftlich herzustellen wäre. Denn leichter ist es natürlich, Schwierigkeiten mit Abweichungen, sei es von den mehrheitlichen gesellschaftlichen Geschlechterausprägungen oder von besonderen sexuellen Orientierungen oder Neigungen her, zu »lösen«, indem man nichts mehr als gegeben voraussetzt: Wo keine Abweichung und keine wesentlichen Unterschiede mehr existieren (sondern nur »many genders«), dort gibt es auch keine Integrationsprobleme.

Zu guter Letzt scheint mir die radikal-konstruktivistische Position von einem hohen *narzisstischen Potenzial* beseelt zu sein. Nichts mehr als vorgegeben und *alles als machbar*, als konstruierbar zu bezeichnen, ist im Grunde eine von großer »Selbstliebe« getragene Haltung, ja möglicherweise eine pathologisch-narzisstische Selbstüberschätzung. »Wir machen uns unsere Geschlechtlichkeit selbst!«, lautet die hybride Botschaft, die nichts Vorgegebenes anerkennt. Dabei muss dem Menschen Mit- oder Vorgegebenes, »Natürliches« ja *keineswegs unveränderlich* sein, worauf jüngst Pfaller (2011) hingewiesen hat. Selbst vorgegebene Gehirnstrukturen sind, wie wir heute wissen, sehr plastisch und bis zu einem gewissen Grad durch Erfahrung veränderbar (vgl. Hüther 2008). Der Konstruktivismus erhebt sich sozusagen über alle Gebundenheit an existenzielle Vorgaben, will sie abschütteln, um der Mühsal des Kampfes zwischen Natur und Kultur, der ein Hauptthema der Psychoanalyse ist, zu entgehen, oder diesen Kampf von vornherein für sich zu entscheiden: Wir bestimmen, was ist.

Auf den Grundlagen der modernen psychoanalytischen Entwicklungstheorie (vgl. Mertens 1997, 1994) gehe ich jedenfalls davon aus, dass wir es bei aller Vielfalt, die kulturelle Überformungen bewirken und die nicht bestreitbar sind, mit einer *körperlichen Zweigeschlechtlichkeit* zu tun haben, die recht unterschiedliche Folgen für die seelische und soziale Entwicklung haben kann. Das heißt, wir sprechen von einem »geschlechtlichen Dimorphismus, der einen Dipsychismus samt Geschlechterspannung bedingt«, die es gilt, mitsamt »der Rätselhaftigkeit der erregenden sexuellen Anziehung und der Erregtheits- und Liebesgefühle sowie von der Leibhaftigkeit der Sensationen« her zu verstehen (Sigusch 2005c, S. 27). Dem ist aus meiner Sicht nichts hinzuzufügen.

V Lehrreiche Geschichten aus der Praxis

12   Fallgeschichten oder Lernen über Sexualität

Nach Schilderung der wichtigsten Schritte einer Psychotherapie sexueller Störungen nach dem Hamburger Modell seien nun zwei besonders markante Fälle etwas ausführlicher geschildert. Es ist keine rhetorische Referenz an die Patientenpaare, wenn ich sage, dass wir ihnen eine ganze Menge Lernen über Sexualität verdanken. Das Erkennen, wie sehr Sexualität durch verschiedenste biografische Ereignisse irritierbar ist, aber auch, wie Menschen allen möglichen Widrigkeiten zum Trotz ihre Sexualität und ihre Beziehungen organisieren, um sich einen gemeinsamen Lebensweg zu ermöglichen, eröffnet ein weites Feld des Lernens über Sexualität und über ihre Behandlungsmöglichkeiten.

Ich wähle dabei bewusst zwei schwierige Fälle, allein schon, um zu verdeutlichen, dass es sich bei dieser Form der Therapie um eine wirksame und effektive Methode handelt. Natürlich gibt es weniger schwierige Fälle in unseren Praxen und – das sei auch ganz deutlich gesagt –, es gibt auch weniger gelungene Therapieverläufe und therapeutische Erfolge. Aber die »didaktische« Vernunft gebietet es, zur Veranschaulichung des therapeutischen Prozesses auf gelungene Fälle zurückzugreifen, an denen die grundlegenden Funktionsweisen der Arbeit besonders deutlich werden.

Im Verlauf der Fallschilderungen werden immer wieder Elemente dessen, was zur Genese sexueller Störungen und zu deren Behandlungsmöglichkeiten schon gesagt wurde, sichtbar und nun mit praktischer Beispielhaftigkeit belegt.

Die Schilderungen sollen in vielen einzelnen Facetten auch zeigen, wie sehr es immer auch auf »Nichtsexuelles« ankommt, wie verzahnt und verstrickt Paare mit ihren Problemen sind, die dann oft kaum mehr mit dem Symptom und dem Anmeldegrund in Zusammenhang stehen.

Ich erinnere mich gut, wie meine Co-Therapeutinnen und ich in vielen solchen Fällen mitgerungen und mitgelitten haben. Ihnen sei an dieser Stelle noch einmal für die Kooperation gedankt.

12.1 Die Enge des Frau-Seins – Fallbeispiel Vaginismus

Frau und Herr A.[56] kommen über Empfehlung eines Gynäkologen und nach einer vorher in Anspruch genommenen psychologischen Beratung an die Sexualberatungsstelle. Anmeldegrund war eine langjährig persistierende Vaginismus-Symptomatik bei zuletzt auftretendem starkem Kinderwunsch. Im Verlauf der 16 Jahre während der Ehe hatten die beiden niemals Geschlechtsverkehr ausüben können. Frau A. gab an, nicht einmal auch nur eine Fingerspitze in sich einführen zu können. Die Vorgespräche ergaben die Indikation zu einer Paartherapie, es wurde eine massierte Form der Durchführung am Universitätsklinikum Hamburg-Eppendorf angeboten, bei der das Paar im Urlaub drei Wochen lang jeweils täglich (außer Sonntag) zu den Therapiegesprächen kam.

Frau A. (34) ist eine relativ große, schlanke, etwas ängstlich wirkende Frau. Sie absolvierte eine Ausbildung zur Erzieherin in einem Kindergarten, wo sie (zumeist halbtags) arbeitete. Zu ihrer biografischen Entwicklung ist zu sagen, dass sie die ältere von zwei Töchtern aus einer Bauernfamilie in Norddeutschland ist. Sie hätte – sozusagen von der familiären »Notwendigkeit« her – eigentlich »als Bub zur Welt kommen sollen«, wie sie sagte. Die Forderung, den Hof zu übernehmen, spürte sie aber auch später noch nach der Realschule, die sie mühsam hinter sich gebracht hatte. Sie hätte, so kam es ihr vor, dann wohl wenigstens einen Bauern anstatt eines Ingenieurs als Ehemann heimbringen oder zu guter Letzt wenigstens ein männliches Kind zur Welt bringen sollen (den »Hoferben« – siehe weiter unten)! Im Rahmen dieser doch einigermaßen verunsicherten Geschlechtsidentität erinnert sie sich auch, sich beim Spielen immer als »Wildfang« gebärdet und sich dabei oft mehr als die Jungs angestrengt zu haben, als ob sie dem v. a. väterlichen Wunsch wenigstens auf diese Weise nachkommen hätte können. Die *Mutter* schildert sie als eine Art »Märtyrerin«, die immer alles nur für alle anderen und nichts für sich selbst getan hätte. Den *Vater*, dem die Mutter bedingungslos unterworfen war, kenne sie quasi »nur auf dem Tracker«. Die Beziehung zu ihm beschrieb sie als sehr distanziert. Er sei ein sturer Kerl mit ganz klaren Vorstellungen vom einzig Richtigen, von Gut und Böse usw. gewesen. Die Mutter hingegen habe sich für alles aufgeopfert und wäre sehr darauf bedacht gewesen, es unter Hintanstellung eigener Bedürfnisse nur ja allen recht zu machen. Die Patientin betonte, *dass sie so wie die Mutter ganz sicher nie werden wolle.* Zärtlichkeiten zwischen ihren Eltern habe es nie – zumindest nicht für sie sichtbar – gegeben. Auch mangelte es sehr an körperlicher Nähe zwischen ihr und den Eltern; sie habe z. B. nie ins Bett zu ihnen dürfen, auch nicht als kleines Kind, obwohl sie zunächst unmittelbar neben dem Elternschlafzimmer geschlafen habe. Ein wirklich eigenes Zimmer habe sie dann erst sehr spät als Teenager bekommen.

---

56 Dieser sehr anschauliche von mir und Carmen Lange geführte Fall wurde ausführlicher (einzelne Therapieschritte analysierend) und zum Zweck der Veranschaulichung anderer Besonderheiten (nämlich des Einsatzes von Stäben in der Paartherapie) dargestellt in Lange und Rethemeier (1997).

Noch heute zeigt sich die Patientin einerseits sehr eng an dieses fordernde Elternhaus, für das sie eigentlich von Geburt an »nicht richtig« (d. h. kein Junge) gewesen war, gebunden: Sie hatte Schuldgefühle, wenn es den Eltern nicht gut ging, wenn sie viel Arbeit am Hof hatten und erschöpft waren. Der Antritt der Rente durch die Eltern sei für sie eine Erlösung gewesen, weil sie nun keinen Druck, den Eltern vielleicht aushelfen zu müssen, mehr verspürte. Davon leitete sie auch ihre Eigenart ab, wonach es ihr »nie so richtig gut gehen« dürfe, dass immer etwas den Genuss stören oder verhindern müsse, egal, in welcher Angelegenheit. Sie werfe sich schnell selber alles Mögliche vor und habe unglaublich hohe Ansprüche an sich. Dies alles schlug sich bei der Patientin in einer generalisierten Misserfolgsorientierung nieder, wonach Fehler oder Versagen – und seien es noch so kleine – im Vergleich zu den bescheidenen Erfolgen immer riesenhaft erschienen.

Die sinnlich-sexuelle Entwicklung war von vollständiger Tabuisierung alles Erotischen und aller Gefühle begleitet. Entsprechend blieben auch die Erinnerungen karg: Selbstbefriedigung scheint es nur ganz wenige einzelne Male gegeben zu haben, als eine Freundin sie dazu animierte, an sich »herumzuspielen«. Dies wird als schönes Gefühl, aber auch als sehr schuldhaft erinnert. Die Patientin behandelte diese Erregungen nach dem Muster »weg – und nie wieder«, wie sie sagte. Orgasmusähnliche Gefühle kannte sie nur von nächtlichen Erlebnissen her oder rund um's Aufwachen. Sie erinnert sich außerdem und nicht ohne Schuld an Erzählungen der Mutter, wie furchtbar ihre Geburt gewesen sei. Auch aus Illustrierten gewann sie den Eindruck, dass es sich dabei um ein höchst schmerzhaftes Erlebnis handeln müsse. Dieses Mysterium um die furchtbare Geburt wurde noch dadurch verstärkt, dass man sie bei der Geburt ihrer Schwester schnell zu einer Tante gebracht hatte, damit sie ja nichts mitbekommen konnte.

Frau A. hat dann später ihre Bemühungen, schwanger zu werden, ihre Odyssee durch verschiedenste Arztpraxen, wieder als ein langes Martyrium erlebt. Sie berichtete von Ängsten, mit anderen Frauen über Ereignisse beim Frauenarzt zu sprechen, Verwandten und Bekannten ihre unfreiwillige Kinderlosigkeit erklären zu müssen usw. Das verweist auf einen hohen Erwartungsdruck und hohe Entsprechungsängste gegenüber einer sozialen Umwelt, vor der die Problematik deshalb sorgsam geheim gehalten werden musste. Die Patientin wurde zu Beginn der Therapie auch wiederholt von heftigen Weinanfällen heimgesucht, die den ganzen Druck, der auf ihr lastete, deutlich machten.

Zu ihrer Vaginismus-Symptomatik konnte sie nur so viel sagen, dass sie gerne draufkommen möchte, warum das so sei und warum gerade sie so etwas mit sich herumschleppen müsse. Sie sei manchmal schon ganz verzweifelt gewesen, hätte keine Lust mehr am Leben gehabt und wäre froh gewesen, »wenn alles schon vorbei wäre«. Vor allem der Druck der Umwelt machte ihr permanent zu schaffen. Im sexuellen Bereich fiel es ihr aber allein schon schwer, die Beine auch nur ein wenig auseinanderzutun, weil sie dabei eine unbestimmte Angst verspürte. Bis zwei Jahre vor der Therapie hatte sie eigentlich »Null Gefühl« für ihren Körper gehabt. Dann war sie im Rahmen eines Therapieversuchs aufgefordert worden, den Finger selbst in ihre Vagina einzuführen, was sie unter Angstschweiß im Bad im Stehen versucht, aber nicht geschafft hatte. Von daher hatte sie das Gefühl, die Vagina sei wie eine leicht verletzbare wunde Stelle. Auch unangenehme Assoziationen mit Schmutz und üblem Geruch hatte die Patientin, weshalb sie ihrem Mann auch den Wunsch, sie oral stimulieren zu dürfen, nicht erfüllen konnte. Sie betrieb nach eigener Angabe überdies auch keinerlei Selbstbefriedigung und musste sich in letzter Zeit, um sich mit ihrem Mann sexuell einlassen zu können, mittels Softpornos im Fernsehen vorstimulieren. Gelegentlich griff sie aber auch zu einer sie erregenden Phantasie, um in Stimmung zu kommen, z. B. dass sie als Dienstmädchen von ihrem Mann, dem Hausherrn, verführt und »genommen« wurde.

Herr A. (38), ein sehr groß gewachsener, athletisch gebauter Mann mit etwas kindlich-bubenhaftem Haarschnitt und Schnauzbart, wuchs als zweitjüngstes von sechs Kindern in einem kleinen Angestellten-Haushalt mit sehr beengten sozialen Verhältnissen auf. Trotz seiner stattlichen Größe wirkte er recht selbstunsicher und kam sich auch selbst so vor. Er lernte nach der mittleren Reife bei einem Konzern den Beruf des Werkzeugmachers und absolvierte dann noch ein Technikstudium. Eine typische Erinnerung für eines der Hauptprobleme Herrn A.s, nämlich der Unmöglichkeit, sich ausbreiten zu können, war der Mangel an Raum und auch an positiver Zuwendung in seiner Kindheit: Z. B. schilderte er sein Spielen unter dem Küchentisch, wo er sich sein »kleines Reich« eingerichtet hatte, weil sonst kein irgendwie abgeschlossener Platz für ihn da war. Die innerfamiliären Beziehungen schilderte er als kühl und »abgekappt«, es habe keinerlei – wie er sagte – »unnötige Emotionen« gegeben. So war Herr A. von klein auf viel auf sich alleine gestellt. Er bastelte sich seine eigene kleine Welt zurecht und zog sich regelmäßig in sie zurück. Groß und initiativ (also »phallisch«) durfte und konnte er sich auf diese Weise nie fühlen, er musste sozusagen unter den Tisch. Entsprechend der Kargheit seiner Erinnerungen an die Kindheit, war auch sein gegenwärtiger Bezug zur Herkunftsfamilie (der Vater war bereits verstorben) zum Zeitpunkt der Therapie äußerst dünn, gelegentlich musste ihn sogar seine Frau daran erinnern, wieder einmal Kontakt mit seiner Familie aufzunehmen.

Herr A. konnte auch kaum über Erinnerungen bzw. Erfahrungen mit Sexualität aus Kindheit und Pubertät berichten. Die Entdeckung der Selbstbefriedigung schildert er – »technikergemäß« – so, dass er halt irgendwann einmal bemerkt habe, »dass man mit dem Ding auch was anderes machen kann als pinkeln«. Er habe aber so gut wie keine Onanie-Praxis; das letzte Mal habe er es bei der Samenuntersuchung beim Urologen machen müssen. An »Arztspiele« in der späteren Kindheit konnte er sich nur dunkel erinnern. Als Jugendlicher hatte er mitunter gelegentliche, immer aber sehr distanziert-unverbindliche Bekanntschaften mit Mädchen gehabt. Er war nämlich sehr scheu und schüchtern gewesen. Das Partner-Problem schilderte er aus seiner Sicht »ganz einfach«: Die »Vereinigung« klappe eben nicht und das von Anfang der Beziehung vor 16 Jahren an. Dies hatte seine Stimmung gelegentlich gedrückt, er hatte aber nie an so etwas wie Trennung und auch nie ernsthaft an das Eingehen anderer sexueller Beziehungen nebenbei gedacht.

Auch er verspürte nun den Wunsch, ein Kind zu haben, allerdings war dieser Wunsch bei seiner Frau mehr im Vordergrund, ihm ging es einfach auch um die Erfüllung seiner sexuellen Bedürfnisse. Seine Frau hatte ihn bei Versuchen der sexuellen Annäherung oft zurückgewiesen und erst gar nicht »rangelassen«. Es gab aber keine Vorwürfe seinerseits, sie sprachen kaum darüber. Allerdings hatte sein Selbstwertgefühl als Mann schon darunter gelitten und er fragte sich oft, ob er wohl etwas falsch gemacht habe. Seine eklatante Erfahrungslosigkeit, da seine Frau ja die erste und bisher einzige Sexualpartnerin war, hatte diese Zweifel verstärkt.

Zur Beziehungs- und Bindungsgeschichte und zum Sexualverhalten des Paares ist zu sagen, dass die Beiden sich 16 Jahre vor der Therapie kennengelernt hatten. Für Frau A. war es »Liebe auf den ersten Blick« gewesen. Vor allem seine Größe faszinierte sie, da wurde ihr ganz »heiß« und »weich in den Knien«. An die ersten körperlichen Annäherungen jedoch erinnerte sie sich als eher unangenehm, so auch an die erste gemeinsame Übernachtung, die sie im Rahmen einer gemeinsam mit Bekannten unternommenen Wochenendreise auf seinen Vorschlag hin in einem Zweibettzimmer verbrachten. Allerdings wies sie ihn beim Versuch, sich in ihre Betthälfte zu begeben, schnell wieder zurück. Sie war beunruhigt über den Umstand, dass auch er so unerfahren gewesen war und dass sie somit beide nicht wussten, wer was falsch machen könne.

Deshalb enthielt sich das Paar auch in den folgenden Monaten direkter sexueller Annäherung, obwohl sie häufig bei ihr zu Hause übernachteten. Er befolgte auch stets ihre wortlose Botschaft, sich zurückzuhalten. Einzelne Versuche, sie manuell zu stimulieren (sich »nach unten vorzuarbeiten«), wurden durch die Unmöglichkeit, auch nur ein wenig den Finger einführen zu können, beendet (obwohl Frau A. dabei feucht wurde). In den späteren Jahren hatten sich die Patienten eine für beide halbwegs befriedigende Technik zurechtgezimmert, indem sie – nach manueller gegenseitiger Stimulierung – die Genitalien außen aneinanderrieben; wobei Herr A. auch zum Höhepunkt gelangte und sie ebenfalls Befriedigung empfand und bis heute empfindet (über die Orgasmusfrage herrschte zunächst Unklarheit).

Auch außerhalb sexueller Kontakte lebte das Paar viele Jahre in relativer Harmonie zusammen. Herr A. schien sich, was wiederholt auch von seiner Frau bemerkt wurde, in vielen Fragen zu sehr an sie anzupassen und zu wenig Eigeninitiative zu zeigen – und wenn, dann war Frau A. sehr verletzlich und zeigte das auch sehr bestimmt. Es gab bei Herrn A. auch kaum jemals wirkliche Zornausbrüche oder heftigere Auseinandersetzungen, obwohl – wie Frau A. einmal meinte – »ihm das gut täte«. Stattdessen schien sich der Patient nach Art seiner schon als Kind praktizierten Rückzugstaktik abzusetzen, um in seiner eigenen kleinen Welt, die aktuell durch den Computer repräsentiert war, seinen Interessen nachzugehen. Das störte seine Frau und sie forderte oft ein, dass er weniger am PC sitzen solle und mehr Gefühlsäußerungen zulassen könnte. Gelegentlich fühlte sie sich durch diesen Rückzug aber auch im Stich gelassen: »Alles muss ich erledigen.«

Das Paar imponierte auch durch eine Vielzahl »ungeschriebener Gesetze« und durch totales Aufeinander-Eingespieltsein: Vor allem Herr A. »weiß« bei vielen seiner Bedürfnisse und Wünsche schon genau, dass das bei ihr »mit Sicherheit nicht geht« und äußert dann weder den Wusch noch sein Unbehagen – so auch bei vielen sexuellen Wünschen (z. B. beim Wunsch nach Oralverkehr). Andererseits war durch die anhaltende Verunsicherung des Paares der Selbstverstärkungsmechanismus im Sinne hoher Erwartungsangst und Misserfolgsorientierung sehr stark ausgeprägt. Letztlich konnten wir die Paardynamik so bestimmen, dass beide durch das Symptom geschützt wurden: Frau A. vor der konflikthaften Auseinandersetzung mit ihrer abgelehnten Weiblichkeit (der Mutter), Herr A. vor der Angst, als »phallischer« Mann, der eindringend und erobernd sein sollte, zu versagen.

Nun zur Ausgangslage der Therapie: Beide Partner erschienen hoch motiviert; sie hatten sich ihren gesamten noch verfügbaren Urlaub für die Therapie genommen. Sie sahen darin so etwas wie eine letzte große Chance, das Problem ohne künstliche Hilfsmittel angehen zu können. Dabei schien der Zeugungs- und Kinderwunsch eine vorrangige Rolle – v.a. bei der Patientin – zu spielen. Dies ließ dann später auch die Frage der Verhütung während und nach der Therapie noch zum Problem werden (siehe unten). Herr A. wiederum äußerte gleich zu Beginn seine Skepsis gegenüber »den Psychologen«, war aber ebenfalls (»ein braver Junge«?) bereit mitzuarbeiten.

So führten die Beiden im Therapieverlauf ihre Übungen zu Beginn stets »gewissenhaft« durch. Das Streicheln machte auch schon bald zentrale Probleme deutlich, wie z. B. den vorauseilenden Gehorsam des Patienten, die ihm bekannten Wünsche seiner Frau zu erfüllen, ohne an sich zu denken, oder die starke Konzentration der Patientin auf den Genitalbereich, wonach sie auch bei ihrem Mann »an der Vorderseite nicht mehr viel finden« konnte, wenn sie just die Genitalien auslassen müsse. Sehr bald trat dann die Frage der Verhütung nochmals auf den Plan (der von uns bei diesem Paar wegen seiner Wichtigkeit im Therapieverlauf sogenannte »Pillenknick«): Bei nochmaliger Vergewisserung über die sichere Kontrazeption wurde die Patientin von starken Zweifeln beherrscht, ob sie die Pille auch wirklich nehmen wolle, wo sie doch endlich schwanger werden wolle. Auch der verlangte Zeitraum der Kontrazeption nach der Therapie – in der Regel ein halbes Jahr – machte ihr zu schaffen. Mühsam wurde erarbeitet, dass die Patientin ihre vom Zyklus her gerade noch mögliche Kontrazeption begann und auch einsehen konnte, dass es jetzt zunächst einmal um ganz andere Lern- und Erlebnisbereiche ginge, die selbst schon genügend an Problemen aufwerfen würden. Herr A. konnte dies von vornherein gut verstehen, was den ersten Konflikt zwischen dem Paar forcierte: Die Patientin äußerte ihr Misstrauen, ihrem Mann könne es dann »nur mehr um die Lust« und nicht mehr um das Kind gehen (»und wir würden aus dem Bett gar nicht mehr rauskommen«).

Diese sich ergebende Distanz zwischen den Partnern und das tatsächlich stärkere Pochen Herrn A.s auf seinen Wunsch nach sexueller Erfüllung erschienen wichtig für die gegenseitige Abgrenzung und Konfliktbereitschaft des Paares. Auch die Identifikationsmöglichkeit des Patienten mit dem Therapeuten, der seine Haltung unterstützte, war wichtig. An diesem Punkt gab es aber auch für Frau A. eine Gelegenheit zur Abgrenzung und Selbstbehauptung: Gleich am ersten Wochenende der Therapie fuhr das Paar nach Hause zu einer lange geplanten Hochzeitsfeier. Dort konnte sich die Patientin, die ihrer Familie gegenüber die Therapie bislang verheimlicht und so getan hatte, als fuhren sie wirklich »auf Urlaub«, tatsächlich bezüglich des Grunds ihrer Reise »outen« und damit von ihrer Herkunftsfamilie selbstbewusst abgrenzen, was ihr auch sichtbar wohl tat und von Seiten ihrer Therapeutin auch respektvoll und vehement unterstützt wurde. Dies ist doch eine ganz erstaunliche »Leistung« nach einer Woche Therapie und zeigt nach meinem Dafürhalten die »Potenz des Settings« (Schmidt 1994), die hier zum Tragen kommt, gut auf.

Die anfangs starken Weinanfälle Frau A.s gingen mittlerweile auch deutlich zurück, die Übungen erbrachten ein langsames Vertrauter-Werden mit dem eigenen

Körper und mit dem Genitalbereich und damit auch eine Aufweichung (sic!) der Verletzungsängste, die die Patientin immer wieder einmal geäußert hatte. Herr A. war um phantasievolle Variationen des Streichelns bemüht. Quasi als »Lohn« für diese Anstrengungen (und als kleine »unfolgsame« Abgrenzung gegenüber dem Therapeutenpaar) tendierte das Paar auch zur Übertretung der Anweisungen, die genitale Stimulation zunächst zu unterlassen. Hier setzte auch die Empfehlung der Einzelübung mit den Hegar-Stäben ein, die der Patientin (wie den meisten) zunächst mit dem dünnsten Stab[57] kaum Schwierigkeiten machte, was sie mit Stolz vermerkte. Die Gewissheit, durch die Eigenregie geschützt zu sein und sich nicht überfordern zu müssen, tat ihr merklich gut. Der Mann geriet angesichts dieses Erfolgs bei ihren Einzelübungen übrigens zunehmend in den Hintergrund, seine Konzentration und – so schien es fast – seine »Eifersucht« lastete voll auf den sukzessive dicker werdenden »Stäbchen«, wie sie sie gerne etwas verniedlichend nannte. Beim Auftreten leichter Schwierigkeiten beim Einführen der dickeren beiden Stäbe jedoch verfiel die Patientin schnell in die gewohnte Misserfolgshaltung (»das wird nie gehen«) und verpatzte damit sich und auch dem Mann die Freude über den erreichten Fortschritt. Auch wurden die Verletzungsängste bei der Selbststimulierung der Frau (ab einem »bestimmten Punkt«) wieder aktiviert, die wohl auch auf Angst vor Kontrollverlust bei stärkerer Erregtheit hinwiesen. In dieser Phase bedurfte es viel Unterstützung und identifikatorischer Angebote (Zutrauen) seitens der Therapeutin.

Der männliche Therapeut konnte in der Gegenübertragung auch die zunehmende Aggression des Mannes bezüglich dieser dominant-wehleidigen Selbstinszenierung der Patientin spüren. Er versuchte, den Patienten mehr zur Wahrnehmung und Äußerung jener gegen sie gerichteten Gefühle und Stimmungen zu ermuntern und die Klagen seiner Frau nicht einfach duldend über sich ergehen zu lassen, was auch gelang (»Was kann ich denn dafür, dass sie immer gleich alles so schwarz sieht ...«). Die Artikulation dieser Aggressionen fiel nicht leicht, wie das Paar überhaupt dazu tendierte, alle »gefährlichen« konflikthaften Themen mit betonter Witzigkeit zu entschärfen. Andererseits geriet der Patient in eine ambivalente Rolle: Wohl um eine gewisse Kontrolle ausüben zu können, bot er sich zweimal als »Assistent« bei der Einzelübung der Frau mit den Stäben an (»ein wenig anwärmen«), womit er sich zwar einerseits zum scheinbar unentbehrlichen Helfer, andererseits aber doch auch zum nebensächlichen Statisten (»nur zugucken dürfen«) machte. In dieser Phase konzentrierte sich die Therapie auf das Betonen der Eigenständigkeit und der Unterschiede zwischen den beiden Patienten, vor allem ihre Bedürfnisse und Ansprüche betreffend. Der »Hausaufgabencharakter« der Übungen, den sie manchmal etwas widerständig beklagten, ging dann merklich zurück, was ebenfalls ein Stück Autonomie und Souveränität für beide bedeutete.

Diese Autonomiearbeit, das Wahrnehmen des Getrenntsein-Könnens, ohne sich zu verlieren, das Achten auf die eigenen Bedürfnisse und ihre Artikulation setzten in den Patienten ungeheure Energie bei der Bewältigung ihrer Therapieschritte frei. Dies äußerte sich z. B. bei Herrn A. auch in der selbstbewussten Zurückweisung von Interpretationen seitens des männlichen Therapeuten, im Widerstand gegen eine

---

57 Die Hegar-Stäbe haben auf fünf Stufen eine Dicke von 10–26 mm.

»Schüler-Hausaufgaben«-Rolle, im Weglassen von Übungen oder Übungsteilen, wenn es dem Paar zu viel geworden war. Nachdem neben diesen Fortschritten gegen Ende der Therapie alle Hegar-Stäbe, auch der dickste, eingeführt werden konnten, wurde von der vorletzten auf die letzte Stunde der Therapie auch das Einführen des Penis aufgegeben. Gespannt, ob sie diesen Schritt machen würden, erwarteten wir das Paar und: Sie hatten es geschafft, allerdings in »autonomer« Weise, nämlich nicht in der von den Therapeuten vorgeschlagenen Stellung (sie auf ihm hockend). Diese Weigerung und die (selbstbewusste) andersartige Durchführung gründete zwar in der »Nervosität« und der Anstrengung Frau A.s, aber dennoch: Die Initiative, es in Abweichung von der Vorgabe in einer vom Patienten vorgeschlagenen Stellung – die Frau auf dem Rücken am Bett liegend und der Mann vor ihr kniend – zu versuchen und nicht im vermeintlichen Misslingen zu verharren, betrachteten wir als großen Erfolg und beachtlichen Schritt der beiden Partner. »Da haben wir's einfach so gemacht!«, erzählte Herr A., nicht ohne ein wenig aufgelöst, aber auch stolz zu sein, nach so vielen Jahren der Unmöglichkeit, dies zu tun. Und Frau A., das schien uns ein ebenso beachtlicher Schritt zu sein, konnte sich ohne misserfolgsorientierte Angst und Klage der Initiative Ihres Mannes überlassen.

Das Paar verabschiedete sich mit einer Mischung aus großer Freude und Erleichterung (besonders Herr A.), aber auch mit merklicher Verunsicherung, wie denn das alles nun weitergehen würde, ob und wie die neu gewonnene Fertigkeit »richtig« empfunden und genossen werden konnte (bes. Frau A.). Letztere konnte nun auch verstehen, dass es, weil die neuen Schritte so viel Energie und Kraft kosteten, besser gewesen war, die Frage der Zeugung und Schwangerschaft durch Kontrazeption auszuschließen. Alles andere hätte sie auch gefühlsmäßig überfordert.

Für Frau A. ging es künftig wohl auch darum, wie sie nun – wo der Körper nicht mehr automatisch »Nein« sagte – mit ihren Empfindungen und Bedürfnissen klar kommen konnte. Es wurde im Abschlussgespräch noch einmal hervorgehoben, dass die beiden sich Zeit lassen sollten, das in der Therapie Erfahrene und Gelernte in den Alltag zu transferieren (deshalb auch die weitere Verhütung!); dass die Abgrenzung der Patientin von der stets leidenden, unterwürfigen, genussfeindlichen Mutter weiter vorangehen konnte; dass sie ohne Leistungsdruck versuchen konnte draufzukommen, was der »Punkt« war, an dem die angenehmen Gefühle der genitalen Berührung und Stimulation in Unangenehmes kippen konnten, und wie sie diese angenehmen Gefühle mittels der in der Therapie gelernten Schritte gemeinsam mit ihrem Mann im Liebesspiel umsetzen konnte.

Herrn A. wurde mitgegeben, dass es günstig für ihn sei, die Rolle des immer schon um die Sorgen der Frau wissenden »Assistenten« dort, wo diese Rolle seine Autonomie einengte, weiter abzubauen. Ansätze des Achtens auf die eigenen Bedürfnisse und die eigene Kränkbarkeit durch die Ansprüche seiner Frau auf Verzicht und auf allzu große »Vorsicht« waren – auch dank der schützenden Vetoregel – schon in der Therapie zu erkennen gewesen. Die beiden gingen auch ohne Euphorie wieder in den Alltag mit dem Bewusstsein, dass nach so vielen Jahren mit diesem Symptom und nach 18 Tagen massierter Paartherapie nicht das sexuelle Glück »schlechthin« angebrochen sein konnte. Aber immerhin, sie konnten miteinander verkehren.

Resümee: Der Fall zeigt sehr gut das Ineinandergreifen sexueller und nichtsexueller Erlebens- und Konfliktkonstellationen sowie die Begründungszusammenhänge auf den *vier Ebenen der Psychodynamik, der Partnerdynamik, der Lern- und Informationsdefizite und der symptomverstärkenden Mechanismen:*

- die *Psychodynamik* der Patientin, vor allem die problematische Mutterbeziehung zu einer leidend-duldenden, unterworfenen Frau, der gegenüber die Patientin im Lauf der Therapie eine aversive Abgrenzung zulassen konnte, dass sie keinesfalls, nie so werden wollte – am einfachsten, indem sie eben kraft ihres Symptoms »Nicht-Mutter« blieb; der Partner wiederum passte aufgrund seiner Unterworfenheit und seiner männlichen Selbstzweifel seinerseits wie ausgesucht zu einer solchen Partnerin und trug das Symptom geduldig mit.
- Freilich findet sich ein solches Paar (vor allem, wenn es dann doch so lange beisammen bleibt) nicht »zufällig«, weshalb wir die *Partnerdynamik*[58] gerade bei diesem Paar sehr gut studieren konnten, d. h. dass und wie sie gegenseitig von dem Symptom »profitierten« und sich zudem durch die Vermeidung der Penetration in ihrer labilen Geschlechterkonstruktion gegenseitig kontrollierten.
- Die so lange ertragenen und schmerzhaften organischen Therapieversuche wiederum sitzen auf einer Menge von Bewusstheits- und *Informationsdefiziten* auf, nicht zuletzt auch auf *Lerndefiziten*, die durch die sexuelle Erfahrungslosigkeit beider Partner bedingt war.
- Schließlich sorgten die *Misserfolgsorientierung* und die ängstlich-weinerliche Erwartung der Patientin »garantiert« dafür, dass sich keine Möglichkeit des Erlebens eines zufriedenstellenden Geschlechtsverkehrs ergab, sodass die selbstverstärkenden Mechanismen ganze Arbeit leisteten.

Exakt 15 Monate nach der Therapie (was bedeutet, dass das Paar das auferlegte Verhütungsgebot weitere sechs Monate tatsächlich eingehalten hatte) erhielten die Therapeuten die Geburtsanzeige eines gesunden Kindes, weitere eineinhalb Jahre später die eines zweiten. Aber das Paar – das fiel mir besonders auf – kam nicht mehr zu den weiteren katamnestischen Treffen, zu denen es eingeladen worden war. Die Geburtsnachrichten waren auch ohne Begleittext, einigermaßen distanziert also; dies verweist auf das Autonom-Werden des Paares auch gegenüber den Therapeuten als Eltern-Übertragungsfiguren, und deren empfundenes Bedauern darüber in der Gegenübertragung drückt die schmerzhafte Seite des Konflikts aus, den wohl auch die wirklichen Eltern des Paares bei deren Entlassung in eine selbstbewusst abgegrenzte Autonomie erleiden mussten. Wir wissen also nicht, was über die Geburt des zweiten Kindes hinaus geschah. Und dennoch: Ich hatte ein gutes Gefühl dabei – und habe es bis heute.

---

58 Die Männer vaginistischer Symptomträgerinnen sind bekannt dafür, dass sie diese Problematik mittragen und sich selbst dadurch in dieser Weise schützen; wir sprechen wegen dieser »Passform« scherzhalber auch vom »vaginistischen Paar« oder gar von »vaginistischen Männern«, weil dieser Typ von Mann quasi als Diener (auch im nichtsexuellen Alltag) alles mitmacht und der (für ihn verschlossenen) Frau treu zu Diensten ist.

12.2 »Was wollen die denn noch?« – Eine erektile Dysfunktion – und noch viel mehr – bei einem älteren Paar

Es war im Rahmen einer Lehrtherapie, also der Sommerfortbildung an der Universitätsklinik Hamburg-Eppendorf, dass mir und meiner Co-Therapeutin[59] ein älteres Paar, beide 68 Jahre alt, zugeteilt wurde. Ich muss gestehen, dass meine erste Assoziation, als ich das Zuweisungsblatt durchlas, war: »Was wollen die denn noch, mit fast 70 Jahren?«. Dies wirft ein bezeichnendes Licht darauf, dass das, was wir älteren Menschen heute an Sexualität noch zutrauen oder als statthaft zubilligen, offenbar auch vor Psychotherapeuten, was ich zu meiner Schande gestehen muss, nicht ganz halt macht (vgl. Aigner 2008 b)! Das mulmige Gefühl, das durch diese Assoziation (und die doch gleich darauf aktivierten Schuldgefühle) ausgelöst wurde, wurde nicht weniger, als ich den Anmeldegrund zu lesen bekam: Der männliche Patient hatte sich wegen einer Erektionsstörung nach einer nervenerhaltenden, kurativen Operation eines Prostatakarzinoms mit daraus resultierender Harnröhrenverkürzung, die ihm Potenzprobleme bereitete, angemeldet. Von seinen Ärzten praktisch als impotent eingestuft und entsprechend enttäuscht entlassen, hoffte er wegen morgendlicher Spontanerektionen doch, seine erektile Funktion so weit zurück zu erhalten, dass er mit seiner Frau den von dieser nach wie vor ersehnten Geschlechtsverkehr wieder ausüben konnte. Es handelte sich also auch noch dazu um eine massive organische Beeinträchtigung – wobei man ja weiß, dass Sexualtherapien auch das Befinden bei organischen Befunden verbessern können, aber dennoch! Muss denn das sein, dachte ich mir, ein so schwerer Fall in einer Lehrtherapie mit einer Ausbildungskandidatin, die meine Co-Therapeutin war? Heute bin ich dankbar, diesen Fall zugewiesen bekommen zu haben, weil ich ungeheuer viel daraus gelernt habe, das ich hier weitergeben möchte.

Helmut und Pia G., beide 68 Jahre alt, lebten in einer kleinen Wohnung einer größeren norddeutschen Stadt und waren seit 47 Jahren verheiratet. Ihre Jugend war von heftigen gesellschaftlichen und politischen Krisen der Weltkriegszeit gezeichnet.

Zunächst zur Biografie und den Schilderungen des Problems durch *Herrn G.* Er wurde 1935 als zweites von drei Kindern geboren. An den Vater erinnert er sich erst ab 1945, als dieser aus dem Krieg zurückkehrte. Als gelernter Schiffsbauer musste der Vater während des Kriegs nicht an die Front, sondern arbeitete auf deutschen Werften. Als Sechsjähriger verbrachte Herr G. dann neun Monate im Rahmen der Kinderlandverschickung mit seiner Schulklasse und seiner Lehrerin in Bayern. Heimweh beschrieb er nicht, die Lehrerin und seine Mitschüler seien ja bei ihm gewesen. 1943 war er noch einmal für drei Monate zur Kinderlandverschickung in Bayern, diesmal allein. In dieser Zeit wurde die Familie in Hamburg ausgebombt

---

[59] Dagmar Brandenburg, Ärztin und Psychotherapeutin in Paderborn, meiner damaligen Co-Therapeutin, sei an dieser Stelle für die von ihr angefertigten Notizen, die diesem Fallbericht zugrunde liegen, herzlich gedankt.

und floh zu einer Tante nach Mecklenburg-Vorpommern. Als der Vater dann 1945 zurückkehrte, holte er die Familie sofort zurück nach Hamburg, wo er schnell eine Stelle als Hafenarbeiter fand. Das Familienleben beschrieb Herr G. als gut, es seien zwar sehr beengte Wohnverhältnisse gewesen, aber die Familie habe zunächst stets zusammengehalten. Der Vater sei aufgrund seiner Arbeit selten zu Hause gewesen. Seine Mutter beschrieb Herr G. als bestimmend, dabei aber herzlich und liebevoll. Der Vater hatte den Kindern vieles erklärt, er sei politisch interessiert und fest in der Gewerkschaftsbewegung verankert gewesen. Sexualität sei in seinem Elternhaus nie ein Thema gewesen, er habe aber beide Eltern aufgrund der beengten Wohnverhältnisse häufiger nackt gesehen – was auf einen eher entspannteren Umgang mit Sexualität hinweist. Nach der Volksschule machte Herr G. eine Tischlerlehre, fand jedoch keine feste Anstellung, sondern nur vorübergehende Beschäftigungen. 1953 lernte er seine Frau bei einem Fest kennen und verliebte sich in sie. Es kam schnell zu einer intimen Beziehung. Den ersten Geschlechtsverkehr beschrieb Herr G. als aufregend und gleichzeitig sehr belastend: Schließlich hatte er keinerlei sexuelle Vorerfahrungen und auch keinerlei Aufklärung. Nachdem Herr G. bei diesem Verkehr zum Orgasmus gekommen war, sei seine Freundin aber plötzlich davongelaufen, habe mehrere Stunden im Wald verbracht und war dann erst wieder zu ihm zurückgekommen. Herr G. fühlte sich in dieser Situation einerseits schuldig, er hatte das Gefühl, seiner Freundin etwas angetan zu haben, andererseits war dies doch die erste Möglichkeit gewesen, Sexualität gemeinsam zu erleben. In der Folgezeit kaufte sich das Paar gemeinsam Aufklärungsliteratur, um besser Bescheid zu wissen und zu einer befriedigenderen Sexualität zu gelangen.

Wegen dieser Beziehung kam es mit Herrn G.s Mutter zu massiven Konflikten. Diese lehnte die Beziehung ab, sie wollte für ihren Sohn eine Frau aus »besseren Verhältnissen«. Der Vater hingegen hatte Frau G. von Anfang an gemocht, doch auch er hatte eine Hochzeit abgelehnt. Erst 1956, als Frau G. mit ihrem Sohn schwanger war, konnten sie heiraten und zogen in eine Zweieinhalb-Zimmer Wohnung in L., in der sie ihre vier Kinder großzogen und bis heute wohnen. In dieser Zeit begann Herr G. als Straßenbahnfahrer zu arbeiten. Bei der Betreibergesellschaft blieb er bis zu seiner Berentung, zuletzt aber als Büroangestellter. Die Mutter von Herrn G. mischte sich immer wieder massiv in die Ehe ein. Als sie nach der Geburt des zweiten Kindes verlangte, dass ihr Sohn sie nur noch ohne seine Frau besuchen solle, brach Herr G. den Kontakt sowohl zu seinen Eltern als auch zu seinen Geschwistern vollständig ab, was er unter Tränen wörtlich so ausdrückt: »Ich habe mich von meiner Mutter getrennt!«. Insbesondere habe er in dieser Situation den Schutz seines Vaters vermisst. Dieser Beziehungsabbruch brachte dem Paar im Alltagsleben aber wenigstens mehr Ruhe.

Im Bereich des intimen Zusammenlebens konnte Frau G. nun zumindest manchmal einen Orgasmus erleben. Einem direkten Gespräch über die meist fehlenden Orgasmen entzog sie sich aber immer. Mindestens einmal täglich hatte das Paar über lange Zeit Geschlechtsverkehr, wenn es einmal einige Tage nicht dazu kam, empfand Herr G. seine Frau als schlecht gelaunt und aggressiv. Die Sexualität lief stets nach dem gleichen Schema ab: Nach kurzem oberflächlichen Streicheln von Frau G. durch Herrn G. kam es sofort zum Verkehr, bei dem Herr G. immer einen Orgasmus erlebte, meist auch sehr schnell, Frau G. hingegen nur selten.

Herr G. erinnert sich an ein einziges Mal, bei dem Frau G. ihn ihrerseits intensiver streichelte, was Herr G. aber ablehnte, weil er es als unangenehm empfand, als »weibisch« und nicht zu einem Mann passend. Herr G. kaufte auch häufig Reizwäsche für seine Frau, in der er sie gern fotografierte. Diesem Wunsch hatte seine Frau, berichtet Herr G., stets nachgegeben, aber nie wirklich gern Fotos, die sie in dieser Wäsche zeigen, gemocht.

1958, 1965 und 1970 wurden drei Töchter geboren. Erst nach dem dritten Kind entschloss sich das Paar für eine sichere Verhütungsmöglichkeit durch die Pille. 1973 hatte Frau G. dann einen Nervenzusammenbruch, dessen Hintergründe aber unklar bleiben. Nach zwei vierwöchigen Krankenhausaufenthalten in der Psychiatrie setzte Frau G. zuhause alle Medikamente ab und erholte sich wieder. Eine Ursache für den Zusammenbruch war Herrn G. nicht erinnerlich, seine Frau habe tagelang weinend, den Kopf in den Händen verbergend, mit Schaukelbewegungen auf dem Boden gesessen. Er selbst war völlig verzweifelt gewesen und hatte sich vom Hausarzt krankschreiben lassen, um seine Kinder und den Haushalt versorgen zu können. Während dieser Zeit kam es bei ihm häufiger zur Selbstbefriedigung.

1996 wurde Herr G. mit 61 Jahren berentet. Die Kinder – alle drei hatten eine abgeschlossene Berufsausbildung, die jüngste Tochter studierte in Berlin – hatten zu dieser Zeit die elterliche Wohnung verlassen. 1998 ließ Herr G. auf Anraten seiner Frau eine operative Entfernung seiner Vorhaut vornehmen, was er einerseits aus hygienischen Gründen tat, andererseits weil er gehört hatte, dass hierdurch beim Geschlechtsverkehr die Zeit bis zum Samenerguss hinausgezögert würde. Letzteres wollte er auch ihr zuliebe verfolgen. Danach habe der Geschlechtsverkehr auch tatsächlich etwas länger angedauert.

Zu einer aus Sicht der Therapeuten höchst merkwürdigen und folgenreichen Begebenheit war es im September 1999 bei einem Türkeiurlaub gekommen, nämlich zu einer sexuellen Beziehung zwischen Frau G. und einem 28-jährigen türkischen Mann (Frau G. war damals 64 Jahre alt).[60] Die Vorgeschichte dazu war, dass Herr G. merkte, wie seine Frau sich scheinbar in den jungen Mann verliebt hatte. Daraufhin schlug er ihr selbst vor, mit diesem eine Nacht zu verbringen, und zwar in der erklärten Hoffnung, dass hierdurch auch die eheliche Sexualität wieder neu belebt würde. Vor allem sollte seine Frau, wie er schuldbewusst und geknickt angab, endlich auch im sexuellen Bereich wieder »glücklich« werden und mehr Orgasmen erleben können. Nach anfänglichem Zögern verbrachte Frau G. tatsächlich eine Nacht mit dem jungen Türken, mit dem sie zuvor schon im Beisein ihres Mannes Küsse und Umarmungen ausgetauscht hatte. Diese Nacht ohne seine Frau empfand Herr G. aber als ganz fürchterlich. Am nächsten Tag war Frau G. nach ihres Mannes Eindruck etwas euphorisch. Sie erzählte ihm im Detail die ganze Nacht (wie viele Orgasmen sie erlebt hatte etc.) und informierte sogar ihre Kinder per Telefon darüber! Trotz allen Leidens unter diesen merkwürdigen Begebenheiten war Herr G. einfach froh, dass seine Frau wieder bei ihm war und bei ihm bleiben wollte. Diese war in der Folgezeit gedanklich aber oft bei ihrer Affäre und ihren

---

60 Hier muss hinzugefügt werden, dass viele türkische Männer offenbar sowohl im höheren Alter als auch in der Körperfülle einer Frau weniger Hinderungsgrund für sexuelle Leidenschaft sehen, als dies in unserer Kultur der Fall ist.

neuen Erfahrungen. Sie erlebte jetzt aber auch beim Verkehr mit Herrn G. häufiger einen Orgasmus und auch schon beim Petting.

Im darauffolgenden Frühling musste Herr G. wegen eines Prostatakarzinoms operiert werden. Es war danach keine weitere medizinische Therapie notwendig, alle Nachuntersuchungen blieben ohne Tumorbefund. Die Ärzte hatten ihm allerdings ein Ende jeglicher Möglichkeit zu einer ausreichenden Erektion vorausgesagt. Dennoch bemerkte Herr G. weiterhin morgendliche Spontanerektionen. Bei Versuchen, Geschlechtsverkehr zu haben, wurde das Glied aber nie steif genug und konnte nicht eingeführt werden. Beim Versuch, mittels »SKAT«[61] Erektionen bekommen und halten zu können, traten dann bis zu sechs Stunden dauernde, allerdings sehr schmerzhafte Erektionen auf. Auch Versuche mit Viagra schlugen mangels Erhalt der Erektion fehl. Herr G. machte zu all dem übrigens penible Aufzeichnungen, in denen er Datum, Länge und Dicke des erigierten Glieds, die Dauer der Erektion usw. festhielt.

Im darauffolgenden Urlaub 2000 und bei einer Einladung nach Deutschland zu Weihnachten 2000 kam es erneut zu Kontakten mit diesem türkischen Liebhaber. Als dieser aber Herrn G. aus dessen eigener Wohnung werfen wollte, wurde der Besuch vorzeitig und auch von Seiten Frau G.s abgebrochen. Seitdem besteht kein Kontakt mehr zu diesem Mann. Bis zum Zeitpunkt der Therapie war dann kein gemeinsamer Geschlechtsverkehr möglich gewesen. Herr G. wünschte sich nun eine für ihn und seine Frau befriedigende Sexualität. Es bestanden auch keinerlei Trennungswünsche.

Frau G. wurde 1935 als uneheliches Kind geboren. Ihren russischen Vater kannte sie nie, ihre Mutter heiratete ein Jahr nach ihrer Geburt den Stiefvater. Dann wurden noch drei Geschwister geboren (1939, 1941, 1943). Frau G. musste schon als Kind im Alter von fünf Jahren auf ihre jüngere Schwester aufpassen und sorgte später auch oft für Haushalt und Geschwister, da die Mutter häufig stundenlang weg war. Seitens des Stiefvaters musste Frau G. immer wieder sexuelle Gewalt erleben, er berührte sie schon als Fünfjährige abends im Bett am Genitale. Finanziell ging es der Familie nie gut, der Stiefvater verdiente als Kellner wenig Geld, die Mutter war nicht berufstätig. Ihre Mutter beschreibt Frau G. als ständig abwesend, nicht vertrauenswürdig, egoistisch und wenig liebevoll (es bestand auch der Verdacht auf Prostitution, aber Genaueres konnte nicht berichtet werden). Als Frau G. der Mutter von den sexuellen Übergriffen des Stiefvaters berichtete, glaubte ihr diese nicht und ging den Vorwürfen auch nicht weiter nach. Halt gab Frau G. lediglich die Großmutter mütterlicherseits, die aber ebenfalls zu den sexuellen Übergriffen schwieg.

Als Frau G. neun Jahre alt war, wurden die Kinder und die Mutter nach Tschechien evakuiert und kamen 1945 nach Kriegsende wieder nach L. zurück. Während dieser Zeit hatte die Mutter Affären mit verschiedenen Männern, wie das auch bereits vor der Evakuierung häufiger von Frau G. bemerkt worden war. Mit fünfzehn Jahren erst beendete Frau G. die Volksschule, eine Ausbildungsstätte fand sie nicht. Zu dieser Zeit wurde sie einmal auf einem Friedhof von einem maskierten

---

61 SKAT = »S̲chwellk̲örper-A̲uto-I̲njektions-T̲herapie«, bei der der Patient sich selbst eine Substanz in die Schwellkörper des Penis injiziert.

Mann vergewaltigt, dabei auch brutal geschlagen und lag zwei Wochen verletzt im Krankenhaus. Sie vermutet, dass der Stiefvater der Vergewaltiger war. Nachforschungen erfolgten nicht, die Mutter nahm die Tat nicht ernst. Anschließend wurde sie von ihrer Mutter und dem Stiefvater ohne ihre Zustimmung und unter dem Vorwand, dass sie dort mitarbeiten solle, in einem Kinderheim untergebracht. Nach einer Blinddarmentzündung wurde sie wieder nach Hause geschickt, wo ihr der Stiefvater erneut sexuelle Gewalt antat. Sie wurde dann in einer Pflegefamilie untergebracht, hatte Gelegenheitsjobs und lernte dann mit fast achtzehn Jahren ihren späteren Ehemann kennen. Sie verliebte sich in ihn, nach vierzehn Tagen fand der erste Geschlechtsverkehr statt. Frau G. empfand dazu keine Lust, hatte keinen Orgasmus, sie ließ einfach alles über sich ergehen, mochte es aber nicht. Danach lief sie, wie Herr G. schon berichtet hatte, verwirrt weg.

Nach zwei Jahren wurde sie schwanger und nach der anfänglich ablehnenden Haltung der Schwiegereltern heirateten Frau und Herr G. dann 1956. Ihre Kinder wurden 1958, 1965 und 1970 geboren. Das Verhältnis zu den Schwiegereltern blieb bis zum endgültigen Bruch äußerst angespannt, Kontakt zu ihrer Herkunftsfamilie bestand kaum. 1973 kam es dann zu dem schon von Herrn G. berichteten Nervenzusammenbruch. Nach einer stationären Therapie und dem Absetzen der Medikamente ging der Alltag unverändert weiter. Als Gründe für den Zusammenbruch wurden die starke Arbeitsbelastung durch Familie und Haushalt genannt, weitere Ursachen sind nicht erinnerlich.

Da sie in ihrer Ehe keine für sie befriedigende Sexualität erfuhr (Selbstbefriedigung wurde nicht ausgeübt), kam es zu der schon von Herrn G. geschilderten Affäre mit einem jungen Türken. In dieser rauschhaften Nacht hatte sie mehrfach Orgasmen. In der Folgezeit dachte sie häufig an dieses Erlebnis und vermisste diese Intensität. Aber auch bei ihrem Mann hatte sie jetzt viel öfter einen Orgasmus. Die lebensbedrohende Erkrankung ihres Mannes im Jahr 2000 und die Operation schweißte das Ehepaar wieder sehr eng zusammen. Dass postoperativ kein Geschlechtsverkehr mehr möglich sei, frustrierte Frau G. gerade nach der Erfahrung ihrer eigenen orgastischen Potenz sehr. Sie liebte aber ihren Mann und wünschte sich deshalb eine Sexualität, bei der auch Geschlechtsverkehr möglich sei. Sie fand sich selbst allerdings nicht mehr anziehend, zu alt, zu faltig und zu dick. Nur ganz wenig an ihrem Körper wie zum Beispiel ihr langes Haar gefiel ihr. Aber sie konnte jetzt erstmals mit ihrem Mann über ihre sexuellen Bedürfnisse sprechen.

Die *Paardynamik* dieses mit so großen Belastungen lebenden Paares ist komplex: Trotz der traumatischen Kriegs- und Nachkriegszeit wuchs Herr G. im Vergleich zu seiner Frau in weitgehend stabilen und tragfähigen Familienverhältnissen auf. Die Erfahrung von Zusammenhalt und Stabilität prägten dann auch das Verhältnis zu seiner Ehefrau. Diese wurde für ihn, als sie auf Nichtakzeptanz bei seiner Herkunftsfamilie stieß, zur neuen Familienheimat, für die er den Kontakt zu seinen Eltern vollständig abbrach. Die Ergebenheit seiner Frau gegenüber ging so weit, dass er sie angesichts seiner mangelnden Fähigkeit, ihr sexuelle Erfüllung zu schaffen, als Mittel zur Rettung der Beziehung geradezu in eine sexuelle Außenbeziehung drängte – freilich ein ambivalenter Vorgang, aber zumindest auch mit dem Aspekt, alles für sie hinzunehmen. Frau G. ihrerseits wuchs in durch Lieblosigkeit und Gewalt gekennzeichneten familiären Verhältnissen auf, deren prägende Erfahrungen die fortgesetzte sexuelle Gewalt durch den Stiefvater und eine Vergewaltigung im fünfzehnten Lebensjahr, gefolgt von einer Abschiebung in ein Kinderheim, sind. Die Beziehung zu Herrn G., der trotz der ablehnenden Haltung seiner Mutter bedingungslos zu ihr stand, eröffnete ihr eine neue heimatliche Lebensperspektive.

Die Partnerschaft von Herr und Frau G. war durch eine fast symbiotische Paarbeziehung bestimmt, die durch das weitgehende Fehlen außerfamiliärer Kontakte noch verstärkt wurde. Sexualität spielte in dieser Beziehung durchgängig eine zentrale, das Selbstverständnis von einer »gelingenden« Partnerschaft maßgeblich bestimmende Rolle. Fast fetischartig hingen die beiden am Gelingen oder Nichtgelingen sexueller Kontakte, manchmal den Eindruck erweckend, es gäbe sonst wenig Gemeinsames. In dieser Symbiose fühlte Herr G. sich verantwortlich und schuldig dafür, dass seine Frau nur selten sexuell befriedigt werden konnte. Seine tief empfundene Verantwortung für die sexuelle Erfüllung seiner Frau führte ihn sogar zu der Entscheidung, sich beschneiden zu lassen, um so eine Verbesserung seiner sexuellen »Leistungsfähigkeit« zu erreichen. Frau G. hingegen schien durch die Sexualisierung der Paarbeziehung ihre Trauer über den Mangel an Schutz und Fürsorge in ihrer Kindheit und die als Kind fortwährend erlittene sexuelle Gewalt abzuwehren. Gleichzeitig perpetuierte sie das in der Jugend erfahrene Muster, wonach Wertschätzung nur durch sexuelle Verfügbarkeit ohne Rücksicht auf die eigenen Bedürfnisse und Grenzen erreicht werden kann.

Dieses Beziehungsgefüge, das bei Herrn G. massive Schuld- und Versagensgefühle, bei Frau G. Trauer und depressive Episoden auslöste, wurde durch die Prostata-Operation einerseits und die zur OP in zeitlicher Nähe liegende, vom Mann zunächst sogar unterstützte sexuelle Außenbeziehung seiner Frau grundsätzlich infrage gestellt. Die mit der Operation einhergehende, jedoch nicht einfach organisch bedingte Erektionsstörung löste bei Herrn G. tiefe Angst vor dem Verlust seiner Frau aus. Im Gegensatz dazu konnte Frau G. in der Beziehung zu einem deutlich jüngeren Mann eine sexuelle Erfüllung erleben, die für sie in der Ehe bisher nicht erreichbar gewesen war. Ihre hierdurch gewonnene Fähigkeit zur deutlicheren Selbstabgrenzung (und Abgrenzung von Herrn G.) sowie zur Artikulation ihrer Bedürfnisse und generell zu mehr Autonomie traf ihren Mann in einer Situation, in der er das »neue« Verhalten seiner Frau als Bedrohung der Beziehungsstabilität erlebte. Darüber hinaus passte das veränderte Verhalten seiner Frau nicht mehr zum Bild einer verletzlichen, schutzbedürftigen Frau, das wiederum sein eigenes Partnerverständnis als für das Glück und die sexuelle Erfüllung seiner Frau Hauptverantwortlichen unterstützt hat.

Im *Therapieverlauf* nun meinten wir, zunächst die Aufhebung der streckenweise extremen Sexualisierung der Paarbeziehung zugunsten einer autonomen, »erwachseneren« Sexualität anstreben zu müssen (hier war das Koitusverbot in einem anderen, nicht Versagensängste mildernden Sinn »entlastend«). Im Round-table-Gespräch wurde insbesondere auf diese Umstände und den immensen Leistungs- und Leidensdruck im bisherigen Umgang des Paares mit sexueller Befriedigung hingewiesen. Die zuletzt ausschließliche Fixierung Herrn G.s auf die Wiedererlangung einer Erektion beziehungsweise Frau G.s auf das Erleben-Müssen von Orgasmen schaffte für beide eine ungeheure Stresssituation. Die mit der zweifachen

Lebenskrise (Karzinom-OP, Außenbeziehung von Frau G.) verbundene Infragestellung der bisherigen symbiotischen Partnerbeziehung wurde dem Paar im Verlauf der Therapie als Chance zur Entwicklung einer authentischeren, »reiferen« Sexualität nahegelegt. Hierbei hatten wir als Therapeutenpaar auch den Mut und die Energie des Paares, nach einer mehr als fünfundvierzigjährigen Ehe noch einmal einen Neuanfang der gemeinsamen Sexualität zu wagen, anerkennend hervorgehoben.

Bei den Partnerübungen äußerten Herr und Frau G. – ihrer Symptomatik gemäß – zunächst großes Bedauern, dass keine genitalen Berührungen »erlaubt« seien. Sie konnten sich dann aber nach und nach gut auf das Ganzkörperstreicheln mit Auslassung der Genitalien einlassen und begannen es auch als wohltuend zu genießen. Sie fühlten sich dabei gegenseitig behütet und angenommen. Besonders Herr G. wirkte durch das Koitus-Verbot entlastet, beide entdeckten ganz neue Möglichkeiten, dem Partner nahe zu sein. Eher selten gelang es anfangs, sich abzugrenzen und eigene Wünsche oder Abneigungen zu artikulieren. Beide blieben lieber in der passiven Rolle, genossen die Berührungen, die sie an das Streicheln ihrer Eltern bzw. Großeltern in der Kindheit erinnerten.

Mit fortschreitenden Streichelübungen in der Paartherapie wurden beide noch entspannter. Noch recht selten kam allerdings das Bedürfnis nach Abgrenzung und Autonomie auf, was durch Aktivitäten ohne den anderen (es war kaum möglich, dass einer einen Spaziergang oder Einkauf alleine unternahm!), wozu wir ermutigten, verwirklicht wurde. Jede solche Abgrenzung führte immer noch zu Beunruhigung und Angst bei beiden Partnern. Nur langsam ließ bei beiden die symbiotische Fixierung aufeinander und auch die Fixierung auf eine sexuelle Erregung nach. Herr G. hatte immer noch Schwierigkeiten, seiner Frau nicht pausenlos Gutes tun zu wollen. Gleichzeitig genoss er das Gestreichelt-Werden, ohne es wie zuletzt vor 45 Jahren als »unmännlich« abzulehnen. Und langsam, aber sicher tauchte bei beiden die Frage auf, warum sie eigentlich bisher ständig gemeint hatten, unbedingt Geschlechtsverkehr haben zu müssen, um zufrieden zu sein. Frau G. äußerte schließlich, dass dies wohl aufgrund ihrer gegenseitig auf Halt bedachten Beziehung so gewesen sei: »Wir haben uns wie verlorene Kinder ohne jeden Halt gefühlt und konnten nur durch unsere enge Beziehung überleben«, sprach sie selbst diese Sexualisierung von Nähe an.

Bei der Einzelübung zur Körperselbsterfahrung hatte Frau G. zunächst große Probleme, sich selbst nackt anzusehen. Sie versuchte, sich zumindest noch teilweise mit Kleidungsstücken zu bedecken, weil sie sich hässlich fand, schaffte es aber dann, sich auch vollständig entkleidet zu beobachten. Sie fand sich unattraktiv, alt und dick. Mit jeder Übung fiel ihr das Ansehen des Körpers aber leichter.[62] Sie veränderte sich äußerlich ebenso wie stimmungsmäßig, trug nun wieder Röcke, änderte ihre Frisur, versteckte ihren Körper nicht mehr unter mehreren Kleidungsschichten. Sie haderte zwar immer noch mit ihrem Alter, war traurig und auch wütend auf ihren Mann, der sie immerzu schön zu finden behauptete. Herr G.

---

62 In diesem Prozess der Akzeptanz eines Körpers, dessen Dimensionen sozusagen etwas aus den Fugen geraten sind, war nicht zuletzt auch die Identifikation mit der Co-Therapeutin wichtig, die – selbst etwas »pummelig« – der Patientin eine fröhlich gelassene Selbstakzeptanz spiegelte.

konnte seinen Körper mit Ausnahme seines im schlaffen Zustand durch die Harnröhrenverkürzung verkleinerten Penis eigentlich gut annehmen.

Durch verschiedene Zusatzübungen wie Eincremen mit wohlriechenden Substanzen u. a. wurde im Verlauf der Therapie Frau G.s Haltung dem Körper gegenüber zusehends wohlwollender. Dadurch wurde sie auch deutlich entspannter, was dazu führte, dass Herr G. sich nicht mehr so verantwortlich für ihr Wohlergehen fühlen musste. Ihre sexuellen Ansprüche wurden durch Reduzierung der Sexualisierungsneigung geringer. Die borniert Fixierung beider auf den Geschlechtsverkehr ließ sie beim erkundenden Streicheln ganz neue erogene Zonen und Möglichkeiten entdecken. Allerdings entwickelte Herr G. nun aufgrund seines veränderten Glieds erneut Ängste, seiner Frau nicht genügen zu können. Frau G. besänftigte seine Ängste aber einfühlsam. Bei der körperlichen Selbsterfahrung wurde nun das stimulierende Streicheln aufgegeben, und auch da hatte Herr G. Probleme, sich selbst zu erregen, also etwas für sich zu tun. Er wirkte verletzlich und gekränkt.

Bei der Partnerübung zum stimulierenden Streicheln fand das Paar nach ersten Problemen mit der empfohlenen Position (aufgrund von Rückenbeschwerden) eine selbstgewählte alternative Position, in der die Erregung als angenehm erlebt wurde und bei Herrn G. eine Erektion auftrat. Beide waren beim genitalen Streicheln nahe am Orgasmus, konnten aber – wie empfohlen – die Erregung wieder abklingen lassen und empfanden dies auch nicht mehr wie noch wenige Tage vorher als schade. Herr G. zeigte seiner Frau auch, wie er am liebsten gestreichelt würde, die Fixierung auf die genitale Stimulierung und Befriedigung verlor aber spürbar an Bedeutung. Beide genossen zwar die Erregung, freuten sich aber auch auf das »Ausstreicheln«, also auf die Berührungen am Rücken, ohne einen Orgasmus zu erleben. Bei der Orgasmusfreigabe dann kam Frau G. problemlos schon durch orale Stimulation zum Orgasmus. Als sie dann ihren Mann streichelte, bestand eine sehr schwache Erektion. Herr G. war extrem angespannt, schließlich auch verzweifelt und weinerlich. Nach einer Pause, in der Frau G. ihn tröstete, hockte sie sich zwischen seine Beine und stimulierte mit ihrem Oberkörper sein Genitale, wodurch er »explosionsartig« zum Orgasmus kam. Frau G. berichtete auch von einer vollständigen Erektion, Herr G. allerdings wollte davon nichts gesehen haben. Insgesamt gab das Paar dann an, nicht mehr so viel Sex haben zu können und zu wollen.

Es folgte nun noch eine Phase der Therapie, in der das Paar sich den Übungsanweisungen der Therapeuten widersetzte und zunehmend autonom wirken wollte. So hatte das Paar einmal gar keine der empfohlenen Übungen vollständig ausgeführt. Sie gaben an, dass abends keine und morgens zu wenig Zeit gewesen wäre, und außerdem habe im Bett nichts richtig funktioniert. Wir waren angesichts dieser eher abweisenden Haltung etwas irritiert, vertrauten aber dem Setting und der Erfahrung, dass eine Ablösung vom Therapeutenpaar, die sich in diesen Haltungen spiegelt, gegen Ende der Therapie sinnvoll und notwendig ist. Schließlich ging es vor der letzten Therapiesitzung auch um den Versuch des Geschlechtsverkehrs. Bei der entsprechenden Übung zum »Einführen« streichelte Frau G. das Glied des Partners, auf ihm sitzend, mit ihrem Schoß und wie »zufällig«, ohne dass Herr G. wusste, wie ihm geschah, »schlupfte« das ausreichend erigierte Glied in die

Scheide. Die beiden ließen die Erregung dann mehrmals an- und abklingen, was auch gelang, und beendeten dann den Geschlechtsverkehr – man glaubt es kaum – ohne Orgasmus! Auch Frau G. mochte keinen Orgasmus, als Herr G. sie dann noch manuell befriedigen wollte.

Im Abschlussgespräch zeigten sich beide Partner froh darüber, eine neue und entspanntere Form des sexuellen Kontaktes und der Kommunikation miteinander gefunden zu haben. Frau G. hatte eine merklich verbesserte Körperakzeptanz erlangt und war insgesamt selbstbewusster geworden. Herr G. konnte eigene Bedürfnisse besser wahrnehmen und artikulieren; er konnte auch seine »Beschädigtheit« durch die Operation besser annehmen, schraubte seine Leistungsansprüche herunter und hatte neue Möglichkeiten kennengelernt, seiner Frau nahe zu sein. Beide konnten sich von der genitalen Fixierung lösen, was vor allem auch zu einer Entlastung hinsichtlich der Versagensangst von Herrn G. führte. Und sie konnten ihre Sexualität neu, nicht mehr andauernd drängend, aber die selteneren Male dafür durchaus intensiv erleben. Eine E-Mail aus dem direkt nach der Therapie angetretenen Urlaub vermeldete schlicht:

> »Hallo Herr Aigner, die Therapie war sehr erfolgreich!!!!!!
> Sonntagabend und Montagmorgen nach vorgegebener Übung haben wir einen SUPER GV gehabt.
> Viele Grüße und herzlichen Dank« – Frau und Herr G.
> (E-Mail v. 12. 8. 2003; Namen durch anonymisierte Bezeichnungen ersetzt)

Resümee: Dieser Fall, der mir nach Zuweisung etwas »Bauchweh« und in den ersten Therapietagen zugegebenermaßen auch schlaflose Nächte bereitet hatte, war in seiner Vielfalt und Komplexität für mich und meine Kollegin sowie unsere Supervisionsgruppe ebenso anstrengend wie lehrreich. Anstrengend wegen der schwerwiegenden Belastungen, die beide Protagonisten aufwiesen, und die eigentlich schnell den Ruf nach einer Einzeltherapie laut werden lassen könnten: Vergewaltigung und sexueller Missbrauch, seelische Verwahrlosung durch Mutter und/oder Vater, »Nervenzusammenbrüche«, »Trennung« von der Mutter auf Nimmerwiedersehen und schon bei Lebzeiten[63] usw. – alles massive traumatische Bedingungen des Aufwachsens und Paar-Werdens. Und dennoch zeigt diese Fallgeschichte trotz des notwendigerweise nur kursorischen Überblicks über das Therapiegeschehen, dass nicht nur das Symptom betreffend, sondern – weil ja nach dem hier vorgestellten Blick auf Sexualität alles miteinander zusammenhängt – auch andere psychosoziale Probleme der beiden Beteiligten in erstaunlicher Weise mit bearbeitet werden konnten – und das wohlgemerkt in nur 18 Sitzungen!

- Im Bereich der *Psychodynamik* des Symptoms treffen wir auf einen Patienten, dessen Prostata-Operation nicht nur seine Identität als phallisch potenter Mann infrage stellte, sondern auch seine die Mutter ersetzende Partnerbeziehung, die ihm als einzige Heimat diente und für deren vermeintlich wichtigste Bedingung er zufriedenstellenden Sex hielt. Die darin sexualisierten und abgewehrten Gefühle ließen ihn fast etwas hündisch unterworfen an seiner Partnerin hängen

---

[63] Herr G. wusste z. B., was schon die unglaubliche »Radikalität« dieser »Trennung« von der Mutter darstellt, nicht einmal, wo sie begraben ist.

und eine Höllenangst entwickeln, als durch die OP die »Partnerschaftsbedingung Sex« infrage gestellt wurde. Die Biografie Frau G.s wiederum zeigt eine ganze Reihe massiver Traumatisierungen auf, die sie – so gut es ging – in der symbiotischen Partnerschaft mit ihrem Mann und in einer unabgegrenzten Beziehung zu ihren Kindern als schützende Heimat »aufzuheben« versuchte. Die Fixierung auf den sexuellen Austausch, die durch die Potenzprobleme Herrn G.s aufgebrochen wurde, verunsicherte auch sie extrem und ließ sie zu allerhand Abhilfen (z. B. diese Geschichte mit dem jungen Türken, aber letztendlich auch die Paartherapie) greifen. Diese Nöte beider Beteiligten machten auch die hohe Therapiemotivation aus.

- Im Bereich der *Paardynamik* dominiert die symbiotische Fixierung aufeinander – nicht nur »in sexualibus«: Speziell für Herrn G. war es wie gesagt kaum möglich, auch nur irgendetwas (z. B. Einkaufen) alleine zu unternehmen. Die beiden hingen wirklich wie siamesische Zwillinge aneinander, besonders er an ihr. Mit seinem ständigen Bemühen um guten Sex schützte er seine Frau ebenso vor dem Gewahrwerden von Getrenntheit, wie sie gleichzeitig von seinen ja lange vor der Operation bestehenden Unsicherheiten (vorzeitiger Samenerguss[64]) auch profitierten, ihre eigene sexuelle Unzufriedenheit abwehren und sich als dominanter Teil des Paars fühlen konnte (z. B. die Anordnung zur Beschneidung).
- Dass auch *Lern- und Informationsdefizite* eine Rolle spielen, wird vor allem auf der Ebene der Vorstellungen über guten und ausreichend häufigen Sex deutlich: So hatte Herr G. zur Aufrechterhaltung seiner Potenz/Lust ein ganzes Arsenal an Reizsteigerungs-Utensilien (Wäsche etc.) gekauft, um sich in Schuss zu halten, obwohl Frau G. das nur mit gemischten Gefühlen sah und anziehen wollte. Er hatte offenbar keine Vorstellung davon, dass mit dem Alter auch die Häufigkeit der sexuellen Begegnungen zurückgehen »darf«, ohne dass die Beziehung gefährdet ist. Übrigens hatte das Paar nach etwa zwei Wochen der massierten Paartherapie bereits an die 100 (!) solcher Artikel über das Internetportal »Ebay« weiter verkauft.
- Die verhängnisvolle Wirkung des *Symptomverstärkungsmechanismus* beim Symptomträger geht allein schon aus den akribischen Aufzeichnungen Herrn G.s hervor, mit denen er seine Erektionen meinte »vermessen« und exakt darüber Tagebuch führen zu müssen. Man kann sich vorstellen, wie »spontan« dann die Initiative zu einem noch dazu recht genitalfixierten Sex ablief.

Der dargestellte Fall belegt nicht nur die in diesem Buch dargestellten vielfältigen Zusammenhänge und die Abhängigkeit von sexuellem Verhalten von »nichtsexuellen« Ereignissen, er macht auch deutlich, wie selbst schwere psychische Beeinträchtigungen kein Hinderungsgrund sein müssen, eine solche Fokaltherapie

---

64 Bei Ejacualtio-praecox-Patienten findet sich aus psychoanalytischer Sicht oft die Problematik einer mächtigen, sehr ambivalent besetzten Mutter, die durch den Erguss »ante portas«, wie die Mediziner das nennen – also vor dem Eindringen oder kurz danach –, quasi nicht gefürchtet (Eindringen) oder auch »besudelt« und damit abgewertet werden kann. Bei Herrn G. dürfte angesichts seiner problematischen und durchaus ambivalenten Mutterbeziehung eine solche oder ähnliche Thematik vorgelegen haben.

mit gutem Erfolg durchzuführen. Es ist wohl das »Syndiastische« (Beier und Loewit 2004), die Zusammenschau von Sexualität mit anderen biopsychosozialen Problemkonstellationen, die dies möglich macht. Und nicht zuletzt zeigt diese Fallgeschichte auch auf, dass Vorsicht geboten ist, das Alter zu schnell abzuschreiben, wenn es um Sexualität und sexuelles Glück geht.

13   Ausblick: Liebeshungersnot – Anerkennungsnot!

Wenn ich auf die vielen Jahre fachlicher Befassung mit dem Thema Sexualität und Sexualstörungen und gut 20 Jahre praktischer Beratungs- und therapeutischer Tätigkeit zurückblicke, dann kommt mir der große österreichische Psychiater und Adlerianer Erwin Ringel (1921–1994) in den Sinn. Ringel, der eigentlich schon in den 1950er Jahren mit seiner Forschung zum »präsuizidalen Syndrom« (Ringel 1953) weltbekannt geworden ist, hat sich später wie kaum ein anderer österreichischer »Seelenarzt« mit den sozialen und ökonomischen Verhältnissen und ihrer Wirkung auf die seelische Entwicklung und das seelische Wohlergehen der Menschen beschäftigt. In diesem Zusammenhang sprach er gerne davon, dass wir aufgrund der uns umgebenden Verhältnisse und des gesellschaftlichen Getriebes an einer *Liebeshungersnot* litten (Ringel 1984). Die moderne Gesellschaft erlaube es durch ihre Entgrenzungserscheinungen, ihre gnadenlose Verwertung und Funktionalisierung von allem zum Zweck der Profitmaximierung und im Namen eines fragwürdigen Fortschritts nicht mehr, dass die Menschen ausreichend Liebe bekämen, sodass sie sich gedeihlich entwickeln können.

Nun läge eine ähnliche Assoziation im Zusammenhang mit Partnerschafts- und Sexualitätsproblemen natürlich nahe. Dennoch möchte ich hierfür den Ringel'schen Begriff durch einen ähnlichen, aber anderen, den der *Anerkennungsnot* ersetzen. Damit beziehe ich mich auf die Anerkennungstheorie des unweit der verdienstvollen Frankfurter Sexualforscher tätigen Axel Honneth (Institut für Sozialforschung), der diesen Begriff für verschiedene Sphären, u. a. auch für die Liebe, zu einem gesellschaftsanalytischen und kritischen Paradigma geschärft hat (Honneth 1994). Honneth beschäftigt sich dabei mit der Kränkung, der Beleidigung und der Erniedrigung durch gesellschaftliche Verhältnisse – also nicht (nur) schuldhaft durch das Versagen von Individuen bedingt. Jedenfalls würde dem Einzelnen dadurch die für positive Entwicklung notwendige Anerkennung vorenthalten. Diese gesellschaftlichen Mechanismen bedingen sozusagen kontinuierlich eine systematisch versagte Anerkennung, die letztlich direkt oder indirekt die menschliche Würde verletzt.

In Bezug auf die Liebe ist mit »Anerkennung« aber keine romantisch verklärte Liebenswürdigkeit gemeint, sondern »ein besonderes Verhältnis der wechselseitigen Anerkennung. [...] Unter Liebesverhältnissen sollen hier alle Primärbeziehungen verstanden werden, soweit sie nach dem Muster von erotischen Zweierbeziehungen, Freundschaften und Eltern-Kind-Beziehungen aus starken Gefühlsbindungen zwischen wenigen Personen bestehen« (Honneth 1994, S. 169). Es handelt sich also um eine *reziproke Anerkennung,* die den *elementaren anerkennungswerten Bedürfnissen* Befriedigung verschaffen soll und dabei untrennbar auf andere und deren Zuwendung angewiesen ist (vgl. ebd., S. 153). Anerkennung gilt hier als *fürsorgende Identifizierung mit dem geliebten Objekt*. Dies ist sozusagen die »Grundschicht« einer emotionalen Sicherheit, die neben der erfahrenen Anerkennung auch die Äußerung eigener Bedürfnisse und Empfindungen erlaubt, was schließlich »die psychische Voraussetzung für die Entwicklung aller weiteren Einstellungen der Selbstachtung« bildet (ebd., S. 172). Eine Störung dieser Dialektik, die erst die Fähigkeit des »*Beisichselbstsein im Anderen*« hervorbringe (ebd., S. 170), hat natürlich pathologische Folgen für die Betroffenen.

Honneths Analyse von Anerkennung und Anerkennungsprozessen als Schlüssel für soziale Pathologien lässt sich auch auf das Leiden an Sinnlichkeit und Sexualität anwenden. In diesem Zusammenhang erinnere ich an das berühmte Zitat Freuds aus seiner imposanten Schrift »Das Unbehagen in der Kultur«:

> »Niemals sind wir ungeschützter gegen das Leiden, als wenn wir lieben, niemals hilfloser unglücklich, als wenn wir das geliebte Objekt oder seine Liebe verloren haben.« (1930, S. 214)

Es verweist uns auch darauf, wie sehr Zuneigung und Liebe der wichtigen (in diesem Fall des primären Objekts) Bezugspersonen uns von klein auf trägt oder fallen lässt. Diese frühen Erfahrungen werden prägend und entscheidend für das spätere Leben sein und vor allem: Wir neigen dazu, sie zu wiederholen. Wenn Freud an anderer Stelle schreibt, dass die »Objektfindung [...] eigentlich eine Wiederfindung« ist (Freud 1905, S. 126), dann wird die Bedeutung der frühen Beziehungen ebenso wie deren Wiederholung in späteren intimen und engen Partnerbeziehungen deutlich. Diese primäre Beziehung soll schließlich »die Objektwahl vorbereiten, das verlorene Glück also wiederherstellen« helfen (ebd.). Insofern können wir von einem Kontinuum anhaltender, zärtlich zugewandter, pflegender, auch erregender Erfahrung aus den dominanten Beziehungen im Verlauf der Entwicklung des Menschenkinds ausgehen – oder aber auch von deren Misslingen.

Die Mehrheit der Hilfesuchenden, die ich zu Gesicht bekommen habe, litt in ihrem Aufwachsen unter einer eminenten, anhaltenden *Anerkennungsnot*: Alle, wirklich alle mir bekannten Fälle (man sehe nur die zwei in diesem Buch ausführlich berichteten an) hatten in ihrer Kindheit und – sich wiederholend – in ihrer späteren Entwicklung unter einem mehr oder weniger massiven Mangel an Anerkennung als sinnliche, fühlende Menschenkinder zu leiden; nicht primär unter einer obskuren Sexualerziehung (oder – wie in vielen Fällen – eben gar keiner) mit oder ohne Sündendrohungen, nein: unter mehr oder weniger starken, demütigenden Anerkennungsmängeln, die den Betroffenen niemals so wirklich das Gefühl »Schön, dass Du da bist!« gaben oder die sie in gesellschaftlichen Strukturen und sozialen Milieus gefangen hielten, denen mangelnde Anerkennung sozusagen immanent ist. Ihr Hauptproblem war damit, in irgendeiner Weise gedemütigt, beschämt und nicht oder viel zu wenig in ihrem So-Sein, in ihrem Einfach-da-Sein anerkannt worden, freudig begrüßt und begleitet worden zu sein.

Diese Selbstverständlichkeit des Angenommen-Seins, die ja auch die körperliche und somit sinnliche Nähe und Akzeptanz abseits bestimmter Schönheitsvorstellungen einschließt, ist wahrscheinlich die fundamentalste und beste »Sexualerziehung«, die es gibt. In dieser Hinsicht haben alle meine Patientinnen und Patienten massive Defizite und massive Not erlitten. Wem es aber diesbezüglich gut ergangen ist, der kann sich dann auch leichter jemandem in einer Weise anvertrauen, die das »Gefährliche«, das dem Triebhaften und dem Sich-Ausliefern immer auch anhaftet, die Hingabe, das Zerfließen- und Zerschmelzen-Können, wozu es einer sicheren Basis bedarf, in einem ausreichend guten, vertrauten Körper lustvoll erlebbar werden lässt.

Wir sollten deshalb Augen und Ohren offen halten dafür, was an sexuellen Nöten nicht nur individuell-psychologisch zu verstehen ist, sondern auch als Produkt des gemeinen gesellschaftlichen Elends, das uns in der noblen, lässigen Verkleidung einer fortgeschrittenen kapitalistischen, (neo-)liberalen Konsumgesellschaft, in der angeblich »alles« zu haben ist, entgegentritt. Dann erst werden wir im Einzelfall verstehen können, an welcher Stelle seiner Biografie das leidende Individuum der Chance oder Möglichkeit verlustig ging, inmitten und trotz der gesellschaftlichen Indienstnahme der Sexualität als liebendes, begehrendes Subjekt und geliebtes, begehrtes Objekt ausreichend Anerkennung zu erhalten und zu geben. Liebe und Sexualität sind so gesehen ein Schrei nach Anerkennung in aktive wie passive Richtung. Wo Menschen davon zu wenig bekommen, dort ist nicht gut leben und dort wird sich auch die Sexualität nur kümmerlich entfalten können.

Literaturverzeichnis

Aigner J.-C. (1989). Psychosexualität und Gesellschaft. In: Auer K. H., Frantsits A. (Hrsg.). Sexualität zwischen Verdrängung und Befreiung. Wien: Österreichischer Bundesverlag, S. 115–140.
Aigner J.-C. (1994). Ohne Liebe kein Leben. Zum Tod Ernest Bornemans. In: WERKBLATT. Zeitschrift für Psychoanalyse und Gesellschaftskritik Nr. 33, S. 7–13.
Aigner J.-C. (1996). Auf den Leib geschrieben. Körper und Biographie in Paartherapie und Psychoanalyse. In: Psychologie in der Medizin, 7.Jg., Nr. 3, S. 15–19.
Aigner J.-C. (2002). Der ferne Vater. Zur Psychoanalyse von Vatererfahrung, männlicher Entwicklung und negativem Ödipuskomplex. Gießen: Psychosozial.
Aigner J.-C. (2005). Provokation Sexualität. In: Dannecker M., Katzenbach A. (Hrsg.). 100 Jahre »Drei Abhandlungen zur Sexualtheorie« Aktualität und Anspruch. Gießen: Psychosozial, S. 11–15.
Aigner J.-C. (2008). Postmoderne Sexualitäten – Entwicklungen und Verwicklungen. In: Imagination 30. Jg., Heft 1, S. 65–79.
Aigner J.-C. (2008 b). Und wie die Alten sungen …? Kritische Anmerkungen zum Diskurs über die Sexualität alter Menschen. In: Eugster R., Wohler M. (Hrsg.). Neues Altern. Fachhochschule St.Gallen: Books on Demand, S. 4–15.
Aigner J.-C. (2010). Sexualität in den Humanwissenschaften – war da nicht was?? Defizite in Studium und Ausbildung und die Folgen. Vortrag zum 30. Jahrestag der Österreichischen Gesellschaft für Sexualforschung (ÖGS) in Wien am 3. 12. 2010. Unveröffentlichtes Vortragsmanuskript.
Aigner J.-C., Rohrmann T. (Hrsg.) (2012). Elementar – Männer in der pädagogischen Arbeit mit Kindern. Leverkusen – Opladen: Budrich.
Anders G. (1986). Die Antiquiertheit des Menschen. Bd. 2. München: C.H.Beck.
Anzieu D. (1991). Das Haut-Ich. Frankfurt a.M.: Suhrkamp.
Aristoteles (2001). Nikomachische Ethik. Stuttgart: Reclam.
Auer K.H., Frantsits A. (Hrsg.) (1989). Sexualität zwischen Verdrängung und Befreiung. Wien: Österreichischer Bundesverlag.
Balluseck C. (2010). Körperlichkeit und Sinnlichkeit in der Pädagogik (1). In: http://www.erzieherin.de/koerperlichkeit-und-sinnlichkeit-in-der-paedagogik.php.
Bamler V. (2008). Sexualität im weiblichen Lebenslauf. Weinheim und Basel: Juventa.
Baudrillard J. (1997). Interview mit Jean Baudrillard. In: Die Zeit 21, 23. 5. 1997.
Baumann Z. (1998). Über den postmodernen Gebrauch der Sexualität. In: Zeitschrift für Sexualforschung, 11.Jg., Heft 1, S. 1–16.
Beck-Gernsheim E. (1994). Auf dem Weg in die postfamiliale Familie. Von der Notgemeinschaft zur Wahlverwandtschaft. In: Aus Politik und Zeitgeschichte, 44 Jg., Heft 29/30, S. 3–14.
Beier K.M., Loewit K. (2004). Lust in Beziehung. Einführung in die Syndiastische Sexualtherapie. Berlin, Heidelberg: Springer.
Beier K.M., Loewit K. (2011). Praxisleitfaden Sexualmedizin. Von der Theorie zur Therapie. Berlin, Heidelberg: Springer.
Berberich H., Brähler E. (Hrsg.) (2001). Sexualität und Partnerschaft in der zweiten Lebenshälfte. Gießen: Psychosozial.
Berkel I. (Hrsg.) (2009). Postsexualität. Zur Transformation des Begehrens. Gießen: Psychosozial.

Berner W. (2000). Masochismus. Paraphilie. Perversion. Sadismus. Sadomasochismus. In: Mertens W., Waldvogel B. (Hrsg.). Handbuch psychoanalytischer Grundbegriffe. Stuttgart: Kohlhammer, S. 439–449.
Berner W. (2005). Von der Perversion zur Paraphilie. In: Quindeau I., Sigusch V. (Hrsg.). Freud und das Sexuelle. Frankfurt a.M.: Campus, S. 153–181.
Berner W. (2011). Perversion. Gießen: Psychosozial.
Bloch I. (1907). Das Sexualleben unserer Zeit in seinen Beziehungen zur modernen Kultur. Berlin: Marcus.
Böhnisch L. (2012). Sozialpädagogik der Lebensalter. Eine Einführung. 6. überarbeitete Auflage. Weinheim, Basel: Beltz-Juventa.
Bönt R. (2012). Das entehrte Geschlecht. Ein notwendiges Manifest für den Mann. München: Pantheon.
Borkenhagen A. (2011). Intimmodifikation bei Jugendlichen. In: BZgA-Forum 3/2011, (»Intimität«), Frankfurt a. M.: Bundeszentrale für gesundheitliche Aufklärung, S. 20–23.
Borkenhagen A., Brähler E. (Hrsg.) (2010). Intimmodifikationen. Spielarten und ihre psychosozialen Bedeutungen. Gießen: Psychosozial.
Borneman E. (1977). Die Urszene. Eine Selbstanalyse. Frankfurt a.M.: S. Fischer.
Borneman E. (1985). Das Geschlechtsleben des Kindes. Wien: Urban & Schwarzenberg.
Borneman E. (1998). Sexuelle Marktwirtschaft. Frankfurt a.M.: Fischer.
Brumlik M. (2012). Wie ein Kugelblitz? Das Rätsel der kindlichen Sexualität. In: Quideau I., Brumlik M. (Hrsg.) (2012). a.a.O., S. 13–23.
Bucher T., Hornung R., Gutzwiller F., Buddeberg, C. (2001). Sexualität in der zweiten Lebenshälfte. In: Berberich H. und Brähler E. (Hrsg.). Sexualität und Partnerschaft in der zweiten Lebenshälfte. Gießen: Psychosozial, S. 31–59.
Bundesministerium für Familie, Senioren, Frauen und Jugend (2006). Familie zwischen Flexibilität Perspektiven für eine lebenslaufbezogene Familienpolitik. Siebter Familienbericht.
Bundeszentrale für gesundheitliche Aufklärung (BzgA, 2006). Jugendsexualität 2006. Köln.
Bundeszentrale für gesundheitliche Aufklärung (BzgA, 2010). Jugendsexualität heute. Köln.
Bundeszentrale für Gesundheitliche Aufklärung (BzgA, 2011). Standards für die Sexualaufklärung in Europa. WHO-Regionalbüro für Europa und BzgA. Köln.
Butler J. (1990). Das Unbehagen der Geschlechter. Frankfurt a.M.: Suhrkamp.
Clement U. (2001): Systemische Sexualtherapie. In: Zeitschrift für Sexualforschung, 14. Jg., S. 95–112.
Clement U. (2004). Systemische Sexualtherapie. Stuttgart: Klett-Cotta.
Dekker A., von Stritzky J. (2004). Pluralisierung des Beziehungsverhaltens. In: Verhaltenstherapie und Psychosoziale Praxis. 36. Jg., Heft 3, S. 473–489.
Deutsch H. (1965). Neuroses and character types. Clinical psychoanalytical Studies. New York: International Universities Press.
Deutsche Shell (2010). 16. Shell Jugendstudie »Jugend und Politik«. Frankfurt a. M.: Fischer.
Diercks C., Schlüter S. (Hrsg.) (2012). Sigmund-Freud-Vorlesungen 2011: Triebschicksale. Wien: Mandelbaum.
Döring N. (2011). Pornografie-Kompetenz. Definition und Förderung. In: Zeitschrift für Sexualforschung, 24.Jg., Heft 3, S. 228–255.
Dörre K. (2012). Prekäre Männlichkeiten: Alles ganz anders? In: Prömper H., Jansen M. M., Ruffing A. (Hrsg.). Männer unter Druck. Ein Themenbuch. Opladen, Berlin & Toronto: Budrich, S. 147–163.
DSM-IV – Diagnostisches und statistisches Manual psychischer Störungen (2003). Dtsch. Bearbeitung von Saß H., Wittchen H.-U., Zaudig M.. Göttingen: Hogrefe.
Egle U. T., Hoffmann S.O., Steffens M. (1997). Psychosoziale Risiko- und Schutzfaktoren in Kindheit und Jugend als Prädisposition für psychische Störungen im Erwachsenenalter. In: Der Nervenarzt, 68. Jg., S. 683–695.
Elias N. (1979). Über den Prozess der Zivilisation 2 Bd. Frankfurt a.M.: Suhrkamp.
Erdheim M. (1982). Die gesellschaftliche Produktion von Unbewusstheit. Eine Einführung in den ethnopsychoanalytischen Prozess. Frankfurt a.M.: Suhrkamp.
Erikson E.H. (1971). Kindheit und Gesellschaft. Stuttgart: Klett.

Erikson E. H. (1973). Identität und Lebenszyklus. Frankfurt a. M.: Suhrkamp.
Fallend K. und Nitzschke B. (Hrsg.) (1997). Der Fall Wilhelm Reich. Frankfurt a. M.: Suhrkamp.
Fast I. (1996). Von der Einheit zur Differenz. Psychoanalyse der Geschlechtsidentität. Frankfurt a. M.: Fischer.
Fiedler P. (2010). Sexualität. Stuttgart: Reclam.
Flaßpöhler S. (2011). Wir Genussarbeiter. Über Freiheit und Zwang in der Leistungsgesellschaft. München: Deutsche Verlagsanstalt DVA.
Fonagy P. (2012). Eine genuin entwicklungspsychologische Theorie sexuellen Lustempfindens und deren Implikationen für die psychoanalytische Technik. In: Analytische Kinder- und Jugendlichen-Psychotherapie, 42. Jg., Heft 152, S. 469–497.
Foucault M. (1977). Sexualität und Wahrheit Bd. 1 »Der Wille zum Wissen«. Frankfurt a. M.: Suhrkamp.
Freud S., Breuer J. (1896). Studien über Hysterie. Frankfurt a. M.: Fischer, 1983.
Freud S. (1900). Die Traumdeutung. In: Stud.Ausg. Bd. II, Frankfurt a. M.: Fischer, 1972, S. 21–588.
Freud S. (1905). Drei Abhandlungen zur Sexualtheorie. In: Stud.Ausg. Bd. V. Frankfurt a. M.: Fischer, 1972, S. 37–145.
Freud S. (1910). Über ›wilde‹ Psychoanalyse. In: Stud.Ausg. Erg.Bd. Frankfurt a. M.: Fischer 1975, S. 133–141.
Freud S. (1917). Über Triebumsetzungen, insbesondere der Analerotik. In: Stud.Ausg. Bd. VII. Frankfurt a. M. 1973, S. 123–131.
Freud S. (1923). Das Ich und das Es. In: Stud.Ausg. Bd. III. Frankfurt a. M.: Fischer 1975, S. 273–330.
Freud S. (1925): Selbstdarstellung. Frankfurt a. M. (Fischer Taschenbuchverlag) 1981.
Freud S. (1927). Fetischismus. In: Stud.Ausg. Bd. 3. Frankfurt a. M.: S. Fischer 1975, S. 379–388.
Freud S. (1930). Das Unbehagen in der Kultur. In: Stud.Ausg. Bd. IX, Frankfurt a. M.: S. Fischer 1974, S. 191–270.
Friday N. (1981). Die sexuellen Phantasien der Frauen. Reinbek b. Hamburg: Rowohlt.
Fromm E. (1960 [1955]). Der moderne Mensch und seine Zukunft. Eine sozialpsychologische Untersuchung. Frankfurt a. M.: Europäische Verlagsanstalt.
Gagnon J., Simon W. S. (1973). Sexual Conduct: The Social Sources of Human Sexuality. Chicago: Aldine.
Galimberti U. (2006). Liebe: Eine Gebrauchsanweisung. München: Beck.
Gambaroff M. (1987). Sag mir, wie sehr liebst Du mich? Frauen über Männer. Reinbek b. Hamburg: Rowohlt.
Giddens A. (1993). Wandel der Intimität. Sexualität, Liebe und Erotik in modernen Gesellschaften. Frankfurt a. M.: Fischer.
Glaser H. (1985). Der sadistische Staat. Sozialpathologische Aspekte der modernen Gesellschaft. Frankfurt a. M.: Fischer.
Grimm G., Ortner S. (2012). Zur Professionalisierung der sexuellen Bildung in Österreich. Unveröffentl. Diplomarbeit. Universität Innsbruck.
Guillebaud J.-C. (1999). Die Tyrannei der Lust: Sexualität und Gesellschaft: München: Luchterhand Literaturverlag.
Haarmann C. (2011). Die große Offenheit seit der »sexuellen Revolution« – nur ein Mythos? Die Scham ist nicht vorbei. In: BZgA-Forum 3/2011, (»Intimität«). Frankfurt a. M.: Bundeszentrale für gesundheitliche Aufklärung, S. 12–16.
Haubl R. (2012): Wenn starke Männer schwach werden. In: Prömper H., Jansen M. M., Ruffing A. (Hrsg.). Männer unter Druck. Opladen, Berlin, Toronto: Budrich, S. 39–55.
Hauch M. (1992). Meine Lust – Deine Lust – Keine Lust. Überlegungen zu Lust und Sexualität im Kontext geschlechtsspezifischer »Arbeitsteilung«. Unveröff. Vortragsmauskript. Göttingen.
Hauch M. (1997). Paartherapie bei sexuellen Funktionsstörungen und sog. sexueller Lustlosigkeit: Das Hamburger Modell. In: Lindauer Texte zur psychotherapeutischen Fort- und

Weiterbildung, hrsg. v. Buchheim P., Cierpka M., Seifert T. Berlin, Heidelberg, New York: Springer, S. 161–175.
Hauch M. (Hrsg.) (2006). Paartherapie bei sexuellen Störungen. Stuttgart: Thieme.
Hauch M., Lange C., Cassel-Bähr S. (2006). Paartherapie sexueller Störungen am Beispiel des Hamburger Modells. In: Sigusch V. (Hrsg.). Sexuelle Störungen und ihre Behandlung. Stuttgart: Thieme, S. 155–176.
Hohage R. (2011). Analytisch orientierte Psychotherapie in der Praxis. Stuttgart: Schattauer.
Honneth A. (1994). Kampf um Anerkennung. Zur moralischen Grammatik sozialer Konflikte. Frankfurt a. M.: Suhrkamp.
Hopf H. (2008). Die unruhigen Jungen – Externalisierende Störungen, Philobatismus und Männlichkeit. In: Dammasch F. (Hrsg.). Jungen in der Krise. Das schwache Geschlecht? Frankfurt a. M.: Brandes & Apsel, S. 39–60.
Hopf H. (2009). Philobatische Tendenzen bei Jungen. In: Dammasch F., Metzger H.-G., Teising M. (Hrsg.). Männliche Identität. Psychoanalytische Erkundungen. Frankfurt a. M.: Brandes & Apsel, S. 33–52.
Hüther G. (2006). Neurobiologie der Paarbindung. In Sexuologie. Zeitschrift für Sexualmedizin, Sexualtherapie und Sexualwissenschaft. 13. Jg., Heft 2/3/4, S. 75–79.
Hüther G. (2008). Die Evolution der Liebe: Was Darwin bereits ahnte und die Darwinisten nicht wahrhaben wollen. Göttingen: Vandenhoeck & Ruprecht.
Hurwitz E. (1997). Otto Gross. Paradiessucher zwischen Freud und Jung. Frankfurt a. M., Zürich: Suhrkamp.
Hurrelmann K. (2006). Lebenssituation, Werteorientierungen und berufliche Einstellungen von Jugendlichen. Die Ergebnisse der 15. Shell Jugendstudie. Frankfurt a. M.: Fischer.
Hurrelmann K., Grundmann M., Walper S. (Hrsg.) (2008). Handbuch Sozialisationsforschung. Weinheim, Basel: Beltz.
Hurrelmann K., Schultz T. (Hrsg.) (2012). Jungen als Bildungsverlierer. Brauchen wir eine Männerquote in Kitas und Schulen? Weinheim, Basel: Beltz-Juventa.
Institut für Jugendkulturforschung (2012). Bericht zur Jugendwertestudie 2011. Wien: Arbeiterkammer.
Instituts für Jugendkulturforschung (2011). Jugend und Zeitgeist: Wie denken und leben 16- bis 19-jährige? Wien (Studienleitung: Großegger B.) In: Der Standard vom 28. 3. 2012, S. 31.
Jacobi G. (Hrsg.): Anti-Aging bei Männern. Stuttgart: Thieme.
Jacobi G., Sommer F. (2004). Sexualfunktion bei Männern und erektile Dysfunktion. In: Jacobi G. (Hrsg.). Anti-Aging bei Männern. Stuttgart: Thieme, S. 137–147.
Kaplan H. S. (1995). The sexual desire disorders. Dysfunctional Regulation of Sexual Motivation. New York: Brunner & Mazel.
Kerscher K.-H. I., Kerscher T. (2008). Zu: Wilhelm Reich – die theoretischen Grundlagen der Sexualpädagogik. Norderstedt: GRIN.
Kestenberg J. (1968). Outside and Inside, Male and Female. Journal of the American Psychoanalytic Assiciation, 16.Jg., S. 457–520.
Kinzl J., Mangweth B., Traweger C., Biebl W. (1997). Sexuelle Funktionsstörungen bei Männern und Frauen. In: Zeitschrift für Psychotherapie, Psychosomatik und medizinische Psychologie, Heft 47, S. 41–45.
Klaiberg A., Brähler E., Schumacher J. (2001). Determinanten der Zufriedenheit mit Sexualität und Partnerschaft in der zweiten Lebenshälfte. In: Berberich H., Brähler E. (Hrsg.). Sexualität und Partnerschaft in der zweiten Lebenshälfte. Gießen: Psychosozial, S. 105–127.
Klein G. und Liebsch K. (Hrsg.) (1997). Zivilisierung des weiblichen Ich. Frankfurt a. M.: Suhrkamp.
Kleine B., Rossmanith W. (2010). Hormone und Hormonsystem. Lehrbuch der Endokrinologie. Dordrecht, Heidelberg, London, New York: Springer.
Knoll C. (2005). Das Streben nach Männlichkeit als psychosozialer Risikofaktor. In: Lemmen K., Schepers J., Sweers H., Tillmann K. (Hrsg.). Sexualität wohin? Hinblicke. Einblicke. Ausblicke. Berlin: Deutsche Aids-Hilfe, S. 75–80.
Kockott G. (1995). Die Sexualität des Menschen. München: Beck.

Kohut H. (1979). Die Heilung des Selbst. Frankfurt a. M.: Suhrkamp.
Krafft-Ebbing R. F. v. (1907). Psychopathia Sexualis. Eine klinisch-forensische Studie. Stuttgart: Enke.
Kraus K. (1986 [1919]). Aphorismen. Schriften, Bd. 8. Frankfurt a. M.: Suhrkamp.
Krauss T. (1987). Die eingestanzte Sexualität. In: Schuller A., Heim N. (Hrsg.). Vermessene Sexualität. Berlin: Springer, S. 202–219.
Kring B. (1997). Sexuelle Appetenzstörungen – diagnostische Abklärung und Behandlung. In: Buchheim P., Cierpka M., Seifert T. (Hrsg.). Lindauer Texte zur psychotherapeutischen Fort- und Weiterbildung. Berlin, New York: Springer, S. 149–160.
Küchenhoff J. (1998). Öffentlichkeit und Körpererfahrung. In: Schmidt G., Strauss B. (Hrsg.). a. a. O. 1998, 39–54.
Lackner M. R. (2011). Sexuelle Rechte in der Ostzusammenarbeit. Österreichs Lippenbekenntnis zu Menschenrechten am Beispiel von EZA-Programmen und -Projekten in Bosnien und Herzegowina. Saarbrücken: VDM-Verlag.
Lange C. (1994). Das Gleiche ist nicht dasselbe. Subversive Elemente des Paartherapie-Settings im Hinblick auf das Geschlechterverhältnis am Beispiel »Lustlosigkeit«. In: Zeitschrift für Sexualforschung, 7. Jg., Heft 1, S. 52–61.
Lange C., Rethemeier A. (1997). Zur Behandlung des Vaginismus. Übungen mit Stäben in der Paartherapie. In: Zeitschrift für Sexualforschung, 10.Jg., S. 37–47.
Lautmann R. (2002). Soziologie der Sexualität. Weinheim und München: Juventa.
Lévi-Strauss C. (1972). Primitive und Zivilisierte. Zürich: Arche.
Maaz H.-J. (2012). Die narzisstische Gesellschaft. Ein Psychogramm. München: Beck.
Malinowski B. (1981). Geschlecht und Verdrängung in primitiven Gesellschaften. Frankfurt a. M.: Fachbuchhandlung für Psychologie.
Marcuse H. (1967). Triebstruktur und Gesellschaft. Frankfurt a. M.: Suhrkamp.
Marx K. (1845). Thesen über Feuerbach. Originalfassung. In: Marx-Engels-Gesamtausgabe (MEGA), Bd. 3, Berlin 1932. S. 535.
Masters W., Johnson V. (1967). Die sexuelle Reaktion. Frankfurt a. M.: Akademische Verlagsgesellschaft.
Masters W., Johnson V. (1973). Impotenz und Anorgasmie. Zur Therapie funktioneller Sexualstörungen. Frankfurt a. M.: Goverts-Krüger-Stahlberg.
Matthiesen S., Hauch M. (2004). Verschwinden die Geschlechtsunterschiede? In: Verhaltenstherapie und Psychosoziale Praxis. 36. Jg., Heft 3, S. 491–508.
Matthiesen S., Mainka J. (2011). Intimrasur als neue Körperform bei Jugendlichen. In: BZgA-Forum 3/2011, (»Intimität«), Frankfurt a. M.: Bundeszentrale für gesundheitliche Aufklärung, S. 25–29.
Menschik-Bendele J., Ottomeyer, K. (1998). Sozialpsychologie des Rechtsextremismus. Entstehung und Veränderung eines Syndroms. Opladen: Leske + Budrich.
Mertens W. (1997). Entwicklung der Psychosexualität und der Geschlechtsidentität, Bd. 1. Geburt bis 4. Lebensjahr. Stuttgart: Kohlhammer.
Mertens W. (1994). Entwicklung der Psychosexualität und Geschlechtsidentität. Bd. 2: Kindheit und Adoleszenz. Stuttgart: Kohlhammer.
Möller M. L. (1985). »Wir wollen lieben, aber wir wissen nicht wie«. Zur Psychoanalyse von Paarbeziehungen und sexuellem Erleben. In: Wulf C. (Hrsg) Lust und Liebe. Wandlungen der Sexualität. München: Piper, S. 41–73.
Money J. (1986). Lovemaps: clinical concepts of sexual/erotic health and pathology, paraphilia and gender. New York: Irvington.
Morgenthaler F. (1974). Die Stellung der Perversionen in Metapsychologie und Technik. In: Psyche, 28.Jg., S. 1077–1098.
Morgenthaler F. (1984). Homosexualität, Heterosexualität, Perversion. Frankfurt am M.: Qumran.
Moser T. (1989). Körpertherapeutische Phantasien. Psychoanalytische Fallgeschichten neu betrachtet. Frankfurt a. M.: Suhrkamp.
Neises M., Ploeger A. (2003). »Meine Eltern tun das nicht«. zum Umgang mit Sexualität in der Generationenfolge. BzgA-Forum 1/2 (»Alter und Sexualität«). Köln: Bundeszentrale für gesundheitliche Aufklärung, S. 34–36.

Osswald-Rinner I. (2011). Oversexed and underfucked. Über die gesellschaftliche Konstruktion der Lust. Wiesbaden: Verlag für Sozialwissenschaften – Springer Fachmedien.
Otto P., Hauffe U. (2003). »Anti-Aging« – rückwärts in die Zukunft. Über den Umgang mit Alter und Sexualität in unserer Gesellschaft. BzgA-Forum 1/2 (»Alter und Sexualität«). Köln: Bundeszentrale für gesundheitliche Aufklärung, S. 3–6.
Ottomeyer K. (1992). Prinzip Neugier. Einführung in eine andere Sozialpsychologie. Heidelberg: Asanger.
Ottomeyer K. (1998). Theoretischer Rahmen und Ergebnisse der Studie. In: Menschik-Bendele J. et al. Sozialpsychologie des Rechtsextremismus. Entstehung und Veränderung eines Syndroms. Opladen: Leske & Budrich, S. 13–40.
Parin P. (1986). Die Verflüchtigung des Sexuellen. In Ders./Parin-Matthey G.: Subjekt im Widerspruch. Frankfurt a. M.: Syndikat.
Pfaller R. (2008). Das schmutzige Heilige und die reine Vernunft. Frankfurt a. M.: Fischer.
Pfaller R. (2009). Strategien des Beuteverzichts. Die narzisstischen Grundlagen aktueller Sexualunlust und Politohnmacht. In: Berkel I. (Hrsg.). Postsexualität. Zur Transformation des Begehrens. Gießen: Psychosozial, S. 31–47.
Pfaller R. (2011). Wofür es sich zu leben lohnt. Elemente materialistischer Philosophie. Frankfurt a. M.: Fischer.
Pfäfflin F. (2010). Diverse Perversionskonstrukte. In: Jahrbuch der Psychoanalyse 60. Stuttgart – Bad Cannstatt: Frommann u. Holzboog, S. 81–101.
Posch W. (2009). Projekt Körper. Wie der Kult um die Schönheit unser Leben prägt. Frankfurt a. M.: Campus.
Prömper H., Jansen M. M., Ruffing A. (Hrsg.) (2012). Männer unter Druck. Opladen, Berlin, Toronto: Budrich.
Quindeau I., Sigusch V. (Hrsg.). Freud und das Sexuelle. Frankfurt a. M.: Campus.
Quindeau I., Brumlik M. (Hrsg.) (2012). Kindliche Sexualität. Weinheim und Basel: Beltz Juventa.
Reich W. (1966). Die sexuelle Revolution. Frankfurt a. M.: Fischer.
Reiche R. (1981). Sexuell gestörte Beziehungen (Buchbesprechung). In: Psyche, 35. Jg., S. 376–380.
Reiche R. (1997). Gender ohne Sex. Geschichte, Funktion und Funktionswandel des Begriffs »Gender«. In: Psyche, 51. Jg., Heft 9–10, S. 926–957.
Reinisch J. M., Beasley R. (1991). Der neue Kinsey Institut Report. Sexualität heute. München: Heyne.
Retzer A. (2004). Systemische Paartherapie.
Richter-Appelt H., Hill A. (Hrsg.) (2004). Geschlecht zwischen Spiel und Zwang. Gießen: Psychosozial.
Ringel E. (1953). Der Selbstmord. Abschluß einer krankhaften Entwicklung. Wien, Düsseldorf: Maudrich.
Ringel E. (1984). Die österreichische Seele: zehn Reden über Medizin, Politik, Kunst und Religion. Wien, Graz: Böhlau.
Ringel E. (1987). Zur Gesundung der Österreichischen Seele. Wien: Europaverlag.
Roazen P. (1971). Politik und Gesellschaft bei Sigmund Freud. Frankfurt a. M.: Suhrkamp.
Rösing D. (2012). Störungen der sexuellen Funktionen des Mannes. In: Psychotherapie im Alter. Jg. 9, Nr. 33. Heft 1 (»Männer«), S. 85–102.
Russell B. (1993). Eroberung des Glücks. Frankfurt a. M.: Suhrkamp.
Schetsche M., Schmidt R.-B. (Hrsg.) (2010). Sexuelle Verwahrlosung. Empirische Befunde – Gesellschaftliche Diskurse – Sozialethische Reflexionen. Wiesbaden: VS Verlag für Sozialwissenschaften.
Schmidt G. (1988). Das große DER DIE DAS. Über das Sexuelle. Reinbek b. Hamburg: Rowohlt.
Schmidt G. (1994). Die Potenz des Settings. In: Zeitschrift für Sexualforschung, 7. Jg., Heft 1, S. 43–51.
Schmidt G. (1996). Das Verschwinden der Sexualmoral. Hamburg: Klein.
Schmidt G. (1996a). Paartherapie bei sexuellen Funktionsstörungen. In: Sigusch V. (Hrsg.). Sexuelle Störungen und ihre Behandlung. Stuttgart: Thieme, S. 180–192.

Schmidt G. (1998). Sexuelle Verhältnisse. Vom Verschwinden der Sexualmoral. Frankfurt a. M.: Fischer.
Schmidt G. (1998 a). »Wir sehen immer mehr Lustlose«. Zum Wandel sexueller Klagen. In: Familiendynamik, Jg. 23, Heft 4, S. 348–365
Schmidt G. (1999). Spätmoderne Sexualverhältnisse. Neue Kostüme der Erotik und Körperlichkeit. In: Diskurs. Studien zu Kindheit, Jugend, Familie und Gesellschaft. Herausgegeben vom Deutschen Jugendinstitut. Heft 1, S. 10–17.
Schmidt G. (Hrsg.) (2000). Die Kinder der sexuellen Revolution. Gießen: Psychosozial.
Schmidt G. (2002). Entrümpelter Sex. Über Beziehungen, Moral und Sexualität eingangs des 21. Jahrhunderts. In: Wildfellner H. (Hrsg.). Beziehungsfallen III. Linz (VHS-Eigenverlag), S. 51–66.
Schmidt G. (2004). Das neue DER DIE DAS. Über die Modernisierung des Sexuellen. Gießen: Psychosozial.
Schmidt G. (2004 a). Kindersexualität. Konturen eines dunklen Kontinents. In: Zeitschrift für Sexualforschung 17, Heft 4, S. 312–322.
Schmidt G. (2004 c). Beziehungsbiographien im Wandel. Von der sexuellen zur familiären Revolution. In: Richter-Appelt H., Hill A. (Hrsg.). Geschlecht zwischen Spiel und Zwang. Gießen: Psychosozial, S. 275–294.
Schmidt G., Klusmann D., Matthiesen S., Dekker A. (1998). Veränderungen des Sexualverhaltens von Studentinnen und Studenten. In: Schmidt G. und Strauss B. (Hrsg.). Sexualität und Spätmoderne. Über den kulturellen Wandel der Sexualität. Stuttgart: Enke, Beiträge zur Sexualforschung 76, S. 118–136.
Schmidt G., Matthiesen S., Dekker A., Starke K. (2006). Spätmoderne Beziehungswelten. Report über Partnerschaft und Sexualität in drei Generationen. Wiesbaden: Verlag für Sozialwissenschaften.
Schmidt G. (2012). Kindersexualität. Konturen eines dunklen Kontinents. In: Quindeau I., Brumlik M. (Hrsg.). Kindliche Sexualität. Weinheim und Basel: Beltz Juventa, S. 60–70.
Schmidt G., Arentewicz G. (Hrsg.) (1993). Sexuell gestörte Beziehungen. Konzept und Technik der Paartherapie. Stuttgart: Enke.
Schmidt G. (1994). Die Potenz des Settings. In: Zeitschrift für Sexualforschung 7. Jg., Heft 1, S. 43–51.
Schmidt G., Strauss B. (Hrsg.) (1998). Sexualität und Spätmoderne. Über den kulturellen Wandel der Sexualität. Stuttgart: Enke, Beiträge zur Sexualforschung 76.
Schorsch E. (1996). Perversion als Straftat: Dynamik und Psychotherapie. Stuttgart: Enke.
Schorsch E. (1985). Die sanierte Unzucht. In: Konkret, Sonderheft Sexualität, S. 8–12.
Schorsch E. (1987). Elitäre Sexualwissenschaft? In: Sigusch V. (Hrsg.). Aids als Risiko. Über den gesellschaftlichen Umgang mit einer Krankheit. Hamburg: Konkret Literaturverlag, S. 156–161.
Schnarch D. (2006). Die Psychologie sexueller Leidenschaft. Stuttgart: Klett-Cotta.
Schuller A., Heim N. (Hrsg.). Vermessene Sexualität. Berlin: Springer.
Schultz-Zehden B. (2003). Das Sexualleben der älteren Frau – ein tabuisiertes Thema? In BZgA-Forum 1/2 (»Alter und Sexualität«). Bonn: Bundeszentrale für gesundheitliche Aufklärung, S. 31–33
Sennett R. (2006). Der flexible Mensch. Berlin: Berliner Taschenbuch-Verlag.
Sennett R. (2007). Die Kultur des neuen Kapitalismus. Berlin: Berliner Taschenbuch-Verlag.
Deutsche Shell (Hrsg.) (2002). Jugend 2002. 14. Deutsche Shellstudie. Frankfurt a. M.: Fischer.
Sigusch V. (Hrsg.) (1987). Aids als Risiko. Über den gesellschaftlichen Umgang mit einer Krankheit. Hamburg: Konkret Literaturverlag.
Sigusch V. (Hrsg.) (1996). Sexuelle Störungen und ihre Behandlung. Stuttgart und New York: Thieme.
Sigusch V. (1996 a). Die Trümmer der sexuellen Revolution. In: Die Zeit Nr. 41, 4. 10. 1996, S. 33 f.
Sigusch, V. (1996 a). Kultureller Wandel der Sexualität. In: Ders. (Hrsg.). Sexuelle Störungen und ihre Behandlung. Stuttgart und New York: Thieme, S. 16–31.

Sigusch V. (1998). Kritische Sexualwissenschaft und die Große Erzählung vom Wandel. In: Zeitschrift für Sexualforschung, 11.Jg., Heft 1, S. 17–29.
Sigusch V. (1998 a). Jugendsexualität – Veränderungen in den Volkmar Sigusch letzten Jahrzehnten. In: Deutsches Ärzteblatt 95, Heft 20, S. 1240–1243.
Sigusch V. (2005). Neosexualitäten. Über den kulturellen Wandel von Liebe und Perversion. Frankfurt a. M.: Campus.
Sigusch V. (2005 a). Vorboten einer Entwicklung. Sexualwissenschafter Volkmar Sigusch über Lustlosigkeit und Höhepunkt des sexuellen Zeitalters. In: Der Standard v. 18. 11. 2005 (http://derstandard.at/2 248 351/STANDARD-Interview-Vorboten-einer-Entwicklung; Zugriff 2. 8. 2012).
Sigusch V. (2005 c). Strukturwandel der Sexualität in den letzten Jahrzehnten. In: Lemmen K., Schepers J., Sweers H., Tillmann K. (Hrsg.). Sexualität wohin? Hinblicke. Einblicke. Ausblicke. Berlin: Deutsche Aids-Hilfe, S. 7–28.
Sigusch V. (2007). Das Frankfurter Institut für Sexualwissenschaft (1973–2006). In: Zeitschrift für Sexualforschung. 20. Jg., 216–246.
Sigusch V. (2008). Geschichte der Sexualwissenschaft. Frankfurt a. M. (Campus).
Sigusch V. (2011). Auf der Suche nach der sexuellen Freiheit. Über Sexualforschung und Politik. Frankfurt am M.: Campus.
Sigusch V. (2011 a). Der Nichtgebrauch der Lüste. Über Asexualität als Lebensform. In: Neue Zürcher Zeitung, 21. 5. 2011.
Starke K. (1996). Wi(e)der das sexuelle Begehren. In: Leipziger Texte zur Sexualität: Geschlechterspannung und Störungen der Sexualität. Heft 7, S. 18–33.
Starke K. (2004). Mehr Lust an der Lust. Berlin: Das Neue Berlin.
Stief C. G., Hartmann U., Truss M. C., Jonas U. (Hrsg.) (2002). Zeitgemäße Therapie der erektilen Dysfunktion. Berlin, Heidelberg: Springer.
Stoller R. (1979). Perversion. Die erotische Form von Haß. Reinbek b. Hamburg: Rowohlt.
Stoller R. (1979 a). Sexual Excitement: Dynamics of Erotic Life. New York: Pantheon.
Streeck U., Werthmann H.-V. (Hrsg.) (1990). Herausforderungen an die Psychoanalyse. München: Pfeiffer.
Stulhofer A., Schmidt G., Landripet I. (2009). Beeinflusst Pornografie in der Pubertät sexuelle Skripte, Intimität und sexuelle Zufriedenheit im jungen Erwachsenenalter? In: Zeitschrift für Sexualforschung, Jg. 22, Heft 1, S. 13–23.
Sielert U. (1997). Männlichkeit als soziales Problem. Reader, Universität Kiel 1997.
Treiber A. (1997). Das Geschlechterverhältnis als Machtbalance. In: Klein G. und Liebsch K. (Hrsg.). Zivilisierung des weiblichen Ich. Frankfurt a. M.: Suhrkamp, S. 306–336.
Truschner P. (2012). Was ist mit dem Sex? In: Der Standard vom 17. 3. 2012 (Beilage »Album«), A 12.
Türcke C. (2012). Hyperaktiv! Kritik der Aufmerksamkeitsdefizitkultur. München: Beck.
Walder P. (1998). Körperkult und Sexualität in den neuen Jugendkulturen. Sex mit Tic Tac Toe und Tamagotchis. In: Schmidt G., Strauss B. (Hrsg.). Sexualität und Spätmoderne. Über den kulturellen Wandel der Sexualität. Stuttgart: Enke, Beiträge zur Sexualforschung 76, S. 103–117.
Walder P. (1999). Comeback des Körpers. Jugendsexualität und Körperkult. In: Pro Familia Magazin Heft 3/1999, S. 2–5.
Wildfellner H. (Hrsg.) (2002). Beziehungsfallen III. Linz: VHS-Eigenverlag.
Willi J. (2008). Therapie der Zweierbeziehung: Einführung in die analytische Paartherapie. Stuttgart: Klett-Cotta.
Winnicott D. W. (1993). Reifungsprozesse und fördernde Umwelt. Frankfurt a. M.: Fischer.
Worm G. (1990). Psychoanalyse und Körperarbeit. In: Streeck U., Werthmann H.-V. (Hrsg.). Herausforderungen an die Psychoanalyse. München: Pfeiffer, S. 142–149.
Wouters C. (1997). Wandlungen der Lustbalance. Sexualität und Liebe seit der sexuellen Revolution. In: Klein G. und Liebsch K. (Hrsg.). Zivilisierung des weiblichen Ich. Frankfurt a. M.: Suhrkamp, S. 272–305.
Wulf C. (Hrsg.) (1985). Lust und Liebe. Wandlungen der Sexualität. München: Piper.

Stichwortverzeichnis

A
Ablösung der Wollust durch Wohllust 57
Adoleszenz 34, 44
Alterssexualität 104, 108, 110, 112
Altersspezifikum 108
Anamnese 151, 163
Anerkennung 36, 67, 220
Anerkennungsnot 219–220
Angenommensein 220
Angst 76, 201, 203
Anlage, polymorph-perverse 33
Ansatz, interdisziplinär-integrativer 160
Arbeitswelt 49, 77, 190
Asexualität 115–116
Asexueller 84
Ästhetisierung 62–63
Autonomie 38, 179

B
Bedingung, gesellschaftliche 78
Bedürfnisgeschichte 142
Beratung 23, 158, 166
Berührung 35, 174
68er-Bewegung 51
Beziehung, reine 56, 80
Beziehungsdimension 20, 25
Beziehungsgeschichte 142–143
Beziehungsideal, romantisch-narzisstisches 76
Bisexualität 193

D
Demokratisierung
– Beziehung 81
– Geschlechterverhältnis 81
– Moral 79
Demütigung 128–129
Desexualisierung, innere 55
Designer-Sex 83
Dimension, syndiastische 25
Diskursivierung des Sexuellen 55
Diskursivierung, negative 55, 118
Dispersion 60
Dissoziation 60
Disziplinierung 49

Diversifikation 61

E
Egosimusregel 171
Emotionalisierung 53
Ent-Intimisierung 56
Entbindung von Beziehungen 78
Entdramatisierung der Sexualität 83
Entsexualisierung 56
Entsolidarisierung 78
Entzauberung 57, 72, 102
Erektionsstörung 28, 208
Ergebnisoffenheit 172, 178, 182
Erlebnispark 55
Erosion des sozialen Geschlechts 71
Erotik 26
Erregungssucher 83
Ertasten und Erfühlen des ganzen Körpers 178
Erwartungsangst 184
Exhibitionismus 124, 129
Exploration 151, 162, 164–165

F
Familialismus 71
Familienzentriertheit 71
Feindseligkeit 128–129
Feminisierung der Sexualität 119
Fetisch, Jugend 62, 145
Fetischisierung 64
Fetischismus 125
Flexibilität 76
Fortpflanzungsfunktion 25
Frauenbewegung 27, 81, 96, 193
Frauenforschung 27
Freiraum zur Lustlosigkeit 94
Frotteurismus 124
Funktionsstörung, sexuelle 15

G
Ganzkörperbetrachtung 177
Gebärneid 39
Geborgenheit 169
Geheimnisvolle, das 56, 122

Gender 12, 192
- -Konstruktivismus 193-194
Generationenkonflikt 44
Genital 203-204
Geringschätzung 169
Geschlecht 26, 192
Geschlechterdifferenz 60, 71, 194
Geschlechterkampf 69, 71
Geschlechterrolle 71, 81
Geschlechterspiel 69, 71, 81-82
Geschlechtsgeschichte 142, 146, 148
Geschlechtsgewissheit 40
Geschlechtsidentität 25, 128, 147-148, 200
Geschlechtsrolle, kulturelle 71
Geschlechtsunterschied 39, 71, 193
Geschlechtsverkehr, erster 69
Gesellschaftscharakter 50
Gewalt, sexuelle 68
Grenzüberschreitung 58, 118
Grundbedürfnis 142, 181
Grundbedürfnis, biopsychosoziales 25
Grundbedürfnis, psychosoziales 28

H
Hautkontakt 35
Hegar-Stab 179, 205-206
HH-Modell 158, 160
Homosexualität 41, 125
Hotel Mama 72, 102
Hunger nach Zuwendung 53
Hypersexualisierung 119-120

I
Individualisierung 78
Initiationsritual 43
Inner Genitality 39
Integrität, narzisstische 77
Intimkorrektur 40, 64, 145

J
Jugendlichkeit 63
Jungen-Sexualität 71

K
Kastrationsangst 41, 126, 128
Kindersexualität 31, 123
- polymorph-perverse 20
Knappwerden der Bedürfnisse 51
Koitusverbot 170
Kommerzialisierung 50
Kondom 68-69, 171
Konsens-Moral 58
Konsum 55
Konsum- und Überflussgesellschaft 50
Konsumtionsmoral 50

Koprophilie 125
Körper 135, 201, 205
Körperakzeptanz 145, 178
Körpererfahrung 168
Körperfitness 63
Körpergeschichte 142, 145
Körpergeschlecht 193
Körperzwang 45
Kreuzexploration 164
Kultur
- heiße 44
- kalte 44
Kulturindustrie 44
Kuschelsex 54, 76

L
Latenzperiode 34, 43
Lebensbewältigungsgemeinschaft, geschwisterliche 53, 76
Lehrtherapie 158, 166
Leistungsdruck 95
Lern- und Informationsdefizit 165, 185
Liebe
- kannibalistische 52
- kapitalistische 53
- romantische 66
Liebeshungersnot 219
Lieblosigkeit, vergesellschaftete 103
Lifestyle 45, 57
Lustbalance 97
Lustdimension 25
Lustlosigkeit 53-54, 73, 89, 92
- rollenverteilte 93
Lustlosigkeitssyndrom 91
Lustmangel 57, 73
Lustprinzip 32

M
Macht 183
Manipulation, pharmako-soziale 104
Männlichkeit 71, 120, 147, 188-189, 191
Masturbation 61, 88
Mechanismus
- perverser 133-135
- symptomverstärkender 184-185
Menarche 43
Microdots 148
Misserfolgsorientierung 185, 201, 203
Monogamie, serielle 80-81, 89
Mystifizierung der Sexualität 133
Mystifizierung, negative 59
Mythos Körper 62

N
Nähe 53, 75
Narzissmus 119
Nekrophilie 125
Nichtbeachtung 169
Nichtsexuelles 141, 150
Normierungszwang 75

O
Ödipuskomplex 40, 144
Oralität 36
Orientierung, sexuelle 88
Oversexed und underfucked 99

P
Paartherapie 152–153, 159, 166, 169, 200
– Störung, sexuelle 158
Pädophilie 125
Pansexualismus 14, 31
Paraphilie 124, 128, 166
Partnerdynamik 183
Partnerkonflikt 183
Partnerwahl 42, 143
Penis-, Potenzfixiertheit 110
Penisneid 38–39, 126
Perversion 123, 126, 166
Phase
– anale 37
– genital-phallische 38
– kutane 35
– ödipale 40
Plombe 127
Polluarche 43
Pornografie 45
Postsexualität 115
Postsexueller 84
Potenzpille 29, 109–110
Prinzip Selbstverantwortung 172
Prothetisierung 145
Pseudoliberalisierung 50, 52
Psychoanalyse 20, 31, 39, 123, 126, 140
Psychodynamik 183–184, 186
Psychosexualität 20, 31
Psychotherapie 152, 199
Pubertät 34, 44, 202
Pure Relationship 56, 80

R
Realitätsprinzip 32
Retraditionalisierung 67
Revolution
– neosexuelle 60
– sexuelle 59
Romantisierung 56, 66–67, 84
Round table 164, 170

S
Sadomasochismus 125
Selbstbehauptung 204
Selbstbestimmung 38, 179
Selbststreicheln 167, 178
Selbsttreue 120
Selbstverstärkungsmechanismus 165, 203
Selbstzweifel, männlicher 75
Selfsex 61, 119–120
Sex in Außenbeziehungen 86
Sexual Correctness 54
Sexualablehnung 118
Sexualentwicklung, zweizeitige 43
Sexualforschung, psychoanalytische 125
Sexualisierung, äußere 55
Sexualität älterer Menschen 106
Sexualtherapie 152, 158, 186
Sexualtrieb 33
Sexualwissenschaft 19, 26
Sexuelle, das 32, 139
Sicherheitsbedürfnisse 53
Sicherheitsprinzip 76
Single 86
Skript, sexuelles 45, 148
Sodomie 125
Sozialisation 141
Spiel mit der Erregung 173, 177
Straftäterarbeit 166
Streicheln, erkundendes 173
Streichelübung 167–168, 171
Stress 78, 92
Sublimierung 33, 43, 52

T
Therapie, syndiastische 181
Tisch, runder 170
Transsexueller 166
Traumatisierung, sexuelle 166
Triangulierung 40
Triebverzicht 43
Triumph 128
Tyrannei der Lust 57

U
Überzähligkeitsangst 65
Übung 178
Übungsprogramm 165
Umbruch, gesellschaftlicher 49, 75
Unbewusstes 32, 169

V
Vaginismustherapie 161
Vatersehnsucht 41
Veralltäglichung 99
Verbotslust 118

Vereinzelung 78
Verhandlungsmoral 56, 58
Verhütung 67, 204
Verhütungsmittel 69
Verlangen, designtes 82
Verschwinden der Sexualität 90
Verwahrlosung 45
Verzicht auf Sexualität 119
Verzichtsmoral 50
Veto 171, 177
Voyeurismus 124

W
Wohlfahrtsgewinn 56, 80
Wohlstandssex 52

Z
Zone, erogene 35
Zoophilie 125
Zug, kannibalistischer 37
Zweigeschlechtlichkeit 70, 195

2. Auflage 2012
122 Seiten mit 18 Abb. und 28 Tab. Kart.
€ 18,90
ISBN 978-3-17-022622-7

Lindauer Beiträge zur Psychotherapie und Psychosomatik

Michael Ermann

Psychoanalyse heute

Entwicklungen seit 1975 und aktuelle Bilanz

Dieses Buch schließt an die Bände „Freud und die Psychoanalyse" und „Psychoanalyse in den Jahren nach Freud" an. Ermann schildert, wie die Psychoanalyse über die Ich- und Objektbeziehungs-Psychologie hinausgewachsen ist und heute immer stärker die Bedeutung aktueller Beziehungen hervorhebt. Damit entstand eine fundamentale Änderung der Behandlungspraxis. Viele Grundhaltungen und Überzeugungen wurden in Frage gestellt, modifiziert oder aufgegeben. Zugewandtheit, Authentizität und kontrollierte Offenheit bestimmen heute die Begegnung. Das Buch erörtert Ursprung, Chancen und Gefahren dieser neuen Orientierung, speziell auch mit Blick auf die zeitgenössischen Störungen und Aufgaben, und endet mit einem Blick in die Zukunft.

▶ www.kohlhammer.de

W. Kohlhammer GmbH · 70549 Stuttgart
Tel. 0711/7863 - 7280 · Fax 0711/7863 - 8430

2012. 123 Seiten mit 13 Abb. Kart.
€ 24,90
ISBN 978-3-17-022185-7

Lindauer Beiträge zur Psychotherapie und Psychosomatik

Reinhard Kreische

Paarbeziehungen und Paartherapie

Viele psychische Störungen wirken sich in zwischenmenschlichen Beziehungen aus, und Störungen in zwischenmenschlichen Beziehungen können zu psychischen Erkrankungen führen oder diese ungünstig beeinflussen. Deshalb sind Kenntnisse über die Dynamik von und therapeutische Arbeit an Paarbeziehungen für alle Psychotherapeuten erforderlich. Das Buch bietet die überarbeitete Fassung einer Vorlesungsreihe der Lindauer Psychotherapiewochen 2011. Darin werden praxisnah Konzepte, Behandlungstechniken und -fälle aus der paartherapeutischen Praxis vorgestellt. Der Autor greift auf 30 Jahre Therapieerfahrung und Supervisionen bei mehr als 1.600 Paaren zurück.

▶ www.kohlhammer.de

W. Kohlhammer GmbH · 70549 Stuttgart
Tel. 0711/7863 - 7280 · Fax 0711/7863 - 8430

2011. 240 Seiten mit 18 Abb.
und 9 Tab. Kart.
€ 32,90
ISBN 978-3-17-020682-3

Ursula Athenstaedt/Dorothee Alfermann

Geschlechterrollen und ihre Folgen

Geschlecht ist eine wesentliche soziale Kategorie, die in allen Lebensbereichen und -zeiten eine bedeutende Rolle spielt. Viel wird über die Unterschiedlichkeit von Frauen und Männern geschrieben. Dieses Buch stellt die neueste sozialpsychologische Forschung zu diesem Thema vor und beschreibt die wichtigsten Theorien, die geschlechtstypisches Verhalten erklären können. Besonders ausführlich wird auf herrschende Geschlechterstereotype eingegangen und deren Wirken aufgezeigt. Dies wird anhand von Befunden zur Wahrnehmung und Bewertung anderer Personen, aber auch über die Bedeutung von Geschlechterrollen für das Selbstkonzept und Einstellungen dargelegt. Schließlich werden Unterschiede und Ähnlichkeiten der Geschlechter an einer Reihe von sozial geprägten Verhaltensbereichen, wie beispielsweise Gesundheit, Berufswahl und Karriereentwicklung, soziale Beziehungen und Führungsverhalten, beschrieben und auch kritisch diskutiert.

▶ www.kohlhammer.de

W. Kohlhammer GmbH · 70549 Stuttgart
Tel. 0711/7863 - 7280 · Fax 0711/7863 - 8430